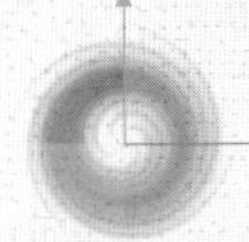

新坐标管理系列精品教材

Logistics

物流学

主 编 周利国
副主编 耿 勇 高咏玲
晏妮娜 陈金亮

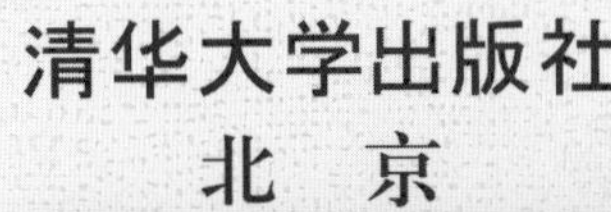

清华大学出版社
北 京

内容简介

本书的是一部基于案例引导的物流学教科书，使学生能在生动的实践案例分析的基础上，学习和讨论有关物流问题，理论联系实际，具有较强的实践性和可读性。本教材的特点是基于启发式教学和双向交互式教学方法的应用，加强案例引导，行文简洁并关注行业的发展前沿。

本书适合高等院校工商管理、物流学等专业学生作为教材选用，也可供对物流学感兴趣的读者参阅。

图书在版编目（CIP）数据

物流学／周利国主编．--北京：清华大学出版社，2011.7
（新坐标管理系列精品教材）
ISBN 978-7-302-25846-9

Ⅰ．①物… Ⅱ．①周… Ⅲ．①物流—教材 Ⅳ．①F252

中国版本图书馆CIP数据核字(2011)第113518号

责任编辑：刘志彬
责任校对：宋玉莲
责任印制：何 芊

出版发行：清华大学出版社
http://www.tup.com.cn
地 址：北京清华大学学研大厦A座
社 总 机：010-62770175
邮 编：100084
邮 购：010-62786544
投稿与读者服务：010-62776969，c-service@tup.tsinghua.edu.cn
质 量 反 馈：010-62772015，zhiliang@tup.tsinghua.edu.cn
印 装 者：清华大学印刷厂
经 销：全国新华书店
开 本：185×260 印 张：18.75 插 页：1 字 数：444千字
版 次：2011年7月第1版 印 次：2011年7月第1次印刷
印 数：1～5000
定 价：35.00元

产品编号：041931-01

前　言

目前,有关物流学和物流管理的教材很多,各有特点。但要编写一部基于案例引导的、简洁且易于学习和把握的适用于本科学生学习的教材却是不容易的。教材的编写极易偏向大段的理论论述,理论性很强,但枯燥无味;缺乏实践案例,学生理解起来有很大难度。我们考虑编写一部基于案例引导的物流学教材,使学生能在生动的实践案例分析的基础上,学习和讨论有关物流问题,理论联系实际,尽可能地加强本教材的实践性和可读性。

本教材有以下几个特点:

1. 基于启发式教学和双向交互式教学方法的应用。基于问题引导方式进行理论问题的学习,能更好地启发学生思考和学习。本教材贯穿这一思想,力求通过案例的引导,提出问题,双向交流,达到启发式教学的目的。

2. 基于案例引导。物流问题具有很强的实践性,案例教学是物流学科学习的一种好方法。本教材每章都有相关的物流案例作为教学引导案例,以引起学生的兴趣,并了解实践中的物流问题,提高学生学习的积极性和目的性。

3. 简洁。本教材不侧重于大篇幅的理论讨论,而是注重对一般概念和基础理论知识的介绍,使学生能够很快抓住学习的重点和难点,系统地理解物流学问题。因此,本教材篇幅简洁,突出物流学基础理论、基本概念的阐述。

4. 关注物流实践与理论发展前沿。编写者敏感地意识到物流实践已大大地走在了理论研究的前面,如物流金融理论与实践。本教材将物流实践中的物流金融问题作为一章专门进行介绍,以把握物流金融实践与理论的发展。

本教材由周利国教授带领的团队编写完成。周利国教授任主编,提出编写大纲、编写计划以及编写要求,负责全书的统稿和修改。耿勇博士、高咏玲博士、晏妮娜博士、陈金亮博士任副主编,负责各章的编写工作。具体编写分工如下:周利国、郑晓辉编写第一章;耿勇编写第三章、第五章、第六章和第七章;高咏玲编写第二章、第四章和第八章;晏妮娜编写第九章、第十章、第十三章和第十六章;陈金亮编写第十二章、第十四章;第十一章和第十五章由高咏玲和赵国英共同完成。

本教材的编写参考了许多专家学者的研究成果,有的注明了出处,有的仅在参考文献中标明,如有遗漏,请多加谅解。在此一并致谢。

由于编者水平有限,书中如有错讹之处,请同行专家学者们指出,我们将不胜感激。

编　者

2011年3月16日

目　录

第一篇　物流概述

第二篇　物流职能要素

第三篇 物流与供应链管理

第一篇
物流概述

第一章　物流与物流学概述

引导案例

物流巨人之路——记联邦快递的发展

FedEx 的诞生

20 世纪 70 年代的两次石油危机对美国经济产生了深刻的影响。能源价格和物价上涨给美国企业的经营带来了很多困难，如何合理利用物流，成为当时很多物流业人士思考的问题，社会急需一种全新的物流服务方式。

1971 年，出身于美国海军陆战队的弗雷德·史密斯(Fred Smith)退役后开始了他的事业。史密斯在大学的毕业论文中就开始论述如何有效地利用基地的问题。大学毕业后，他进一步检验其理论的正确性，于 1973 年正式开始组建联邦快递公司(Federal Express, FedEx)，使用 8 架小型飞机开始提供航空快递服务。联邦快递公司推出全美国翌日到达的门到门航空快递服务，并以及时性、准确性和可信赖性为原则。

由于联邦快递的出现，企业的经营者开始意识到传统的物流政策限制了自由竞争，不利于经济的发展。以 1978 年航空货物运输政策改善为契机，20 世纪 80 年代美国政府出台了鼓励自由竞争的政策，促进了"现代物流"(logistics)的诞生。

进入 20 世纪 80 年代以后，航空快递运输大量出现。由于企业大量采用 JIT 的生产方式，翌日送达的要求逐渐增多，给航空快件运输的发展带来了巨大的推动作用。在 Fedex 公司之后，涌现了诸如 UPS 、DHL 等众多的航空快递企业。从 80 年代中期开始，一般货物的快递运输得到了迅速发展，与此同时，卡车运输业者也积极加入航空快递业的竞争行列。

1989 年，联邦快递为了扩大势力收购了飞虎航空(Flying Tiger)公司，一跃成为美国航空货运业界的最大企业，并且开了物流企业收购之先河。

FedEx 在亚洲的发展

20 世纪 80 年代末，制造业的基地从发达国家逐渐转移到了发展中国家，而联邦快递作为最早认识到这一趋势的公司，开始着手进行大规模的全球扩张，以应对日益激烈的国际竞争及挑战，联邦快递亚太区分公司也应运而生。

1989 年联邦快递收购了飞虎航空公司，获得了飞虎航空在亚洲 21 个国家及地区的航线权，从而在全球经济增长最迅速的区域站稳了脚跟。这对联邦快递实现其目标具有深远意义。

1992 年，公司的区域性总部从檀香山迁至香港，将公司的营运中心迁移至经济活动的中心地区，更显示了公司对该地区的高度重视。

联邦快递对其在亚太地区的业务拓展和战略发展始终保持高度的重视。1995年，联邦快递公司购买了中国和美国之间的航线权，开始由联邦快递飞行员驾驶的专用货机来负责中美间的快递运输服务。1996年3月，联邦快递成为唯一享有直航中国权利的美国快递运输公司。目前联邦快递每周有11个航班往返于中美之间。

1995年9月，联邦快递在菲律宾苏比克湾建立了其第一家亚太运转中心，并通过其亚洲一日达网络提供全方位的亚洲隔日递送服务。根据公司在美国成功运作的"中心辐射"创新运转理念，亚太运转中心现已联结了亚洲地区18个主要经济与金融中心。

联邦快递目前在亚太地区超过30个国家和地区雇佣7 300名员工，公司的亚太区总部设在香港，同时在香港、东京、新加坡均设有区域性总部。

90年代的巨人之战

进入20世纪90年代后，并购与上市等多种资本方式对物流业产生了很多影响，也诞生了十大物流集团。在快递业，出现四大巨人垄断的局面，即棕色巨人联合包裹(UPS)、联邦快递(FedEx)、德国邮政世界网(DPWN，DHL的母公司)、天地邮政集团(TNT Post Group)。这四家快递企业年收入加起来超过1 000亿美元，雇佣员工130万人，占据全球快递市场72%的份额。

由于DHL和TPG的主战场在欧洲，UPS和FedEx之间的大战是名副其实的巨人争霸战。UPS主宰了普通包裹的配送市场，其中企业到企业的包裹业务占绝大多数，而且主要是地面运输。FedEx是文件速递和包裹速递的市场主帅，主要经营文件和包裹的航空次日递业务。

面对竞争，联邦快递一方面不断并购，扩大自己的实力和规模；另一方面为互联网时代重塑自我。

1998年以后，全球物流市场进入大规模并购时期，很多老的物流公司在并购中消失，而一些新兴的物流公司在并购中成为新的物流巨人。在按照并购金额排位的十大物流并购案中，联邦快递(FedEx)占据了第三席。

FedEx重塑自我

随着互联网时代的到来，FedEx主营的文件速递市场在互联网时代面临着极大的威胁。速递文件的电子化转移速度比美国邮政一类邮件的电子化转移速度要快得多。而且，由于新的更复杂的软件使得企业能够更好地管理库存，这降低了对于昂贵物品速递的需求。同时，美国邮政的优先邮件越来越被市场看好，因为优先邮件的性价比优于次日递业务。另外，UPS与惠普公司合资建立的文件交换服务公司，分流了一定的航空速递业务量。FedEx同样面临着极大的挑战，因此FedEx制定如下战略：

• 扩展市场范围

正如UPS侵入FedEx的文件速递领地一样，FedEx通过各种方式抢夺了一部分普通包裹市场。1998年，FedEx通过收购Roadway包裹公司(RPS)进入普通包裹运递市场，在包裹市场的占有率达到11%。在过去的4年中，FedEx投资了5亿美元，使得RPS的处理能力翻了一番。另外，FedEx在信息技术领域也投入了巨额资金。FedEx对其无线通信网络进行了更新，使之能够与UPS匹敌，此外还为大小企业提供互联网商务软件。

FedEx的网址就像一个交易市场，设有许多与其他公司的链接按钮，有趣的是它还设有与惠普公司的链接(因为惠普公司与UPS公司合资建立了文件交换公司对FedEx的文件速递业务构成竞争)。而且,FedEx已经向国际市场进军,尤其是计算机硬件和微型芯片的物流配送。像UPS一样,FedEx已经开始作为第三方物流服务供应商向外展开营销。世界著名的思科公司宣布让FedEx管理其整个物流网络,其目的是完全取消思科在亚洲的仓库,代之以这两家公司共同创立的“飞行仓库”,最终,由FedEx直接投递零部件给用户作最终的组装。

• 住户市场策略

FedEx的住户投递市场直接与美国邮政展开竞争,但FedEx采取的战略与UPS有很大的不同。UPS是将企业到企业与企业到家庭的业务集成一体,而FedEx则准备组建专门的住宅投递服务公司,并聘用低成本的非工会劳动力。FedEx的住宅市场发展战略是在2000年3月份宣布的。FedEx总公司下设多个业务部门,主要从事次日递航空速递核心业务的联邦快递和企业到企业的普通包裹业务的联邦快递地面服务,地面服务下设快递家庭投递服务部门。这三个业务部门共享公司的技术和某些行政管理职能,例如营销和收付款职能,但是各自具有独立的设施、车辆和经营活动。家庭投递部门雇佣的工人被称为“业主经营者”,自备箱式货车,公司根据这些工人的投递量给予报酬,可以将投递成本保持在较低的水平,这不仅比UPS的成本低,甚至可能比美国邮政的成本还低,联邦快递的家庭投递服务在全国40个大城市设立了67个家庭投递站,号称覆盖了全美50%的家庭,联邦快递计划还要建立另外240个投递站,争取在3年的时间内覆盖全美98%的人口。联邦快递的发展处处体现出其创新的意识,比如说,联邦快递准备星期二到星期六投递,而且是选择收件人最有可能在家的傍晚时间投递,同时还提供指定日期投递,但收取额外费用,另外,包裹揽收时间推迟到了晚上9点,更加新奇的是,联邦快递家庭服务的正式标志是一只可爱的小狗。

定位与战略

放眼世界的每一个知名的航空货运公司都提出了自己恰当的定位,确定了自己在空运物流价值链中的位置。UPS的定位是“我们能够在任何地方、任何模式处理任何货物”;DHL的目标是希望能够成为世界范围邮件通信、包裹快递、物流及财政服务领域中的领头羊;ST Cargo的定位是创立世界上最大的商业航空货运联盟并提供复杂而又统一的商品线。FedEx也有自己的定位。“无所不包,全面发展”正是联邦快递的定位。

FedEx的现状

尽管这一事业起初并不被人们看好,但如今,联邦快递已经建立了全球的快速交付网络,业务遍及全球214个国家,在全球聘用超过21.5万名员工和独立承包商,平均每天处理500万件货件。2002年,联邦快递公司年营业额为196亿美元,在全球500强中排名第246位。

从地区来看,业务的地区性集中化程度高(即本土化程度高)。美国业务占总收入的76%,国际业务占24%。从运输方式来看,空运业务占总收入的83%,公路占11%,其他占6%。

弗雷德·史密斯创造性的举动开创了隔夜交货的速递方式,被誉为是“创造了一个新行业的人”。

公司在经营管理上已实现了：

- 客户可通过网络直接进行邮寄手续的办理，快递公司的员工在最短的时间内上门取货，让客户足不出户也能寄送包裹；
- 货物准确送达到客户手中的时间精确至分钟；
- 从北京办理货物运送手续起至送达到美国客户手中，时间仅为两天；
- 实现信息共享，为合作伙伴提供的系统环境和服务器，可让每一个合作伙伴享受到随时跟踪货物运行状态、地点等情况，实现异地数据采集、经营报表的打印；
- 完成了由单纯的快件运输公司向提供物流策略/系统开发、电子数据交换及解决方案的跨地区跨行业的大型集团企业的转型。

（资料来源：百度文库 http://wenku.baidu.com/view/33a4270590c69ec3d5bb751f.html）

第一节　物流的概念

物流业是融合运输业、仓储业、货代业和信息业等的复合型服务产业，是国民经济的重要组成部分，涉及领域广，吸纳就业人数多，促进生产、拉动消费作用大，在促进产业结构调整、转变经济发展方式和增强国民经济竞争力等方面发挥着重要的作用。2009 年，物流业被纳入“中国十大产业调整和振兴规划”之列。

一、物流概念的产生

物流的概念是随着交易对象和环境变化而发展的，从美国于 20 世纪初提出物流的概念至今，对物流活动和物流管理的认识经历了以下几个阶段。

1. 第一阶段：物流概念的孕育

从 20 世纪初到 50 年代，物流概念处于孕育与产生阶段。对物流理论的认识最初产生于 1901 年，John F. Crowell 在美国政府报告《农产品流通产业委员会报告》中第一次论述了对农产品流通产生影响的各种因素和费用，揭开了人们对物流活动认识的序幕。此后，1905 年美国陆军少校琼西・贝克(Chauncey B. Baker)在其所著的《军队和军输品运输》一书中提出物流(logistics)的概念。他从军事后勤的角度称 logistics 是“与军备的移动与供应有关的战争科学之一”。1915 年，美国市场学者阿奇肖(Arch W. Shaw)在《市场流通中的若干问题》(*Some Problem in Marketing Distribution*)一书中提出物流(physical distribution)的概念。他指出，在市场分销中，存在两类活动：一类叫做创造需求，也就是通过广告、促销、市场分析、销售网络等手段，让更多的人来购买企业的产品；一类叫做物资实体分配(physical distribution of goods)，也就是怎样更省钱、更及时地将客户订购的产品送到客户手中。他认为这两类活动是不同的，但是在市场分销中是相互平衡、相互依赖的。并提到“物资经过时间或空间的转移，会产生附加价值”。在军事后勤领域，第二次世界大战期间，美国军事兵站后勤活动的开展，以及英国在战争中对军需物资调运的实践都大大充实和发展了军事后勤学的理论、方法和技术，因此支持了 Logistics 的发展。美国在战时采用的后勤管理(logistics management)一词后被引入到商业部门,被人称之为商业后勤(business logistics),定义为"包括原材料的流通、产品分配、运输、购买与库存控制、储存、用户服务等业务活动",其领域统括原材料物流、生产物流和销售物流。1927 年,Ralph Borsodi 在《流通时代》一书中,用 logistics 来界定物流,为物流的概念化奠定了基础。在市场营销领域,在阿奇肖之后,相继得到其他一些营销专家的响应和发展。1915 年,威尔德(Weld)指出市场营销产生三种效用,即所有权效用、空间效用和时间效用,同时还提出了流通渠道的概念,这在物流学理论上又进了一步。1929 年,著名营销专家弗莱德·克拉克(Fred E. Clark)在他所著的《市场营销的原则》一书中,将市场营销定义为商品所有权转移所发生的各种活动以及包含物流在内的各种活动,从而将物流进一步纳入市场营销的研究范围之中,将流通机能划分为"交换机能"、"物流机能"和"辅助机能"三部分,将物流活动上升到理论高度加以研究和分析。1933 年,行业团体美国市场营销协会(AMA)最早给物流(physical distribution,PD)下的定义是,"物流是销售活动中所伴随的物质资料从产地到消费地的种种企业活动,包括服务过程"。

上述两个不同意义的概念之所以都存续下来,因为它们在各自的专业领域中独立运用,互不冲突,没有一个统一的物流学派来进行统一规范,也不需要得到社会公众的广泛认可,社会上绝大多数人基本上还没有物流和物流业的概念。

2. 第二阶段:物流概念的进一步发展

从 20 世纪 50 年代中期开始到 80 年代中期,Physical distribution 概念继续在美国得到发展和完善,并从美国走向世界,形成了比较统一的物流概念,也成为世界公认的物流概念。1956 年,Howard T. Lewis、James W. Culliton 和 Jack D. Steele 三人撰写了《物流中航空货运的作用》一书,第一次在物流管理中导入整体成本的分析概念,深化了物流活动分析的内容。1961 年,Edward W. Smykay、Donald J. Bowersox 和 Frank H. Mossman 撰写了《物流管理》,这是世界上第一本介绍物流管理的教科书。1963 年成立的美国物流管理协会(National Council of Physical Distribution Management,NCPDM),将各方面的物流专家集中起来,提供教育、培训活动,这一组织成为世界第一个物流专业人员组织。该协会此时对物流管理(physical distribution management)的定义是:物流管理是为了计划、执行和控制原材料、在制品库存及制成品从起源地到消费地的有效率的流动而进行的两种或多种活动的集成。

1964 年,日本也开始使用物流这一概念。在使用物流这个术语以前,日本把与商品实体有关的各项业务统称为"流通技术"。1956 年 10 月下旬到 11 月末,日本生产性本部派出"流通技术专门考察团",由早稻田大学教授宇野正雄等一行 12 人去美国各地进行了考察,首次接触了物流这个新事物,弄清楚了日本以往叫做"流通技术"的内容。1965 年,日本在政府文件中正式采用"物的流通"这个术语,简称为"物流"。到了 20 世纪 70 年代,日本已经成为世界上物流最发达的国家之一。1981 年,日本综合研究所编著的《物流手册》,对"物流"的表述是:"物质资料从供给者向需要者的物理性移动,是创造时间性、场所性价值的经济活动。从物流的范畴来看,包括包装、装卸、保管、库存管理、流通加工、运输、配送等诸种活动。"同样,这样的物流概念也逐步流行到了西欧、北美和其他许多国家。20 世纪 80 年代初,随着"市场营销理论"从欧美的引入,我国逐渐接受了"分销物流"的概念,同时,我国从日本直接引入“物流”这一概念。后来，基本上全世界各个国家都接受了“physical distribution”这样的物流概念。

当人们正在专注地研究分销领域中的物流问题、发展各种专业理论和技术的时候，企业内部物流理论也悄悄地发展起来。1965 年美国 Dr. Joseph A. Orlicky 提出独立需求物资和相关需求的概念，并指出订货点法的物资资源配置技术只适用于独立需求物资，而企业内部物流的生产过程相互之间的需求则是一种相关需求。随着 MRP(material requirement planning)、MRPⅡ、MRPⅢ、DRP(distribution resources planning)、DRPⅡ、DRPⅢ、看板制以及 JIT 等先进管理方法的开发和在物流管理中的运用，使人们逐步认识到，仅仅使用分销物流(physical distribution)的概念不太合适了，需要从流通生产的全过程来把握物流管理，物流也被提高到一个战略的高度，得到企业高层管理人员的充分重视。特别是到 80 年代中期，随着物流活动进一步集成化、一体化、信息化、网络化的发展，人们改换物流概念的想法就更加强烈了。物流概念的发展进入了现代物流阶段。

3. 第三阶段：现代物流学的形成

20 世纪 80 年代中期以来，世界各国的物流概念都相应作了改变，放弃使用 physical distribution，转而使用 logistics。但是这个 logistics 不同于军事后勤学上的 logistics，新时期的 logistics 概念则是在各个专业物流全面高度发展的基础上，基于企业供、产、销等全范围、全方位的物流问题。因此这个阶段的 logistics，不能译为后勤学，更不能译为军事后勤学，而应译为现代物流学。它是一种适应新时期所有企业(包括军队、学校、事业单位)的集成化、信息化、一体化的物流学概念。

Logistics 与 physical distribution 的不同在于 logistics 已突破了商品流通的范围，把物流活动扩大到生产领域。物流已不仅仅从产品出厂开始，而是包括从原材料采购、加工生产到产品销售、售后服务，直到废旧物品回收等整个物理性的流通过程。1985 年，美国物流管理协会(National Council of Physical Distribution Management，NCPDM)改名为 CLM，即 The Council of Logistics Management。将 physical distribution 改为 Logistics，其理由是就是因为 physical distribution 的领域较狭窄，Logistics 的概念则较为宽广、连贯、整体。1992 年，CLM 将物流定义为：物流是对产品、服务以及相关信息从供应地到消费地的有效率、有效益的流动和储存而进行的计划、实施和控制，以满足客户需求为目的过程。这实际上在保留生产物流概念的同时，又加入了服务物流，拓展了物流的内涵。1998 年，CLM 又重新修订了物流的概念：物流是供应链流程的一部分，是为了满足客户需求而对商品、服务及相关信息从原产地到消费地的有效率、有效益的正向和反向流动及储存进行的计划、实施与控制过程。该定义反映了随着供应链管理思想的出现，美国物流界对物流的认识更加深入，强调“物流是供应链的一部分”；并从“反向物流”角度进一步拓展了物流的内涵与外延。2000 年，CLM 为了响应信息技术，特别是互联网技术发展对企业物流管理的影响，就把 2000 年年会的主题定位为“Redefininglogistics. com”，即“电子商务条件下的物流”。CLM 把 2001 年年会的主题确定为“在多变经济环境中的协作关系”。因为协作物流，包括同业竞争对手之间的物流协作已经在实践中出现。

面对物流的发展，为了提高物流效率，日本、加拿大、欧盟国家也纷纷采用新的物流概念。日本物流系统协会(Japan Institute of Logistics Systerms，JILS)专务理事稻束原树

1997 年在《这就是"Logistics"》一文中对"Logistics"下的定义是："'Logistics'是对于原材料、半成品和成品的有效率的流动进行规划、实施和管理的思路，它同时协调供应、生产和销售各个部门的个别利益，最终达到满足顾客的要求。"1967 年成立的加拿大物流管理协会(The Canadian Association of Physical Distribution Management，CADM)于 1992 年更名为(The Canadian Association of Logistics Management，CALM)，2000 年 5 月进一步更名加拿大供应链与物流管理协会(The Canadian Association of Supply Chain & Logistics Management，SCL)。加拿大基本采用了美国物流管理协会的定义，现在的定义只是把美国物流管理协会前后两次的定义进行了综合。

二、物流概念的辨析

物流是由"物"和"流"两个基本要素组成，但物流并不是物和流的简单组合，而是一种建立在自然运动基础上的，高级的运动形式。概括地说，"物"是指一切可以进行物理位置移动的物质资料。"流"是指物理性运动，有"移动、运动、流动"的含义。

物流中的"物"通常与以下几个概念相关：①物资。泛指物质资料，较多指工业品生产资料。物资是"物流"中物的组成部分。②物料。是生产领域中的一个专门概念。生产企业中除最终产品之外，在生产领域流转的一切材料(不论是生产资料还是生活资料)，如燃料、零部件、半成品、外协件以及生产过程中必然产生的边、角、余料、废料及各种废物等统称为"物料"，它是物流中"物"的一部分。③货物。是交通运输领域中的一个专门概念。交通运输领域经营的对象分为"物"和"人"两大类，除"人"之外，"物"统称为货物。它也是物流中"物"的一部分。④商品。商品和物流的"物"是互相包含的。商品中的一切可发生物理性位移的物质实体都是物流研究的"物"(即不包括无形商品和"不动品")。物流的"物"有可能是商品，也有可能是非商品。⑤物品。有形物的通称。总之，物流中所称的"物"，是物质资料世界中同时具备物质实体特点和可以进行物理性位移的那一部分物质资料，无论其处在哪个领域、哪个环节。

物流中的"流"，指的是物理性运动。这种运动也称之为"位移"，而诸如建筑物、未砍伐的森林、矿体等因不发生物理性运动(尽管其所有权会发生转移)，就不在物流的研究范畴之中。但建造建筑物的材料、一经砍伐的树木、一经开采出来的矿物就成为物流的对象。

迄今为止，基于物流概念的产生和在各国的发展，国内外对物流概念的描述各不相同。概括地说，物流有狭义和广义两种。狭义的物流，仅指作为商品的物质资料的空间运动过程，属于流通领域的范畴。广义的物流，则还包括物质资料在生产过程中的运动过程。即物流既发生在流通领域，又包含在生产领域之内。一般我们研究的都是广义的物流。

1. 美国对物流的定义

1963 年(美国)全国物流管理协会(National Council of Physical Distribution Management，NCPDM)对物流的定义是："物流是为了计划、执行和控制原材料、在制品及制成品从供应地到消费地的有效率的流动而进行的两种或多种活动的集成。这些活动可能包括：客户服务、需求预测、库存控制、物料搬运、订货处理、服务支持、工厂及仓库选址、采购、包装、退货处理、废弃物回收、运输、仓储管理。"

美国后勤管理协会 1980 年对物流作出如下定义："物流是有计划地对原材料、半成品和成品由其生产地到消费地的高效流通活动。这种流通活动的内容包括为用户服务、需求预测、情报信息联络、物料搬运、订单处理、选址、采购、包装、运输、装卸、废料处理及仓库管理等。"

美国物流学家查尔斯·塔夫将物流定义为："物流是对到达的以及离开生产线的原料，在制品和产成品的运动、存储和保护活动的管理。它包括运输、物料搬运、包装、仓储、库存控制定货销售、选址分析和有效管理所必须的通信网络等。"

1985 年，美国物流管理协会(the Council of Logistics Management，CLM)将物流的定义更新为："物流是对原材料、在制品、产成品以及相关信息从供应地到消费地的有效率、有效益的流动和储存而进行的计划、实施和控制，以满足客户需求为目的过程。"1992 年，CLM 修订了物流定义，将 1985 年定义中的"原材料、在制品、产成品"修改为"产品、服务"。这实际上把物流从以支持生产制造为核心的管理过程提升到企业市场营销管理的一般层面上，将物流运作的价值取向从面向企业内部调整到面向外部市场，因而更加强调了物流运作的客户服务导向性。这样的修订大大拓展了物流的内涵与外延，既包括生产物流，也包括服务物流。

1998 年，美国物流管理协会(CLM)给出最为完整、简要，并为全世界企业及协会所参考及引用的物流中、英文定义：现代物流是供应链程序的一部分，针对物品、服务及相关信息的流通与储存，从起源点到消费点进行有效率及有效果的规划、执行与控管(即管理)，以达成客户的要求。(Logistics is that part of the supply chain process that plant, implements, and controls the efficient, effective flow and storage of goods, services and related information from the point of origin to the point of consumption in order to meet customers' requirements.)

2. 日本对物流的定义

日本产业构造审议会对物流下的定义是："所谓物的流通，是有形、无形的物质资料从供给者手里向需要者手里物理性地流动。具体是指包装、装卸、运输、保管以及通信等诸种活动。这种物的流通与商流相比，是为创造物质资料的时间性、空间性价值作出贡献。"

日本日通综合研究所 1981 年 2 月编写的《物流手册》对物流的定义是："物流是物质资料从供给者向需要者的物理性移动，是创造时间性、场所性价值的经济活动。从物流的范围来看，包括包装、装卸、保管、库存管理、流通加工、运输、配送等诸种活动。如果不经过这些过程，物就不能移动。"

东京大学教授林周二在《现代"物"的流通》中对物流的定义为："物流是指克服时间和空间间隔，联结供给主体和需求主体包括废物在内的一切资材的物理性移动的经济活动，具体地说有运输、保管、搬运等物资流通活动及与之相关的信息活动。"

3. 其他发达国家对物流的定义

加拿大供应链与物流管理协会(the Canadian Association of Supply Chain & Logistics Management)基本上采用了美国物流管理协会的定义，现在的定义只是把美国物流管理协会前后两次的定义进行了综合。该协会 1985 年的定义是："物流是对原材料、在制品库存、产成品及相关信息从起源地到消费地的有效率的、成本有效益的流动和储存进行计划、执行和控制，以满足顾客要求的过程。该过程包括进向(inbound)、去向(outbound)和内部流动。”

德国物流学者R.尤尼曼对物流学的定义是：“物流学是研究对系统(企业、地区、国家、国际)的物流及有关的信息物流进行规划与管理的科学理论。”

欧洲物流协会在1994年发表的《物流术语》中将物流定义为：“物流是在一个系统内对人员和商品的运输、安排及与此相关的支持活动进行计划、执行和控制，以达到特定的目的。”

欧洲物流协会将物流定义为两维矩阵，第一维是物料流，由采购、物料管理和实物配送三个业务功能组成；第二维是工作顺序，由顾客服务、运输、仓储/物料搬运、物料计划与控制、信息系统与支持以及管理等六个学科构成。

4. 我国对物流的定义

20世纪70年代末，物流作为一个新概念传入中国，物流业作为一个新产业登上商业舞台，我国许多学者也开始对物流进行研究。

1987年，王嘉霖、张蕾丽教授在《物流系统工程》一书中指出：“物流泛指物资实体的场所(或位置)转移和时间占用，即物资实体的物理移动过程(有形的与无形的)。狭义地讲，物流包括从生产企业内部原材料、协作件的采购开始，经过生产制造过程中的半成品的存放、装卸、搬运和成品包装，到流通部门或直达客户后的入库验收、分类、储存、保管、配送，最后送达顾客手中的全过程，以及贯穿于物流全过程的信息传递和顾客服务工作的各种机能的整合。”

1995年，王之泰教授在《现代物流学》一书中，将物流定义为“按用户(商品的购买者、需求方、下一道工序、货主等)要求，将物的实体(商品、货物、原材料、零配件、半成品等)从供给地向需要地转移的过程。这个过程涉及运输、储存、保管、搬运、装卸、货物处置和拣选、包装、流通加工、信息处理等许多相关活动”。

1996年，吴清一教授在《物流学》一书中，将物流定义为：“指实物从供给方向需求方的转移，这种转移既要通过运输或搬运来解决空间位置的变化，又要通过储存保管来调节双方在时间节奏方面的差别。”

2000年，宋华博士等在《现代物流与供应链管理》一书中，将物流定义为：“为了实现顾客满意，连接供给主体和需求主体，克服空间和时间阻碍的有效、快速的商品、服务流动经济活动过程。”

2001年，中华人民共和国国家标准《物流术语》将物流定义为：“物品从供应地向接收地的实体流动过程。根据实际需要，将运输、储存、装卸、搬运、包装、流通加工、配送、信息处理等基本功能实施有机结合。”2006年，该标准将物流的定义更新为：“为物流及其信息流动提供相关服务的过程。物品从供应地向接受地的实体流动过程。根据实际需要，将运输、储存、装卸、搬运、包装、流通加工、配送、回收、信息处理等基本功能实施有机结合。”通过对比发现，新标准进一步扩展了物流的内涵。

三、Physical Distribution与Logistics

“Physical Distribution”与“Logistics”代表了两种不同的物流概念，习惯上我们称

"Physical Distribution"为"传统物流",称"Logistics"为"现代物流"。

从20世纪中期到80年代中期,"Physical Distribution"的概念得到发展并占据了统治地位,而且从美国走向了全世界,形成了一个比较统一的物流概念。"Physical Distribution"主要从实物分销出发,将物流看成是运输、存储、包装、装卸、搬运、加工(包含生产加工和流通加工)、物流信息处理等各种物流活动的总和,主要研究这些物流活动在分销领域的优化问题。

从80年代中期开始,"Logistics"的概念开始得到重视与发展。"Logistics"将企业内部存货管理与在制品的流通,企业与企业的供需联络,乃至整个流通过程中物质资料的运输、存储、包装、装卸、搬运、配送、流通加工、信息处理等活动都整合起来,从降低成本、加快流通速度、提高整体效率和效益角度处理各种物流问题。原意是后勤学的"Logistics"包含了企业产、供、销全范围的物流活动管理问题,比较切合现代物流的实际情况。这个时候的物流概念和最初的军事后勤学上的物流概念虽然字面相同,但是意义已经不尽相同了:第一阶段军事后勤学上的"Logistics"概念主要是指军队物资供应调度上的问题,而新时期的"Logistics"概念则是在各个专业物流全面高度发展的基础上研究企业供、产、销等全范围、全方位的物流问题,其广度和深度都非最早的军事后勤的物流概念所能比拟。正因如此,现在的"Logistics"一般不能译为后勤学,更不能译为军事后勤学,而应当译为现代物流。

传统物流实行的是信息流、物流合一的方式。它以制造商为核心,产品生产出来后从分销商逐级推向客户,采用的是"先生产,后推销"的做法。在传统物流中货物沿着供应链向最终客户"推动",这样的系统需要在仓库中存储大量货物,常常导致库存不断增加,而当需求出现时又无法满足。传统物流将主要精力集中在仓储、库存和运输方面。在传统物流中需求信息和供应信息都是逐级由人工操作、传递,因此上一级供应商不能及时地掌握市场信息,对信息反馈速度比较慢,从而导致需求信息的扭曲。传统物流模式下供应商、制造商、销售商之间缺乏合作,难以形成稳定的供需关系。

现代物流实行的是信息流、物流分离的方式,制造商和客户可以直接进行信息交流,使制造商能够按需定产,减少了库存。在现代物流中货物可以从生产车间直接发往配送中心,再从配送中心送到客户手中,从而减少了流通环节,大大提高了物流的效率。因此现代物流具有信息化、自动化、网络化、智能化、柔性化和敏捷化等特点。

四、我国物流概念的引入

物流概念主要通过两条途径从国外传入我国,一条途径是在20世纪80年代初随着"市场营销"理论的引入而从欧美传入,因为在欧美的所有市场营销教材中,都毫无例外地要介绍"physical distribution",这两个单词直译为中文即为"实体分配"或"实物流通",我们普遍接受"实体分配"的译法。所谓"实体分配"指的就是商品实体从供给者向需求者进行的物理性移动。另一条途径是"physical distribution"从欧美传入日本,日本人将其译为日文"物流",80年代初,我国从日本直接引入"物流"这一概念至今。

在将物流概念引入我国之前,我国实际上一直存在着物流活动,即运输、保管、包装、装卸、流通加工等物流活动,其中主要是存储运输即储运活动。国外的物流业基本上就是我国的储运业，但两者并不完全相同，主要差别在于：

(1) 物流比储运所包含的内容更广泛。一般认为物流包括运输、保管、配送、包装、装卸、流通加工及相关信息活动，而储运仅指储存和运输两个环节，虽然其中也涉及包装、装卸、流通加工及信息活动，但这些活动并不包含在储运概念之中。

(2) 物流强调诸活动的系统化，从而达到整个物流活动的整体最优化，储运概念则不涉及存储与运输及其他活动整体的系统化和最优化问题。

(3) 物流是一个现代的概念，在第二次世界大战后才在各国兴起，而在我国储运是一个十分古老、传统的概念。

第二节　物流与流通、商流、资金流、信息流

一直以来，人们提到物流的话题时，常常与商流、资金流和信息流联系在一起，这是有一定道理的。因为商流、物流、资金流和信息流被称为流通领域过程中的四大组成部分，由这“四流”构成了一个完整的流通过程。“四流”互为存在，密不可分，相互作用，既是独立存在的单一系列，又是一个组合体。从整体上来考虑它们之间的关系，不仅有利于我们更好地理解物流，同时会产生更大的能量，创造更大的经济效益。

一、物流与流通

物流和流通是两个相互联系同时也要区别对待的概念。在流通过程中，物的物理性位移常伴随交换而发生，这种物的物理性位移是最终实现流通不可缺少的物的转移过程。物流中“流”的一个重点领域是流通领域，不少人甚至只研究流通领域，干脆将“流”与“流通”混淆起来。“流”和“流通”的区别主要在两点：一是涵盖的领域不同，“流”不但涵盖流通领域也涵盖生产、生活等领域，凡是有物发生物理性位移的领域，都是“流”的领域。流通中的“流”从范畴来看只是全部“流”的一个局部；另一个区别是“流通”并不以其整体作为“流”的一部分，而是以其实物物理性运动的局部构成“流”的一部分。流通领域中商业活动中的交易、谈判、契约、分配、结算等所谓“商流”活动和贯穿于之间的信息流等都不能纳入到物理性运动之中。

流通作为独立的研究对象来自于马克思的社会再生产过程的“四分法”，即生产、分配、交换(流通)、消费，马克思指出，“资本主义生产过程，就整体来看，是生产过程和流通过程的统一”，《资本论》将流通定义为“商品所有者的全部相互关系的总和”。作为联结生产者与消费者纽带的流通，它通常包含了商品销售过程中商流、物流、资金流与信息流的统一。在实际工作中，流通主要指商品销售和为商品销售提供增值服务过程中所采用的连锁经营、物流配送和电子商务等新型流通方式，以及由此形成的综合超市、大卖场、便利店、网上商城等新型流通业态。

现代物流发展的重点在于降低社会物流消耗，提高运行效率，包括提高社会资源的配送效率，降低全社会物流成本，实现流程再造和产业链整合。物流是一个多层面、系统的概

念,从理论上说它涉及从社会产品的原材料采购到社会商品的终端销售全过程。通常我们把降低原材料消耗称为第一利润源;把提高劳动生产率称为第二利润源;把降低物流成本称为第三利润源。现代物流不仅作用在生产领域,同样作用于流通领域;不仅作用于宏观局面,同样作用于微观局面。从单个企业流通的再造,到整个社会产业链的整合;从一个地区物流成本的降低,到整个国家物流成本的节约。

二、物流与商流

物流是基于交换即产品实体在空间位移中形成的经济活动,过程的结果是按一定时间要求完成社会再生产过程的物质补偿的实物替换,解决大生产引起的空间、时间上的矛盾。与之相对应的是社会生产中的专业化分工。这也就决定了物流中包含大量的技术问题或技术经济学问题。

商流是基于交换主体在经济利益上原因所形成的经济运动过程,过程的结果是按一定方式在等价交换基础上完成交换客体在所有权上的转移。因此,商流中会涉及大量社会经济问题和物质利益问题。商流与物流的互相分离,一般来说有以下几种情况。

(1) 商流在前,物流在后。物流是在商流之后完成的。商品的预购就是如此,实行商品预购,首先是买卖双方的一系列交易活动,如商务谈判、签订合同,交付定金或预付货款等。这时商品可能还没有生产出来,当然也不会有物流。经过一定的时间,等商品生产出来以后,才从产地运送到销地的购买者手里,而这时也就有了商品的包装、装卸、运输、保管等物流活动。

(2) 物流在前,商流在后。商品的赊销就属于这种情况。在商品赊销的条件下,买者不是先付贷款,而是先取得商品。商品实体首先发生包装、装卸、运输、储运等物流活动,经过这些活动后,才实行付款和结算,商流是在物流之后完成的。

(3) 商流迂回,物流直达。例如在商流中,产品的所有权多次易手,但产品实体可能从最初的售卖者直接送达最终的购买者。在这种场合,商流是曲线迂回地进行,但物流则不需要迂回进行,而是直达供货。

(4) 只有商流,没有物流。这种情况至少有以下两种情形。一种是建筑物、房产的买卖。一所大楼,可以经过许多卖主与买主的交易,反复地发生由商品变为货币和由货币变为商品的价值形态的变化,所在权出现多次的转移,但这所大楼依旧岿然不动,根本没有物的流通。第二种是商品的投机活动。在投机活动中,由商品变为货币和由货币变为商品可以进行过多次,由一个投机者手里转移到另一个投机者手里,商流不断地进行,但商品却可以沉睡在仓库里。这就是只有商流而没有物流。除此以外,也还有只有物流而没有商流的现象。我国农村农民家庭副业中的自给产品,就是这种情况。

商流和物流是商品流通中的两个方面,两者是互相制约的。在商流的一切活动中,中心环节是销售,其他活动都是为了实现商品的销售。离开销售,社会的需要就无从满足。商流堵塞,物流随之不畅。反过来,物流是商流的物质基础。物流堵塞,商流也不能畅通无阻;而商流与物流的分离不仅具有其客观必然性,而且也有其重要的现实意义:

第一,有利于减少商品实体运动不必要的中转环节,节约流通时间。例如,按照自然流向组织商品调运，采取商品运输的直线化，实行直线运输，曲线结算办法，就能有效克服由于商品所有权的转手而造成的不必要的中转，减少流通时间，从而加速商品流通过程；第二，有利于降低商品仓储运输数量，减少装卸次数，节省流通费用开支。例如按照商品实体运动的规律，合理布局商业仓库网络，就能有效地克服迂回、倒流、重复等不合理运输，从而大大节省流通费用的开支；第三，有利于加速商品流通的现代化进程。例如，随着物流体制改革的深入，物流中心及物流网络系统的建立就能有效地把分散在各行业、各企业的物流设施组织起来，形成合力，在此基础上广泛采用电子计算机，立体仓库等现代化管理手段和设施，从而大大推动我国商品流通的现代化进程。

研究商流与物流的分离还应该注意，两者分离可能产生某些消极作用。商流与物流的分离既是商品经济发展的产物，又会给商品经济的发展带来新的矛盾。例如，在商流与物流分离的条件下，非法投机、买空卖空活动易于滋生，不法之徒可能利用这种空隙转手倒卖，在“商流”活动中，不必要的多转手、多环节会造成中间环节膨胀，造成人为的损失、浪费。因此，对不同商品要注意从商流与物流分离特点上去采取不同的调控和管理方法，防止重要紧俏商品经营出现混乱。

三、物流、商流、资金流、信息流

近年来，人们提到物流的话题时，常常与商流、资金流和信息流联系在一起，这是因为从某种角度讲，商流、物流、资金流和信息流是流通过程中的四大相关部分，由这“四流”构成了一个完整的流通过程。“四流”互为依存，密不可分，相互作用。它们既有独立存在的一面，又有互动的一面。将商流、物流、资金流和信息流作为一个整体来考虑和对待，会产生更大的能量，创造更大的经济效益。

所谓商流，就是一种买卖或者说是一种交易活动过程，通过商流活动发生商品所有权的转移。商流是物流、资金流和信息流的起点，也可以说是后“三流”的前提，没有商流一般不可能发生物流、资金流和信息流。反之，没有物流、资金流和信息流的匹配和支撑，商流也不可能达到目的。“四流”之间有时是互为因果关系。比如，A 企业与 B 企业经过商谈，达成了一笔供货协议，确定了商品价格、品种、数量、供货时间、交货地点、运输方式等，并签订了合同，就可以说商流活动开始了。要认真履行这份合同，自然要进入物流过程，将货物进行包装、装卸、保管和运输，同时伴随着信息传递活动。如果商流和物流都顺利进行了，接下来是付款和结算，即进入资金流的过程。无论是买卖交易，还是物流和资金流，这三大过程中都离不开信息的传递和交换，没有及时的信息流，就没有顺畅的商流、物流和资金流。没有资金支付，商流不会成立，物流也不会发生。

可以说，商流是动机和目的，资金流是条件，信息流是手段，物流是终结和归宿。就是说由于需要或产生购买欲望，才决定购买，购买的原因和理由就是商流的动机和目的；因为想购买或决定购买某种商品，才考虑购买资金的来源或筹措资金问题。不付款商品的所有权就不归你，这就是条件；又因为决定购买，也有了资金，然后才付诸行动，这就是买主要向卖主传递一个信息，或去商店向售货员传递购买信息，或电话购物、网上购物，这些都是信息传递的过程，但这种过程只是一种手段；然而，商流、资金流和信息流产生后，必须有一个物流的过程，否则商流、资金流和信息流都没有意义。

第三节　物流的基本职能

物流的基本职能是指物流活动特有的、区别于其他经济活动的职责和功能。物流的基本职能从总体上说是从事商品实体运动的，是与商品使用价值运动有关的。因此，建立和健全必要的储存、运输基础设施，是发挥物流职能的前提条件。在此基础上，物流总体功能得以通过商品运输、仓储、包装、装卸搬运、流通加工、配送及与此有密切关联的信息服务职能的发挥体现出来。

一、运输职能

运输功能是物流的主要功能之一。运输(transportation)是用设备和工具，将物品从一个地点向另一地点运送的物流活动。运输是极为重要的一个环节，在物流活动中处于中心地位。运输的形式主要有铁路运输、公路运输、水路运输、航空运输和管道运输等。对运输问题进行研究的内容主要有：运输方式及其运输工具的选择，运输线路的确定，以及为了实现运输安全、迅速、准时、价廉的目的所施行的各种技术措施和合理化问题的研究等。

运输影响着物流的其他构成要素。如运输方式的选择决定着装运货物的包装要求；使用不同类型的运输工具决定其配套使用的装卸搬运设备以及接收和发运站台的设计；企业库存储存量的大小直接受运输状况的影响，发达的运输系统能比较适量、快速和可靠地补充库存，以降低必要的储存水平。

运输费用在物流费用中占有很大比重。在物流过程中，直接耗费的活劳动和物化劳动所支付的直接费用主要有运输费、保管费、包装费、装卸搬运费和物流过程中的损耗等，其中运输费用所占的比重最大。因此，在物流的各环节中，如何搞好运输工作，开展合理运输，不仅关系到物流时间占用多少，而且还会影响到物流费用的高低，不断降低物流运输费用，对于提高物流经济效益和社会效益都起着重要的作用。

运输合理化是物流系统合理化的关键。物流合理化是指系统以尽可能低的成本创造更多的空间效用、时间效用和形式效用。运输是各功能的基础与核心，直接影响着物流子系统，只有运输合理化，才能使物流结构更加合理，总体功能更优。

二、仓储职能

物流的仓储功能包括了对进入物流系统的货物进行堆存、管理、保管、保养、维护等一系列活动。仓储的作用主要表现在两个方面：一是完好地保证货物的使用价值和价值；二是为将货物配送给用户，在物流中心进行必要的加工活动而进行的保存。随着经济的发展，物流由少品种、大批量物流进入到多品种、小批量或多批次、小批次物流时代，仓储功能从重视保管效率逐渐变为重视如何才能顺利地进行发货和配送作业。流通仓库作为物流仓储功能的服务据点，在流通作业中发挥着重要的作用，它将不再以储存保管为其主要目的。流通仓库包括拣选，配货，检验，分类等作业并具有多品种、小批量，多批次、小批量等收货配送功能以及附加标签，重新包装等流通加工功能。根据使用目的，仓库的形式可分为：配送中心（流通中心）型仓库：具有发货，配送和流通加工的功能；存储中心型仓库：以存储为主的仓库；物流中心性仓库：具有存储，发货，配送，流通加工功能的仓库。

仓储的职能主要包括物品堆存、拼装分类、质量管理、交易中介、延期加工等内容。

物品堆存：堆存物品是仓储服务的基本职能。它要求在特定的场所，将物品收存并进行妥善的保管，确保被存储的物品不受损坏。

拼装分类：在仓储管理环节，物流企业可通过拼装分类提高其经济效益。对仓库收储的来自一系列制造工厂指定送往某一特定地区的物资，把它们拼装成单一的一票装运，就有可能实现最低的运输费率，并减少在客户的收货站台处发生拥塞。

质量管理：仓储部门在交还仓储物品时必须保持物品在收储时的质量，这是仓储管理者的一项基本义务。因此，仓储质量管理职能的发挥是仓储企业能否健康发展的关键因素。为了保证仓储物品的质量不发生变化，仓储部门必须采用先进的技术、采取合理的保管措施，妥善和勤勉地保管仓储物品。

交易中介：仓储经营人利用大量收储在仓库中的有形资产，通过与物资使用部门的广泛业务联系，使开展现货交易中介具有十分便利的条件。交易中介的发展，不仅有利于仓储物资的加速周转，而且有利于吸引仓储。

延期加工：仓库还可以通过承担加工或参与少量的制造活动，被用来延期或延迟生产。具有包装能力或加标签能力的仓库可以把产品的最后一道生产一直推迟到知道该产品的需求时为止。延期加工提供了两个基本经济利益：第一，风险最小化，因为最后的包装要等到敲定具体的订购标签和收到包装材料时才完成；第二，通过对基本产品使用各种标签和包装配置，可以降低存货水平。

三、包装职能

为使物流过程中的货物完好地运送到用户手中，并满足用户和服务对象的要求，需要对大多数商品进行不同方式、不同程度的包装。包装分为工业包装和商品包装两种。工业包装的作用是按单位分开产品，便于运输，并保护在途货物。商品包装的目的是便于最后的销售。因此，包装的功能体现在保护商品、单位化、便利化和商品广告等几个方面。前三项属物流功能，最后一项属营销功能。

保护功能：这是包装最基本的功能，即使商品不受各种外力的损坏。一件商品，要经多次流通，才能走进商场或其他销售场所，最终到消费者手中，这期间，需要经过装卸、运输、库存、陈列、销售等环节。在储运过程中，很多外因，如撞击、污浊、光线、气体、细菌等因素，都会威胁到商品的安全。因此，做为一个包装设计师，在开始设计之前，首先要想到包装的结构与材料，保证商品在流通过程中的安全。

便利功能：即商品的包装是否便于使用、携带、存放等。一个好的包装作品，应该以人为本，站在消费者的角度考虑，这样会拉近商品与消费者之间的距离，增加消费者的购买欲和对商品的信任度，也促进消费者与企业之间的沟通。

销售功能：以前，人们常说"酒香不怕巷子深"、"一等产品、二等包装、三等价格"，认为只要产品质量好，就不愁卖不出去。但是在市场竞争日益激烈的今天，厂商也深刻认识到包装的重要性。如何让自己的产品畅销，如何让自己的产品从琳琅满目的货架中脱颖而出，只靠产品自身的质量与媒体的轰炸，是远远不够的。好的包装，能够吸引消费者的目光，让消费者产生强烈的购买欲，从而达到畅销的目的。

四、装卸搬运职能

装卸搬运功能是指在同一地域范围进行的，以改变物品的存放状态和空间位置为主要内容和目的的活动。装卸搬运功能是整个物流活动不可缺少的组成部分，它作为各个环节的结合部，是物流运行的纽带。装卸搬运的功能主要体现在以下几方面：

(1) 装卸搬运是伴随生产过程和流通过程各环节所发生的活动，又是衔接生产各阶段和流通各环节之间相互转换的桥梁。因此，装卸搬运的合理化，对缩短生产周期、降低生产过程的物流费用、加快物流速度、降低物流费用等，都起着重要的作用。

(2) 装卸搬运是保障生产和流通其他环节得以顺利进行的条件。它的工作质量会对生产和流通其他各环节产生很大的影响，可能使生产过程不能正常进行，或者使流通过程不畅。所以，装卸搬运对物流过程其他各环节所提供的服务具有劳务性质，具有提供"保障"和"服务"的功能。

(3) 装卸搬运是物流过程中的一个重要环节，它制约着物流过程其他各项活动，是提高物流速度的关键。由于装卸搬运是伴随着物流过程其他环节的一项活动，往往没有引起人们的足够重视。可是，一旦忽视了装卸搬运，生产和流通领域轻则发生混乱；重则造成停顿。由此可见，改善装卸搬运作业，提高装卸搬运合理化程度，提高物流服务质量，发挥物流系统整体功能等，都具有十分明显的作用和重要的现实意义。

五、流通加工职能

流通加工是物品在生产地到使用地的过程中，根据需要施加包装、分割、计量、分拣、刷标志、拴标签、组装等简单作业的总称。流通加工是为了提高物流速度和物品的利用率，在物品进入流通领域后，按客户的要求进行的加工活动。即在物品从生产者向消费者流动的过程中，为了促进销售、维护商品质量和提高物流效率，对物品进行一定程度的加工。

(1) 克服生产和消费之间的分离，更有效地满足消费需求。这是流通加工功能最基本的内容。现代经济中，生产和消费在质量上的分离日益扩大和复杂。流通企业利用靠近消费者、信息灵活的优势，从事加工活动，能够更好地满足消费需求，使少规格、大批量生产与小批量、多样性需求结合起来。

(2) 提高加工效率和原材料利用率。集中进行流通加工，可以采用技术先进、加工量大、效率高的设备，不但提高了加工质量，而且提高了使用率和加工效率。集中进行加工还可以将生产企业生产的简单规格产品，按照客户的不同要求，进行集中下料，做到量材使用，合理套裁，减少剩余料。同时，可以对剩余料进行综合利用，提高原材料的利用率，使资源得到充分合理的利用。

(3) 提高物流效率。有的产品的形态、尺寸、重量等比较特殊,如过大、过重产品不进行适当分解就无法进行装卸运输,生鲜食品不经过冷冻、保鲜处理,在物流过程中就容易变质腐烂等。对这些产品进行适当加工,可以方便装卸搬运、储存、运输和配送,从而提高物流效率。

(4) 促进销售。流通加工对于促进销售也有积极的作用,特别是在市场竞争日益激烈的条件下,流通加工成为重要的促销手段。例如,将运输包装改换成销售包装,进行流通加工,改变商品形象以吸引消费者;将蔬菜、肉类洗净切块分包以满足消费者的要求;对初级产品和原材料进行加工以满足客户的需要,赢得客户信赖,增强营销竞争力等。

六、配送职能

配送是物流的一种特殊的、综合的活动形式,它几乎包括了物流的所有职能,是物流的一个缩影或在某一范围内物流全部活动的体现。一般而言,配送是集包装、装卸搬运、保管、运输于一体,并通过这些活动完成将物品送达的目的。配送问题的研究包括配送方式的合理选择,不同物品配送模式的研究,以及围绕配送中心建设相关的配送中心地址的确定、设施的构造、内部布置和配送作业及管理等问题的研究。

配送一般包括以下几种功能要素:

(1) 备货。备货是配送的准备工作或基础工作,备货工作包括筹集货源、订货或购货、集货、进货及有关的质量检查、结算、交接等。配送的优势之一,就是可以集中用户的需求进行一定规模的备货。备货是决定配送成败的初期工作,如果备货成本太高,会大大降低配送的效益。

(2) 储存。配送中的储存有储备及暂存两种形态。

配送储备是按一定时期的配送经营要求形成的对配送的资源保证。这种类型的储备数量较大,储备结构也较完善,视货源及到货情况,可以有计划地确定周转储备及保险储备结构及数量。配送的储备保证有时在配送中心附近单独设库解决。

另一种储存形态是暂存,是具体执行日配送时,按分拣配货要求,在理货场地所做的少量储存准备。由于总体储存效益取决于储存总量,所以,这部分暂存数量只会对工作方便与否造成影响,而不会影响储存的总效益,因而在数量上控制并不严格。还有另一种形式的暂存,是在分拣、配货之后,形成的发送货载的暂存,这个暂存主要是调节配货与送货的节奏,暂存时间不长。

(3) 分拣及配货。这是配送不同于其他物流形式的功能要素,也是配送成败的一项重要支持性工作。分拣及配货是完善送货、支持送货的准备性工作,是不同配送企业在送货时进行竞争和提高自身经济效益的必然延伸,因此,也可以说是送货向高级形式发展的必然要求。有了分拣及配货将大大提高送货服务水平,因此,分拣及配货是决定整个配送系统水平的关键要素。

(4) 配装。在单个用户配送数量不能达到车辆的有效载运负荷时,就存在如何集中不同用户的配送货物，进行搭配装载以充分利用运能、运力的问题，这就需要配装。

(5) 配送运输。配送运输属于运输中的末端运输、支线运输，和一般运输形态主要区别在于：配送运输是较短距离、较小规模、额度较高的运输形式，一般使用汽车作为运输工具。

(6) 送达服务。配好的货运输到用户还不算配送工作的完结，这是因为送货和用户接货可能还会出现不协调，这将极大地影响效果。因此，要圆满地实现运到之货的移交，并方便有效地处理相关手续并完成结算，还应讲究卸货地点、卸货方式等。送达服务也是配送独具的特性。

(7) 配送加工。在配送中，配送加工这一功能要素不具有普遍性，但往往是有重要作用的功能要素。主要原因是通过配送加工，能够大大提高用户的满意度。

七、信息服务职能

如果把一个企业的物流活动看作是一个系统的话，那么这个系统中就包括两个子系统：一个是作业子系统，包括上述运输、保管、包装、流通加工、配送等具体的作业功能；另一个则是信息子系统。信息子系统是作业子系统的神经系统。企业物流活动状况要及时收集，商流和物流之间要经常互通信息，各种物流职能要相互衔接，这些都要靠物流信息职能来完成。物流信息职能是由于物流管理活动的需要而产生的，其功能是保证作业子系统的各种职能协调一致地发挥作用，创造协调效用。

第四节　物流的分类

物流的分类有多种。如果按照物流系统的性质，可分为社会物流、行业物流和企业物流；按照物流活动的空间范围，可分为地区物流、国内物流和国际物流；按照物流的作用，可分为供应物流、生产物流、销售物流等；按照从事物流的主体，可分为第一、二、三、四方物流等。

一、按照物流系统的性质分类

根据物流系统的性质，可以将物流划分为社会物流、行业物流和企业物流。

1. 社会物流

社会物流一般指流通领域发生的物流。是全社会物流的整体，也称为宏观物流，是指国民经济各部门之间以及地区之间的各种物流过程。随着社会生产的发展、科学技术的进步，生产专业化程度越来越高，社会分工越来越细，生产分工渗透到产品内部，也就是说一种产品的生产可能涉及多个企业，这就使得国民经济各部门、各企业之间的交换关系越来越复杂，交换也越来越频繁，社会物流在商品的品种与数量上、在时间与方式的要求上都有极大的提高，社会物流对国民经济发展的影响力也日益增强。因此，发展社会物流，意义重大。在社会物流系统中，物流基础设施建设是“瓶颈”，道路、桥梁、机场、港口、码头的建设是一个国家物流发展必须首先解决的问题。社会物流作为一个整体概念，是物流科学研究的主要对象。随着社会物流的发展，物流管理与物流活动的现代化，社会物流已经成为衡量一个国家经济竞争力的重要指标。

2. 行业物流

"行业是指按生产同类产品或具有相同工艺过程或提供同类劳动服务划分的经济类别。"(《经济学辞典》)几个性质相同或生产工艺相同或产品相关联的企业或生产部门，达到一定规模后可以构成一个行业。同一行业中的企业，一部分由于产品的上下游关系而成为合作伙伴，一部分由于生产相同的产品，具有共同的市场而成为竞争对手。竞争企业之间的关系随着外在规模经济效应的作用，也逐步演变为竞合关系，在物流领域常常互相协作，因此形成了行业物流。行业物流也是社会生产力发展，社会分工细化以及商品经济发展的产物。行业物流可以使企业之间采用联合、合作的方式，合理利用物流设备，利用同一条物流供应线和贸易渠道，大大节约物流成本。

3. 企业物流

企业是国民经济的基本细胞，是具有自主经营、自我约束、自我发展、自负盈亏特征的生产、经营或服务的经济组织。企业物流是在企业经营范围内由生产、销售或服务活动而形成的物流系统。根据物流活动发生的先后顺序，企业物流可以进一步划分为供应物流、生产物流、销售物流、回收物流和废弃物物流。企业物流的过程以生产与经营的产品的不同而不同。对生产企业而言，它一般起于原材料、零部件的采购，经检验、入库、储存，流向生产车间，各工序间流转，制成品检验、入库等环节后，止于产品送达用户过程完成。对于废弃回收物还须经过废弃物、回收物流。对流通企业而言，起于进货或者商品送达，经清点、检验、入库、流通加工等环节后，止于商品送达到消费者手中的全过程。流通企业的物流也包括回收物流与废弃物物流。

二、按照物流活动的空间范围分类

按照物流活动的空间范围，物流可以分为地区物流、国内物流和国际物流。

1. 地区物流

地区有不同的划分原则。首先，按行政区域划分，我国可以划分为八大区：东北、华北、西北、西南、华南、华东、华中、港澳台地区。按省区来划分，可划分为北京、天津等30多个省、直辖市和自治区等；其次，按经济圈划分，如苏锡常经济区等；还有按地理位置划分的地区，如长江三角洲地区、河套地区、环渤海地区、珠江三角洲地区等。地区物流系统对于提高该地区企业物流活动的效率，以及保障当地居民的生活福利环境，具有不可缺少的作用。研究地区物流应根据地区的特点，从本地区的利益出发，组织好物流活动。如某城市建设一个大型物流中心，显然这对于当地物流效率的提高、降低物流成本、稳定物价是很有作用的。但是也会引起由于供应点集中、货车来往频繁，产生废气噪声、交通事故等消极问题。因此物流中心的建设不单是物流问题，还要从城市建设规划、地区开发计划出发统一考虑，妥善安排。

2. 国内物流

国家或相当于国家的实体是指拥有自己的领土、领海和领空的政治、经济实体。它所制定的各项计划、法令政策都是为其自身的整体利益服务的。物流作为国民经济的一个重要方面,应该纳入国家的总体规划。我国物流业也是社会主义现代化事业的重要组成部分,全国物流系统的发展必须从全局着眼,对于因为部门分割、地区分割所造成的物流障碍应该清除。在物流系统的建设投资方面也要从全局考虑,使一些大型物流项目能够尽早建成,为经济建设服务。

国家整体物流系统化的推进,必须发挥政府的宏观调控作用,具体来说有以下几方面:

① 物流基础设施的建设,如公路、高速公路、港口、机场、铁道的建设,以及大型物流基地的配置等。

② 制定各种交通政策法规,如铁路运输、公路运输、水路运输、航空运输的价格规定,以及税收标准等。

③ 物流活动有关的各种设施、装置、机械的标准化,这是提高全国物流系统运行效率的必经之路。为了标准化有所依据,必须界定"物流模数"的概念。物流模数是指为了实现物流合理化、标准化,在决定物流系统各个要素尺寸时,其数量应是某个基准尺寸的倍数(小数或整数倍),这个基准尺寸称为物流模数。物流活动中各种票据标准化、规格化也是重要的内容。

④ 物流新技术的开发、引进和物流技术专门人才的培养。

3. 国际物流

国际物流(international logistics)是指世界各国(或地区)之间,由于进行国际贸易而发生的商品实体从一个国家(或地区)流转到另一个国家(或地区)的物流活动。随着国际贸易的发展,物流国际化越来越突出,"物流无国界"已被人们所公认,国际物流将不断得到发展,这就要求有相应的国际物流设施和管理经验。国际物流比国内物流更为复杂,需要国际间的良好协作,同时也需要国内各方面的重视和参与。

三、按照物流的作用分类

根据物流的不同作用,可以将物流分为供应物流、生产物流、销售物流、回收物流和废弃物物流等。

1. 供应物流

供应物流(supply logistics)是指包括原材料等一切生产物资的采购、进货运输、仓储、库存管理、用料管理和供应管理,也称为原材料采购物流。它是生产物流系统中相对独立性较强的子系统,并且和生产系统、财务系统等生产企业各部门以及企业外部的资源市场、运输部门有密切的联系。供应物流是企业为保证生产节奏,不断组织原材料、零部件、燃料、辅助材料供应的物流活动,这种活动对企业进行正常、高效率的生产发挥着保障作用。企业供应物流不仅要实现保证供应的目标,而且要在低成本、少消耗、高可靠性的限制条件下来组织供应物流活动,因此难度很大。企业竞争的关键在于如何降低这一物流过程的成本，可以说是企业物流的最大难点。为此，企业供应物流必须解决有效的供应网络、供应方式、零库存等问题。

2. 生产物流

生产物流（production logistics）一般是指：原材料、燃料、外购件投入生产后，经过下料、发料，运送到各加工点和存储点，以在制品的形态，从一个生产单位（仓库）流入另一个生产单位，按照规定的工艺过程进行加工、储存，借助一定的运输装置，在某个点内流转，又从某个点内流出，始终体现着物料实物形态的流转过程。生产物流和生产流程同步，是从原材料购进开始直到产成品发送为止的全过程的物流活动。原材料、半成品等按照工艺流程在各个加工点之间不停顿地移动、转移，形成了生产物流。它是制造产品的生产企业所特有的活动，如果生产中断了，生产物流也就随之中断了。过去，人们在研究生产活动时，主要注重一个个具体的生产加工过程，而忽视了将每一个生产加工过程串在一起，使得一个生产周期内，物流活动所用的时间远多于实际加工的时间。所以企业生产物流的研究，可以大大缩减生产周期，节约劳动成本。

3. 销售物流

销售物流（sales logistics）是指生产企业、流通企业出售商品时，物品在供方与需方之间的实体流动。销售物流是企业物流系统的最后一个环节，是企业物流与社会物流的又一个衔接点。它与企业销售系统相配合，共同完成产成品的销售任务。销售活动的作用是企业通过一系列营销手段，出售产品，满足消费者的需求，实现产品的价值和使用价值。销售物流的起点，一般情况下是生产企业的产成品仓库，经过分销物流，完成长距离、干线的物流活动，再经过配送完成市内和区域范围的物流活动，到达企业、商业用户或最终消费者。销售物流是一个逐渐发散的物流过程，这和供应物流形成了一定程度的镜像对称，通过这种发散的物流，使资源得以广泛的配置。

4. 回收物流

回收物流（returned logistics）也称为逆向物流，是指不合格物品的返修、退货以及周转使用的包装容器从需方返回到供方所形成的物品实体流动。比如回收用于运输的托盘和集装箱、接受客户的退货、收集容器、原材料边角料、零部件加工中的有缺陷的在制品等的销售方面物品实体的反向流动过程。

5. 废弃物物流

废弃物物流（waste material logistics）是指将经济活动中失去原有使用价值的物品，根据实际需要进行收集、分类、加工、包装、搬运、储存等，并分别送到专门处理场所时所形成的物品实体流动。随着科学技术的发展和人民生活水平的提高，人们对物资的消费要求越来越高：既要质量好又要款式新。于是被人们淘汰、丢弃的物资日益增多。这些产生于生产和消费的过程中的物质，由于变质、损坏，或使用寿命终结而失去了使用价值。它们有生产过程的边角余料、废渣废水以及未能形成合格产品而不具有使用价值的物质；有流通过程产生的废弃包装材料；也有在消费后产生的排泄物，如家庭垃圾、办公室垃圾等。这些排泄物一部分可以回收并再生利用，称为再生资源，形成回收物流。另一部分在循环利用过程中，基本或完全丧失了使用价值，形成无法再利用的最终废弃物，即废物。废弃物经过处理后，返回自然界，形成废弃物物流。废弃物物流对企业没有直接的经济效益，但具有不可忽视的社会效益。

第五节　物流学及其基本理论

一、物流学的概念

物流学是一门综合性、应用性、系统性和拓展性很强的科学。20 世纪 70 年代以来，物流学在世界范围内受到广泛重视并获得迅速发展。

具体来说，物流学是研究物料流、人员流、信息流和能量流的计划、调节和控制的科学。德国的 R. 尤尼曼指出："物流学(logistics)是研究对系统(企业、地区、国家、国际)的物料流(material flow)及有关的信息流(information flow)进行规划与管理的科学理论。"物流学研究生产、流通和消费领域中的物流活动规律，寻求创造最大的时间和空间效益。

物流学研究的基本问题是如何降低物流活动的成本并保证物流服务水平的提高。这个二律背反问题困扰了企业界和学术界多年，因为物流成本的降低和物流服务水平的提高这本身是一对矛盾，服务水平的提高意味着更多的投入，成本相应要增加，而物流作为第三利润源泉，又是企业降低成本的最后一块处女地，所以二者之间关系如何协调、平衡，正是物流学要研究的基本问题。

简言之，物流学科就是运用物流系统的基本原理，研究物流系统的约束条件、物流系统的内部结构和物流系统的功能，在这过程当中会产生大量的研究技术、方法和策略。

物流学作为一门新兴学科，在概念和理论形成过程中要借鉴大量其他学科的理论，如经济学、管理学、工程学、系统论和运筹学等。从我国目前物流学研究方向看，可以大致划分为四块：物流基础理论、物流管理理论、物流技术理论和物流产业理论。

二、物流学的学科性质

物流学是综合性交叉学科：涉及自然科学、社会科学和工程技术科学；涉及生产、流通和消费领域以及国民经济的许多部门。

物流学可以看作是管理学科的一个分支，尽管物流学涉及许多技术，但也可看作是软科学。物流科学是融汇了技术科学和经济科学的综合科学，其内容包括相当广泛，如系统科学、管理科学、环境科学、流通科学、运输科学、仓储科学、营销科学、再生科学以及机械、电子等方面专门技术。物流科学是现代大生产、大流通的必然产物。

物流学属于应用科学的范畴，其实践性和应用性比较强，其研究大多数是相关学科的研究成果在物流领域中的应用。

物流学具有系统科学的特征。系统性是物流学的最基本特征。物流科学产生的基础就是发现了各物流环节存在着相互关联、相互制约的关系，证明它们是作为统一的有机整体的一部分存在的，这个体系就是物流系统。现代物流学的学科体系如图1.1所示。

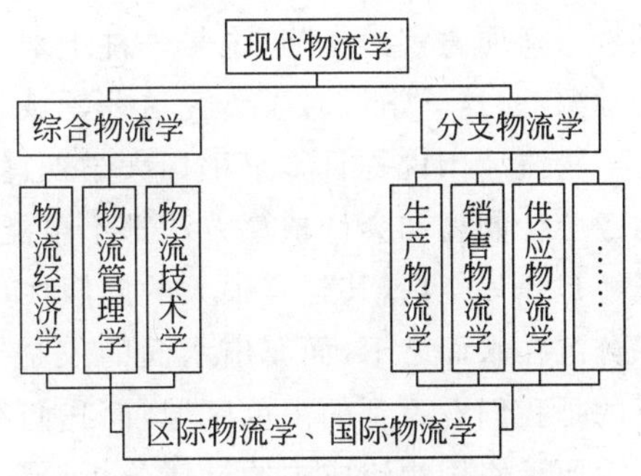

图1.1 现代物流学的学科体系

三、物流学的研究方法

物流学的研究方法可以采用定性研究方法和定量研究方法。定性研究方法主要是通过问卷、面谈、案例研究等方式，针对具体情况的社会性和心理性侧面的研究方法，属于管理类方法。但这种方法也越来越多地结合对调研结果的数量化处理，通过统计分析获得数量化分析结果。

定量研究方法主要是运用运筹学中优化理论、博弈论及统计分析规划最优运输路线、库存、物流网络等；建立组织利润最大化模型，模拟组织间的竞合关系，寻求最优的契约设计。有的还运用数理统计方法分析市场状况，构造各种数量模型，分析物流市场供求调查结果、企业物流评价指标等。此外，仿真方法也在物流学的研究中得到越来越广泛的运用。仿真方法一般是对系统的可执行的模型进行实验。仿真方法具有实验经济学的思想，越来越广泛地应用于物流环节优化和组织优化研究中。

四、物流学的主要观点

1. 商物分离

商物分离是物流科学赖以存在的先决条件。商物分离是指流通中两个组成部分——商业流通和实物流通各自按照自己的规律和渠道独立运动。

第二次世界大战之后，流通过程中“实际流通”和“所有权转让”两种不同形式出现了明显的分离，逐渐变成了两个有一定独立运动能力的不同运动过程，这就是所谓的“商物分离”。“商”指“商流”，即商业性交易，实际是商品价值运动，是商品所有权的转让，流动的是“商品所有权证书”，是通过货币实现的；“物”即“物流”，是商品实体的流通。

商流和物流也有其不同的物质基础和不同的社会形态。从马克思主义政治经济学角度看，在流通这一统一体中，商流明显偏重于经济关系、分配关系、权力关系，因而属于生产关系范畴。而物流明显偏重于工具、装备、设施及技术，因而属于生产力范畴。

所以，商物分离实际是流通总体中的专业分工，职能分工，是通过这种分工实现大生产式的社会再生产的产物。这是物流科学中重要的新观念。

物流科学正是在商物分离基础上才得以对物流进行独立的考察，进而形成的科学。

2. 黑大陆和物流冰山说

著名的管理学权威P. F. 德鲁克曾经讲过：“流通是经济领域里的黑暗大陆。”德鲁克泛指的是流通，但是，由于流通领域中物流活动的模糊性尤其突出，是流通领域中人们更认识不清的领域，所以，“黑大陆”说法现在主要针对物流而言。

“黑大陆”说法主要是指尚未认识、尚未了解，在黑大陆中，如果理论研究和实践探索照亮了这块黑大陆，那么摆在人们面前的可能是一片不毛之地，也可能是一片宝藏之地。从某种意义而言，“黑大陆”说是一种未来学的研究结论，是战略分析的结论；带有很强的哲学的抽象性，这一学说对于研究这一领域起到了启迪和动员作用。

物流冰山说是日本早稻田大学西泽修教授提出的，他在研究物流成本时发现，现行的财务会计制度和会计核算方法都不可能掌握物流费用的实际情况，因而人们对物流费用的了解是一片空白，甚至有很大的虚假性，他把这种情况比作“物流冰山”。冰山的特点，是大部分沉在水面之下，而露出水面的仅是冰山的一角。物流便是一坐冰山，其中沉在水面以下的是我们看不到的黑色区域，而我们看到的只是物流的一部分。

西泽修用物流成本的具体分析论证了德鲁克的“黑大陆”说，事实证明，物流领域的方方面面对我们而言还是不清楚的，在黑大陆中和冰山的水下部分正是物流尚待开发的领域，正是物流的潜力所在。

3. 第三利润说

“第三利润源”的说法主要出自日本。“第三利润源”，是对物流潜力及效益的描述。从历史发展来看，人类历史上曾经有过两个大量提供利润的领域。一个是资源领域，另一个是人力领域。资源领域起初是廉价原材料、燃料的掠夺或获得，其后则是依靠科技进步、节约消耗、综合利用、回收利用乃至大量人工合成资源而获取高额利润，习惯称之为“第一利润源”。人力领域最初是廉价劳动，其后则是依靠科技进步提高劳动生产率，降低人力消耗或采用机械化、自动化来降低劳动耗用，从而降低成本，增加利润，这个领域习惯称作“第二利润源”。

在前两个利润源潜力越来越小，利润开拓越来越困难的情况下，物流领域的潜力开始被人们所重视，按时间序列排为“第三利润源”。第三利润源的理论最初认识是基于两个前提条件：第一，物流是可以完全从流通中分化出来，形成一个独立运行的，有自身目标和管理，因而能对其进行独立的总体的判断；第二，物流和其他独立的经营活动一样，它不是总体的成本构成因素，而是单独赢利因素，物流可以成为“利润中心”型的独立系统。

4. 效益背反说

效益背反指的是物流的若干功能要素之间存在着损益的矛盾，即某一个功能要素的优化和利益发生的同时，必然会存在另一个或另几个功能要素的利益损失，反之也如此。这是一种此涨彼消，此盈彼亏的现象，虽然在许多领域中都存在这种现象，但是在物流领域，这个问题似乎尤其严重。

效益背反说有许多有力的实证予以支持，例如包装问题。假定其他成本因素不变，包装越省，利润则越高。但是，一旦商品进入流通之后，如果节省的包装降低了产品的防护效果，就会造成储存、装卸、运输功能要素的工作劣化和效益大减。显然，包装活动的效益是以其他的损失为代价的。我国流通领域每年因包装不善出现的上百亿的商品损失，就是这种效益背反的实证。

在认识效益背反的规律之后，物流科学迈出了认识物流功能要素这一步，而寻求解决和克服各功能要素效益背反现象。将包装、运输、保管等功能要素的有机联系寻找出来，成为一个整体来认识物流，进而有效解决“效益背反”，追求总体的效果，这是物流科学的一大发展。

5. 成本中心说、利润中心说、服务中心说和战略说

人们对物流系统起什么作用、达到什么目的有不同的认识、不同的观念，因此也派生出这些不同的管理方法。

成本中心的含义，是物流在整个企业战略中，只对企业营销活动的成本发生影响，物流是企业成本的重要的产生点，因而，解决物流的问题，并不主要是为要搞合理化、现代化，不主要在于支持保障其他活动，而主要是通过物流管理和物流的一系列活动降低成本。显然，成本中心的考虑没有将物流放在主要位置，尤其没有放在企业发展战略的主角地位，改进物流如果目标只是在于降低成本，这势必也会影响物流本身的战略发展。

利润中心的含义，是物流可以为企业提供大量直接和间接的利润，是形成企业经营利润的主要活动。非但如此，物流也是国民经济中创利的主要活动。物流的这一作用，被表述为“第三利润源”。

服务中心说代表了美国和欧洲等一些国家学者对物流的认识，他们认为，物流活动最大的作用，并不在于为企业节约了消耗，降低了成本或增加了利润，而是在于提高企业对用户的服务水平进而提高了企业的竞争能力。

战略说在当前非常盛行，实际上学术界和产业界越来越多的人已逐渐认识到，物流更具有战略性，是企业发展的战略而不是一项具体的任务。将物流和企业的生存和发展直接联系起来的战略说的提出，对促进物流的发展具有重要意义，企业不追求物流的一时一事的效益，而着眼于总体，着眼于长远，于是物流本身战略性发展也提到议事日程上来。战略性的规划，战略性的投资，战略性的技术开发是最近几年促进物流现代化发展的重要原因。

本章小结

本章对物流和物流学的基本理论进行了概述。首先介绍了国内外物流的产生和发展过程，并结合国内外的物流专业机构和物流学者的研究，对物流的概念进行了较为深入的辨析。

提到物流，就不可避免地会提到商流、资金流和信息流。这“四流”被称为流通领域过程中的四大组成部分，构成了一个完整的流通过程。本章以物流为基础，分析了物流与流通以及商流、资金流和信息流之间的关系，强调了物流在整个流通环节的作用。

物流的总体功能得以通过运输、仓储、包装、装卸搬运、流通加工、配送及与此有密切关联的信息服务等七个基本职能的发挥体现出来。这七个基本职能相互衔接，构成了物流活动的基本流程。

从不同的角度，物流有不同的分类方法，从而使物流的研究领域更加细化。而无论何种分类方法，都需要对物流的本质特征有准确的把握。

物流学作为一门综合性的交叉学科，涉及生产、流通和消费领域以及国民经济的许多部门。作为一门科学，可以从定量和定性的角度分别对其进行研究，并形成了几个具有代表性的观点和学说。

1. 解释并分析物流是“第三方利润源”。
2. 怎样理解物流的定义？
3. 简述流通在社会经济中的地位和作用。
4. 简述企业物流合理化的意义。
5. 物流系统要素目标间存在“二律背反”现象，那么运输对其他要素可能有哪些影响？

参考文献

[1] 王之泰.新编现代物流学[M].北京：首都经济贸易大学出版社，2008.
[2] 汝宜红.物流学[M].北京：高等教育出版社，2009.
[3] 徐寿波.关于物流的科学分类问题[J].北京交通大学学报(社科版)，2002(02)：11-15.
[4] 崔介何.物流学[M].北京：北京大学出版社，2010.
[5] 王之泰.从“黑大陆”到“灰大陆”：王之泰物流研究30年轨迹[M].重庆：重庆大学出版社，2009.
[6] 周志春.对现代流通与现代物流业发展定位的思考[J].湖南商学院学报，2005(03)：21-23.

第二章　物流系统分析

引导案例

沉重的托盘

托盘是最基本的物流器具，有人称其为“活动的平台”、“可移动的地面”。这个不起眼又无处不在的器具能否支撑起中国乃至整个亚洲庞大的物流世界？能，肯定能。但是，现在还不能。正因为现在不能，所以用托盘提高物流效率，使物畅其流，成为了物流业界关注的焦点。

事实上，托盘必须合理使用才能最大地发挥其效能。在高效率的现代物流系统中，托盘货物单元应该作为一个整体，实行托盘作业一贯化，而托盘标准化是实施托盘作业一贯化的前提，是建立托盘共用系统的必要条件。

叉车被称为搬运之神，但只有和托盘相配合才能发挥它的威力。在物流系统中，要处理的对象绝大多数都是杂件，货物形状各异、大小不一。为了实现机械化、自动化，最好的办法就是把货物规划为整齐划一的作业单元。而托盘恰恰是这个单元的最佳载体。它便于叉车装卸搬运，从而大大提高了作业效率。因而以托盘为基础的货物单元是物流系统中最主要的单元。

无论是物流企业，还是生产企业、商业企业，从来没有人怀疑托盘的重要性。只是他们站在各自的位置上看托盘，目送托盘的视线范围仅仅限于各自作业的半径。工厂根据自己的产品规格确定托盘的尺寸，仓储企业根据自己的货架衡量托盘的大小，运输企业则根据卡车和集装箱的大小考虑托盘。在商业社会各扫自家门前雪，没有什么不对，但是物流涉及各个企业、各个部门、各个行业、各个国家。货物在流动中，由于托盘的规格不统一而不能在物流作业链中连续使用，不得已被搬上搬下，多次倒换托盘。而这个时候，机械化和自动化的设备大多派不上用场，物流作业效率低下。

就像插头与插座，如果不匹配就不能通电。托盘的规格尺寸与货架、运输车辆以及集装箱的尺寸都有制约关系，只有它们的规格相互协调，物流系统才能高效。因此，在确定物流系统各种设备的基本参数时，所选用的托盘规格是首先要考虑的因素。为什么不以货物的包装外形去设计托盘的规格？这一点日本托盘租赁株式会社坂井健二社长最有发言权。“因为货物的包装是各种各样的，以此为基础就会出现五花八门的托盘，难以实现合理的运输。日本在20世纪60年代各货主根据自己的产品包装外形来订制托盘，结果市场上出现了近千种规格的托盘。当发现问题的严重性的时候，力图实现统一的规格已经晚了。”因此，根据货物的包装外形去设计托盘的规格是本末倒置的。他建议，中国应该吸取日本的教训，在托盘尚未出现混乱的时候，制定和推行国家标准规格，以便早日实现规格的统一。

根据托盘专业委员会的调查，我国目前流通中的托盘规格有几十种，并且还有增多之势。许多生产企业为了能让自己的产品远销世界，光托盘就生产了七八种之多。可以说，中国托盘使用的现状接近“混沌”状态。因此，尽早出台托盘标准，建立托盘共用系统是关系到托盘业长足发展的关键因素。

经过多年努力，我国《联运通用平托盘主要尺寸及公差》国家标准于 2008 年 3 月 1 日正式在全国范围内实施。素有“欧亚之争”、“日美之争”，对物流行业发展具有划时代意义的物流标准终于“落地”，最终选定 1 200×1 000mm 和 1 100×1 100mm 两种规格作为我国塑料托盘国家标准，并优先推荐使用 1 200×1 000mm 规格。这次塑料托盘标准的科学修订，为我国塑料托盘联营创造了有利条件。而塑料托盘联营体系的建立将会有效地带动更多的生产流通企业，按照物流基础模数设计产品包装尺寸，采用标准化的货架存储货物，租用与标准托盘相适用的运载工具配送，从而推动整个物流标准化进程，有效提高我国物流运作效率，降低物流成本。据估计，托盘的标准化和塑料托盘联营体系的建立，能够使得我国物流成本降低 1%～1.5%，那么它将为我国每年节约物流成本 1 000 亿～1 500 亿元。众所周知，物流成本是交易费用的一部分，物流成本的降低将会进一步导致社会劳动分工，提高全社会劳动生产效率，这方面的经济贡献不可估量。发达国家的实践表明，塑料托盘标准化能够加速物流作业的机械化进程，对降低商品包装强度，减少物流垃圾，保护生态环境都有显著的效果。

（资料来源：根据以下资料改写而成：褚方鸿. 沉重的托盘. 物流技术与应用[J]. 2004(12)：31-35；我国两种规格塑料托盘国家标准敲定[EB/OL]. [2010-09-21]. http://www. chinawuliu. com. cn/cflp/newss/content/201009/672_123249. html)

第一节 系统概述

一、系统的概念

系统是人类在认知过程中，从关注被认知对象的各个部分、各部分之间的关系中形成的一个概念。本质上，系统是对被认知对象的整体性质的强调。

“系统”一词最早出现于古希腊语中，是“部分组成的整体”的意思。系统的思想和观点由来已久，古代的很多哲学思想就反映出了朴素的系统概念。中国传统的自然观是有机整体论思想，认为自然界是个活的有机体，天、地、人，物质和精神，人与自然环境之间没有严格的界限，它们是相互依赖、相互渗透的，自然界不是由各个组成部分机械叠加的。有机整体论本质是一种朴素的系统思想和方法，它在中国古代社会实践中的运用曾创造了杰出的成就。当人们来到四川成都都江堰水利枢纽工程参观时，无不为 2000 多年前由秦国蜀郡郡守李冰父子主持设计和修建的这一伟大工程而感到惊叹，这是一个充分运用朴素的系统工程方法建造的杰作。

进入 20 世纪，随着自然科学全面而迅速的发展，各种观测和实验方法的不断进步，人类对客观世界的认识也逐渐从分散的、孤立的、局部的认识提高到一种更高的层次，即借助现代科学技术将分散的认识联系起来,形成了事物的整体以及构成整体的各部分之间的相互联系,从而形成了科学的系统观,系统思想得到快速发展。1937年,美籍奥地利理论生物学家L. V. 贝塔朗菲(Ludwig Von Bertalanffy)首次将系统作为一个重要的科学概念予以研究,他认为系统是相互作用的诸要素的复合体。

从中文字面看,"系"指关系、联系;"统"指有机统一,"系统"则指有机联系和统一。系统概念并不神秘,它广泛存在于自然界、人类社会和人类思维之中。大到浩瀚的银河系,小到肉眼看不到的原子核,从复杂的导弹系统到一种简单的产品,都可视为系统。如国家的交通运输系统是由铁路运输、公路运输、水路运输、航空运输、管道运输这些子系统构成的大系统。

在美国的《韦氏大辞典》中,"系统"一词被解释为"有组织的或被组织化的整体;结合着的整体所形成的各种概念和原理的综合;由有规则的相互作用、相互依存的形式组成的诸要素集合等"。在日本的JIS标准中,"系统"被定义为"许多组成要素保持有机的秩序,向同一目的行动的集合体"。钱学森教授对系统所下的定义是:"把一个极其复杂的研究对象称为系统。即由相互作用和相互依赖的若干组成部分结合而成的具有特定功能的有机整体,而这个系统本身又是它所从属的一个更大系统的组成部分"。综合以上论述,本书将系统定义为:系统是由两个或两个以上相互区别并相互联系的要素,为了达到一定目的,以一定方式结合起来而形成的整体。

二、系统的形态

系统是以不同的形态存在的,系统的形态与其所要解决的问题密切相关。根据生成的原理和反映的属性不同,系统可以进行如下分类:

1. 自然系统和人造系统

按照系统的起源,自然系统是由自然过程产生的系统,这类系统的组成部分是自然物(矿物、植物、动物等)所自然形成的系统,像海洋系统、矿藏系统、生态系统等。

人造系统则是人们将有关元素,按其属性和相互关系组合而成的系统,如人类对自然物质加工,造出各种机器所构成的各种工程系统,像葛洲坝水利电力系统。

实际上,大多数系统是自然系统与人造系统的复合系统。如在人造系统中,有许多是人们运用科学力量,改造了自然系统。随着科学技术的发展,出现了越来越多的人造系统。值得注意的是,随着许多人造系统的出现,其结果却破坏了自然生态系统的平衡,造成严重的环境污染,破坏了生态系统的良性循环。近年来,系统工程愈来愈注意从自然系统的属性和关系中,探讨研究人造系统。

2. 实体系统与概念系统

凡是以矿物、生物、机械和人群等实体为构成要素所组成的系统称之为实体系统。凡是由概念、原理、原则、方法、制度、程序等概念性的非物质实体所构成的系统称为概念系统,如管理系统、军事指挥系统、社会系统等。在实际生活中,实体系统和概念系统在多数情况下是结合的,实体系统是概念系统的物质基础,而概念系统往往是实体系统的中枢神经,指导实体系统的行为,如军事指挥系统中既包括军事指挥员的思想、信息、原则、命令等概念系统，也包括计算机系统、通信设备系统等实体系统。

3. 动态系统和静态系统

静态系统是其固有状态参数不随时间改变的系统，它没有既定的相对输入和输出，其在系统运动规律的表征模型中不含时间因素，即模型中的变量不随时间而变化，如城市规划布局、车间平面图等。动态系统是系统状态变量随时间而改变的系统，它有输入和输出及装换过程，一般都有人的行为因素在内，如生产系统、服务系统和社会系统等。

4. 控制系统与行为系统

控制就是为了达到某个目的而给对象系统所加的必要动作，控制对象要由控制装置操纵、使其符合规定的目的。因此，为了实行控制而构成的系统叫做控制系统。当控制系统由控制装置自动进行时称之为自动控制系统，如计算机控制的机械加工生产过程控制系统等。

行为系统是以完成目的的行为作为构成要素而形成的系统。行为就是为了达到某一确定的目的而执行某种特定功能的一种作用，这种作用能对外部环境产生某些效用。这种系统一般是根据某种运行机制而实现某种特定行为的系统，而不是受某种控制作用而运行的系统。

5. 开放系统与封闭系统

与环境产生联系的系统是开放系统，否则是封闭系统。真正意义上的封闭系统是不存在的，如果存在，那肯定是人造的封闭系统。因为，按照耗散结构理论，由于封闭系统的熵将逐渐增加直至达到最大，最后系统必然灭亡。所以现实存在的系统都是开放系统，当然还可以根据开放的程度进行进一步分类。

三、系统的特征

1. 整体性

系统的整体性说明，具有独立功能的系统要素以及要素间的相互关系（相关性、阶层性）是根据逻辑统一性的要求，协调存在于系统整体之中。就是说，任何一个要素不能离开整体去研究，要素间的联系和作用也不能脱离整体的协调去考虑。系统不是各个要素的简单拼凑，它是具有统一性的一个系统总体。即使是把那些单个功能并不优越的要素经系统组合起来，但形成的系统总体却可以具有优越的功能，也可以产生新的功能。

由于这种整体功能不是各要素所单独具有的，因此对于各要素来说，这种整体功能的产生就不仅是一种数量上的增加，更表现为一种质变，系统整体的质不同于各要素的质。马克思和恩格斯曾以协作、分工和工场手工业，机器和大工业领域内不同的系统整体存在着不同效应的事实指出，"许多人协作，许多力量融合为一个总的力量"，就造成了一种"新的力量"，这种新的力量和它的一个个力量的总和有本质的差别。这里"新的力量"就是系统整体效应所呈现的新质，这是单个要素所不具有的。系统整体之所以能产生新质，是因为在系统整体的各个组成部分之间，相互联系和相互作用形成一种协同作用；只有通过协同作用，系统的整体功能才能显现。

2. 相关性

组成系统的要素是相互联系、相互作用的，相关性说明这些联系之间的特定关系以及这些关系之间的演变规律。例如，城市是一个大系统，它是由资源系统、市政系统、文化系统、教育系统、医疗卫生系统、商业系统、工业系统、交通运输系统、邮电通信系统等相互联系的部分组成，通过系统内各子系统相互协调的运转去完成城市生活和发展的特定目标。各子系统之间具有密切的关系，相互影响、相互制约、相互作用，牵一发而动全身。要求系统内的各个子系统的目标服从整体目标，提高系统的有序性，尽量避免系统的"内耗"，提高系统整体运行的效果。

3. 目的性

通常系统都具有某种目的，要达到既定的目的，系统都具有一定的功能，而这正是本系统区别于其他系统的标志。系统的目的一般用更具体的目标来体现，对于比较复杂的社会经济系统都具有不止一个的目标，因此，需要用一个指标体系来描述系统的目标。例如，衡量一个工业企业的经营实绩，不仅要考核它的产量、产值指标，而且要考核它的成本、利润和质量指标的完成情况。在指标体系中各个指标之间有时是相互矛盾的，有时是互为消长的。因此，要从整体出发，力求获得全局最优的经营效果，这就要求在矛盾的目标之间做好协调工作，寻求平衡或折中方案。

4. 动态性

系统处于永恒的运动之中。一个系统要不断输入各种能量、物质和信息，通过在系统内部特定方式的相互作用，将它们转化为各种结果输出。系统就是在这种周而复始的运动、变化中生存和发展，人们也是在系统的动态发展中实现对系统的管理和控制。

5. 环境适应性

任何一个系统都存在于一定的物质环境之中，因此，它必然要与外界环境产生物质的、能量的和信息的交换，外界环境的变化必然引起系统内部各要素之间的变化。系统必须适应外部环境的变化，不能适应环境变化的系统是没有持续生命力的。只有能够经常与外界环境保持最优适应状态的系统，才是经常保持不断发展势头的理想系统。例如，任何一个工业企业都必须经常了解市场动态和同类企业的经营动向、有关行业的发展动态、国内外市场的需求等环境的变化，在此基础上研究企业的经营策略，调整企业的内部结构，以适应环境的变化。

第二节　物流系统概述

现代物流的一个显著特征就是其所具有的系统性。物流不是运输和保管等功能的简单叠加，而是以信息为中介，由运输、保管等相关功能要素构成的有机整体，是一个系统。在物流系统中，各个功能要素之间存在着"效益背反"关系，因此，个别部分的最优化并不等于系统整体的最优化，追求物流系统整体的最优化是物流管理的重要目标。树立物流系统化观念，对于搞好物流管理，优化物流系统，实现物流的合理化十分重要。推进物流系统化就是运用一定的技术方法和手段，将构成物流系统的各个功能要素活动从一个混沌状态调整为一个有序状态。物流系统化既是我们从事物流管理所采用的最基本的方法，也是物流管理要达到的重要目标。本节首先阐述物流系统的基本特征，在此基础上，就物流系统化的目标和内容以及推进物流系统化的方法进行讨论。

一、物流系统的概念

系统对于物流来说是个十分重要的概念,物流与运输、保管等所谓传统物流活动的本质区别就在于物流贯穿着系统化管理思想和系统化运作方式。传统的物流各要素自成一体,它们之间没有形成一种有机联系。我们通常所说的要整合或集成现有物流资源,其实质就是通过对传统物流系统中各要素的集成或整合,改变其系统结构,建立现代物流系统。物流本身就是一个带有系统含义的概念,物流管理就是运用系统化的思想和方法对物流活动实施计划、组织、协调和控制,以实现物流的合理化和效率化,进而达到降低物流成本,提高物流服务水平的目的。物流思想是系统思想在物流领域的体现,准确地把握物流系统的本质,对于我们理解物流,掌握物流的理论和方法具有重要意义。

物流系统是指在一定的时间和空间里,由所需位移的物资与包装设备、装卸搬运机械、运输工具、仓储设施、人员和通信联系等若干相互制约的动态要素,所构成的具有特定功能的有机整体。物流系统的目的是实现物资的空间和时间效益,在保证社会再生产顺利进行的前提条件下,实现各种物流环节的合理衔接,并取得最佳的经济效益。

二、物流系统的要素

物流系统要素是组成物流系统的部分。与一般的管理系统一样,物流系统是由人、财、物、设备、信息和任务目标等要素组成的有机整体。由于物流系统的特点,根据研究目的的不同,物流系统的要素具体可分为功能要素、流动要素、物质基础和支撑要素四个方面。

1. 物流系统的功能要素

物流系统的功能要素指的是物流系统所具有的基本能力。这些基本能力有效地组合、联结在一起,便形成了物流系统的总功能,便能合理、有效地实现物流系统的总目标。一般认为物流系统的功能要素有:运输、储存保管、包装、装卸搬运、流通加工、配送和物流信息。

如果从物流活动的实际工作环节来考察,物流就是由上述七项具体工作构成。换言之,物流能实现以上七项功能。其中,运输及保管分别解决了物的供给者及需要者之间场所和时间的分离,分别是物流创造“空间效用”及“时间效用”的主要功能,因而在物流系统中处于主要功能要素的地位。

2. 物流系统的流动要素

物流系统的流动要素包括流体、载体、流向、流量、流程和流速。

流体是物流的主体,也是物流的对象,即物流中的“物”,是指物流的实物。

载体是流体借以流动的设施和设备。物流载体是物流系统的重要资源,同时也是物流成本发生和计算的主要对象。

流向是指流体从起点到终点的流动方向。物流是矢量。物流的流向有两类,即正向物流和逆向物流。从供应链的角度来说,从上游到下游的物流流向称为正向物流,如原材料的采购和供应,产成品的成型过程,销售过程的批发和零售。不合格的部件的返工,消费者的退货，包装材料的回收等，都是逆向物流。

流量指通过载体的流体在一定流向上的数量表现。流量与流向是不可分割的，每一种流向都有流量与之相对应。

流程指通过载体的流体在一定流向上行驶路程的数量表现。流程与流量、流向一起，流程与流量的乘积是物流的重要量纲，如吨公里为运输周转量的单位。

流速指单位时间内流体空间转移的距离。流速包括两部分，一部分是空间转移的距离，一部分是转移所需要的时间。距离与时间的比值称为速度，流速也是这样。流速反映的是流体运动的速度，流体运动的速度一般需要由载体的速度决定。流速可能是零，比如在等装待装卸这个阶段。

任何物流系统都有这六个要素。同时，这六要素之间有极强的内在联系，如流体的自然属性决定了载体的类型和规模，流体的社会属性决定了流向和流量，载体对流向和流量有制约作用，载体的状况对流体的自然属性和社会属性均会产生影响，等等。物流六要素横跨整个供应链，存在于原材料采购、制造、销售、消费、废弃物回收等环节，也存在于运输、储存、包装、装卸、流通加工、物流信息等物流活动中，存在于铁路运输、公路运输、水路运输、航空运输以及管道运输等各种运输系统中。因此，分析物流六要素可以帮助我们更好地认识物流系统。

3. 物流系统的物质基础要素

物流系统的建立和运行，需要有大量技术装备手段，这些手段的有机联系对物流系统的运行具有决定意义。物流系统的物质基础要素包括：

(1) 物流基础设施。它是组织现代物流系统运行的基础物质条件，包括物流站、场、港、物流中心、配送中心、物流线路等。

(2) 物流系统设备。物流系统设备又包括物流装备、物流工具和信息及网络设备。物流装备是保证现代物流系统得以存在和维系的前提和基础，包括仓库货架、进出库设备、加工设备、运输设备、装卸机械等；物流工具是现代物流系统运行的物质条件，包括包装工具、维护保养工具、办公设备等；信息及网络设备是掌握和传递物流信息的手段，根据所需信息水平不同，包括通信设备及线路、传真设备、计算机及网络设备等。

(3) 组织及管理。它是物流网络的“软件”，起着调运、协调、指挥各要素的作用，以使物流系统目标得以实现。

4. 物流系统的支撑要素

物流系统处于复杂的社会经济系统中，要实现物流系统的功能和目的，需要有许多支撑条件。下面这些支撑要素是必不可少的。

(1) 制度和政策

物流系统的制度决定物流系统的结构、组织、领导、管理方式，因此国家需要建立完善的物流产业政策和制度，促进和引导物流业的发展。

(2) 法律和规章

物流系统的运行，不可避免地会涉及企业或消费者的权益问题。法律和规章一方面能够限制和规范物流系统的活动，使之与其他系统协调；另一方面是对物流系统的运行提供保障，例如物流合同的执行、权益的划分、责任的确定等都需要依靠法律和规章来维系。

(3) 行政手段

物流系统是社会经济系统中的一个子系统。物流系统的运作环境是社会经济系统,因而,物流系统的正常运转和高效运转依赖于国家经济政策和行政命令。行政手段往往是支持物流系统正常运转的重要支持要素。一些行业物流系统,如军事物流系统、农产品物流系统等,更是关系到国家的军事和经济的发展,所以行政手段也是支持物流系统的重要支撑要素。

(4) 标准化系统

物流系统涉及多个行业和领域,物流标准化是保证物流各环节协调运行、提高系统效率、保证物流系统与其他系统在技术上实现协调联结的重要支撑条件。物流标准化包括物流的统一性通用标准(如与物流相关的专业术语标准、物流的计量单位标准、物流基础模数尺寸标准等)、相关行业的分系统的标准(如包装标准、运输标准、装卸搬运标准、仓储标准、流通加工标准、信息技术标准等)以及与环境和资源相配套的标准。目前我国这些标准有的已经建立,有的虽已建立但不够全面,还需要进一步完善,还有更多的标准尚未建立,这需要在标准的建立中引进国外最先进的思想和管理方法,制定相关标准,以保证物流系统的高效率和协调运行。

三、物流系统的特征

物流系统具有一般系统所共有的特点,即整体性、相关性、目的性、环境适应性,同时还具有规模庞大、结构复杂、目标众多等大系统所具有的特征。

1. 物流系统是一个“人机系统”

从物流系统的构成要素看,物流系统是由人和物流设施、设备、工具及信息所构成的混合系统,表现为物流管理者和从业者运用有形的设备、工具和无形的政策、思想、方法、技术作用于物流对象的一系列活动。在这一系列活动中,人是系统的主体,因而在研究物流系统的各方面问题时,必须把人和物这两个因素有机地结合起来。

2. 物流系统是一个可分系统

作为物流系统,无论其规模多么庞大,都是由若干个相互联系的许多子系统组成。这些子系统的多少,层次的阶数,是随着人们对物流的认识研究的深入而不断扩充的。系统与子系统之间,子系统与子系统之间,存在着时间和空间上、资源利用方面的联系;也存在总的目标、总的费用以及总的运行结果等方面的相互联系。

根据物流系统的运行环节,可以划分为以下几个子系统:物资的包装系统;物资的装卸系统;物资的运输系统;物资的储存系统;物资的流通加工系统;物资的回收再利用系统;物资的信息系统;物流的管理系统等。

上述这些子系统构成了物流系统。物流各子系统又可以进一步分成下一层次的系统。如运输系统可进一步分为水运系统、空运系统、铁路运输系统、公路运输系统以及管道运输系统。物流于系统不仅具有多层次性,而且具有多目标性。对物流系统的分析,既要研究物流系统运行的全过程,也要对物流系统的某一环节(或称之为子系统)加以分析。

3. 物流系统是一个动态系统

物流活动是受到社会生产和社会需求的广泛制约的。这就是说,社会商品的生产状况，社会的商品需求变化，社会能源的波动，企业间的合作关系，都随时随地地影响着物流，物流系统是一个具有满足社会需要、适应环境能力的动态系统。为适应经常变化的社会环境，为使物流系统良好地运行，人们必须对物流系统的各组成部分不断地进行修改、完善。在较大的社会变化情况下，物流系统甚至需要重新进行系统的设计。

4. 物流系统是一个复杂的大系统

首先，物流系统的对象异常复杂。物流系统的对象是物质产品，既包括生产资料、消费资料，又包括废旧废弃物品等，遍及全部社会物质资源，将全部国民经济的复杂性集于一身。

其次，它拥有大量的基础设施和庞大的设备，而且种类各异。为了实现系统的各种能力，必须配有相应的物流设施和各种机械设备。例如，交通运输设施；车站、码头和港口；仓库设施和货场；各种运输工具；装卸搬运设备；加工机械；仪器仪表等。

再次，物流系统的关系复杂。物流系统各个子系统之间存在着普遍的复杂联系，各要素关系也较为复杂，不像某些生产系统那样简单明了。而且，系统结构要素之间有非常强的"背反"现象，常称之为"交替损益"或"效益背反"现象。物流系统中许多要素在按新观念建立系统之前，早就是其他系统的组成部分，因此，往往较多地受原系统的影响和制约，而不能完全按物流系统的要求运行。对要素的处理不慎，就会出现系统总体恶化的结果。最后，物流系统与外部环境极为密切和复杂，物流系统不仅受外部环境的约束，而且这些约束条件多变、随机性强。

5. 物流系统是个多目标的系统

物流系统的总目标是实现宏观和微观的经济效益。但是，系统要素间有着非常强的"背反"现象，在处理时稍有不慎就会出现系统总体恶化的结果。通常，人们对物流数量，希望最大；对物流时间，希望最短；对服务质量，希望最好；对物流成本，希望最低。显然，要满足上述所有要求是很难办到的。例如，在储存子系统中，站在保证供应、方便生产的角度，人们会提出储存物资的大数量、多品种问题；而站在加速资金周转、减少资金占用的角度，人们则会提出减少库存。又如，在运输中，选择最快的运输方式为航空运输，但运输成本高，时间效用虽好，但经济效益不一定最佳；而选择水路运输，则情况相反。所有这些相互矛盾的问题，在物流系统中广泛存在。而物流系统又恰恰要求在这些矛盾中运行。要使物流系统在诸方面满足人们的要求，显然应建立物流多目标函数，并在多目标中求得物流的最佳。

四、物流系统的模式

现代物流系统与传统的物流系统的不同之处就在于现代物流系统突出强调一系列电子化、机械化、自动化工具的应用以及准确、及时的物流信息对物流过程的监督，它更加强调物流的速度、物流系统信息的通畅和整个物流系统的合理化。随着交易过程中实物流的流动，拥有畅通的信息流把相应的采购、运输、仓储、配送等业务活动联系起来，使之协调一致，是提高现代物流系统整体运作效率的必要途径。

物流系统的输入、输出、处理(转化)、干扰(限制和制约)、反馈等功能，根据物流系统性质的不同，具体内容有所不同，如图 2.1 所示。

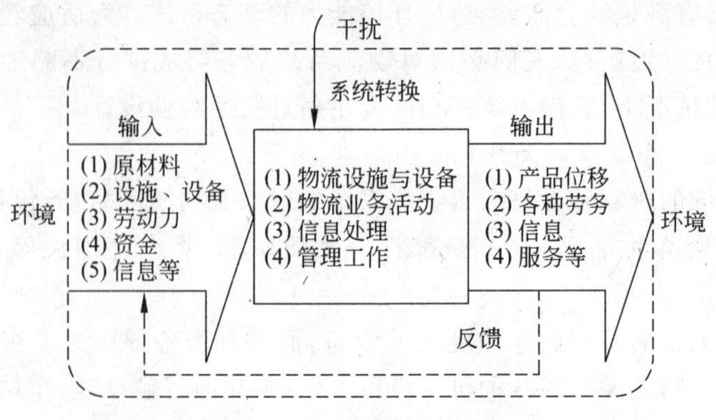

图 2.1　物流系统的一般模式

1. 输入

通过提供资源、能源、设备、劳动力等手段对某一系统发生作用，统称为外部环境对物流系统的输入。包括原材料、设备、劳动力、能源等。

2. 系统转换

系统转换是指从输入到输出之间所进行的生产、供应、销售、服务等活动中的物流业务活动，也称为物流系统的处理。具体内容有：物流设施设备的建设；物流业务活动，如运输、储存、包装、装卸、搬运等；物流信息处理及管理工作。

3. 输出

物流系统以其本身所具有的各种手段和功能，在外部环境一定的制约作用下，对环境的输入进行必要的处理(转化)，使之成为有用(有价值)的产品，或实现位置转移及提供其他服务等，这些被称为物流系统的"输出"。

4. 干扰(限制和制约)

外部环境对物流系统施加一定的约束称为外部环境对物流系统的限制和制约。具体有：资源条件，能源限制，资金与生产能力的限制，价格影响，需求变化，仓库容量，装卸与运输的能力，经济政策的变化等。

5. 反馈

物流系统在把输入转化为输出的过程中，由于受系统各种因素的限制，不能按原计划实现，需要把输出结果返回给输入，进行调整，即使按原计划实现，也要把信息返回，以对工作作出评价，这称为信息反馈。信息反馈的活动包括：各种物流活动分析报告；各种统计报告数据；典型调查；国内外市场信息与有关动态等。

6. 环境

物流系统总是处于一定的环境当中的，它受环境中各个因素的影响与限制，只有在适应环境的情况下采取相应的措施才能够发展。这些环境因素可分为两种：第一种是内部环境(Organizational environment)，如生产系统、财务系统及销售系统等；第二种是外部环境(Macro environment)，如市场地理环境、科技因素、经济和产业结构等。内部环境包括系统的人、财、物规模与结构以及系统的管理模式、策略、方法等。在物流系统的内部环境中，影响其运行效率的是销售系统、生产系统以及财务系统；外部环境包括用户需求、观念及价格等因素。一般来说，外部环境是系统不可控的，而内部环境是系统可控的。

五、物流系统的目标

物流系统是社会经济系统的一部分，其目标是获得宏观和微观经济效益。

物流的宏观经济效益是指一个物流系统作为一个子系统，对整个社会流通及国民经济效益的影响。物流系统是社会经济系统中的一部分，如果一个物流系统的建立，破坏了母系统的功能及效益，那么，这一物流系统尽管功能理想，却也是不成功的。物流系统不但影响宏观的经济效益，而且还会对社会其他方面产生影响，例如物流设施的建设还会对周边的环境带来影响。

物流系统的微观经济效益是指该系统本身在运行活动时所获得的企业效益。其直接表现形式是这一物流系统通过组织“物”的流动，实现本身所耗与所得之比。系统运行基本稳定后，主要表现在企业通过物流活动所获得的利润，或物流系统为其他系统所提供的服务上。

建立和运行物流系统时，要以社会效益和经济效益为目标。具体来讲，物流系统要实现以下五个目标。

1. 服务性(service)

物流系统的本质要以客户为中心，树立客户第一的观念。其利润的本质是“让渡”性的，不一定是以“利润为中心”的系统。物流系统采取送货、配送业务，就是其服务性的表现。在技术方面，近年来出现的“准时制”(JIT)、“柔性供货方式”等，也是其服务性的体现。

2. 快捷性(speed)

及时性是服务性的延伸，既是客户的要求，也是社会发展进步的要求。随着社会大生产的发展，对物流快速、及时性的要求更加强烈。在物流领域采用直达运输、多式联运、时间表系统等管理和技术，就是这一目标的体现。在产品实行差异化战略的供应链或企业中，物流的快速、及时是企业及供应链竞争力的重要表现。

3. 节约目标(saving)

在物流领域中，除了节约流通时间之外，由于流通过程中物的消耗大而又基本上不增加或不提高商品的使用价值，所以依靠节约来降低投入，是提高相对产出的重要手段。在物流领域里推行的集约化经营方式，提高物流的能力，采取各种节约、省力、降耗措施，实现降低物流成本的目标。在产品实行低成本战略的供应链或企业中，较低的物流费用是企业及供应链竞争力的重要表现。

4. 规模化目标(scale optimization)

由于物流系统比生产系统的稳定性差，难于形成标准的规模化模式，因而规模效益不明显。因此，应以物流规模作为物流系统的目标，以此来追求“规模效益”。在物流领域以分散或集中等不同方式建立物流系统，研究物流集约化的程度，就是规模优化这一目标的体现。

5. 库存控制(stock control)

库存控制影响物流及时性的实现，也是物流系统本身的要求，涉及物流系统的效益。

物流系统是通过本身的库存,起到对众多生产企业和消费者的需求的保证作用,从而创造一个良好的社会外部环境。同时,物流系统又是国家进行资源配置的一环,物流系统的建立必须考虑国家进行资源配置、宏观调控的需要。在物流领域中,正确确定库存方式、库存数量、库存结构、库存分布就是这一目标的体现。

上述物流系统的五个目标简称为5S。这五个目标之间通常存在着矛盾,降低成本和提高服务方面存在的矛盾尤其突出,这需要进行权衡,及时将物流系统的目标确定下来。物流系统的作用就是采用系统的思想和处理方法来协调这些冲突的目标,制定一个物流系统的统一目标,最终实现整个物流系统的协同和优化。

第三节 物流系统分析

一、物流系统分析的概念

系统分析(systems analysis)是系统综合、优化、决策及系统设计的基础。系统分析指从系统的观点出发,对事物进行分析研究,寻找可能采取的方案,并通过分析对比,为达到预期目标而选出最优方案,这样一个有目的、有步骤的探索和分析的过程。系统分析的对象可能是一项简单的作业活动。如对收货码头(站台)搬运进货的人员进行"时间和作业"研究;或在全国范围内,甚至在全球范围内对一个企业的整个物流系统进行彻底的整合,包括该企业与许多供货厂商和用户的长期伙伴关系。系统分析过程中的观察了解,为统计分析提供数据。经分析,建立物流网络规划模型。模型通常模拟某一现实环境条件下,显示或预期的系统对各种可能状况发生时的反应。在模拟或解析分析的基础上,最后对整个物流系统进行重新设计。

用系统观点来研究物流活动是现代物流学的核心问题。物流系统分析是指在一定时间、空间里,对其所从事的物流活动和过程作为一个整体来处理,以系统的观点、系统工程的理论和方法进行分析研究,以实现其空间和时间的经济效应。如前所述,物流系统是由运输、储存、装卸搬运、包装、配送、流通加工、信息处理等各环节所组成的,它们也称为物流的子系统。物流系统的输入是输送、储存、搬运装卸、包装、物流信息、流通加工等环节所消耗的劳务、设备、材料等资源,经过物流系统的处理转化,以物流服务的方式输出系统。物流系统整体优化的目的就是要使输入最少,即物流成本最低,消耗的资源最少,而作为输出的物流服务效果最佳。作为物流系统服务性的衡量标准可以列举如下:对用户的订货能迅速进行配送,存储中商品变质、丢失、破损现象少,具有能很好地实现商品运送、存储功能的包装,能提供保障物流活动流畅进行的物流信息系统,能够及时反馈物流相关信息等。

二、物流系统分析的原则

任何系统都是由多个因素构成一定的结构,完成的一定的功能,既受外部环境的影响,也受内部因素的制约。在对物流系统进行分析时,注意应用以下几个原则。

1. 外部条件与内部条件相结合

物流系统是流通领域的一个子系统，它不是一个孤立、封闭的系统，而是与社会环境紧密联系的一个开放性系统。它受到外部社会经济、政策以及科学技术等多方面的制约，并随需求、供应、价格等因素的变化而变化。就物流系统内部而言，也会受到各物流功能间的影响和制约。因此，进行物流系统分析，既要注意对外部环境进行分析，也要注意物流系统内部各功能的协调发展，将系统内外的关联因素综合考虑，才能使物流系统在一定的环境中正常运行。

2. 当前利益与长远利益、局部利益与整体利益相结合

进行物流系统分析时，不仅要考虑当前利益和局部利益，也要考虑长远利益和整体利益。从当前和长远利益的角度考虑，如果物流系统对当前和长远利益都是最优的，那么这个方案肯定是最理想的方案。如果物流系统对当前不是十分有利，但从长远来看却是非常有利的，那么这个方案也是一个比较可取的方案。从整体和局部利益的角度考虑，如果物流系统能保证整体利益和各子系统的局部利益都最大，那么这个方案肯定也是一个很理想的方案。但在实际情况中，这是很难达到的。因为物流系统各环节间的相互影响、相互制约以及系统结构要素间的效益背反现象，使整体利益和局部利益很难都达到最优。因此，在进行物流系统分析时，只能在保证整体利益最大的前提下，尽可能使每一个子系统获得最大利益。

3. 定量分析与定性分析相结合

物流活动中的很多问题可以定量化，如成本、费用、运输能力、仓储容量等。随着现代应用数学和计算机、网络等高科技手段的广泛应用，物流系统分析将越来越精确化。然而，物流系统内也有很多问题是难以量化或无法进行计量的，如制度、政策和管理活动中人的因素等。因此，在进行物流系统分析时，要注意将定量分析和定性分析结合起来。

三、物流系统分析的步骤

1. 阐明问题

系统工程的活动可分成两部分：分析问题和解决问题。前者是从决策者的角度弄清现实世界中相互交织的问题网，后者是从专业角度提出和分析各种问题的途径。在这个阶段，分析者的任务主要有：提出问题的目的、问题的边界和约束条件、划分系统和环境、阐明解决问题的对策和资源、确定评价指标。其中最关键的是：系统目的、评价指标和约束条件的确定。

2. 寻找备选方案

可以说，没有两种以上的方案就不成为系统工程问题。问题明确以后，就要拟定解决问题的大纲和决定分析的方法，搜集相关的资料并分析其相互关系，寻找解决问题的各种可行方案，并进行初步筛选。良好的备选方案是进行良好系统分析的基础。

3. 建模和预计后果

每种备选方案都相应有一系列后果。这些后果通过社会、经济、技术等方面指标加以衡量，有的后果对目的有利，有的是消极的，还有的可能影响甚微；有的可能只能满足短期目的且对长期目的的实现不利。所以，需要作全面细致的分析。需要预计哪些后果？哪一

项最重要？作用时期有多长？然后建立预计后果的模型。

4. 评价备选方案

根据各种方案在不同情景下的预计后果和其他资料所获得的结果，将各种方案进行定性与定量相结合的综合分析，显示出每一方案的利弊得失和效益成本，同时考虑各种有关的无形因素，如政治、经济、科技、环境等，以获得对所有可行方案的综合评价和结论。

一项系统工程的分析过程中，每个行动环节一次顺利完成的可能性很小，一般需要在信息反馈的基础上反复进行。分析者通过对中间环节的结果分析，可能会搜集更多信息修正原结果，图2.2给出了物流系统分析的步骤，其中虚线显示的正是几种必要的信息反馈回路。

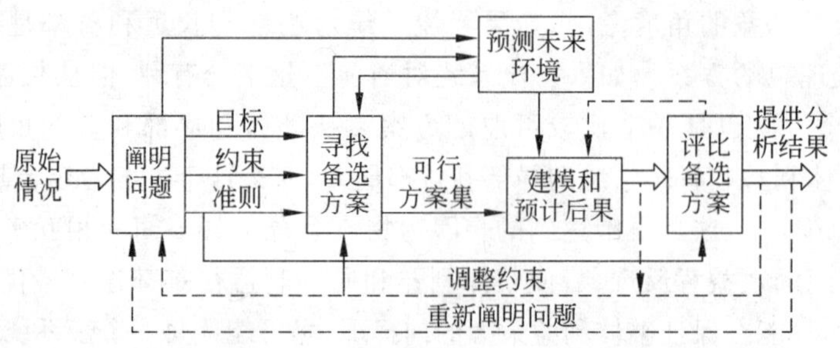

图2.2 物流系统分析的步骤

本章小结

系统是由两个或者两个以上的要素所组成的相互联系、相互制约，并且实现特定功能的整体。现代物流由各项相互关联、相互制约的功能活动构成，它们是作为统一的有机整体的一部分而存在的，这个有机整体就是物流系统。因此，系统性是现代物流最基本的特性。系统工程就是用系统的思想和定量与定性分析相结合的方法来指导工程实践并解决大型复杂系统问题的有效方法。

物流系统是一个跨时域、跨地域、人机一体化的复杂系统。因此，系统工程的理论、定性与定量相结合的方法等在现代物流管理与决策领域具有广泛的应用价值，也是形成物流系统工程思想和方法的基础。物流系统分析是指在一定时间、空间里，对其所从事的物流活动和过程作为一个整体来处理，以系统的观点、系统工程的理论和方法进行分析研究，以实现其空间和时间的经济效应。它应遵循外部条件与内部条件相结合、当前利益与长远利益、局部利益与整体利益相结合、定量分析与定性分析相结合的原则。物流系统分析的步骤包括阐明问题、寻找备选方案、建模和预计后果、评价备选方案。

复习与思考

1. 什么是系统，它具有哪些特征？
2. 什么是物流系统？它具有哪些特征？

3. 物流系统包括哪些要素？
4. 物流系统要实现哪些目标？
5. 简述物流系统分析的原则。
6. 物流系统分析的步骤包括哪些内容？

参考文献

[1] 张潜.物流系统工程[M].重庆：重庆大学出版社，2008.
[2] 王长琼.物流系统工程[M].北京：中国物资出版社，2004.
[3] 张文杰，张可明.物流系统分析[M].北京：高等教育出版社，2008.
[4] 王转，程国全，冯爱兰.物流系统工程[M].北京：高等教育出版社，2004.
[5] 蒋长兵.物流系统与物流工程[M].北京：中国物资出版社，2007.
[6] 李国刚，李春发，李广.物流系统工程[M].大连：东北财经大学出版社，2010.
[7] 何明珂.物流系统论[M].北京：中国审计出版社，2001.

第 二 篇

物流职能要素

第三章　包　装

引导案例

汽车部件物流标准化包装

近年来，消费者的需求越来越倾向于个性化和高品质化，这种需求的变化使得汽车制造企业的产品开发周期和生产周期越来越短，新车投放市场变得越来越频繁，市场的不确定性增强，企业开始把目光转向物流这一“第三利润源”上来。在供应—制造—销售—服务组成的供应链管理体系中，整车生产厂是供应链管理的核心，由于目前的整车分销物流都是以市场需求为导向的，相对而言较难控制。汽车零部件供应物流中，主机厂可根据生产计划进行采购和供应，因而具有可控性。组织好汽车零部件供应物流，能够缩短产品的生产周期、降低物流成本，提高供应链的敏捷性和柔性，而降低物流成本首当其冲的是推进物流包装标准化。

苏州良才科技有限公司(以下简称苏州良才科技)是一家致力于推进汽车部件物流标准化包装的企业之一，早期投身于长三角集群的电子企业的静电防止类物流包装周转箱及内部防护材料的制作。公司在2002年正式涉足汽车行业，那时正是中国汽车工业的黄金时代，像天津丰田、东风日产等乘用车及通用、大众一些日系及欧美系的企业纷纷在中国扩容增产，抢占国内汽车市场份额，与此同时也带来了日本与欧美一些成熟的物流模式与经验。当时，中国的零部件物流业发展较缓慢，没有一家企业跻身于这个庞大行业的物流市场，都是日系厂商与欧美厂商垄断，而苏州良才科技的出现打破了这一垄断局面，从而在行业物流标准化的推进中多了一个强大而沉稳的生力军。

苏州良才科技在2004年年底与广东花都的东风日产乘用汽车公司开展了进入这个行业的第一次合作，为主机厂开发了一系列嵌入式物流周转容器，用作某些特殊汽车零部件的包装外箱。并为一些车灯企业成功解决了部件在运输途中的品质与保护问题，从而解决了此类企业在物流应用中的难题。开发了适合T11标准的系列折叠通用箱。在空箱返回的成本上比原先节约了约50%。继而又开发了TP型折叠箱，与天津丰田的标准正式接轨，为天津丰田的下游供应商提供包装容器与制作内衬。在与天津丰田的合作中，苏州良才科技不断的学习国内外成功的标准包装与物流方面的案例与经验，打造了一支成熟可靠、团结有效的市场开发团队与设计研发团队。

2005年，借与广州丰田凯美瑞的项目，苏州良才科技正式踏上了与丰田全面合作的征程。同年9月，顺利地通过了日本丰田物流本部的认证，公司每生产的一款周转箱产品都要通过以原天津丰田技术为导向的近乎苛刻的严格标准的审核鉴定。苏州良才科技凭借着良好的产品品质、年轻富有激情的团队和热情周到的客户服务，终于打动了丰田中国的芳心。也终于以一个行业领导者的姿态引领物流包装，走在行业物流的最前沿。现在，苏州良才科技与国内多家主机厂建立了全面的合作关系，已经成为了一个集系统集成、物流应用以及问题方案解决的专家型企业。针对国内主机厂的零部件物流模式作了深入的研究，并对其中存在的问题提出了一些针对性的解决方案。通过仔细分析国内现行汽车制造企业的特点，找出了一条解决汽车生产厂商部件物流成本居高不下的难题。

（资料来源：现代物流网，精益物流之汽车零部件物流——标准化物流包装推进(一)，2008 年的材料整理。苏州良才科技有限公司网址：http://www.wuliurongqi.cn/）

第一节 包装概述

一、包装的内涵

1. 包装的定义

包装一般包括两层含义：一是盛装物品的容器、材料及辅助物品；二是实施盛装、封缄和包扎等的技术活动。日本工业规格 JIS 2001 定义包装为：物品在运输、保管、交易、使用时，为保持物品的价值、性状，使用适当的材料、容器进行保管的技术和被保护的状态，分为逐个包装，内包装和外包装三种。

美国对包装的定义是：使用适当的材料、容器并施予技术，使其能将产品安全送达目的地——即在产品输送过程中的每一个阶段，不论遇到怎样的外来影响，均能保护其内装物，不影响产品的价值。

我国国家标准对包装的定义是："为在流通过程中保护产品、方便贮运、促进销售，按一定技术方法而采用的容器、材料及辅助物的总体名称。也指为了达到上述目的而采用的容器、材料和辅助物的过程中施加一定技术方法等的操作活动。"包装定义表明：包装具有物化劳动的物质形态，同时具有劳动形态的技术操作过程；包装是产品生产、流通和消费过程中共有的一种通用工具，这种通用工具必须对产品在流通过程中的各个环节具有盛装、保护、便利、效益和识别等属性。

2. 包装与物流其他环节的关系

(1) 包装与运输的关系

一般而言，包装是运输活动中不可缺少的环节。运输与包装是物品销售过程中的重要环节，往往直接影响到销售的效益与效果。包装物品的材料、规格和方法等都不同程度地影响运输活动，主要体现在：

① 包装材料的选择影响运输中物品的保护能力。如果包装不够牢固，运输过程中物品破损的可能性增大，造成运输成本增加。不同运输线路，运输工具的选择也影响包装材料的选择和使用。

② 包装的模数与运输工具的标准匹配。如果运输工具的标准与包装模数成倍数关系，运输工具的容积就可以得到充分利用。

③ 包装方法应与运输工具的选择相匹配。如果采用集装箱运输物品，那物品的初始

包装方法就可以适当的简单一些。

(2) 包装和储存的关系

恰当的包装能够降低储存物品的损毁率,提高储存设施的利用率。以物品的高层堆码为例,物品的堆码高度越高,对物品的包装要求也越高。假设单体物品的重量为100公斤,如果堆放5层,那仓库的地面荷载至少需要500公斤;相应地,最下面的一个物品的包装荷载需要400公斤。现实的储存作业中,我们需要将每个单体物品包装荷载做到400公斤,这无疑会带来很大的包装成本,同时造成高层仓库空间的浪费。

恰当的储存条件影响包装。一个通风良好、防火设施完备、作业设施与设备齐全的物流节点设施,有利于节约包装成本和简化包装作业。如一个防潮湿的室内仓库可以简化物品的防潮湿包装。

(3) 包装与物流信息的关系

物品包装与物品条形码、物流条形码等信息结合,构成了现代物品信息的重要部分。条形码技术、射频识别技术、全球定位技术等物流信息技术的研发和使用,大大促进了现代物流业的发展。在物品包装的过程中,将物品的条形码融合于包装中将大大提高物流作业效率。物流条形码的开发与使用是解决包装与物流信息融合的关键。

(4) 包装与装卸搬运的关系

包装方式影响装卸搬运方式。小型包装、不规则包装的物品可以采用人力装卸搬运的方式;大型包装、集体包装、标准化包装便于采用机械化装卸搬运。装卸搬运方式同时影响包装方式。如果采用机械化的装卸搬运,则需要选择合适的包装材料,采用适当的方式进行物品的包装。

二、包装的功能

1. 保护商品功能

(1) 包装要能够防止物品在物流过程中的物理性、化学性及其他方式的损坏。如啤酒瓶的深色包装可以减少啤酒受到光线照射的强度,从而防止啤酒变质。各种复合膜的包装可以在防潮、防光线辐射等方面同时发挥作用。

(2) 包装要能够防止物品在物流过程中由外到内和由内到外的破坏。如石油、汽油及其他危险化学品的包装如果不达到要求而渗漏,就会对环境造成影响。

(3) 包装对产品的保护还有一个时间问题。有的包装需要提供长时间不变的保护;而有的包装则可以运用简单的方式设计制作,可以容易地销毁。

2. 方便储运功能

(1) 时间方便性:科学的包装能为人们的活动节约时间。

(2) 空间方便性:包装的空间方便性对降低流通费用至关重要。商品种类繁多、周转快的超市尤其重视货架的利用率,因而更加讲究包装的空间方便性。标准化包装、挂式包装、大型组合产品拆卸分装等,这些类型的包装都能比较合理地利用物流空间。

(3) 省力方便性:按照人体工程学原理,结合实践经验设计的包装,能够节省人的体力消耗,使人产生一种现代生活的享乐感。

3. 促进销售功能

促销功能是包装设计最主要的功能之一。在连锁超市中,标准化生产的产品云集在货架上,不同厂家的商品只有依靠产品的包装展现自己的特色。这些包装以精巧的造型、醒目的商标、得体的文字和明快的色彩等宣传自己,从而促进产品的销售。

4. 信息传递与识别功能

通过商品的包装可以对商品进行识别、跟踪和管理。物流包装能在收货、储存、取货和配送的各个环节中跟踪商品,这种对商品的积极控制,减少了商品的货差。

三、包装的分类

物流包装有很多类别,本书主要对以下几种进行介绍。

1. 按包装在流通中的作用分类

(1) 运输包装。为了尽可能降低运输过程中物品的损坏、保障物品安全、方便储存、装卸搬运和加速交接检验,人们将包装中以运输、储运为主要目的的包装称为运输包装。其主要作用在于保护物品,防止物品在储运过程中发生货损,并最大限度地避免运输中各种外界条件对物品可能产生的影响,方便检验、计数和分拨。

(2) 商业包装。商业包装也叫零售包装,主要是根据零售业的需要,作为物品的一部分或为方便携带所做的包装。其目的在于促进销售,便于物品零售和提高作业效率。

运输包装与商业包装之间的关系复杂,有时候运输包装本身就是商业包装。

专栏 3-1

运输包装与商业包装的关系

在有些情况下,运输包装同时又是商业包装。比如装橘子的纸箱子(15 公斤装)应属于运输包装,但连同箱子出售时,也可以认为是商业包装。为使运输包装更加合理并促进销售,也可以采用商业包装的办法来做运输包装,如家电用品的包装就是兼有商业包装性质的运输包装。

2. 按包装容器不同属性分类

(1) 按包装容器的抗变形能力分为硬包装和软包装。硬包装又称刚性包装,包装体有固定形状和一定的强度。软包装又称柔性包装,包装体可以有一定程度的变形,且有弹性,可以对外力起到缓冲作用,保护物品。

(2) 按包装容器的形状分为包装袋,包装箱,包装盒,包装瓶等。

(3) 按包装容器的使用次数分为一次性包装和多次周转包装。

3. 按包装材料的不同分类

(1) 专用包装。专用包装是指专供特种物品使用的包装。这类包装往往是制造企业针对特殊物品专门设计,专用性较强。如食品专用包装、食盐专用包装、医药专用包装。

(2) 通用包装。通用包装指能广泛用于多种物品的包装容器。因为不针对任何特定物品,一般没有经过专门设计,而是根据标准尺寸生产制造,可以用于对包装无特定要求的产品或者标准规格的产品。

4. 按包装技术不同的分类

依据包装层次及防护要求，包装可分为个包、内包和外包。个包即单个包装，是对物品的个体进行包装；内包是内部包装，可以个包也可以集体内包；外包是外部包装，往往是集体的大包装。按包装的保护成分分为：防潮包装、防锈包装、防虫包装、防腐包装、防震包装和危险品包装等。

四、包装的发展趋势

1. 包装科技化

包装科技化表现在包装机械化、自动化和技术创新等方面，极大提高了物流效率。如包装机械化提高了包装作业效率、减轻了人工包装的作业强度，是省力的基础。包装机械化首先从逐个包装开始，然后向装箱、封口等外包装关联作业推进。

2. 包装标准化

包装尺寸的确定过去大多是从保护内部物品、便于人工装卸搬运作业、节约包装材料等方面考虑，对物流的其他作业环节、其他的运载工具的关联性考虑得不多，没有站在物流系统的角度，没有以物流总体的合理化为目标。包装标准化对于实现物流全过程的整体合理化具有重要意义。如纸箱尺寸的设计与托盘、集装箱、车辆、货架等设备的尺寸衔接，有利于提高物流效率，降低物流成本。

3. 包装绿色化

包装和运输是物流对环境造成污染的两个最主要环节。在社会再生产过程中，包装既是产品制造的终点，又是物流开始的起点。由于包装耗费了大量的自然资源，且包装废弃物造成了大量的城市垃圾，因此，发展绿色包装成为必然选择。

4. 包装信息化

随着信息技术的发展，我国越来越多的包装印刷企业开始向信息化转型，以适应全球化竞争。包装行业涉及多个学科和多种产业，联系着几乎所有的物品，因此，包装行业的信息化不仅对于包装本身具有重要意义，同时也是推动相关生产制造业发展的内在手段。

第二节　包装材料的性质与应用

一、包装材料的定义与性能要求

1. 包装材料的定义

包装材料和其他材料一样，正随着科学技术的飞速发展而发展，它不仅影响着整个社会的生产建设，也紧密联系着人们的日常生活，成为当代科学技术的重要部分。

包装材料是指制作包装容器和满足物品包装要求所使用的材料，既包括金属、塑料、玻璃、纸等主要包装材料，也包括涂料、黏合剂、装潢、印刷材料等辅助材料。广义上讲，包装材料包括金属材料和非金属材料两大类。包装技术的发展主要取决于包装材料的发展。

对于从事物流包装的人员来说，只有具备丰富的包装材料知识，才有可能创造出新型的物品包装材料和包装方法，提高包装的科学技术水平。

2. 包装材料的性能要求

物流包装材料的选用首先需要研究包装材料的性能。

(1) 保护性。包装材料的保护性是指能够保护被包装的物品免受损坏。如运输中的振动，装卸时的碰撞所带来的损伤等。选用包装材料时，应注意研究包装材料的机械强度、防潮防水性和防腐蚀性等性能指标。

(2) 加工性。包装材料的加工性主要指包装材料易加工，易包装，效率高而且能适应包装机械操作。选择包装材料时应注意：①包装材料要易成型加工，方便制成各种容器；②要能进行大规模生产，易于包装作业的机械化、自动化；③要适宜印刷，能够比较牢固地印上产品的标志、装潢以及有关说明等。

(3) 方便性。包装材料方便性是指物品包装便于开启和取出内包装物品。在选材时注意开启性能、安全性能、不宜破裂等指标。

(4) 安全性。包装材料的安全性体现在多方面：如包装材料本身应无毒或毒性尽可能小，以免影响人的身体健康；为了使被包装物品免受某种生物或细菌的侵蚀而遭到损坏，包装材料应具有防微生物、防鼠、防蛀、防虫等性能；包装材料应具有阻燃、防静电的性能。

(5) 经济性。包装材料的经济性是指包装材料的选择要注意形、色、纹理的美观性，能产生陈列效果，提高物品观赏价值；能刺激顾客的购买欲望。经济合理的使用包装材料和设备，能降低整体包装费用。

(6) 环保性。包装材料的环保性是指包装要有利于环保和有利于节省资源，在选材时应注意材料的回收及可再生。

二、主要包装材料的性质及应用

包装材料运用是否恰当对包装效果及环境保护的影响很大。常用的包装材料有：纸包装材料、塑料包装材料、金属包装材料和玻璃包装材料。

1. 纸质包装材料

造纸技术是我国古代的伟大发明之一。在历史上，纸曾经是很贵重的材料，随着现代造纸的技术发展，它才作为一种重要的包装材料使用。纸和纸板在包装材料中起着主导作用，占所有包装材料的40%以上，甚至达到50%。作为包装材料，纸和纸板有着其他材料无法比拟的优点：

(1) 纸和纸板原料来源广泛，价格较低。

(2) 纸容器具有一定的刚度和强度，具有良好的弹性和韧性，适于机械化操作。

(3) 纸和纸板具有优良的印刷适应性，印刷的字迹和图案清晰、美观。

(4) 纸容器重量轻、可折叠，因此能节约贮运空间和降低运输费用。

(5) 纸和纸板无毒、无味、安全、卫生，并具有较好的耐热性，可以进行高温高压灭菌处理。

常用的包装纸有：

(1) 普通包装纸。如牛皮纸、纸袋纸、中性包装纸、玻璃纸和羊皮纸等。

(2) 特种包装纸。如高级伸缩纸、湿强纸、保光泽纸和防油脂纸等。

(3) 装潢用纸。如胶版纸、铜版纸、压花纸和表面涂层纸。

(4) 二次加工纸。如石蜡纸、沥青纸等。

2. 塑料包装材料

塑料包装是包装业中四大材料之一，约占 25%。塑料材料在包装行业可以制作塑料薄膜、塑料包装容器、泡沫塑料、塑料编织袋、塑料无纺布。塑料的主要特性体现在：

(1) 密度小、强度高，可获得较高的包装得率。包装得率是指单位质量的包装体积或包装面积大小。

(2) 大多数塑料的耐化学性好，有良好的耐酸、耐碱、耐各类有机溶剂的性能，不易发生氧化。

(3) 容易成型，所需成型能耗低于钢铁等金属材料。

(4) 具有良好的透明性、易着色性和绝缘性，加工成本低。

(5) 具有易改性和良好的强度——单位重量的强度性能高，耐冲击。

常见的塑料包装材料有聚烯烃、聚酰胺和聚碳酸酯。聚烯烃具有相对密度小、耐化学药品性、耐水性、电绝缘性等特点。可用于生产薄膜、管材、板材等。

聚酰胺具有良好的综合性能，包括力学性能、耐热性、耐磨损性、耐化学药品性和自润滑性，且摩擦系数低，有一定的阻燃性，易于加工，适于用作玻璃纤维和其他材料的填充剂。

聚碳酸酯是分子链中含有碳酸酯基的高分子聚合物，根据酯基的结构可分为脂肪族、芳香族、脂肪族-芳香族等多种类型。其中由于脂肪族和脂肪族-芳香族聚碳酸酯的机械性能较低，限制了其在工程塑料方面的应用。由于聚碳酸酯结构上的特殊性，现已成为五大工程塑料中增长速度最快的通用工程塑料。聚碳酸酯的应用开发是向高复合、专用化、系列化方向发展，目前已推出了光盘、汽车、办公设备、箱体、薄膜等多种产品各自专用的品级牌号。

3. 金属包装材料

金属包装材料的应用始于公元 1200 年。17 世纪下半叶，开始使用镀锡铁皮制作金属桶盛装干燥食品。18 世纪人们开始用食品罐贮藏食品。1810 年，英国人 Peter Durand 发明了用马口铁罐贮藏食品的技术，从此马口铁罐诞生了。金属包装材料具有以下性能：

(1) 强度高，良好的综合保护性能。

(2) 独特的光泽，便于印刷、装饰。

(3) 材料资源丰富，加工性能好。

(4) 金属罐生产历史悠久，工艺比较成熟。

常见的金属包装材料有低碳薄钢板和含碳量小于 0.25%的铁碳合金。用低碳钢制作的薄钢板称为低碳薄钢板。我国用于制造包装容器的低碳薄钢板，有普通碳素结构钢和优质碳素结构钢两种。

镀锡薄钢板，又称镀锡板、马口铁，是两面镀有锡的低碳薄钢板。由于它容易进行锡焊，而被大量用于制造罐头容器。

非镀锡薄钢板。由于金属锡的资源少,镀锡薄钢板的成本高。为了降低成本,人们一直设法研制镀锡薄钢板的代用品,因而产生了非镀锡薄钢板,分为镀铬板、镀锌板、镀铝板。

铝合金薄板和铝箔。包装常用的铝合金薄板材料为铝镁合金和铝锰合金,又称防锈铝合金。其特点是耐腐蚀性强、抛光性好,能长期保持光亮的外观,并且无毒、轻巧耐用,因此广泛用于制作金属包装容器。

4. 玻璃包装材料

玻璃包装材料是指用于制造玻璃容器,满足玻璃产品包装要求所使用的材料。玻璃材料可用于运输包装和销售包装。用作运输包装时,主要是盛装化工产品,如强酸类。用作销售包装时,主要是用玻璃瓶和玻璃罐盛装酒、饮料、药品、化学试剂和化妆品等。玻璃包装材料具有多种优点:

(1) 玻璃包装材料具有良好的阻隔性能,能够很好地阻止氧气等气体对内装物的侵袭,同时可以阻止内装物的可挥发性成分向大气中挥发。

(2) 玻璃包装材料可以反复多次使用,从而降低包装成本。

(3) 玻璃包装材料能够较容易地进行颜色和透明度的改变。

(4) 玻璃包装材料安全卫生、有良好的耐腐蚀能力和耐酸蚀能力,适合进行酸性物质的包装。

玻璃包装材料从形态上可分为两类。一类是玻璃板材,主要用于装饰中需要采光的部分,有平板玻璃、压花玻璃、磨砂玻璃、刻花玻璃、钢化玻璃等。另一类是玻璃砖块,主要用于玻璃隔断、玻璃墙体等工程,主要为中空玻璃砖。

第三节 物流包装技术

一、物流包装技术设计因素

(1) 被包装物品的性质。依据被包装物品性质的不同,在进行物流包装时应尽可能选择恰当的包装,使物品在物流过程中完好无损。

(2) 流通过程的环境条件。由于不同物品有不同流通环境,在对其包装时要充分考虑其安全性和方便性,选择不同的包装材料和技术。

(3) 包装材料,容器或品质的选择。材料和容器的选择是物流人员在包装时应考虑的核心问题。

(4) 包装费用。包装费用是决定包装的重要因素,对于贵重易损毁的物品,相应的包装费用也比较高;对于低值易耗品,包装费用也比较低。包装费用会影响物流成本,进而影响商品价格。

(5) 标准和法规。在对物品包装时应充分考虑相应的法律法规,做到绿色合法。

二、物流包装容器技术类别

1. 包装袋

包装袋是柔性包装中的重要技术，包装袋材料有较高的韧性、抗拉强度和耐磨性。一般包装袋结构是筒管状结构，一端预先封死，在包装结束后再封装另一端，包装操作一般采用填充操作。包装袋一般有三种类型：

(1) 集装袋。这是一种大容积的运输包装袋，盛装重量在1吨以上。集装袋的顶部一般装有金属吊架或吊环等，便于铲车或起重机的吊装、搬运。卸货时可打开袋底的卸货孔，进行卸货。适于装运颗粒状、粉状的物品。

(2) 一般运输包装袋。这类包装袋的盛装重量是0.5～100公斤，大部分是由植物纤维或合成树脂纤维纺织而成的织物袋，如麻袋、草袋、水泥袋等。主要用于包装粉状、粒状和个体小的物品。

(3) 小型包装袋。这类包装袋盛装重量较少，通常用单层材料或双层材料制成。对某些具有特殊要求的包装袋也有用多层不同材料复合而成。包装范围较广，液状、粉状、块状等可采用这种包装。

上述几种包装袋中，集装袋适于运输包装，一般运输包装袋适于外包装及运输包装，小型包装袋适于内装、个装及商业包装。

2. 包装盒

包装盒是介于刚性和柔性包装之间的包装技术。包装材料不易变形，有较高的抗压强度，刚性高于袋装材料。包装结构是规则几何形状的立方体，也可裁制成其他形状，如圆盒状、尖角状，一般容量较小，有开闭装置。包装操作一般采用码入或装填，然后将开闭装置闭合。包装盒整体强度不大，包装量也不大，不适合做运输包装，适合做商业包装、内包装。

3. 包装罐

包装罐是罐身各处横截面形状大致相同，罐颈短，罐颈内径比罐身内颈稍小或无罐颈的一种包装容器，是刚性包装的一种。包装材料强度较高，罐体抗变形能力强。包装操作是装填操作，然后将罐口封闭，可做运输包装、外包装，也可做商业包装、内包装用。包装罐主要有三种：

(1) 小型包装罐。这是典型的罐体，可用金属材料或非金属材料制造，容量不大，一般是做销售包装、内包装。

(2) 中型包装罐。外型是典型罐体，容量较大，一般做化工原材料、土特产的外包装，起运输包装作用。

(3) 集装罐。这是一种大型罐体，外形有圆柱形、圆球形、椭球形等。集装罐往往是罐体大而罐颈小，采取灌填式作业。灌填作业和排出作业往往不在同一罐口进行。集装罐是典型的运输包装，适合包装液状、粉状及颗粒状物品。

4. 包装箱

包装箱是刚性包装技术中重要的一类。包装材料为刚性或半刚性材料，有较高强度且不易变形。包装结构和包装盒相同，只是容积、外形都大于包装盒，两者通常以10升为分界。包装操作主要为码放，然后将开闭装置闭合或一端固定封死。包装箱整体强度较高，抗变形能力强，包装量也较大，适合做运输包装、外包装，包装范围较广，主要用于固体杂货包装。包装箱主要有以下几种：

（1）瓦楞纸箱。瓦楞纸箱是用瓦楞纸板制成的箱形容器。瓦楞纸箱从外型结构分为有折叠式瓦楞纸箱、固定式瓦楞纸箱和异形瓦楞纸箱三种。

（2）木箱。木箱是流通领域中常用的一种包装容器，其用量仅次于瓦楞箱。木箱主要有木板箱、框板箱和框架箱三种。

（3）塑料箱。一般用做小型运输包装容器，其优点是：自重轻，耐蚀性好、可装载多种物品，整体性强，强度和耐用性能满足反复使用要求，可制成多种色彩以便对装载物分类，手握搬运方便，没有木刺，不易伤手。

（4）集装箱。由钢材或铝材制成的大容积物流装运设备，从包装角度看，属于大型包装箱，可归属于运输包装的类别之中，也是反复使用大型的周转型包装。

三、物流特殊包装防护技术

1. 防震包装保护技术

防震包装是指为减缓内装物受到冲击和振动，保护其免受损坏而采取一定防护措施的包装。产品从生产出来到开始使用，要经过一系列的运输、保管、堆码和装卸过程，并且需要置于一定的环境之中。但在任何环境中都会有力作用在产品之上，并使产品发生机械性损坏。为了防止产品遭受损坏，就要设法减小外力的影响。防震包装主要有以下三种方法：

（1）全面防震包装方法。全面防震包装方法是指内装物和外包装之间全部用防震材料填满进行防震的包装方法。

（2）部分防震包装方法。对于整体性好的产品和有内装容器的产品，仅在产品或内包装的拐角或局部地方使用防震材料进行衬垫。所用包装材料主要有泡沫塑料防震垫、充气型塑料薄膜防震垫和橡胶弹簧等。

（3）悬浮式防震包装方法。对于某些贵重易损的物品，为了保证在流通过程中不被损坏，使用比较坚固的外包装容器，然后用绳、带、弹簧等将被装物悬吊在包装容器内。

2. 防破损包装保护技术

缓冲包装有较强的防破损能力，因而是防破损包装技术中的一类。此外还可以采取以下几种防破损保护技术：

（1）捆扎及裹紧技术。捆扎及裹紧技术的作用是使杂货、散货形成一个牢固整体，以增加整体性、便于处理性及防止散堆来减少破损。

（2）集装技术。利用集装，减少与货体的接触，从而防止破损。

（3）选择高强保护材料。通过高强度的外包装材料来防止内装物受外力作用破损。

3. 防锈包装保护技术

（1）防锈油防锈蚀包装技术。大气锈蚀是空气中的氧、水蒸气及其他有害气体等作用于金属表面引起电化学作用的结果。如果使金属表面与引起大气锈蚀的各种因素隔绝，就能够达到防止金属大气锈蚀的目的。防锈油包装技术就是根据这一原理将金属涂封防止锈蚀的。

(2) 气相防锈包装技术。气相防锈包装技术就是用气相缓蚀剂,在密封包装容器中对金属制品进行防锈处理的技术。气相缓蚀剂是一种能减慢或完全停止金属在侵蚀性介质中的破坏过程的物质,它在常温下即具有挥发性,它在密封包装容器中,在很短的时间内挥发或升华出的缓蚀气体能充满整个包装容器内的每个角落和缝隙,同时吸附在金属制品的表面上,从而起到抑制大气对金属锈蚀的作用。

4. 防霉腐包装保护技术

在运输包装内装运食品和其他有机碳水化合物货物时,货物表面可能生长霉菌。在流通过程中如遇潮湿,霉菌生长繁殖极快,甚至会伸延至货物内部,使其腐烂、发霉、变质,因此要采取特别防护措施。

(1) 充气包装。充气包装是采用二氧化碳气体或氮气等不活泼气体置换包装容器中空气的一种包装技术,因此也称为气体置换包装。这种包装方法是根据好氧性微生物需氧代谢的特性,在密封的包装容器中改变气体的组成成分,降低氧气的浓度,抑制微生物的生理活动、酶的活性和鲜活物品的呼吸强度,达到防霉、防腐和保鲜的目的。

(2) 真空包装。真空包装是将物品装入气密性容器后,在容器封口之前抽真空,使密封后的容器内基本没有空气的一种包装技术。一般的肉类商品、谷物加工商品以及某些容易氧化变质的商品都可以采用真空包装。真空包装不但可以避免或减少脂肪氧化,而且可以抑制某些霉菌和细菌的生长。

(3) 脱氧包装。脱氧包装是继真空和充气包装之后出现的一种新型除氧包装方法。脱氧包装是在密封的包装容器中,使用能与氧气起化学作用的脱氧剂与之反应,从而除去包装容器中的氧气,以达到保护内装物的目的。脱氧包装方法适用于某些对氧气特别敏感的物品,适用于那些即使有微量氧气也会促使品质变坏的食品包装。

5. 防虫包装保护技术

防虫包装技术常用的是驱虫剂,即在包装中放入一定毒性和嗅味的药物,利用药物在包装中挥发气体杀灭和驱除各种害虫。常用驱虫剂有萘、樟脑精等。也可采用真空包装、充气包装、脱氧包装等技术,使害虫无生存环境,从而防止虫害。

6. 交互式包装保护技术

交互式包装是近年来在包装领域出现的一个新概念,这一概念目前还没有完整确切的定义,它的主要含义是指通过包装材料和包装手段的实施,使产品和消费者之间建立起一种紧密联系。

(1) 感觉包装。感觉包装是指可以让消费者对包装产品有一种直觉上感受的包装,包括触觉、视觉或嗅觉等方面的感觉。感觉包装的另一个目的是为了保持产品的完整性,例如生产薯片的厂家在产品的包装材料中加入薯片的味道,以防薯片串味。

(2) 功能包装。功能包装是为解决与内装物相关的包装问题的一种科学方法,用来保护包装内部的物品不丢失任何价值。如在水果汁包装盒上加一个凸起的盖子,目的是在做热封口处理时延长果汁的保质期和口感。

(3) 智能包装。智能包装是指对环境因素具有“识别”和“判断”功能的包装,它可以识别和显示包装空间的温度、湿度、压力以及密封的程度、时间等一些重要参数。严格意义上讲,智能包装属于功能包装的一部分。目前研制的智能包装,主要包括智能包装材料、智能包装结构以及智能包装机械。

第四节 绿色包装

一、绿色包装的定义

绿色包装(green package)又称无公害包装或环境友好包装(environmental friendly package),是指对生态环境和人类健康无害,能重复使用和再生,符合可持续发展的包装。它有两方面含义:一是保护环境;二是节约资源。这两者相辅相成,不可分割。其中保护环境是核心,节约资源与保护环境又密切相关,因为节约资源可减少废弃物,其实也就是从源头上保护环境。

从技术角度讲,绿色包装是指以天然植物和有关矿物质为原料研制成对生态环境和人类健康无害,有利于回收利用,易于降解,可持续发展的一种环保型包装。其包装产品从原料选择、产品的制造到使用和废弃的整个生命周期,均应符合生态环境保护的要求,应从绿色包装材料、包装设计和大力发展绿色包装产业三方面入手实现绿色包装。具体而言,绿色包装应体现以下目标:

(1) 实行包装减量化(reduce)。绿色包装在满足物品保护、方便储运、促进销售等功能的条件下,进行适度包装。欧美等国家将包装减量化列为发展无害包装的首选措施。

(2) 包装应易于重复利用(reuse)或易于回收再生(recycle)。通过多次重复使用,或通过回收废弃物、生产再生制品、焚烧利用热能等措施,达到再利用的目的。这样既不污染环境,又能充分利用资源。

(3) 包装废弃物可以降解腐化(degradable)。为了不形成永久的垃圾,不可回收利用的包装废弃物要能分解腐化,进而达到改善土壤的目的。世界各工业国家均重视发展利用生物或光降解的包装材料。reduce、reuse、recycle 和 degradable 即是当今世界公认的发展绿色包装的“3R”和“1D”原则。

(4) 包装材料对人体和生物应无毒无害。包装材料中不应含有有毒物质或有毒物质的含量应控制在有关标准以下。

(5) 在包装产品的整个生命周期中,不应对环境产生污染或造成公害。包装制品从原材料采集、材料加工、制造产品、产品使用、废弃物回收再生,直至最终处理的生命全过程均不应对人体及环境造成公害。

二、绿色包装的意义

绿色包装问题被整个国际社会所关注是因为环境问题与污染的特殊性和复杂性。环境的破坏不分国界,一国污染,邻国受损。环境污染不仅危害到普通人的生存、社会的健康、企业的生产、市场的繁荣,还可能通过一些途径引发有关自然资源的国际争端。

(1) 绿色包装能够减轻环境污染,保持生态平衡

包装若大量采用不能降解的塑料,将会形成永久性的垃圾。塑料垃圾燃烧会产生大量有害气体,包括产生容易致癌的芳香烃类物质;包装若大量采用木材,则会破坏生态平衡,因此需要通过采取绿色包装来保护环境和维持生态平衡。

(2) 绿色包装顺应了国际环保发展趋势的需要

在绿色消费浪潮的推动下,越来越多的消费者倾向于选购对环境无害的绿色产品。采用绿色包装并有绿色标志的产品,在对外贸易中更容易被外商接受。

(3) 绿色包装是 WTO 及有关贸易协定的要求

WTO 一揽子协议中的《贸易与环境协定》,促使各国企业必须生产出符合环境要求的产品及包装。

(4) 绿色包装是绕过贸易壁垒的重要途径

国际标准化组织(ISO)就环境制定了相应的标准 ISO 14000,它成为国际贸易中重要的非关税壁垒。另外,1993 年 5 月欧共体正式推出“欧洲环境标志”,欧共体的进口商品要取得绿色标志就必须向其各盟国申请,没有绿色标志的产品要进入上述国家会受到极大的限制。

(5) 绿色包装是促进包装工业可持续发展的途径

可持续发展要求经济的发展必须走“少投入、多产出”的集约型模式,绿色包装能促进资源利用和环境的协调发展。

三、绿色包装的发展

绿色包装一词源于 1987 年联合国环境与发展委员会发表的《我们共同的未来》。1992 年 6 月,联合国环境与发展大会通过了《里约环境与发展宣言》、《21 世纪议程》,随即在全世界范围内掀起了一个以保护生态环境为核心的绿色浪潮。根据人们对绿色包装理念的认识,可以把绿色包装的发展划分为三个阶段。

(1) 20 世纪 70—80 年代中期的“包装废弃物回收处理”阶段。在这个阶段,减少包装废弃物对环境的污染是主要方向。这个时期,美国于 1973 年颁布了《军用包装废弃物处理标准》;丹麦 1984 立法规定重点在于饮料包装的包装材料回收利用;中国在 1996 年也颁布了《包装废弃物的处理与利用》。

(2) 20 世纪 80 年代中期至 90 年代初期的“3R,1D”阶段。这个阶段,美国环保部门就包装废弃物提出了三点意见:①尽可能对包装进行减量化,不用或少用包装;②尽量回收利用商品包装容器;③不能回收利用的材料和容器,应采用生物降解的材料。同时欧洲的许多国家也提出本国的包装法律规范,强调包装的制造者和使用者必须重视包装与环境的协调性。

(3) 20 世纪 90 年代中后期的“LCA”阶段。LCA(life cycle analysis),即“生命周期分析”方法。它被称为“从摇篮到坟墓”的分析技术,它是把包装产品从原材料提取到最终废弃物处理的整个过程作为研究对象,进行量化分析和比较,以评价包装产品的环境性能。这种方法的全面、系统、科学性已经得到人们的重视和承认,并作为 ISO 14000 中的一个重

要的子系统存在。

四、绿色包装的实现

1. 绿色包装的实现途径

(1) 包装模数化。包装模数化是指确定包装基础尺寸标准。模数化包装有利于小包装的集合,从而方便利用集装箱及托盘装箱、装盘。包装模数如能和仓库设施、运输设施尺寸模数统一,则有利于运输和保管作业,从而实现物流系统的合理化。

(2) 包装的大型化和集装化。包装的大型化和集装化有利于实现物流系统在装卸、搬运、保管和运输等过程的机械化。加快这些环节的作业速度,有利于减少单位包装、节约包装材料和包装费用,有利于保护物品。

(3) 包装多次、反复使用和废弃包装的处理。采用通用包装,不用专门安排回返使用;采用周转包装,可多次反复使用,如饮料、啤酒瓶等;梯级利用,一次使用后的包装物,用后转化作他用或简单处理后转作他用;对废弃包装物经再生处理,转化为其他用途或制作新材料。

(4) 开发新的包装材料和包装器具。绿色包装发展趋势是包装物的高功能化,用较少的材料实现多种包装功能。

2. 绿色包装的实现手段

(1) 环保意识培养

产品包装的图案和色彩直接影响着消费者的视觉感受。如包装上刻意地附上一些环保标志和图片,就会刺激消费者的大脑,提醒消费者不要乱丢包装废弃物,以增强消费者的环保意识。

(2) 使用无害包装

各国都应以立法的形式规定禁止使用或减少使用某些含有铅、汞、铝等有害成分的包装材料,并规定重金属含量。如《欧洲包装与包装废弃物指令》规定了重金属含量水平(铅、汞和铝等)。目前,市场上流行的一次性泡沫塑料饭盒不仅不可以回收利用,而且埋在地下长期不易腐烂,对它进行焚烧又会对环境造成污染,因此必须禁止使用。

(3) 使用和利用可再生的包装材料

自然资源是人类生态平衡的基础,肆意开发和破坏自然资源,特别是不可再生的自然资源,给人类社会带来的灾难是不可估量的。针对这种情况,我们可以考虑采用可重复利用和可再生的包装材料,如啤酒、饮料、酱油、醋等包装采用玻璃瓶反复使用,聚酯瓶在回收之后可以用一些方法再生。

(4) 使用和利用可食性包装材料

使用和利用可食性包装材料是解决食品包装废弃物与环保之间的矛盾的好办法。在进行食品包装的设计中,可制成一种不影响被装食品原味的可食性包装膜。如澳大利亚的一家公司研制出一种可食用土豆片包装,人们吃完土豆片后还可食用其包装。英国一家公司制成了一种可食用的果蔬保鲜剂。由于这种保鲜剂在水果表面形成了层密封膜,故能防止氧气进入果蔬内部,从而延长了熟化过程,起到保鲜作用,涂上这种保鲜剂的水果蔬菜保鲜期可达 200 天以上，而且这种保鲜剂可以同果蔬一起食用。

(5) 使用和利用可降解包装材料

可降解包装材料是指在特定时间内及造成性能损失的特定环境下，其化学结构发生变化的一种材料。可降解塑料包装材料既具有传统塑料的功能和特性，又可以在完成使用寿命之后，通过阳光中紫外光的作用或土壤和水中的微生物作用，在自然环境中分裂降解和还原，最终以无毒形式重新进入生态环境中，回归大自然。如法国一家奶制品公司从甜菜中提取的物质与矿物质进行混合后制造成一种生态包装盒。

(6) 使用和利用纸包装材料

纸的原料主要是天然植物纤维，很容易腐烂，不会造成污染环境，也可回收造纸。因此许多国际大公司用可回收纸进行年报、宣传品制作，用回收纸制成信笺、信纸，以体现其关注环境的绿色宗旨，同时树立了良好的企业形象。在国际商品流通中，纸包装材料被广泛用于蛋品、水果、玻璃制品等易碎、易破、怕挤压物品的周转包装。

3. 绿色包装的实现对策

(1) 绿色包装的宣传教育，树立环保意识。进行资源短缺、环境危机及污染源教育，包装废弃物回收教育、环保法规教育和对企业普及 ISO14000 系列标准的宣传，使全社会认识到环境保护的重要性。

(2) 绿色环保设计。绿色包装设计是推进绿色包装的首要工作，它直接影响包装方式、包装用料的选择和使用量及包装废弃物的处置等。绿色包装设计除强调包装保护和陈列等功能外，还应加上环保功能。

(3) 包装废弃物的回收利用，节约资源，减少废弃物，反对过度包装。部分经济发达国家已将反对过度包装作为减少包装污染、节约资源、实现绿色包装的一个重要对策。

(4) 物流包装回收组织的建设，提高回收处理技术。物流包装废弃物回收后重新使用或加工处理后再次利用，都是以节约原材料、减少污染 保护环境为目标。实施绿色保护标志，使环境保护从单纯的强制性逐步发展为强制与指导相结合的方式，在这个过程中组织的建设是关键。

(5) 绿色包装实施的监测与评价。绿色包装实施的监测与评价应包括包装产品整个生命周期内的环境影响和资源消耗，可以考虑诸如环境指标、经济指标、社会指标和资源指标等层次，每个层次的评价指标可依据结构、功能、效果划分为更细化的标准。

本章小结

包装是指为在流通过程中保护产品、方便贮运和促进销售，按一定技术方法而采用的容器、材料及辅助物的总体名称。也指为了达到上述目的而采用的容器、材料和辅助物的过程中施加一定技术方法等的操作活动。包装与运输、储存、物流信息、装卸搬运等作业环节存在相互影响和制约的关系，只有实现物流各环节的无缝衔接，才能实现物流的系统价值。根据不同的分类标准，包装可以分为很多类型。研究包装的不同类别，有利于更好地实现包装的合理化。在包装工业的快速发展下，物流包装呈现科技化、标准化、绿色化、信息化的发展趋势。

随着科学技术的飞速发展，包装材料不仅影响着整个社会的生产建设，也紧密地联系着人们的日常生活，成为当代科学技术的重要部分。包装材料是制作包装容器和满足物品包装要求所使用的材料，既包括金属、塑料、玻璃、纸等主要包装材料，也包括涂料、黏合剂、装潢、印刷材料等辅助材料。物流包装材料的选用首先需要研究包装材料的性能，如包装材料的保护性、加工性、方便性、安全性、经济性、环保性等。包装材料运用是否恰当对包装效果及环境保护的影响很大。常用的包装材料有纸包装材料、塑料包装材料、金属包装材料和玻璃包装材料，这四类包装材料是目前物流包装行业应用最为普及的类型。现实中，我们需要结合不同类型包装材料的特性，选择合适的包装材料。

包装技术是一门跨行业的综合应用技术，涉及材料、机械、技术、贸易、工艺和美术等各个方面。选择包装技术应综合考虑被包装物品的性质、流通过程的环境条件、包装材料、包装容器的品质、包装费用、标准和法规等因素。物流包装容器是包装的基本单元之一，有包装袋、包装盒、包装罐、包装箱四种类型。物流作业的过程中存在很多因素会造成货物的毁损，包装有效地解决了这个问题，特别是物流特殊包装防护技术，如防震包装保护技术、防破损包装保护技术、防锈包装保护技术、防霉腐包装保护技术、防虫包装保护技术、交互式包装保护技术等。

绿色包装是指对生态环境和人类健康无害，能重复使用和再生，符合可持续发展的包装。随着全球环境保护意识的增强，资源节约型社会的形成，绿色包装的趋势和潮流势不可挡。绿色包装顺应了国际环保发展趋势的需要，可以减轻环境污染，保持生态平衡，同时具有促进包装工业可持续发展的作用。绿色包装经历了三个发展阶段，即“包装废弃物回收处理”阶段、“3R，1D”阶段和“LCA”阶段。绿色包装正成为一种潮流和趋势，但绿色包装的实现途径、手段和对策是现实中必须解决的实践问题。

1. 简述包装的含义及其与物流其他职能的关系。
2. 如何理解现代包装工业的四大发展趋势？
3. 简述主要物流包装材料的性质及其应用。
4. 物流包装技术的选择需要考虑哪些因素？
5. 简述各种物流特殊包装防护技术及其应用。
6. 简述绿色包装发展的意义及其发展阶段。
7. 简述绿色包装实现的途径、手段和对策。

参考文献

[1] 王战军. 包装物流学[M]. 北京：中国劳动社会保障出版社，2006.
[2] 王之泰. 新编现代物流学[M]. 北京：首都经济贸易大学出版社，2008.

[3] 彭扬等.现代物流学概论[M].北京：中国物资出版社，2009.
[4] 骆光林.包装材料学[M].北京：印刷工业出版社，2006.
[5] 刘喜生.包装材料学[M].吉林：吉林大学出版社，1997.
[6] 彭彦平，王晓敏.物流与包装技术[M].北京：中国轻工业出版社，2004.
[7] 武军，李和平.绿色包装[M].北京：中国工业出版社，2007.
[8] 高海亲.对发展绿色物流包装的几点思考[J].商场现代化，2007(12)：132-133.

第四章　运　　输

引导案例

中远物流，中国物流典范之一

运输服务的最高境界是什么？专家说，是具有"量体裁衣"式的个性化服务。这一点中远做到了。中远物流(COSCO)是中国运输企业较为成功的范例。它独揽位居世界500强前列的通用汽车公司近100%的汽车散件运输合同；是美国最大的鞋业零售商首选的物流承运人；"海尔"超过一半的进出口产品由它承运；举世瞩目的三峡工程巨型发电机组、秦山核电站、连云港核电站等运输项目都与COSCO联系在一起。经过多年的积累和发展，中远物流构建了庞大而高效的海、陆、空立体运输网络；奠定了向国内外客户提供第三方物流超值服务的物质基础。中远物流由中远集团于2002年成立，目前其100%股份已注入上市公司中国远洋集团。该公司是我国最大的中外合资第三方物流企业，核心业务为现代物流、船务代理和货运代理。2009年，中国远洋以中远物流为主体的物流板块营业额为30.71亿元。

现代物流业被人们称为继集装箱多式联运后，国际航运业的又一次革命。中远几十年来潜心打造物流服务品牌。在海外，中远推行全球营销一体化战略。有海外机构400多个，形成以北京为中心，以香港、欧洲、美洲、新加坡、日本、澳大利亚、亚洲、西亚和韩国等9个区域为支点的全球经营网络和服务体系。中远近500艘各类现代化商船，在全球160多个国家、1 200多个港口，不间断地为全球客户提供及时、优质的服务。在国内，以货运、外代、航空货代等为核心的中远陆上成员企业，构筑了中国最大、最完善的陆地货运网络，能够为全国的客户提供"上天入地"的全方位服务。无论是在浩瀚的大海还是广袤的内陆，无论是在现代化的高速公路还是边远的乡村小道，您都可以看到有COSCO标志的中远运载工具。

信息技术是推动现代物流发展的主导力量之一，中远把信息技术作为强化物流竞争能力的一个重要手段。早在数年前，中远已经通过国际互联网向全球客户推出了网上订舱、中转查询和信息公告等多项业务的网上服务系统，每一位网上客户均可在任何地区和时间内，足不出户地进入中远电子订舱系统，进行网上订舱业务。中远联合英国皇家海军航道局和中国国家气象中心研制开发的具有世界领先水平的"全球航海智能系统"，被誉为远洋船舶的"天眼"。远洋船舶、集装箱卡车及其他陆运车辆上的GPS全球卫星定位系统，可通过总部终端进行全程监测，实时跟踪物流运输动态。衡量物流服务企业物流能力的一个重要标准是能否为不同的客户或同一客户在不同时间、不同地点的具体需求，提供"量体裁衣"式的个性化服务，这也是物流服务企业发展供应链关系的核心。

上海通用(SGM)汽车项目是中远运作的较为成功的物流项目之一。作为迄今为止最大的中美合资项目,通用选择汽车散件物流承运人的条件十分苛刻。但是,中远以其雄厚的实力和独具匠心的物流服务理念,一举中得 SGM 三年的汽车散件承运权。在实践中,中远为 SGM 提供从加拿大内陆启运地的铁路运输到日本港口中转、横跨太平洋的海上运输,再到上海交货地的"门到门"全程物流运输服务。在全程服务中,中远选择最佳的运输路线,使用最快捷的"绿色快航"通道,配备最现代的海陆运输工具,使用最先进的信息技术,为 SGM 提供近乎完美的具有个性化特征的全程物流服务。为了满足 SGM 汽车散件"零库存"的要求,中远创造性地推出木箱配送服务项目,建设了设施完善的配送中心和仓库。体贴入微的服务,受到了上海通用的高度评价。

在中远物流的"一五"(2004—2008 年)规划中,结合公司自身的发展情况,中远物流将主要业务集中在六大领域,包括家电物流、汽车物流、电力物流、化工物流、会展物流和医药物流。在特种物流领域,中远物流凭借自身的实力,为石油化工甚至是国家核电站提供专业的服务,也为公众安全和环境安全保驾护航。在始于 2009 年的"二五"规划中,中远物流决定将业务拓展到航空物流、电子产品物流和精密仪器物流等高利润率物流领域。

(资料来源:根据以下资料改写:蒋长兵.中远物流,中国物流典范之一[M].现代物流管理案例集.北京:中国物资出版社,2005:175-177;市场分割竞争无序 中远物流全线退出汽车物流.[EB/OL].http://www.eeo.com.cn/industry/shipping/2010/11/12/185636.shtml.)

第一节 运输方式概述

一、运输与物流

运输的诞生和发展,经历了极其漫长的历史过程。它是伴随着社会生产力的提高和科学技术的进步而产生和发展的,它的产生和发展也促进了社会、经济、政治和文化的发展与进步。

当我们把眼光投向历史时,就会惊奇地发现,人类社会发展过程中的每一个重要进程或重要事件,几乎都与运输有关。古埃及的强大与尼罗河息息相关,是尼罗河把整个埃及连在一起,为它在商品运输、信息交流、文化传播方面提供了极大方便。世界奇观金字塔的修建,离开了运输是不可想象的。中国古老灿烂的文化与黄河和长江密切相连,水上运输为黄河和长江两岸的经济发展和文化传播奠定了最重要的物质基础。丝绸之路是古老的中国走向世界的一条漫漫长路,作为一条重要的纽带,它传播了不同国家和地区的商品及文化,加强了它们之间的沟通与交流。

然而,"路漫漫其修远兮",虽然这条"路"促进了中国与世界文化的交流,促进了经济发展,却也映衬了原始运输方式的艰辛与落后。机械运输业的出现,对经济发展和社会进步产生了更大的影响。汽轮船的采用,提高了海上运输速度、能力和平均运输距离;铁路及公路的使用与发展,使得人类在陆路上克服空间障碍的能力大大提高;航空运输的发展导致交通运输在速度方面产生了质的飞跃,从而使整个世界为之变小。"地球村"是人们对当今世界的另一种称谓,使原本广阔无比的地球变为"村落",恰恰是发达的现代交通运输体系。因此,运输是人类社会进步的动力,是人类社会的基本活动之一,是现代社会经济活动中不可或缺的重要内容。

运输业的发展水平在很大程度上促进或制约着国民经济发展的规模和速度。要是没有运输,小到不可能经营一家杂货铺,大到不可能打赢一场战争。生活越复杂,也就越离不开运输。因此,经常有人将交通运输对国家和社会的功能与重要性,比喻为人的血管,是人体输送养分、保存活力与维持生命的管道。

1. 运输的概念

运输是人类社会的基本活动之一,是一项范围广泛、与社会生产和人民生活密切相关的经济活动,被马克思称为采掘业、农业和加工工业之外的"第四物质生产部门"。今天,运输已经渗透到人类社会生活的方方面面,并且成为最受关注的社会经济活动之一。

所谓运输,是指人员或物品借助于运力系统在一定空间范围内产生的位置移动。其中,运力系统是指由运输设施、路线、设备、工具和人力组成的,具有从事运输活动能力的系统。运输包括客运和货运。人员的运输称为客运,货物的运输称为货运。

运输虽是一项范围非常广泛的经济活动,但并不是说国民经济与社会生活中所有的人员与物品的空间位移都属于运输。

首先,运输只能是指在一定范围内,利用人们公认的运输工具所发生的人员与物品的空间位移,而利用其他介质的载运及输送并不是运输活动。例如,经济活动中的输电、输水、供暖、供气和电信传输等,虽然也产生物质位移,但这些经济活动都已各自拥有独立于运输体系之外的传输系统,它们完成的物质位移已不依赖于人们一般公认的公共运输工具,因此它们不属于运输范畴。

其次,即便人们公认的公共运输工具所完成的人员与物品的位移,也并不完全属于运输活动。一些由运输工具改作他用的特种车辆(包括船舶、飞机)已成为本身安装了许多为完成特定任务所需设备的附属物,如消防车、吊车、电视转播车、洒水车、扫路车、环境监测车、空中救援飞机等。这些运输工具虽然利用了公共运输路线,但它们行驶的直接目的并不是为了完成人员与物品的空间位移,而是作为完成某项特定工作的必要组成部分,因此不属于一般意义的运输范畴。

此外,在家里、工作单位和其他各种建筑物内人员与物品的空间位移,也不属于运输的范畴。室外人员与物品的空间位移如果是由室外活动性质直接引起的,如人在公园或游乐场内的活动、空中游览,以及建筑工地由运输工具完成的人员与物品的空间位移等,同样都不属于运输的范畴。

综上所述,运输是指借助公共运输线路及其设施和运输工具来实现人员与物品空间位移的一种经济活动和社会活动。

2. 运输与物流

我国国家质量技术监督局(现为国家质检总局)于 2001 年 4 月发布的国家标准《物流术语》(GB/T 18354—2001)将运输定义为:"用设备和工具,将物品从一地点向另一地点运送的物流活动。其中包括集货、分配、搬运、中转、装入、卸下、分散等一系列操作。"

从上述定义中可以看出,物流中所提到的运输与前面所述的运输有诸多不同之处,主要表现在以下两个方面：

(1) 两者的劳动对象不同。从运输和物流的定义可知，一般意义的运输是人员与物品利用交通工具在一定范围内产生的空间位移，既包括物品的空间位移(货运)，又包括人员的空间位移(客运)；而物流中的运输仅仅是物品在供应地与需求地之间的实体运送，不包括人员的空间位移。

(2) 两者的工作范围不同。一般意义的运输主要指流通领域的运输，不包括生产领域的运输；而物流中的运输作为物流系统的一个重要组成部分，不仅包括流通领域的运输，还包括生产领域的运输。流通领域的运输作为流通领域里的一个重要环节，在较大范围内，是将物质产品从生产领域向消费领域在空间位置上进行物理性转移的活动，既包括物品从生产所在地直接向消费所在地的移动，也包括物品从生产所在地向物流网点和从物流网点向消费所在地的移动。生产领域的运输一般在生产企业内部进行，因此又称为厂内运输。厂内运输包括原材料、在制品、半成品和成品的运输，是直接为物质产品生产服务的，有时也称为物料搬运。厂内运输或物料搬运不包括在一般意义的运输之中，但却是物流运输的主要活动之一。

综上所述，物流运输是指流通领域和生产领域中货物的运输。

3. 运输在物流系统中的作用

运输是物流的支柱。在物流过程中，直接耗费活劳动和物化劳动，这些劳动的综合称为物流总成本。物流总成本主要由运输成本、保管成本和管理成本构成。其中，运输成本所占的比重最大，是影响物流成本的一项重要因素。物流合理化，在很大的程度上取决于运输的合理化问题。所以，在物流过程的各项业务活动中，运输是关键，起着举足轻重的作用。具体表现在：

(1) 运输是物流系统功能要素的核心

一般来说，运输功能创造了产品的空间效用，储存功能创造了物品的时间效用，流通加工功能则创造了物品的形态效用，而物流系统的其他功能都是围绕这三大功能进行的。但是，这三者在物流的地位是不同的。

在社会化大生产的条件下，产品生产和消费在位置空间上的背离呈现出扩大的趋势。这种趋势使得运输业的需求越来越大，在客观上突出了运输功能的主导作用。因此，在物流系统的三大效用功能要素中，运输功能的主导地位和核心要素作用日益显著，从而成为物流系统最为核心的功能要素。

(2) 运输是实现物流合理化的关键

运输与物流活动中的其他环节有着较为密切的关系，运输活动的合理与否能直接或间接影响到其他物流活动的合理化程度。运输费用在全部物流费用中占有较大比重，是影响物流成本的一项重要因素。

(3) 运输加快了资金周转速度，降低了资金占用时间，是提高物流经济效益和社会效益的重点所在。

(4) 运输体系的完善是实现物流社会化的基础

目前，货物运输的高速化与集装箱化，建立集约化的物流中心，实行物资的及时与共同配送正在成为交通运输业的主要发展方向，物流运输业的不断发展与完善，为物流社会化的实现提供基础条件。

现代化交通运输业包括铁路运输、公路运输、水路运输、航空运输和管道运输五种基本的运输方式。

二、铁路运输

铁路运输是一种重要的现代陆地运输方式。它是使用机动车牵引车辆，用以载运旅客和货物，从而实现人和物的位移的一种运输方式。铁路运输主要承担长距离大宗货物的运输，在我国的综合运输体系中的发挥骨干和主导作用。

1. 铁路运输的设施设备

(1) 线路。线路是列车运行的基础设施，由轨道、路基和桥隧等建筑物组成一个整体的工程结构。

(2) 车站。车站是运输生产的基地。铁路车站按技术作业的不同可分为编组站、区段站和中间站。编组站和区段站统称为技术站。

(3) 机车。机车是牵引和推送车辆运行于铁路线上、本身不能载荷的车辆。机车是铁路运输的动力装置，包括蒸汽机车、内燃机车和电力机车。

(4) 货车。货车是铁路运输的基本载运工具，分为棚车、敞车、平车、砂石车、罐车和冷藏车等。

(5) 通信设备和信号设备。铁路网络的节点多、线路长、分布地域广，先进的铁路通信和信号设备对于保证行车安全、加强各方面的协同配合、集中统一指挥具有重要意义。

2. 铁路运输的营运方式

(1) 整车运输，是指一批货物的重量、体积、形状或性质需要一辆或一辆以上的货车装运的，须按整车方式办理运输。

(2) 零担运输，是指一批货物的重量、体积、形状和性质均不需单独使用一辆货车装运的，则可按零担方式办理运输。按零担方式办理运输的货物，一件货物体积不得小于 $0.02m^3$（一件货物重达 10kg 以上的除外），一张运单托运的货物不得超过 30 件。

(3) 集装箱运输是指利用集装箱运输货物的方式。适合采用集装箱运输的货物，一般被称为适箱货。

3. 铁路运输的技术经济特征

(1) 铁路运输的优点

① 适应性强。铁路几乎可以在任何需要的地方修建，可以全天候运转，受自然和气候条件的限制少。

② 运输能力大。对于陆上运输而言，铁路的运送能力是最大的。一般来说，一列火车可运载 2 000～3 500t 的货物，重载列车可运载 2 万吨以上的货物。

③ 安全程度高。在各种现代化交通运输方式中，按所完成客、货周转量计算的事故率，铁路运输是很低的。

④ 运送速度较快。常规铁路的列车运行速度一般为 60～80km/h，部分常规铁路可高达 140～160km/h，高速铁路上运行的旅客列车时速可达 210～310km/h，1990 年 5 月

18 日法国铁路曾创造了时速 515.3km/h 的世界纪录。

⑤ 运输能耗小。铁路运输轮轨之间的摩擦阻力小于汽车车辆和地面之间的摩擦阻力，铁路机车车辆单位功率所能牵引的质量约比汽车高 10 倍，因而铁路单位运量的能耗要比汽车运输少得多。例如，铁路运输每千吨公里标准燃料消耗为汽车运输的 1/15～1/11，为民航运输的 1/174。与此同时，铁路运输可采用电力牵引，在节能方面占有优势。

⑥ 环境污染程度小

工业发达国家在社会及其经济与自然环境之间的平衡受到了严重的破坏，其中交通运输业在某些方面起了主要作用。对空气和地表的污染最为明显的是汽车运输，而喷气式飞机、超音速飞机的噪声污染则更为严重。相比之下，铁路运输对环境和生态平衡的影响程度较小，特别是电气化铁路的影响更少。

⑦ 运输成本较低

铁路运输由于运距长、运量大，从而单位成本低。一般来说，铁路运输成本分别是汽车运输成本的 1/17～1/11，民航运输成本的 1/267～1/97。

(2) 铁路运输的缺点

① 初期基本建设投资高，建设周期长。单线铁路每公里造价为 300 万～700 万元，复线造价更高。铁路的建设周期长，一条干线要建设 5～10 年。

② 灵活性差。铁路只能在固定线路上实现运输，需要以其他运输手段配合和衔接，铁路运输只有达到一定的运输量，才能保证其经济性。其经济里程一般在 200 千米以上。

综合考虑以上因素，铁路适于大宗低值货物的中、长距离运输，也较适合运输散装货物(如煤炭、金属、矿石、谷物等)、罐装货物(如化工产品、石油产品等)以及集装箱运输。

三、公路运输

公路运输是现代运输的主要方式之一。公路运输由公路和汽车两部分组成，主要使用汽车，也使用其他车辆(如人力车、畜力车)在公路上进行客货运输。公路运输主要承担近距离、小批量的货运和水运、铁路运输难以到达地区的长途、大批量货运，及铁路、水运优势难以发挥的短途运输。

1. 公路运输的设施设备

公路运输的设施包括公路、停车场、货运站和桥梁隧道等。根据交通量及其使用性质，公路可分为高速公路、一级公路、二级公路、三级公路和四级公路。汽车的种类很多，可分为：

(1) 普通货车。包括轻型货车(载重吨位在 2t 以下)、中型货车(载重吨位在 2t～8t)和重型货车(载重吨位在 8t 以上)。

(2) 厢式货车。厢式货车具有载货车厢，能有效地防止货差货损。按货厢高度，厢式货车分为高货厢和低货厢两种。

(3) 专用车辆。这种车辆的通用性较差，适用于装运某种特定的普通货车或厢式货车装运效率较低的货物。包括油罐车、汽车搬运车、汽车搬运车和混凝土搅拌车等。

(4) 自卸车。这种车辆力求使运输与装卸有机结合，在没有良好的装卸设备的条件下,依靠车辆本身的附设设备进行装卸作用,包括翻卸车和随车吊等。

(5) 牵引车和挂车。

2. 公路货物的营运方式

(1) 整车运输。整车运输是指托运人一次托运货物的重量在3t以上(含3t)的运输组织形式。

(2) 零担运输。零担运输是指托运人一次托运货物的重量不足3t的运输组织形式,具有运量零星、批数较多、流向分散的特点。

(3) 联合运输。联合运输的方式有公铁联运、公海联运和公公联运等。

(4) 集装箱运输。集装箱运输是利用集装箱组织的汽车运输。

3. 公路运输的技术经济特征

(1) 公路运输的优点

① 机动、灵活。机动灵活是公路运输最显著的特点,它主要表现为:一是空间上的灵活性。公路运输的服务范围广,对于运行条件的要求不高,在直达性上有明显的优势,最易实现"门到门"的运输。二是时间上的灵活性,表现为通常可实现即时运输,能够灵活制定运营时间。三是服务的灵活性,表现为能提供有针对性的服务,更好地满足货主的需求。

② 货损货差小。随着人民生活水平的提高,货物结构中高价值的生活用品,如家用电器、日用百货、鲜活易腐货物等比重的增加,使用汽车运输货物能保证质量,及时送达。对于高价货物而言,汽车运价虽高,但在总成本中所占的比例较小,而且可以从减少货损货差、及时供应市场中得到补偿。

③ 原始投资少,资金周转快,回收期短。汽车购置费低,原始投资回收期短。美国有关资料表明:公路货运企业每收入1美元仅需投资0.72美元,而铁路则需2.7美元。公路运输的资本每年周转3次,铁路则需3～4年才周转一次。

(2) 公路运输的缺点

① 载运量小,安全性差。尽管汽车载重已提高到一定的程度,但还是与水运、铁路运输相差甚远。公路运输的大部分运输工具装载量小,且运送大件货物较为困难,运输能力小。公路运输的交通事故率较高。

② 单位运输成本高,对环境污染大。由于汽车载重受限,劳动生产率低,特别是长途运输中单位运输成本远高于铁路、水路运输,加之受当前汽车燃料限制,在空气污染、噪声、振动方面公路运输危害较大。

(3) 公路运输适用范围

① 担负中短途运输及特定条件下的长途运输。由公路运输的特点决定并经大量统计资料证实,公路运输在运距200km以内或200km左右范围运输时综合经济效益最佳。由于高速公路网络的逐步建立和完善,汽车运输从中短途运输逐步发展到短、中、长途运输并举的局面。

② 衔接其他运输方式。铁路、水路、航空运输需依靠公路来完成货物的集散和中转任务。公路运输既是五大运输体系中的重要组成部分,又是其他运输方式完成运输要求不可缺少的环节。特别是在物流业中,公路运输是实现供应链一体化必不可少的环节,强化了公路运输在综合运输体系中的基础性地位。

四、水路运输

水路运输是指由船舶、航道和港口等组成的交通运输系统。按其航行的区域，可分为远洋运输、沿海运输和内河运输三种类型。远洋运输通常指无限航区的国际间运输；沿海运输指在国内沿海区域各港口间进行的运输；内河运输则指在江、河、湖泊及人工水道上从事的运输。前两种又统称为海上运输。水路运输是在干线运输中起主力作用的运输方式。海上运输历史悠久，在内河及沿海，水运也常作为小型运输工具使用，担任补充及衔接大批量干线运输的任务。

1. 水路运输的设施设备

水路运输的设施设备由港口、航道和船舶所组成。

(1) 港口

根据我国《港口法》对港口所作出的定义，港口是指位于江河、湖泊和海洋沿岸，具有船舶进出、停泊、靠泊，旅客上下、货物装卸、驳运、储存等功能，并具有相应设备的由一定范围的水域和陆域组成的场所与基地。港口包括水域、陆域、港口配套设施、港口工程建筑以及港口管理与装卸生产组织机构。

① 港口的分类。按港口位置可分为海湾港、河口港、内河港；按使用目的可分为存储港、转运港、经过港；按国家政策可分为国内港、国际港、自由港。

② 现代化港口的条件。现代化的港口要求拥有大量的泊位，具有深水航道和深水港区，具有高效率的专业化装卸设备，具有畅通的集疏运设施以及其他设施。

(2) 航道

航道是指在内河、湖泊、港湾等水域内供船舶安全航行的通道，由可通航水域、助航设施和水域条件组成。

(3) 船舶的种类

① 集装箱船(又名箱装船、货柜船或货箱船)，是一种专门载运集装箱的船舶。其全部或大部分船舱用来装载集装箱，往往在甲板或舱盖上也可堆放集装箱。集装箱船的货舱口宽而长，货舱的尺寸按集装箱的要求规格化。装卸效率高，大大缩短了停港时间。

② 散装船，是用于装运谷物、煤炭、矿石和盐等散装货物的船舶。散装货物一般都是廉价的原材料或农产品，因此散装货船的运量很大，通常都是单向运输。散装货船的大小分为三个等级：约 3 万 t 的方便型、6 万 t 的巴拿马极限型和 10 万 t 以上的海峡型。

③ 油船，又称为油轮，是用来专门装运散装石油类、液体货物类的船舶，是远洋运输中特大型、大型船舶。目前，大型油船在 20 万～30 万 t，超大型油船已达到 50 万吨以上。

④ 液化气船，是专门用来装运经液化的天然气和石油气体的船舶。

⑤ 滚装船，是专门用来装运以载货驳船为货物单元的船舶，是一种快速运输货物的新型船舶。

⑥ 载驳船，是专门用来装运以载货驳船为货物单元的船舶。

⑦ 冷藏船，是指设有冷藏设备，专门用来装运易腐、鲜活货物的船舶。其吨位一般较小，大多在几百至几千吨。

⑧ 运木船，是专门用来装运木材的船舶，船上一般都设有起重量较大的装卸设备。运木船的吨位一般在5 000～20 000吨。

2. 水路运输的营运方式

(1) 班轮运输

班轮运输，又称为定期船运输，是指船运公司按照公布的船期表在特定的航线上，以既定的挂靠港顺序，进行规则的、反复的航行和运输的一种船舶经营方式。它包括件杂货班轮运输和集装箱班轮运输。班轮运输是随着工农业生产的发展在运量激增、货物品种增多的条件下，为适应货物自身价值高、批量小、收发货人多、市场性强以及送达速度快的货物运输要求而产生和发展起来的。现在集装箱班轮运输已是国际物流业的主流业务之一。因此，在组织班轮运输时不仅对船舶的技术性能以及船员和设备等有较高的要求，而且还需要有一套与之相适应的货运程序。

(2) 租船运输

又称为不定期船运输。它与班轮运输的方式不同，既没有固定的船舶班期，也没有固定的航线和挂靠港，而是按照货源的要求和货主对货物运输的要求安排船舶航线计划、组织货物运输，是相对于班轮运输的另一种船舶经营方式。

租船运输的方式包括航次租船、定期租船和光船租船三种方式。

3. 水路运输的技术经济特征

(1) 水路运输的优点

① 运输能力大。在五种运输方式中，水路运输能力最大，在长江干线，一支拖驳或推驳船队的载运能力已超过百万吨；在远洋运输中，20万吨的油轮和10万吨的干散货船已非常普遍；随着远洋船舶的大型化发展，目前世界上最大的超巨型油船的载重量达55万吨以上，5 000～6 000吨标箱的集装箱船已成为主流船型。

② 运输能耗小，成本低。尽管水运的站场费用很高，但因其运载量大，运程较远，燃料利用率高，因而总的单位成本较低。一般来说，水路运输的单位成本是铁路运输的1/25～1/20，是公路运输的1/100。

③ 投资省。海上运输航道的开发几乎不需要支付费用，内河虽然有时需要花费一定费用以疏浚河道，但比修筑铁路的费用少得多。

④ 劳动生产率高。由于船舶运载量大，配备船员少，因而其劳动生产率较高。

⑤ 运输通用性好。水路能运输各类货物，尤其是大件货物。同时，还能实现集装箱运输和多式联运。对于海上运输来说，在运输条件良好的航道，通航能力几乎不受限制。

(2) 水路运输的缺点

① 航速低。由于大型船舶体积大，水流阻力高，因此航速一般较低。一般船舶行驶速度只能达到40km/h左右，比铁路和公路要慢得多。

② 受自然条件的影响较大。内河航道和某些港口受季节影响较大，冬季结冰、枯水期水位变低难以保证全年通航。同样，海上运输会受到暴风和大雾的影响。另外，船舶达到港口时，如果航道水深不够，会限制船舶入港。

③ 灵活性差。水路运输只能在固定的水路航线上航行，不能实现“门到门”的运输，需要其他运输手段的配合和衔接，才能最终完成整个运输过程。

综合考虑上述因素，水运适于大运量、长距离、时效性要求不高的大宗货物的运输，特别适于集装箱的运输以及国际贸易运输，适于运输矿石、煤炭、石油、粮食等散货。

五、航空运输

航空运输是以航空器作为运输工具，实现旅客、行李、货物、邮件在区域内的位置转移的活动。按《华沙公约》对航空运输所下的定义，航空运输是指以航空器作为运输工具，运送人员、行李或者货物而收取报酬的或以航空器履行的免费的运输方式的统称。

1. 航空运输的设施设备

航空运输体系包括航空港(机场)、飞机、航空线、空中交通管理系统四个部分。这四个部分有机结合、分工协作，共同完成航空运输的各项业务活动。

(1) 航空港

国际民航组织将机场（航空港)定义为：供航空器起飞、降落和地面活动而划定的一块地域或水域，包括域内的各种建筑物和设备装置。日常生活中，航空港与机场几乎是同义词，但从专业角度来看，它们是有区别的。所有可以起降飞机的地方都可以称为机场，而航空港则专指那些可以经营客货运输的机场。旅客乘坐飞机旅行所使用的机场都是航空港。航空港必须设有候机楼以及处理旅客行李和货物的场地和设施。机场则可分为军用机场和民用机场，民用机场主要分为运输机场(即航空港)和通用航空机场，此外，还有供飞行培训、飞机研制试飞、航空俱乐部等使用的机场。由于航空港的规模较大，功能较全，使用较频繁，地面交通便利，所以通常选择运输机场开展航空货物运输服务。

(2) 飞机

飞机是航空运输的主要载运工具。按运载类型不同，民用飞机可分为运送旅客与货物的各种运输机和为工农业生产作业飞行、抢险救灾、教学训练等服务的通用航空飞机两大类。按其起飞重量飞机可分为大型飞机、中型飞机、小型飞机；按航程远近飞机可分为远程飞机、中程飞机、短程飞机。

(3) 航空线

航空线是航空运输的线路，是由空管部门设定的飞机由一个机场飞抵另一个机场的通道。飞机航线分为非固定航线和固定航线。非固定航线、航路是用于临时性的航空运输或通用航空运行，是在航路和固定航线以外的飞行线路。固定航线是用于省市之间和省内定期航班飞行，尚未建立航路的飞行航线。航空线按其性质和作用可分为国际航线、国内航空干线和地方航线三种。

(4) 空中交通管理系统

为了保证航空器飞行安全及提高空域和机场飞行区的利用效率而设立的各种助航设备和空中交通管制机构及规则构成了空中交通管理系统。助航设备分为仪表助航设备和目视助航设备。

2. 航空运输的营运方式

国际航空运输有班机运输、包机运输、集中托运和航空急件传送等方式。

(1) 班机运输

是指定期开航的定始发站、到达站、途经站的飞机运输。一般航空公司都使用客货混合型飞机，在搭载旅客的同时运送小批量货物。一些货源充足的大航空公司也在某些航线上开辟有全货机航班运输。由于班机有固定的航线，始发和停靠港，并定期开航，收发货人可以准确地掌握启运和到达时间，能够保证货物安全迅速地运送到世界各地。

(2) 包机运输

当货物批量较大，而班机不能满足需要时，一般就采用包机运输，包机运输分为整机包机和部分包机。整机包机是指航空公司按照事先约定的条件和费率，将整架飞机租给租机人，从一个或几个航空站装运货物至指定目的站的运输方式。它适合于运输大宗货物。部分包机是指由几家航空货运代理公司或发货人联合包租整架飞机，或者由包机公司把整架飞机的舱位分租给几家航空货运代理公司。部分包机适于1吨以上不足整机的货物运输，运费率较班机低，但运送时间较班机要长。

(3) 集中托运

集中托运方式是指航空货运代理公司把若干批单独发运的货物组成一整批，向航空公司办理托运，填写一份总运单将货物发运到同一到站，由航空货运代理公司在目的地的指定代理人负责收货、报关，并将货物分别拨交予各收货人的一种运输方式。这种集中托运方式在国际航空运输业中开展得比较普遍，也是航空货运代理的主要业务之一。

(4) 航空快件运输

航空快件运输是指具有独立法人资格的企业，通过航空运输及自身或代理的网络，在发货人与收货人之间以最快速度传递文件和物品的一种现代化的运输组织方法。因为主要运送国际往来的文件和物品，所以也称为国际快件运输。

3. 航空运输的技术经济特征

(1) 航空运输的优点

① 运输速度快。与其他运输方式相比，运送速度快是航空运输最显著的特征。当前航空运输时速平均在1 000千米左右。运输距离越长，节省时间越多，其快速优势越显著。

② 机动性大。飞机在空中飞行，只要有机场，不受其他地面情况限制。同时受航线条件限制的程度相对较小，其机动性更大。

③ 安全性高。与其他方式相比，航空运输的管理制度比较严格、完善，而且航空运输的中间环节较少。因此，运输过程中发生意外损失的机会也就少得多。

④ 基本建设周期短，投资少。与修建铁路和公路相比，航空运输设施建设周期短，占地少，投资省且收效快。

(2) 航空运输的缺点

① 载运量小。由于飞机的机舱容积和载重量的限制，航空运输的载运量相对较小，不能承运大型、大批量的货物。

② 运输成本高。飞机购置、租借、维修费用高，燃油消耗量大，因此，航空运输成本一直居高不下，目前仍然是一种最昂贵的运输方式，这也在很大程度上限制了航空运输的发展。

③ 易受天气条件的影响。航空运输在一定程度上受天气条件的影响较大，如遇大雨、大雾、台风等天气，不能保证货物运送的准时性和正常性。

④ 可达性差。通常情况下，航空运输难以实现“门到门”运输，必须借助于其他运输工具来中转。

航空运输不仅可从事客、货运输，还因其快速和机动性，更能在执行救援、邮件运输和精密、贵重货物及鲜活易腐物品运输方面满足客户的服务要求。航空运输的特点决定了只有在长距离运输时其优势更明显，所以长途运输中客运主要由航空运输承担，因此当前跨洲跨洋国与国之间的贸易、文化交往都要依赖于航空运输。

航空运输的单位成本很高，因此，主要适合运载的货物有两类：一类是价值高、运费承担能力很强的货物，如贵重设备的零部件、高档产品等；另一类是紧急需要的物资，如救灾抢险物资等。

六、管道运输

管道运输是随着石油的生产而产生和发展的。管道运输是货物在管道内借用高压气泵的压力向目的地输送的一种运输方式。这是一种特殊的运输方式，它的运输工具就是管道，是固定不动的，只是货物本身在管道内移动。即它是运输通道和运输工具合而为一的一种专门运输方式。

1. 管道的种类

管道运输的基本设施包括管道、储存库、压力站(泵站)和控制中心。管道是管道运输系统中最主要的部分，它的制造材料可以是金属、混凝土或塑胶，使用何种材料，取决于输送的货物种类从输送过程中所要承受的压力大小。管道按铺设工程可分为架主管道、地面管道和地下管道，按所输送的物品不同可分为原油管道、成品油管道、天然气管道和固体料浆管道(前两类常统称为油品管道或输油管道)。

2. 管道运输的优缺点

管道运输将运输通道和运输工具合而为一，高度专业化，适合于运输气体和液体货物，并且永远是单方向运输。

(1) 管道运输的优点

① 运量大。一条管径为720毫米的管道每年可以运送原油2 000多万吨，一条管径1 200毫米的原油管道年输油量可达1亿吨。

② 建设周期短，费用低，占地少。管道建设只需铺设管线、修建泵站，土石方工程量比修建铁路要小，建设费用低于铁路，其建设周期与相同运量的铁路建设周期相比，一般来说要短1/3以上。

③ 安全可靠、连续性强。由于石油、天然气易燃、易爆、易挥发、易泄漏，采用管道运输方式既安全，又能大大减少挥发损耗，同时也可以大大减少由于泄漏对空气、水和土壤的污染。此外，由于管道基本埋藏于地下，其运输不受地面气候影响，自然条件限制少，并可连续作业和全天运行。

④ 能耗低，成本低，效益好。管道运输采用密封设备，能够避免在运输过程中的散失

和丢失现象。在各种运输方式中，管道运输的能耗最小。以石油为例，管道运输、水路运输、铁路运输的运输成本之比为1∶1∶1.7。

(2) 管道运输的缺点

① 专用性强，灵活性差。管道运输功能单一，只能运输石油、天然气及固体料浆，只能在固定的管道中实现单向运输，不能随便扩展管线，也不能实现"门到门"的运输服务。

② 管道建设的初期投资成本较大，如果运量明显不足时，运输成本会显著增加。管道运输的上述特点，使得管道运输主要担负单向、定点、量大的流体状货物(如石油、天然气、煤浆、某些化学制品原料等)的运输。另外，管道运输在生产组织、经营管理方面有特殊性，主要表现为生产运输一体化、生产的高度专业化、作业自动化等。

第二节　集装箱运输与国际多式联运

一、集装箱运输

集装箱是一种用于货物运输的包装容器。由于它本身具有一系列其他运输容器所无法比拟的优势，所以从1900年在英国铁路诞生到现在的一个多世纪以来，已逐渐成为国际货物运输不可缺少的必备工具，被称做20世纪世界运输发展史上最伟大的"运输革命"。《经济学家》杂志说："没有集装箱，就没有全球化。"在莱文森看来[①]，经济全球化的基础就是现代运输体系，而一个高度自动化、低成本和低复杂性的货物运输系统的核心就是集装箱。在1956年集装箱出现之前，人们很难想象美国的沃尔玛能够遍地开花。而在集装箱出现之后，以至于某件东半球的产品运至纽约销售，远比在纽约近郊生产该产品更划算。毫不起眼的集装箱降低了货物运输的成本，实现了货物运输的标准化，以此为基础逐步建立全球范围内的船舶、港口、航线、公路、中转站、桥梁、隧道、多式联运相配套的物流系统，世界经济形态因此而改变。

1. 集装箱的基本概念

(1) 集装箱的概念

集装箱(container)是指具有一定强度、刚度和规格，专供周转使用的大型装货容器。使用集装箱转运货物，可直接在发货人的仓库装货，运到收货人的仓库卸货，中途更换车、船时，无须将货物从箱内取出换装。集装箱又称"货箱"或"货柜"，是一种具有一定强度和刚度的大型载货容器。国际标准化组织根据集装箱在装卸、堆放和运输过程中的安全需要能长期地反复使用，具有足够的强度。集装箱具有以下特点：

① 途中转运不用移动箱内货物，可以直接换装。

② 可以进行快速装卸，并可以从一种运输工具直接方便地换装到另外一种运输工具。便于货物的装满与卸空。

③ 具有1立方米(35.32立方英尺)以上的内容积。

---

① Marc Levinson. 姜文波译. 集装箱改变世界[M]. 北京：机械工业出版社，2008.

(2) 集装箱的种类

集装箱按其用途不同,可分为杂货集装箱、散货集装箱、冷藏集装箱、敞顶集装箱、框架集装箱、牲畜集装箱、罐式集装箱、汽车集装箱等。

为了便于统计集装箱船的装箱能力和集装箱拥有量,使集装箱箱数计算统一化,人们把20英尺集装箱作为一个计算单位,简称标箱(twenty-feet equivalent unit,TEU)。例如,一个40英尺集装箱相当两个计算单位,即两个标箱。集装箱船均以标箱为单位来表示它的载箱量,港口也以标箱为单位统计集装箱货物进出口量。

2. 集装箱运输的特点

集装箱运输与传统货物运输相比较,具有以下特点:

(1) 提高装卸效率,减轻劳动强度

集装箱的装卸基本不受恶劣气候的影响,船舶非生产性停泊时间缩短。在整个运输过程中,完全以集装箱为运输单元,由于每个集装箱都是标准尺寸,可以利用专用的机械操作工具和运输工具装运,缩短了等待装卸的时间,提高了装卸效率,加快了货物与运输工具的周转速度。对搬运集装化货物的工人而言,集装箱装卸也更加安全,因为操作的机器与人有一定的安全距离。在以前的散货装运中,工人与货物近距离接触,如果货物坠落或者飞出,附近的人有受伤甚至死亡的危险。在现代化的集装箱码头,很少看见工人在卡车驾驶台和起重机防护外作业。

(2) 简化包装,节约包装费用

为避免货物在运输途中受到损坏,必须有坚固的包装,而集装箱具有坚固、密封的特点,其本身就是一种极好的包装。由于货物直接装在集装箱内,无需倒装。因而,使用集装箱可以简化包装,有的不需对货物另行包装,实现各种杂货无包装运输,可大大节约包装费用。

(3) 减少货损货差,保证运输安全

集装箱运输能够有效减少货损货差,保证运输安全,提高货物运输质量。首先,货物放置在集装箱中难以接近。其次,集装箱通过标于外部的序列号来辨别,要想得知集装箱内装载内容的唯一方法就是开箱或者了解其序列号编码方式,货物因此而得到保护。再次,在堆场中放置着上千个集装箱,窃贼想通过打开集装箱偷走高价值货物的几率很低。正如电影《夺宝奇兵》最后一幕的情节,将货柜装入大板条箱中,将其放置在存放相同柜子的仓库内,这正是集装箱货物窃贼面临的难题。最后,集装箱门闩上有封条,如果其损毁就表示货柜被侵入。因此工作人员会对其进行检查,并将拒绝签收封条被损的集装箱。如果封条损坏,承运商会在货单上注明,并对货物的丢失不负责任。

(4) 简化运输手续

货物装箱并铅封后,途中无需拆箱倒载,也无需开箱检验,减少中间环节,加快货运速度。特别是集装箱联运,托运人一次托运,一票到底。和零担运输相比较,可大大简化托运、承运手续,提高工作效率。

3. 集装箱运输的关系方

集装箱运输涉及许多方面,需要相互协调和配合,以提高集装箱运输效率。集装箱运输的关系方除货主外,还有:

(1) 实际承运人。经营集装箱运输的船公司、公路运输公司、航空运输公司等是实际承运人。集装箱轮船公司不但拥有集装箱运输船,通常还备有大量集装箱,便于发货人使用。

(2) 集装箱租赁公司。专门经营集装箱的出租业务,承租人一般是船公司或货主。通常,货主不必租箱,集装箱船公司都免费提供集装箱给货主使用。

(3) 集装箱堆场(container yard,CY)。集装箱堆场是集装箱码头装卸区的组成部分,是整箱货办理集装箱在码头交接、装卸和保管的场所。

(4) 集装箱货运站(Container Freight Station)。一般设在内陆交通比较便利的大中城市,是提供拼箱货装箱和拆箱服务的专门场所。

4. 集装箱交接方式

集装箱运输方式根据货物装箱数量和方式分为整箱和拼箱两种:

整箱(full container load,FCL)是指发货方将货物装满整箱后,以箱为单位托运的集装箱。一般做法是由承运人将空箱运到工厂或仓库后,在海关人员的监督下,货主把货装入箱内、加封铅封后交承运人并取得站场收据(dock receipt),最后凭站场收据换取提单。

拼箱(less than container load,LCL)是指一个集装箱内装入多个货主或多个收货人的货物。当个别货主的货物批量小而不足装满一个集装箱时,通常由集装箱货运站将分属不同货主但目的地相同的货物合并装箱,经海关检验后,对集装箱施加铅封。运至目的地后,在集装箱货运站拆箱分别交货。拼箱货的接收、装箱或拆箱、交货等工作,一般在承运人码头集装箱货运站或内陆集装箱货运站进行。

集装箱的交接。集装箱交接方式大致有四类:FCL/FCL,LCL/LCL、FCL/LCL、LCL/FCL,其中以整箱/整箱交接效果最好,在整个运输过程中,完全以集装箱为单元进行运输,不涉及普通货物运输,因此最适合“门到门”运输。

二、国际多式联运

国际多式联合运输简称为国际多式联运(international multimodal transport 或 international combined transport),是在集装箱运输的基础上产生并发展起来的新型运输方式,也是在国际货物运输中发展较快的一种综合连贯运输方式。国际多式联运以集装箱为媒介,把海上运输、铁路运输、公路运输、航空运输和内河运输等传统的单一运输方式有机结合起来,组成一体加以有效结合利用,构成一种连贯的运输过程,来完成国际间的运输,实现货物的空间转移。

在20世纪60年代末期,国际多式联运首先在美国出现,很快便受到贸易界的欢迎,并迅速发展到美洲、欧洲、亚洲的广大地区,被广泛采用。实践证明,它不仅是实现门到门运输的有效方式,而且也是发挥各种运输工具的优势,提高运输效率的重要途径。

1. 国际多式联运的概念

《联合国国际货物多式联运公约》对国际多式联运所下的定义是:“按照多式联运合同,以至少两种不同的运输方式,由多式联运经营人把货物从一国境内接运货物的地点运至另一国境内指定交付货物的地点。”根据以上描述,构成多式联运应具备以下几个条件:

(1) 要有一个多式联运合同,明确规定多式联运经营人(承运人)和托运人之间的权利、义务、责任、豁免的合同关系和多式联运的性质。

(2) 必须使用一份全程多式联运单据,即证明多式联运合同以及证明多式联运经营人已接管货物并负责按照合同条款交付货物所签发的单据。

(3) 必须是至少两种不同运输方式的连贯运输。这是确定一票货运是否属于多式联运的重要特征。为了履行单一方式运输合同而进行的该合同所规定的货物接送业务不应视为多式联运,如航空运输中从仓库到机场的这种陆空组合不属于多式联运。

(4) 必须是国际间的货物运输,这是区别于国内运输和是否符合国际法规的限制条件。

(5) 必须由一个多式联运经营人对全程运输负责任。这是多式联运的一个重要特征。由多式联运经营人去寻找分承运人,实现分段的运输。

(6) 必须是全程单一运费费率。多式联运经营人在对货主负全程责任的基础上,制定一个货物发运地至目的地的全程单一费率,并以包干形式一次向货主收取。

国际多式联运是采用两种或两种以上不同运输方式进行联运的运输形式。这里所指的至少两种运输方式可以是海空联运、海陆联运、海陆空联运等。国际多式联运是今后国际运输发展的方向。开展国际集装箱多式联运具有许多优越性,主要表现在以下四个方面:发挥各种运输方式的优势,方便货主,提高货物运输的质量和降低运输成本等。由于国际多式联运具有其他运输形式无可比拟的优越性,因而这种国际运输新技术已在世界主要国家和地区得到了广泛的推广和应用。

2. 国际多式联运经营人的性质

国际多式联运经营人既不是发货人的代理或代表,也不是参加联运的承运人的代理或代表,而是多式联运的当事人,是一个独立的法律实体。对于货主来说,它是货物的承运人,但对分承运人来说,它又是货物的托运人。它一方面同货主签订多式联运合同,另一方面它又与分承运人以托运人身份签订各段运输合同,所以它具有双重身份。它的这一双重身份使货主、多式联运经营人、分承运人三者之间的责权利关系得到了清晰的划分和界定:一旦货物在运输过程中发生损失需要赔偿时,不管实际损失发生在哪一个运输环节和区间,货主只需要向承担全程责任的多式联运经营人索赔,而无须直接向实际承担运输的分承运人索赔。

国际上承办多式联运业务的一般都是规模较大的货运公司或货运代理,具有一定的运输手段,如车辆、仓库,并与货主和各类运输公司都有密切的业务关系。国际上称这种企业为“无船公共承运人”(non-vessel operating common carrier,NVOCC)。

3. 国际多式联运经营人的责任

国际多式联运经营人的责任期间,是从接收货物之时起到交付货物之时为止。在此期间,对货主负全程运输责任,但对负责范围和赔偿限额方面,根据目前国际上的做法,可分为以下三种类型:

(1) 统一责任。在统一责任制下多式联运经营人对货主负不分区段的统一责任。即货物的灭失或损失,包括隐蔽损失(即损失发生的区段不明),不论发生在哪个区段,多式联运经营人按一个统一原则负责,并一律按一个约定的限额赔偿。

(2) 分段责任。按分段责任制(又称为网状责任制),多式联运经营人的责任范围以各区段运输原有责任为限,如海上区段按《海牙规则》,航空区段按《华沙公约》办理。在某些区段上不适用上述公约时,则按有关国家的国内法处理。这种责任制的特点是各种法规的责任大小和赔偿限额不统一,对发展多式联运不利。

(3) 修正(双重)统一责任。修正(双重)统一责任制,是介于上述两种责任制之间的责任制,故又称混合责任制,也就是在责任范围方面与统一责任制相同,在赔偿限额方面与部分责任制相同。

第三节 运输价格与合同

一、运输价格

运价结构是指运价体系各部分构成及其相互间的比例关系。运价结构主要可分为按距离不同的差别运价结构、按线路不同的差别运价结构和按货种不同的差别运价结构。

1. 运输价格结构的影响因素

(1) 按距离不同的差别运价结构

按距离远近制定运价是最简单也是最基本的运价结构形式。按运输距离别制定的差别运价,衡量单位运价水平的运价率与运输距离的关系主要有四种情况:一是运价率的递远递减变化与运输成本的变化基本上一致。二是运价率在一定距离范围内递远递减,超出该范围后运价率就保持不变。三是运价率在一定距离范围内先递远递减,超出该范围后运价率反而递增。四是运价率始终保持一定水平,不随运输距离的变动而变化,也被称作纯里程运价。

(2) 按线路别的差别运价结构

里程运价能较好地适应运输成本随运输距离变化的规律,但它也有不足的方面:首先,里程运价不能反映运输的区域性特点;其次,在市场经济条件下,货物运价的形成除运输成本,还受运输供求关系,各种运输方式的竞争等多种因素的影响。因此,按不同线路(或航线)分别确定运价更符合实际。按运输线路或航线不同分别确定的货物运价体系也称为线路运价或航线运价,它被广泛应用于国际海运和航空货物运输中,在部分公路运输中也有应用。

(3) 按货物不同的差别运价结构

采用这种运价结构的原因,主要是因为不同种类货物由于本身性质的差异而决定了它们运输成本的差异。比如,不同类型的货物在性质、体积、比重、包装等方面不同,它们要求使用的车辆、运输服务条件不同,因此在运输成本上就存在较大差异。

按货物不同的差别运价是通过货物分类和确定级差来实现的。我国现行运价体制,铁路采用分号制,公路和水运则采用分级制。它们分别将货物运价划分为若干号或若干等级,每一个运行号、运价等级都规定一个基本的运价率,各类货物根据自己对应的运价号或运价等级来确定运价。

2. 运输价格的形式

结合上述运价的结构和分类，各种运输方式根据自身特点和具体条件，都制定了不同的运价形式来满足顾客的需求。

(1) 公路运价形式

公路运价形式包括：计程运价、计时运价、长途运价、短途运价和加成运价。

(2) 铁路运价形式

我国铁路运价主要有：统一运价、特定运价、浮动运价和新路新价等。其中，统一运价是运价的基本形式，它适用于整个铁路，是全国铁路统一执行的运价。

国外铁路运输企业所采用的运价形式与我国铁路有所不同，较典型的有以下两种：

① 公开运价。公开运价依据运输需求和通货膨胀等因素定期调整。

② 合同运价。合同运价也称为协议运价，其运价水平由货主和承运者双方根据运输市场供求关系及各自的利益协商认定，是秘密运价。美国和加拿大等国铁路运输企业实行公开运价的部分占总数的15%～20%，实行合同运价的部分占80%～85%。

(3) 水运运价形式

国内水运运价主要有：里程运价、航线运价和联运运价。

国际水运运价主要有：

① 班轮运价。远洋运输的班轮运价采取级差运价和航线运价相结合的运价。

② 航次租船运价。航次租船运价取决于租船市场上运力的供给和需求关系。

③ 国际油船运价。

(4) 航空运价

航空货物运费计算主要由两个关键要素决定，即物品适用的运价与物品的计费重量。航空运价一般是按货物的实际重量(公斤)和体积重量(以366立方英寸体积折合1公斤)两者之中较高者为准。各国主要以国际航空运输协会(IATA)运价手册来制定各航线的货运价格，见表4.1。

表4.1 国际航协的IATA运价划分

IATA运价	公布直达运价 (Published through rates)	普通货物运价(general cargo rate)
		等级货物运价(commodity classification rate)
		特种货物运价(specific commodity rate)
		集装货物运价(unit load device rate)
	非公布直达运价 (UN-Published through rates)	比例运价(construction rate)
		分段相加运价(combination of rates and charges)

此外，各航空公司都规定有起码运费(minimum charges)。起码运费是航空公司办理一批货物所能接受的最低运费，是航空公司在考虑办理即使很小的一批货物也会产生的固定费用后制定的。

二、运输合同

1. 运输合同的概念与特征

(1) 运输合同的概念

在物流运输过程中，无论承运人或托运人如何谨慎、小心，纠纷总是难以避免的。运输合同就是调整因运输而产生的协作性经济关系的重要法律手段。《合同法》第 288 条规定：“运输合同是承运人将旅客或者货物从起调点运输到约定地点，旅客、托运人或者收货人支付票款或者运输费用的合同。”运输合同是双方当事人根据自愿原则签订的具有法律约束力的文件。合同规定了双方当事人的权利、义务、责任和豁免，明确了双方当事人的经济与法律关系，任何一方违反合同的规定都要承担法律责任。

运输合同有广义和狭义之分。广义的运输合同包括货物运输、旅客运输和通信运输三种形式。狭义的运输合同仅指货物运输、旅客运输合同。本书所指的运输合同是货物运输合同。

(2) 货物运输合同的分类

运输合同可以根据不同的标准作不同分类。

① 以运输合同的对象为标准，运输合同可以分为普通货物运输合同和特种货物运输合同。特种货物运输合同又可分为危险货物运输合同、鲜活货物运输合同、长大笨重货物运输合同等。

② 以运输工具为标准，可以将货物运输合同分为铁路货物运输合同、公路货物运输合同、水路货物运输合同、航空货物运输合同、管道货物运输合同等。

③ 以货物运输方式为标准，可以将货物运输合同分为单一货物运输合同和多式联运合同。多式联运合同又可分为国内多式联运合同和国际多式联运合同。

(3) 货物运输合同的特征

根据《合同法》第 288 条的规定，运输合同具有如下法律特征：

① 运输合同的主体包括承运人、托运人、收货人。

② 货物运输合同的客体是货物的劳务行为。

③ 运输合同通常为标准合同。

④ 运输合同具有双务性、有偿性。

⑤ 货运合同是实践合同，承托双方除了就合同的必要条款达成协议外还要求托运人必须将托运的货物交付给承运人，合同才能成立。

货物运输合同除具有合同普遍的法律特征外，还具有其自身的特征：

① 货运合同是当事人之间为实现一定经济目的，明确权利和义务关系而订立的协议。签订合同的当事人，可以是法人，也可以是公民。

② 签订货运合同的承运方必须持有经营货运的营业执照，具有合法的经营资格。

③ 货运合同的内容限于运输经济行为，主要以运输经济业务活动为内容。

2. 运输合同的形式

运输合同形式应当是书面的。不同的运输方式对运输合同的形式有不同的规定。概括地说，托运单或者货物运单是货运合同的基本形式。但托运单、货物运单的权利义务往往是依据法律、法规和规章来确定。当事人也可以通过签订具体的书面合同明确各自的权利义务。

(1) 货物运单、托运单是承运人制定的货物运输凭证

托运人在托运货物、行李、包裹时一般都要向承运人提供货物运单或者托运单。承运人根据托运人填写的内容与托运人提供的货物进行核对后，认为一致无误后即办理承运手续。在零担货物运输中，通常用货物运单代替合同。

(2) 双方当事人商定的书面合同

当事人可以根据法律法规的规定，商定合同的具体内容。运输合同一般应当具备以下条款：

① 合同主体条款。包括承运人、旅客、托运人、收货人名称(姓名)等基本内容。

② 运输条款。包括运输对象，货物运输要写明货物品名、种类、数量等；起运地站(港)、到达地站(港)名称。

③ 价格条款。在货物运输中价格条款就是指运费。价格条款一般不能随便协商。由承运人根据规定的价格标准进行计算。

④ 违约责任条款。该条款要明确规定违反合同应当承担的法律责任，包括支付违约金和赔偿损失。

⑤ 双方商定的其他条款。

第四节 运输保险

一、货物运输保险的概念

1. 保险概述

保险作为一种经济补偿手段，在人们的经济活动和日常生活中占有重要地位，而国际货物运输保险更是国际货物贸易中不可缺少的重要环节。国际货物买卖合同签订后，根据相关贸易术语，买卖双方要对货物的运输与货运保险做出安排。

从法律角度看，保险是一种补偿性契约行为，即被保险人向保险人提供一定的对价(保险费)：保险人则对被保险人将来可能遭受的承保范围内的损失负赔偿责任。保险的种类很多，其中包括财产保险、责任保险、保证保险和人身保险，货物运输保险属于财产保险的范畴。

保险的基本原则是投保人(被保险人)和保险人(保险公司)签订保险合同、履行各自义务，以及办理索赔和理赔工作所必须遵守的基本原则。与国际物流有密切关系的保险基本原则主要有最大诚信原则、近因原则、可保利益原则、损失补偿原则及代位追偿权原则。

2. 货物运输保险的概念

货物运输保险是以运输过程中的货物作为保险标的，当保险标的在运输过程中由于灾难事故造成被保险人的损失时，由保险公司提供经济补偿的一种保险业务。无论是国际贸

易，还是国内贸易，保险同运输一样，已成为交易中不可缺少的部分。现代物流运输业无论从规模和工具来说都有了巨大的改变和发展。以海洋运输为例，远洋货轮已发展到数十万吨级，其载运量之巨大使危险更加集中，一旦发生事故，将使货主、船主蒙受巨大损失。因此，当灾害事故发生后，对已经造成的货物损失，就需要采取各种经济措施来进行弥补，运输保险就是通过对货物运输提供补偿保障，为促进和方便物流运输业务的开展发挥积极的作用。货物运输保险属于损害保险范围，是财产保险的一种，但它与一般财产保险相比又有一定的区别。

货物运输保险最初只限于水上运输，所以一般把它归属于水险的范围。但随着贸易和交通事业的不断发展，运输保险也从水险扩展到陆运、空运在内的各种货物运输保险。

货物运输保险的种类可以从不同的角度来划分。例如，按照运输工具的不同可分为三类：海上货物运输保险、陆上货物运输保险、航空货物运输保险。按照适用范围的不同可分为两类：国内货物运输保险和涉外货物运输保险。

3. 货物运输保险的特征

(1) 保险标的处在运输过程之中，具有流动性

普通财产保险(如企业财产和家庭财产保险)的标的通常处于静止的状态，而货物运输保险中的保险标的经常处于运动状态，不固定在一个地方，没有严格的地域限制。

(2) 保险标的的保障范围广

由于运输工具和运输方式不同，承保货物在运输过程中不断移动，改变它的位置，既有运输流动过程，也有储存待运的过程，流通环节多，风险自然也多，货物运输保险责任范围因而就比较广泛。从货物运输保险的保险人所提供的保险责任来看，运输货物保险除了负责普通财产保险所负责被保险财产的直接损失以及采取施救、保护等措施而产生的合理费用外，还要承担货物在运输过程中因破碎、渗漏、包装破裂、遭受盗窃以及整件货物提货不着而引起的损失。此外，按照有关惯例货主应分摊的共同海损和救助费用也要予以负责。

(3) 国内货物运输保险一般都是定值保险

所谓定值保险，是指保险的价值事先经投保人和保险人双方约定并载明于保险合同中，作为保险金额进行保险。一旦发生保险单内的危险所致损失，即按约定的保险价值来处理赔偿，不必追究当时实际价值是多少，不受出险时同类货物价格变动影响。因为运输的货物流动性大，起运中转和目的地的价格可能不一样，货物发生损失时价值很难确定，故宜采用定值保险的方式。

(4) 保险标的由承运人控制

普通财产保险的保险标的多数情况下是在被保险人的直接照看和控制之下，然而货物运输保险则不同，货物一般是交由承运人。货物一经起运，保险责任便开始，保险标的完全在承运人的控制之下。

二、海洋货运保险

海运保险是各类保险中发展最早的一种，在国际海运保险业务中，各国保险界对海上风险与海上损失都有其特定的解释。

海洋货物运输保险，简称海运保险(marine cargo insurance)，又称水险，是指以同海洋运输有关的财产(货物或船舶)、利益或责任作为保险标的的一种保险。

海上保险在性质上属于财产保险的范畴，是一种特殊形式的财产保险。海上保险同其他保险一样，首先表现为一种经济补偿关系；其次体现为一种法律关系，即通过订立海上保险合同，一方面被保险人必须向保险人提供一定对价(保险费)；另一方面保险人对被保险人将来可能遭受的海上风险、损失或责任给予补偿。国际贸易中的运输货物保险是海上保险的最主要内容之一。海上运输货物保险的承保范围包括承保的风险、承保的损失和承保的费用三方面。

海上保险主要是以货物和船舶等作为保险标的，把货物和船舶在运输中可能遭受的风险、损失及费用作为保障范围的一种保险。然而，因货物的性质、船舶的用途、运输线路及区域、海上自然条件等因素的不同，需要保险人所提供的保险保障也不相同。为了适应被保险人在不同情况下的不同需要，各国保险组织或保险公司制定出承担不同责任的保险条款，并由此形成了不同的险别。因此，在保险业务中，风险、损失、费用和险别之间有着密切的联系，即风险是导致损失和费用的原因，险别是具体规定保险人对风险、损失或费用予以保障的责任范围。

1. 海洋货物运输保险的主要险别

中国人民保险公司参照国际保险市场的一般做法，并结合我国的实际情况，制定了各种保险条款，简称为《中国保险条款》(CIC)，其中包括《海洋运输货物保险条款》和《海洋运输货物战争险条款》。海洋货物运输保险的主要险别如下：

(1) 平安险

平安险是被保险的货物在运输途中由于恶劣气候、雷电、海啸、地震、洪水等自然灾害造成整批货物的全部损失或推定全损。若被保险的货物用驳船运往或运离海轮时，则第一驳船所装的货物可视做一个整批。

(2) 水渍险

投保水渍险后，保险公司除担负上述平安险的各项责任外，还对被保险货物由于恶劣气候、雷电、海啸、地震、洪水等自然灾害所造成的部分损失负赔偿责任。

(3) 一切险

投保一切险后，保险公司除负担平安险和水渍险的各项责任外，还对被保险货物由于外来原因而遭受的全部或部分损失，负赔偿责任。

2. 海洋货物运输保险的附加险别

在海运保险业务中，进出口商除了投保货物的上述基本险别外，还可以根据货物的特点和实际需要，酌情再选择若干适当的附加险别。附加险别包括：

(1) 一般附加险

它不能作为一个单独项目投保，而只能在投保平安险或水渍险的基础上，根据货物的特性和需要加保一种或若干种一般附加险。一般附加险的种类很多，其中主要有：偷窃、提货不着险；淡水雨淋险；渗漏险；短量险；污染险；破碎险；破损险和受潮受热险等。

(2) 特殊附加险

主要有战争险和罢工险。按中国人民保险公司的保险条款规定，战争险的保险责任起讫不采取“仓至仓”条款，而是从货物装上海轮开始至货物运抵目的地港卸离海轮为止，即只负水面风险。根据国际保险市场的习惯做法，一般将罢工险同时承保，如投保了战争险又需加保罢工险，仅需在只单上附有罢工险条款即可，保险公司不再另行收费。

3. 海上货物运输保险的除外责任

除外责任是保险人不予负责的损失或费用。它主要包括以下内容：

(1) 被保险人出于某种目的故意将货物损坏，或由于被保险人的疏忽大意而导致货物的损失；

(2) 对于发货人不履行贸易合同规定的，如发货人不按照有关规定的标准或不按照保证货物运输安全的要求进行货物包装，以致货物在运输途中受损；

(3) 保险责任开始前保险标的已经存在的品质不良或数量短差所造成的损失；

(4) 保险标的的自然损耗、本质缺陷、特性以及市价跌落、运输延迟所引起的损失和费用。

4. 海上货物运输保险有关责任起讫的规定

海上货物运输保险的保险责任的起讫期限分为正常运输与非正常运输两种情况。

(1) 在正常运输情况下保险责任的起讫期限

正常运输是指保险货物自保险单载明起运地发货人仓库或其存储处所首途运输开始，不论先使用哪种运输工具运输货物，只要是属于航程需要都属于正常运输范围。在正常运输下，保险责任的起讫适用于“仓至仓”条款。自被保险货物运离保险单所载明的起运地仓库或储存处所开始运输时生效，直至该货物到达保险单所载明的目的地收货人最后仓库或储存处所为止。如未抵达上述仓库或储存处所，则以被保险货物在最后卸载港全部卸离海轮后满60天为止。如在上述60天内被保险货物需转运到非保险单所载明的目的地时，则以该货物开始转运时终止。

(2) 在非正常运输情况下保险责任的起讫期限

非正常运输主要是指被保险货物在运输中，由于被保险人在无法控制的情况下，发生运输契约终止，致使被保险货物无法运往原定卸载港而在途中发生的运输延迟、绕道等。在非正常运输情况下，被保险货物如在非保险单所载明的目的地出售，保险责任至交货时为止，或以被保险货物在卸载港全部卸离海轮满60天为止；被保险货物如在上述60天期限内继续运往保险单所载明的原目的地或其他目的地时，保险责任仍按“仓至仓”条款的内容执行。在非正常运输情况下，被保险人应及时将获知的情况通知保险人，并加缴保险费，使原保险继续有效。

三、陆上货运保险

1. 陆上货物运输保险的险别

陆上货物运输保险的主要险别有陆运险和陆运一切险两种。

(1) 陆运险

陆运险承保的责任范围与海上货物运输保险中的水渍险的责任范围大致相同。

(2) 陆运一切险

陆运一切险承保的责任范围与海上货物运输保险条款中的一切险相似。陆运一切险除包括上述陆运险的责任外，还对在运输途中由于外来原因造成的短量、偷窃、渗漏、碰损、破碎、钩损、生锈、受热、受潮、发霉、串味、污损等全部或部分损失负责赔偿。

在投保上述任何一种基本险别时，经过协商还可加保附加险。

2. 除外责任

陆上货物运输保险的除外责任与海洋货物运输保险条款中的规定相同。

3. 责任起讫

陆上货物运输保险的责任起讫也是“仓至仓”。如未进仓，以到达最后卸载车站满天为止。如加保了战争险，其责任起讫自货物装上火车时开始，至目的地卸离火车时为止。如不卸离火车，以火车到达目的地的当日午夜起满小时为止。如在中途转车，不论货物在当地卸载与否，以火车到达中途站的当日午夜起满天为止。如10天内货物在重新装车续运，保险责任继续有效。

四、航空货运保险

航空运输货物保险(air transportation cargo insurance)有两个基本险别：航空运输险和航空一切险。此外还有特殊附加险——航空运输货物战争险。

1. 航空运输险和航空一切险

(1) 航空运输险

对承保货物在运输途中遭受雷击、火灾、爆炸，或由于飞机遭受恶劣气候或其他危难事故而被抛弃，或由于飞机遭受碰撞、倾覆、坠落或失踪等意外事故所造成的全部或部分损失负赔偿责任。此外还负责赔偿对遭受承保责任内危险的货物采取的抢救、防止或减少货损的措施而支付的合理费用，但以不超过该批被救货物的保险金额为限。

(2) 航空一切险

除包括上述航空运输险的责任外，还负责由于一般外来原因所致的全部或部分损失。投保上述任何一种基本险别外，经过协商还可以加保附加险。

2. 除外责任

航空货物运输保险的除外责任与海洋货物运输保险条款中的规定相同。

3. 航空货物运输保险责任期限

航空货物运输保险的责任起讫是“仓至仓”，即自被保货物运离保单上所载明的起运地仓库或储存处所开始，至货物到达保单所载明的目的地收货人的最后仓库或储存处所为止。如果未进仓，以被保货物在最后卸载地卸离飞机后满30天为止；如果不卸离飞机，以飞机到达目的地的当日午夜起满15天为止，如在中途港转运，以飞机到达转运地的当日午夜起满15天为止。

本章小结

运输是指借助公共运输线路及其设施和运输工具来实现人员与物品空间位移的一种经济活动和社会活动。运输是物流系统功能要素的核心，是实现物流合理化的关键，运输体系的完善是实现物流社会化的基础。本章系统介绍了各种运输方式的设施设备、营运方式和技术经济特征、运输价格和运输合同等。集装箱运输和多式联运是现代交通运输发展的重要标志之一，也是交通运输当前和今后相当长一段时期的主要发展方向。本章介绍了集装箱运输的概念、关系方和交接方式，国际多式联运的概念、性质和责任。

无论是国际贸易，还是国内贸易，保险同运输一样，已成为贸易中不可缺少的部分。货物运输保险是以运输过程中的货物作为保险标的，当保险标的在运输过程中由于灾难事故造成被保险人的损失时，由保险公司提供经济补偿的一种保险业务。本章介绍了货物运输保险的概念与特征，阐述了海洋货运保险、陆上货运保险和航空货运保险的主要险别。

1. 什么是运输？它与物流的关系是什么？
2. 各种运输方式的营运方式有哪些？
3. 试比较各种运输方式的技术经济特征。
4. 什么是集装箱？集装箱运输具有哪些特点？
5. 什么是国际多式联运？它具有哪些特点？
6. 试分析运输价格结构的影响因素。
7. 什么是运输合同？它具有哪些特征？
8. 什么是货物运输保险？它具有哪些特征？
9. 试比较各种货物运输保险的险别。

参考文献

[1] 胡思继. 交通运输学[M]. 北京：人民交通出版社，2001.
[2] 杨浩. 运输组织学[M]. 北京：中国铁道出版社，2004.
[3] 刘南. 交通运输学[M]. 杭州：浙江大学出版社，2009.
[4] 张建新，相学军，关德东等. 运输合同[M]. 北京：中国民主法制出版社，2003：1-10.
[5] 王晓东，胡瑞娟编著. 现代物流管理(第二版)[M]. 北京：对外经济贸易大学出版社，2007：120-130.
[6] 张晓莺. 运输管理实务[M]. 武汉：武汉理工大学出版社，2007.
[7] 鲍尔·索克斯. 物流管理：供应链过程的一体化[M]. 北京：机械工业出版社，1999.
[8] 道格拉斯·朗，刘凯. 国际物流：全球供应链管理[M]. 北京：电子工业出版社，2006.
[9] 道格拉斯·兰伯特. 张文杰等译. 物流管理[M]. 北京：电子工业出版社，2003.
[10] 栗丽. 国际货物运输与保险[M]. 北京：中国人民大学出版社，2007.
[11] 孙晓程. 国际货物运输与保险[M]. 大连：大连理工大学出版社，2009.
[12] 赵荣水，魏民. 国际物流师培训教程[M]. 北京：中国经济出版社，2006.
[13] 顾永才，高倩倩. 国际货物运输与保险[M]. 北京：首都经济贸易大学出版社，2009.

第五章 仓 储

引导案例

台湾世平国际公司(WPI)苏州分公司的统仓共配(VMI)服务

随着大量台资、外资企业进驻苏州工业园区,苏州已形成了电子元器件、芯片、计算机及计算机配件等硬件产品的庞大企业生态群落。各企业之间存在着多对多的复杂供销关系。在这一领域存在着一个基本规律,那就是随着龙头企业的迁入,必将带动越来越多的上下游企业来苏州落户,从而使得苏州在IT硬件产品和电子元器件等领域的群体优势日益明显。

这些企业对物流服务有着特殊的要求,原因在于随着分工的细化,这些电子产品、元器件、原材料和成品种类日益繁多、更新换代周期短、货品单值较高、周转迅速。制造企业为了尽可能降低成本,减少库存对资金的占用,都强调准时生产(JIT)和零库存原则,要求供应商进行小批量、多批次、配合生产流程的频繁供货。

为了满足上述要求,统仓共配(即供应商管理库存,VMI)应运而生。其特点是多个供应商共同租用一个公共仓库,面向一家或多家制造企业供货。当制造企业一次向多家供应商采购时,订单可以统一处理,一方面进行集中拣货和并单运输,另一方面制造业和供应商之间一对一按月度结算。从而在满足制造企业准时生产需求的同时,大大降低了总体运输成本和交易成本。

台湾世平国际公司(以下简称世平国际)是台湾著名的IT渠道商和分销商,为沿袭业已存在的伙伴关系,满足苏州台资企业的物流需求,在苏州开展了统仓共配型仓储为核心的物流服务。

世平国际的客户既包括明基电通、高科(苏州)等大批台资企业,也包括英特尔、AMD等跨国巨头。世平国际运营的公共仓储是以托盘为存储单元的半自动立体仓,在单据、库位和货品上全面采用条形码扫描读取技术,并拥有自动化辅助分拣系统。

世平国际拥有严谨细致的业务流程和仓库管理规范,并严格按照ISO 9000质量管理体系中的规范进行全面质量管理。标准化程度高,并有很强的持续改进能力。世平国际应用了国外某知名仓储软件企业的软件产品进行信息化管理,相关员工在系统使用上已经相当娴熟。

目前该公司面临的问题是如何低成本地扩充仓储能力、提高信息系统的处理能力,以应对不断增长的客户需求。

(资料来源:黄福华,袁世军.现代企业物流运作管理案例选评[M].长沙:湖南科学技术出版社,2003.)

第一节 仓储概述

一、仓储的内涵

现代“仓储”不是传统意义上的“仓库”、“仓库管理”。在经济全球化与供应链一体化的背景下，仓储作为现代物流系统的一部分，是以满足供应链上下游的需求为目的，在特定的有形或无形的场所运用现代技术对物品的进出、库存、分拣、包装、配送及其信息进行有效的计划、执行和控制的物流活动。它包括五个方面的含义：

(1) 仓储是一项物流活动。这是仓储的本质属性。仓储不是生产、也不是交易，而是为生产与交易服务的物流活动。并且仓储只是物流活动的一部分，应该融于整个物流系统中，与其他物流活动相联系与配合。

(2) 仓储的基本功能包括物品的进出、库存、分拣、包装、配送及其信息处理等方面。其中，物品的出入库与在库管理是仓储的最基本活动，也是传统仓储的基本功能，但是管理手段与管理水平得到了提升；物品的分拣与包装更普遍、更深入、更精细，甚至已经与物品的出入库及在库管理相结合，共同构成现代仓储的基本功能；配送也是仓储活动及仓储的基本功能之一，因为配送不是一般意义上的运输，而是仓储的自然延伸，是仓库发展为配送中心的内存要求，如果没有配送，仓储仍然是孤立的仓库；信息处理是现代经济活动的普遍现象，是仓储活动的内容之一，离开了信息处理，就不能称之为现代仓储。

(3) 仓储的目的是为了满足供应链上下游企业的需求，在深度与广度方面与过去仅满足“客户”的需求有很大的不同。客户可能是上游的生产者，可能是下游的零售业者，也可能是企业内部，但仓储不能仅满足“直接”客户的需求，也应满足“间接”客户，即客户的客户的需求。仓储应该融入供应链上下游之中，根据供应链的整体需求确立仓储的角色定位与服务功能。

(4) 仓储的条件是特定的场所与现代技术。“特定”指各个企业的供应链是特定的，仓储的场所也是特定的。有形的场所是指仓库、货场或储罐等存放物品的地方。无形的场所指的是仓储管理的网络系统。现代经济背景下，仓储可以在现代网络技术的支撑下，对分散在各地方的仓库以及在途物品进行虚拟化管理。现代技术是进行有效仓储的必要条件，离开了现代仓储设施设备及信息化技术，就没有现代仓储。

(5) 仓储的方法与水平体现在有效的计划、执行和控制等方面。计划、执行和控制是现代管理的基本内涵，仓储是一种管理活动，科学、合理、精细的仓储离不开有效的计划、执行和控制。

二、仓储的类型

1. 内部仓储与社会公共仓储

依据仓储运营主体的不同，可以将仓储分为工商企业内部仓储与社会公共仓储。企业内部仓储是各个产业长期且普遍存在的物流活动，其好处在于仓储与供应链更易于融为一体。但在全球竞争环境下,企业要考虑的是在满足持续增长的客户需求的前提下不断降低供应链成本。许多制造商、分销商和零售商都考虑到利用专业的公共仓储服务,以发挥仓储集中利用储存空间资源、人力资源和知识资源的优势。社会公共仓储是经济全球化与供应链一体化环境下的一种发展趋势,但也面临着如何更好地融入供应链管理、更好地满足供应链上下游需求的重大挑战。

2. 原材料供应仓储、产成品中转仓储与末端配送中心

依据供应链的上下游主体划分,可以将仓储分为原材料供应仓储、产成品中转仓储与末端配送中心。

原材料供应仓储具有存放时间长,存量大的特点。为降低原材料的仓储成本,原材料供应仓储一般选在较为偏远的地区布局。

产成品中转仓储要求交通便利,一般在经济中心和在储存成本较低处布局。产成品中转仓储进库批量大,对入库与出库环节要求较高。

末端配送中心的仓储在商品配送交付消费者之前进行,属于短期仓储,通常配送仓储物品品种繁多,需要分批少量出库,往往还要对物品进行拆包、分拣、包装、配送及信息处理等作业。

3. 通用仓储与专业仓储

依据物品特性及其仓储条件的不同,可以将仓储分为通用仓储与专业仓储。物品特性的不同决定了供应链上下游需求的不同,决定了仓储服务及其运营方式的不同。如低温仓储、危险品仓储、粮食仓储都是专业性强的仓储。

以上是三种主要的划分方法,实际中还有其他一些分类方式,如储存型仓储与流通型仓储;生产资料仓储与生活资料仓储;仓储地产与仓储服务等。

三、仓储的作用

仓储是现代物流的基础环节,在物流系统中起着至关重要的作用,是物流系统运作和规划的重点。

1. 仓储是现代物流不可缺少的基础环节

从供应链角度看,物流过程可看做是由一系列的“供给”和“需求”组成的。当供给和需求节奏不一致,即两个过程不能很好衔接时,出现生产的产品不能即时消费或者存在需求却没有产品满足的情况。这就需要建立产品的储备,将不能即时消费的产品储存起来以满足未来的需求。供给和需求之间既存在实物的“流动”,也存在实物的“静止”,即将实物进行储存。

2. 仓储对物品质量起保证作用

在仓储环节对产品质量进行检验能够有效防止伪劣产品流入市场,保护消费者权益,也在一定程度上保护了生产厂家的信誉。通过仓储来保证物品质量体现在两个方面:一是在物品入库时进行质量检验,看物品是否符合仓储要求,严禁不合格物品入库;二是在物品的储存期间内,尽量使物品不发生物理及化学变化,尽量减少库存物品的损失。

3. 仓储保证了社会再生产过程的顺利进行

仓储不仅是物品流通过程顺利进行的保证,也是社会再生产过程得以进行的保证。任

何物品的生产过程，只有当物品进入消费领域后才能实现其价值，而物品从脱离生产到进入消费，一般情况下都要经过运输和储存。所以说物品的储存和运输一样，都是社会再生产过程的中间环节。

4. 仓储加快了商品流通，节约了流通费用

表面上看，物品在仓库中进行储存会带来时间成本和财务成本的增加，但仓储的整合使众多小批量的物品合成为大的运输单元，通过轻重搭配，实现运输工具的充分利用，从而降低了运输成本。因此就整体而言，仓储不仅不会带来时间的损耗和财务成本的增加，反而能够帮助加快流通，节约运营成本。

5. 仓储是物品进入市场的必要储备

仓储能够在物品进入市场前完成整理、包装、质检、分拣等程序，可以缩短后续环节的工作时间，加快物品的流通速度。

四、仓储业发展趋势

1. 仓储社会化、功能专业化

我国仓储业目前的效率较低，仓库利用率不高、规模不确定、优势不突出，致使许多仓储资源闲置。特别是一些产品批量小而单一的生产企业，虽然实现了仓库自动化，但是仓储设施设备资源闲置与重复配置矛盾突出。我国仓储业的技术水平和功能重复的现状，只有通过分工和专业化的发展才能得以改善。社会对仓储的需要也同对其他社会资源的需要一样，向着专业化、特殊化、功能化、个性化的方向发展。

2. 仓储机械化、自动化

生产机械化是现代企业生产的基本要求。机械化满足了人们对速度、精度、高度、重量、重复存取和搬运等方面的要求，具有实时性和直观性的特点。仓储企业需要通过机械化实现最低的人力作业，加大企业集成度，减少人身伤害和物品损害，提高作业效率。随着物品运输包装向着大型化、托盘化的发展，仓储也必然要向机械化过渡。

自动化技术对仓储技术的发展起了重要作用。在自动化仓库中，仓储工作采用了自动导引小车、自动货架、自动存取机器人、自动识别和自动分拣等系统，以及旋转体式货架、移动式货架、巷道式堆垛机等设备。

3. 仓储信息化、信息网络化

仓储配送中心存货品种繁多、存量大，要提高仓库利用率，保持高效率的存货流转，实施精确的存货控制，必须利用计算机进行信息处理和管理。仓储要实现通过提高效率、降低损耗来降低成本，必须实现信息化。

企业生产与经营的决策需要仓库及时把存货信息反馈给管理部门，只有在充分掌握物品的存量、储备、存放地点、消费速度等信息的情况下，决策者才能进行准确的生产和经营决策。同时在仓库、厂商、物流管理者、物资需求者、运输工具之间建立有效的信息网络，实现仓储信息共享，才能形成高效的物流管理和做出正确的生产、经营决策。

4. 科学化管理

商业仓储与其他经济活动一样，只有在充分市场化条件下，才能充分发展其经济价值。

商业仓储企业必须发展成为独立的市场经济主体，按照独立市场经济主体的要求进行现代企业制度的改造和开展科学化的现代企业管理，使仓储企业产权独立，给予企业充分的经营自主权，按照满足社会需要的原则向社会提供服务。

为企业生产经营服务的自营仓储，需要在以企业的整体发展为目标的基础上确定仓储的地位，高度重视仓储的作用，强化对仓储的管理，合理调配企业资源，使仓储部门成为企业生产和经营发展的保障。仓储企业内部需要实施现代企业科学管理，建立高效的组织机构，实行规范化的岗位负责制，建立有利于提高生产率的动态和奖励分配制度，实施有效的、系统的职工教育培训制度，采取科学化的管理方法，培养积极向上的优秀企业文化。

5. 重视人才的培训

实现仓储业现代化的关键在于科学技术，而发展科学技术的关键在于人，没有知识，没有人才，现代化就是一句空话。要实现仓储人员的知识化、专业化，必须按现代化管理的要求，根据不同类型的仓库和工作岗位制定和实施人才培训计划，加强对仓储人员的培养，尽快培养出一批具有现代科学知识和管理技术硬、责任心强、素质高的专门从事仓储管理的队伍。这是实现仓储业社会化、现代化的保证。

第二节　仓储管理

一、仓储管理概述

1. 仓储管理的定义

仓储管理是指服务于一切库存物资的经济技术方法与活动的总和，简言之，就是对仓库及仓库内的物品所进行的管理，是仓储企业为了充分利用所仓储资源、提供高效的仓储服务所进行的计划、组织、控制和协调过程。具体来说，仓储管理包括仓储资源的获得、经营决策、商务管理、作业管理、仓储保管、安全管理、人事劳动管理、经济管理等一系列管理工作。

2. 仓储管理的原则

(1) 效率原则

效率是指一定劳动要素投入量下的产品产出量。高效率就是以较小的劳动要素投入实现较高的产品产出。高效率意味着劳动产出大，劳动要素利用率高，是现代生产的基本要求。仓储的效率表现在仓容利用率、货物周转率、进出库时间、装卸车时间等方面，表现为"快进、快出、多存储、保管好"的高效率仓储。仓储生产管理的核心就是效率管理，实现最少的劳动量投入，获得最大的产品产出。劳动量的投入包括生产工具、劳动力的数量及其作业时间和使用时间。

(2) 经济效益原则

企业经营的目的是追求利润最大化，这是经济学的基本假设条件，也是社会现实的反映。利润是经济效益的表现。利润＝经营收入－经营成本－税金。实现利润最大化需要做到经营收入最大化和经营成本最小化。作为参与市场经济活动主体之一的仓储业，也应围绕着获得最大经济效益的目的进行组织和经营，但也需要承担相应的社会责任，如履行环境保护、维护社会安定的义务、满足社会不断增长的需要等，实现生产经营的社会效益。

(3) 服务原则

仓储活动本身就是向社会提供服务产品。服务是贯穿仓储的一条主线，从仓储的定位、仓储具体操作到对储存物品的控制都围绕着服务进行。仓储管理就要围绕着服务定位，即如何提供服务、改善服务、提高服务质量开展管理，包括直接的服务管理和以服务为原则的生产管理。仓储的服务水平与仓储经营成本有着密切的相关性，两者通常是矛盾的。服务好，成本高，收费则高。仓储服务管理需要在降低成本和提高与保持服务水平之间保持平衡。

3. 仓储管理的任务

(1) 调配仓储资源

市场经济的主要功能是通过市场的价格杠杆和市场供求关系来调节经济资源的配置。市场配置资源以实现资源最大效益为原则。仓储管理需要营造仓储组织自身的局部效益空间，最大限度地吸引资源投入。具体任务包括：根据市场供求关系确定仓储的建设规模；依据竞争优势选择仓储地址；以差别产品决定仓储专业化分工和确定仓储功能；根据功能决定仓储布局；根据设备利用率决定设施设备配置；根据规模、设备配置与效率确定仓库定员。

(2) 管理组织机构

仓储管理组织机构是开展有效仓储管理的前提条件，是仓储管理活动的保证和依托。生产要素尤其是人的要素只有通过良好的组织才能发挥作用，从而实现整体的力量。仓储组织机构的确定必须紧密围绕仓储经营目标，依据管理幅度与层次适度、因事设岗、责权对等的原则，建立结构合理、分工明确、互相合作的管理机构和管理队伍。

(3) 开展商务活动

仓储商务是仓储经营生存和发展的关键，是经营收入和仓储资源充分利用的保证。从功能上讲，商务管理是为了实现收益最大化，它与最大化地满足市场需要并不矛盾，两者相辅相成。仓储管理必须遵循社会主义市场经济来不断满足社会生产和人民生活需要的原则，按市场需求提供仓储产品，满足市场品种规格上、数量上和质量上的需要。仓储管理者还要不断把握市场的变化发展，不断创新，提供适合经济发展的仓储服务。

(4) 组织仓储生产

仓储生产包括物品验收入仓、堆存、保管维护、安全防护、出仓交接等作业。仓储生产应该遵循高效、低耗的原则，充分利用仓储信息系统、机械设备、先进的保管技术、有效的管理手段，实现仓储快进快出。仓储生产管理任务的核心在于充分利用先进的生产技术和手段，建立科学的仓储生产作业制度和操作规程，实行严格的管理，并采取有效的员工激励机制。

(5) 企业形象建设

企业形象是社会公众对企业的一切活动及其表现的总体印象和评价，包括企业及产品的知名度、社会的认可程度、美誉度、对企业的忠诚度等方面。企业形象是企业的无形财富，良好的形象会促进产品的销售，也会为企业的发展提供良好的社会环境。仓储业的对象主要是生产、流通经营者。仓储企业形象主要是通过服务质量、产品质量、诚信和友好合作等方式建立，并通过一定的宣传手段在潜在客户中加强。只有具有良好形象的仓储企业才能在物流体系中占有竞争优势，适应现代物流的发展。

（6）提高员工素质

没有高素质的员工就没有优秀的企业。企业的一切行为都是人的行为，是每一个员工履行职责的行为表现。员工的精神面貌表现了企业形象和企业文化。根据企业形象建设和企业发展的需要，不断提高员工的素质和加强对员工的约束和激励是仓储管理的一项重要任务。

员工素质包括员工的技术和精神素质。通过不断的、系统的培训和严格的考核，保证每个员工能够持证上岗，要对员工进行终身培训，跟得上技术和知识的发展和更新。

二、仓储管理的内容

1. 仓库选址与设计

仓库选址是一个复杂的问题，对仓储管理效率有很大影响。现实中，仓库是靠近原材料生产地还是靠近消费地，需要进行细致的规划。如果要在几个生产地和几个消费地之间建立仓库，在仅考虑运费的情况下，可以运用线性规划模型，使运费达到最小。在仓库选址的基础上，还需要对仓库的具体事项进行设计，如仓库面积的设计、规模的设计等。仓库建筑面积的确定要考虑是否满足存储容量；库内运输道路与作业的布置需要考虑到交通的便利性，物品运送到顾客手中的时间限制以及当地大部分建筑材料的获得等因素。

2. 仓库设备选择与配置

仓库设备选择与配置是指如何根据仓库作业特点和所储存物品种类以及其物理、化学特性，选择机械装备以及应配备的数量，如何对这些机械进行管理等。选择合适的机械设备有利于促进容量的充分利用，提高物料搬运的效率。仓库中有很多种可用于装卸、拣货及搬运的机械化设备，这些设备的选择与配置因专业化程度和所需手工作业程度的不同而差异很大。总体而言，仓库设备可以分为三大类：手工搬运设备、动力辅助设备及全机械化设备。按照仓库设备的分类对仓库采取适当的机械工具，可以提高作业效率。

3. 仓库的业务管理

仓库的业务可分为现场作业和事务作业两类。现场作业包括入库作业，分拣备货作业，出库检验作业，捆包、包装作业，装载作业，流通加工（如贴标签、装箱、装袋等），盘点。事务作业包括入出库量更新，包括入出库发生时以及在盘点基础上的库存台账的更新，票据制作，如装箱单、备货明细、运单等票据的印刷，结算处理，如提供运费、保管费用、作业费用等数据。

4. 仓库的库存管理

仓库的库存管理是指如何根据企业生产的需求状况和销售，储存合理数量的物品，既不因为储存过少引起生产或销售中断的损失，又不因为储存过多而占用过多的流动资金。

5. 仓库的组织建设

仓库的组织建设包括货源的组织，仓储计划，仓储业务，货物包装，货物养护，仓储成本核算，仓储经济效益分析，仓储货物的保税类型，保税制度和政策，保税货物的海关监管，申请保税仓库的一般程序等。

6. 仓库的信息技术管理

仓库的信息技术管理是指仓库管理中信息化的应用以及仓储管理信息系统的建立和维护等问题。仓储业务考核，新技术、新方法在仓库管理中的运用，仓库安全与消防等都是仓储管理涉及的内容。

三、仓储管理的作业

仓储管理作业是指以保管、保养活动为核心，从仓库接收物品入库开始，到按客户需要把物品全部完好地发送出去的全过程。仓储管理作业主要有物品的入库管理、在库保管管理、出库管理三个阶段。仓储管理作业的流程如图 5.1 所示。

1. 入库管理

物品入库是指仓储管理人员根据凭证或供货合同的规定，接收承运单位或供货商运到仓库的物品，并对其进行验收、记账及建立货物档案的过程，流程如图 5.2 所示。入库管理包括：入库单数据处理、条码打印及管理、货物装盘及托盘数据登录注记、货位分配及入库指令的发出、货位重新分配、入库成功确认、入库单据打印。

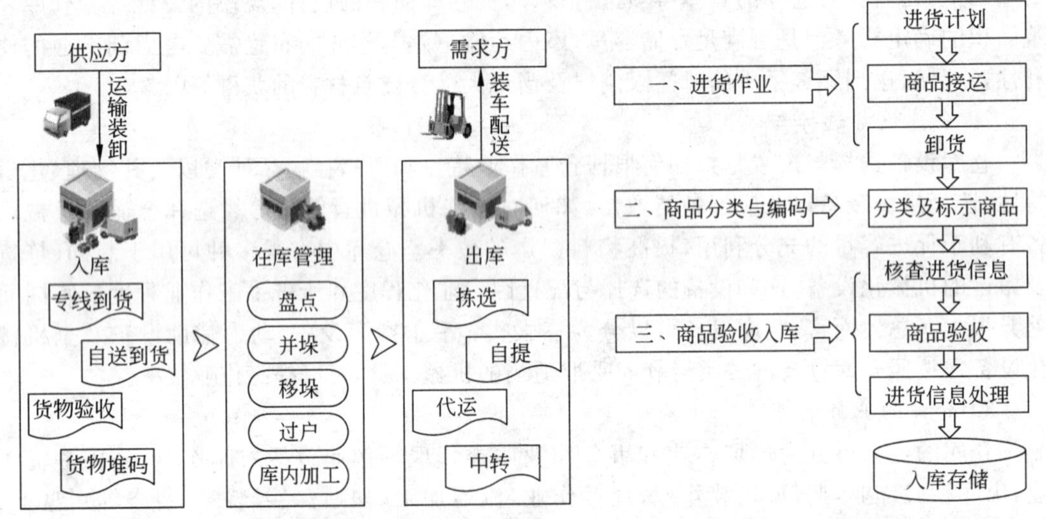

图 5.1 仓储管理作业流程图

图 5.2 入库管理作业流程

2. 在库保管管理

在库保管是指仓储管理人员对入库的物品进行科学储存规划、堆码苫垫、清仓盘点、维护保养等作业的过程，流程如图 5.3 所示。做好物品的在库保管对于物品合理存储，提高仓库利用率和作业效率，确保物品数量准确、质量完好等方面都有着十分重要的意义。

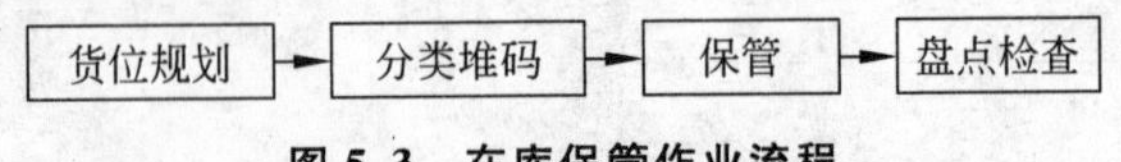

图 5.3 在库保管作业流程

3. 出库管理

物品出库是指仓储管理人员根据货主或业务部门的出库指令，对物品进行备料、复核、包装和发货等作业过程，流程如图 5.4 所示。客户对物流服务要求的不断提高，使得传统的出库作业向物流配送业务迅速转化。满足客户需求，为客户提供增值服务是有待仓储部门解决的关键问题。

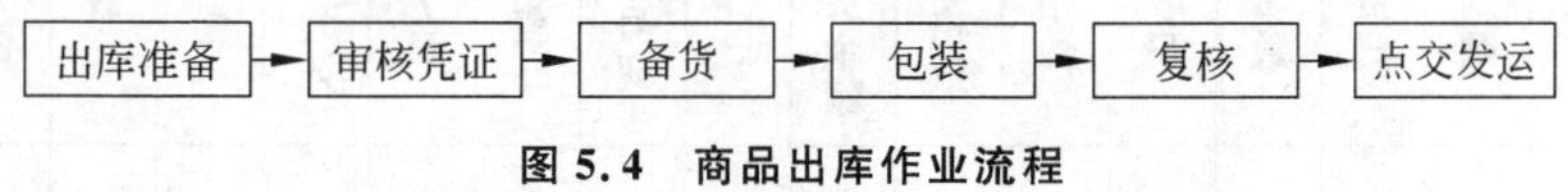

图 5.4 商品出库作业流程

第三节 库存管理

一、库存的概念与分类

1. 库存的概念

“库存”(inventory)是指以支持生产、维护、操作和客户服务为目的而存储的各种物料，包括原材料和在制品、维修件和生产消耗品、成品和备件等。简言之，库存就是指一切闲置的、用于未来的、有经济价值的资源。从狭义角度讲，库存是指“仓库里存放的东西”；广义而言，库存是指具有经济价值的任何物品的停滞与储藏。

2. 库存的分类

按库存物资在生产中的作用分类，库存可分为主要原材料、辅助材料、燃料和动力、修理用备件四种。按库存物资存在的状态分类，可分为原材料库存、成品库存、部件库存、备件库存、在制品库存五种。按持有库存目的分类，可分为经常性库存、保险性库存、季节性库存三种。按存放地点分类，可分为制造商库存、在途库存、分销中心库存、零售商库存四种。

二、库存管理的概念与作用

1. 库存管理的概念

库存管理是对制造业或服务业生产、经营全过程的各种物品以及其他资源进行管理和控制，使其储备保持在经济合理的水平上的一种管理方式。过去认为仓库里的商品越多，表明企业越发达、兴隆，现在则认为零库存是最好的库存管理。库存多，占用流动资金多，负担加重。但如果过分降低库存，则会出现库存断档。

传统意义上的仓库管理与库存管理存在着本质区别。仓库管理主要是针对仓库或库房的布置，物料运输和搬运以及存储自动化等所进行的管理；而库存管理的对象是库存项目，即企业中的所有物料，包括原材料、零部件、在制品、半成品、产品，以及辅助物料。库存管理的主要功能是在供需之间建立缓冲区，达到缓和用户需求与企业生产能力之间、最终装配需求与零配件之间、零件加工工序之间、生产厂家需求与原材料供应商之间矛盾的作用。库存管理明细见表5.1所示。

表5.1 库存管理明细表

订购										进货			出货			库存数	抵押		摘要
月	日	订购单号	订购数	交货日	交货数	验收日	合格数	不合格数	未交货余额	月/日	订单号码	数量	月/日	订单号码	数量		月/日	余额	
零件号码					零件名					规格					图号				

2. 库存管理的作用

从基本功能来看,库存具有缩短订货提前期、平滑生产要求、分离运作过程、分摊订货费用、使企业达到经济订货规模、防止脱销、避免价格上涨等作用。主要体现在:

(1) 库存管理在企业经营中的作用

在企业经营的各个环节都存在库存。在采购、生产、销售的循环过程中,库存使各个环节相对独立的经济活动成为可能。同时库存在这一系列的经营活动中起着润滑剂的作用,能够调节它们的供求关系。在企业中,不同的部门对库存存在不同的看法。例如,销售部门希望持有较高的库存水平来避免缺货,以提高客户的满意度。采购部门往往希望通过大批量的采购来达到数量折扣的优惠,从而实现最低的单位购买价格。运输部门希望通过大批量运送来降低单位运输成本,这样会增加每次运输的库存水平。库存管理部门希望持最低库存以节约成本、减少资金占用。高的客户满意度和库存水平似乎是矛盾的,过去曾认为不可能同时实现这一目标。现在通过应用创新的物流管理技术,库存管理部门可以更好地协调和整合各个部门的活动,以实现企业整体效益的提高。

(2) 库存管理在供应链中的作用

组成供应链的各个企业之间的关系，由过去独立的、不协调的对立买卖关系，转变成现在的整个供应链水平上分享交流信息和共同协调进行库存管理的协作伙伴关系。过去，供应链的各个企业为了防止各自的供应商延期交货或者不能交货的现象，会存有超过实际需要量的"缓冲库存"。同样，由于对各自的需求方缺乏必要的信息交流，特别是对最终消费者的实时需求难以把握，经常出现库存不足或库存过剩的现象。因此，从供应链整体看，过去的交易习惯导致了不必要的库存，从而增加了库存成本，也降低了客户满意度。因而在供应链的范围内进行库存管理不仅可以降低库存水平，节约成本，还可以提高客户满意度。

三、库存管理策略

库存管理是企业物流管理的核心活动之一。从管理学的角度看，库存管理就是企业为了满足生产和销售活动的需要，对物品的有效储存所进行的计划、组织和控制。如对储存的物品进行接收、发放、储存、保管等一系列的管理活动。在企业库存管理实践中，主要有以下几种管理库存的策略。

1. 分类管理

(1) "ABC"管理

库存"ABC"管理实际上是一种分类管理方法，就是将库存的物品按重要程度分为特别重要的库存(A 类库存)、一般重要的库存(B 类库存)和不重要的库存(C 类库存)三类，针对不同级别的库存进行相应的管理和控制。"ABC"管理包括两个步骤：一是制定分类的依据，进行分类；二是根据分类的结果，进行库存管理。

实践中，库存物品的分类是一项复杂而又重要的工作，针对不同类型的企业以及存货性质的不同，需要采用不同的分类方法。如果某存货单位比较统一或有统一计量规范，可以采取按项目所占库存金额和项目年消耗金额对库存物品进行分类。

按项目所占库存金额分类就是分别计算存货品种累积数目占品种总数的比例，计算其存货金额累计数所占库存总金额的比例，如果存货品种累积数约占品种总数的 5%～10%，但金额占库存总金额的比例达到 70%左右，则设为 A 类；品种累积数占品种总数的 20%～30%，而金额占库存总金额的 20%左右，则设为 B 类；品种累积数占品种总数的 60%～70%，而金额占库存总金额的 15%以下的则为 C 类。

按项目年消耗金额分类就是分别计算每种物品年消耗金额占全部物品消耗总金额的比例，计算各类物品品种数占全部品种数的比例。如果品种数占全部品种数的比例为 5%～15%，年消耗金额占年消耗总金额的比例为 60%～80%的列为 A 类；品种数占比例为 15%～25%，金额占年消耗总金额比例为 15%～25%的列为 B 类；品种数所占比例为 60%～80%，而金额占年消耗总金额比例仅为 5%～15%的列为 C 类。

A 类库存属于重点库存控制对象，要求库存记录准确，严格按照物品的盘点周期进行盘点，检查其数量与质量状况，还要制定不定期检查制度，密切监控该类物品的使用与保管情况。另外，A 类物品还应尽量降低库存量，采取合理的订货周期与订货量，杜绝浪费与呆滞库存。C 类库存无须进行太多的管理投入，库存记录可以允许适当的偏差，盘点周期也可以适当延长。B类库存介于A类与C类库存之间,采取适中的方法加以使用、保管与控制。

(2)"CVA"管理

"ABC"管理法也有不足,即C类库存往往得不到应有的重视。例如经销鞋的企业会把鞋带列入C类库存,但如果鞋带短缺将会严重影响鞋的销售。一家汽车制造厂商会把螺丝列入C类物资,但缺少一个螺丝往往会导致整个生产链的停工。因此有些企业在管理中引入了"CVA"(Critical Value Analysis)管理法。"CVA"管理法就是关键因素分析法,它的核心思想也是分类,通常是把存货按照关键性分成3～5类,并采取相应的库存管理策略。见表5.2。

表5.2 "CVA"管理法库存种类及其管理策略

库存级别	库存性质	库存管理策略
最高优先级	较硬的关键物资	不允许缺货
较高优先级	经营活动中的基础性物质	允许偶尔缺货
中等优先级	多属于比较重要的物资	允许合理范围内的缺货
较低优先级	经营中需用这些物资,但可替代性高	允许缺货

2. 定量库存控制

定量库存控制法的基本原理是当库存数量下降到某个库存值时,立即采取补充库存的方法来保证库存的供应。这种控制方法必须连续不断地检查库存物品的库存数量,所以又称为连续库存检查控制法。假设每次订货点的订货批量是相同的,采购的提前期也是固定的,并且物料的消耗也是稳定的,就可以采用定量库存控制的方法,原理如图5.5所示。该方法的使用需要确定两个参数:订货点和经济订货批量。关于这两个参数的计算,请参考仓储管理与库存控制的有关书籍。

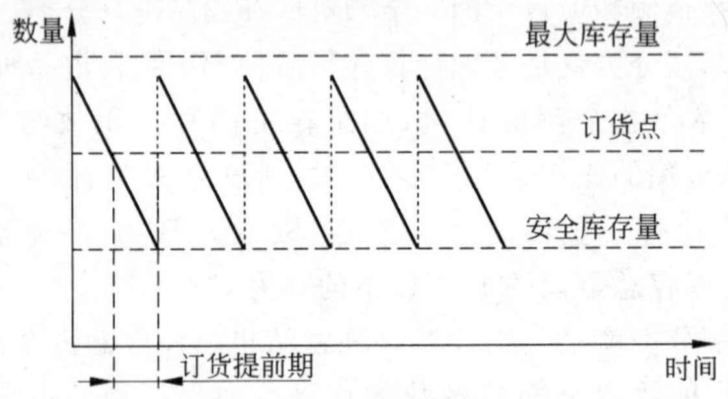

图5.5 定量库存控制模型

3. 定期库存控制法

定期库存控制法是按一定的周期 T 检查库存,并随时补充到一定的规定库存 S。这种库存控制方法不存在固定的订货点,但有固定的订货周期。每次订货也没有一个固定的订货数量,而是根据当前库存量 I 与规定库存量 S 比较,补充的量为 $Q=S-I$。但由于订货存在提前期,所以还必须加上订货提前期的消耗量。这种库存控制方法也要设立安全库存量。原理如图5.6所示。定期库存控制方法可以简化库存控制工作量,但由于库存消耗的不稳定性，有缺货风险存在，因此一般只能用于稳定性消耗及非重要性的独立需求物品的库存控制。该方法的使用需要确定订货周期和库存补充量，具体如何确定可参考有关仓储管理与库存控制的书籍。

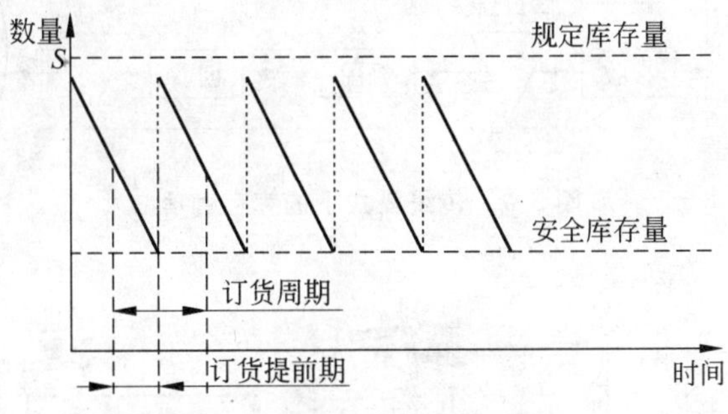

图 5.6　经济订货周期模型

4. 供应商管理库存

供应商管理库存(vendor managed inventory，VMI)是一种在供应链环境下的库存运作模式，本质上它是将多级供应链问题变成单级库存管理问题。VMI 是以实际或预测的消费需求和库存量作为市场需求预测的依据，并据此进行库存补货，即供应商由销售资料得到消费需求信息，从而可以更有效地计划，更快速地反应市场变化和消费需求。VMI 是一种以用户和供应商双方都获得最低成本为目的，在一个共同的协议下由供应商管理库存，并不断监督协议执行情况和修正协议内容，使库存管理得到持续改进的合作性策略。它与传统模式下库存管理的区别如图 5.7、图 5.8 和表 5.3 所示。

表 5.3　传统的库存管理和 VMI 的比较

比较项目	传统业务模式	VMI 模式
采购订单	在传统的库存管理模式下，客户通过采购订单来定购自己需要的物料。	在 VMI 模式下，供应商负责订单的投放，客户只提供需求预测(forecast)和要货申请(pull signal)。
存货透明度	客户只有在有需求的条件下，才将采购订单传送给供应商，不会和供应商共享其需求和存货信息。	供应商可以实时了解客户的库存水平，也可以掌握客户存货的消耗时间、地点和数量。
存货补充	订单的投放时间和订单的批量大小，以及订单的需求时间全部由客户确定，供应商只能被动地接受订单。	订单的投放时间和订单批量大小由供应商确定，并按照客户需求日期进行补货。
存货计划	客户负责维护库存计划，如存货天数，安全库存等。	供应商根据双方的协议，确定库存计划。

5. 联合库存管理

联合库存管理(jointly managed inventory，JMI)是一种在 VMI 的基础上发展起来的上游企业和下游企业权利责任平衡和风险共担的库存管理模式。JMI 体现了战略供应商联盟的新型企业合作关系，强调了供应链企业之间双方的互利合作关系。联合库存管理是解决供应链系统中由于各节点企业的相互独立的库存运作模式导致的需求放大现象，提高供应链的同步化程度的一种有效方法。联合库存管理强调供应链中各个节点同时参与，共

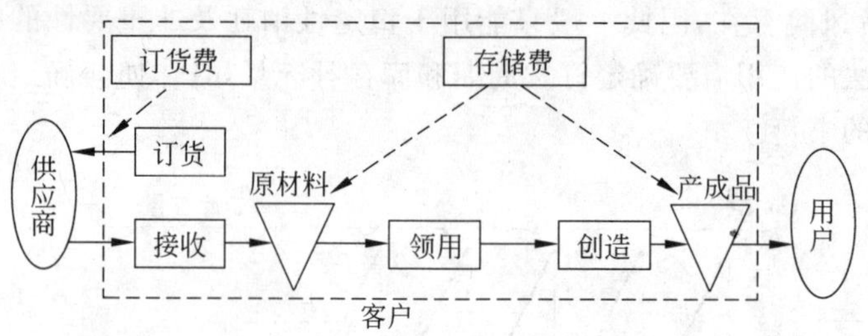

图 5.7 传统模式下的库存管理

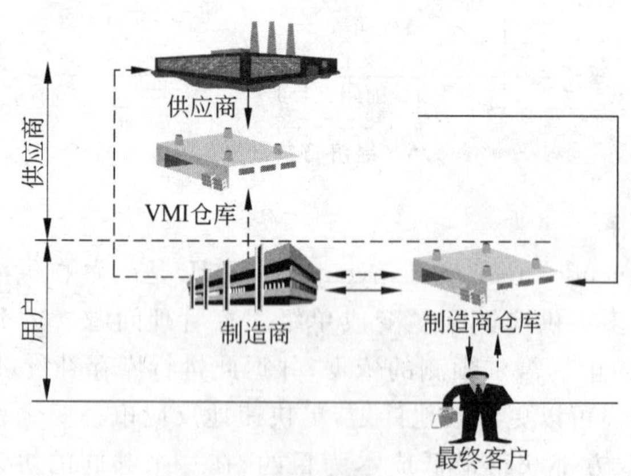

图 5.8 VMI 下的库存管理

同制定库存计划，使供应链过程中的每个库存管理者都从相互之间的协调性考虑，保持供应链各个节点的库存管理者对需求的预期一致，从而消除了需求放大现象。任何相邻节点需求的确定都是供需双方协调的结果，库存管理不再是各自为政的独立运作过程，而是供需联结的纽带和协调中心。联合库存管理实施策略：

(1) 建立供应链协调管理机制。为了发挥联合库存管理的作用，供应链各方应从合作精神出发，建立供应链协调管理的机制和合作沟通的渠道，明确各自的目标和责任，为联合库存管理提供有效的机制。

(2) 建立信息沟通渠道。为了提高整个供应链需求信息的一致性和稳定性，减少由于多重预测导致的需求信息扭曲，应增加供应链各方对需求信息获得的及时性和透明性，并建立一种信息沟通的渠道或系统，以保证需求信息在供应链中的畅通性和准确性。要将条码技术、扫描技术、POS 系统和 EDI 集成起来，并且充分利用 Internet 的优势，在供应链中建立畅通的信息沟通桥梁和联系纽带。

(3) 发挥第三方物流系统的作用。实现联合库存可借助第三方物流(third party logistics，TPL)具体实施。把库存管理的部分功能代理给第三方物流系统管理，从而使企业更加集中精力于自己的核心业务，第三方物流系统则起到了供应商和用户之间联系的桥梁作用，为企业提供诸多支持。

(4) 选择合适的联合库存管理模式。供应链联合库存管理有两种模式：一是各个供应商的零部件都直接存入核心企业的原材料库中，也就是变各个供应商的分散库存为核心企业的集中库存;二是无库存模式,供应商和核心企业都不设立库存,核心企业实行无库存的生产方式。

6. “零库存”管理

供应链管理中的准时采购也叫 JIT 采购,最终是要保证物料供应和产品分配的顺畅,实现企业物料供应的“零库存”管理,以实现企业利益最大化。

“零库存”管理是物品存储优化理论,即仓储理论在管理实践中的运用,它并不是指企业所有的原材料、半成品、产品的库存为零,而是指在确保企业生产经营活动顺利进行的条件下,采用各种科学的管理手段,对库存进行合理的计算和有效的控制,尽可能降低库存量的一种方法。零库存并不等于不要储备或没有储备,也就是说,某些经营实体不单独设立库存和储存物资,并不等于取消其他形式的储存活动。

实现企业零库存的方法主要有:看板生产管理、按订单生产方式、准时采购、协作分包方式、委托保管方式、生产环节同步方式、水龙头方式、无库存储备和供应链配送方式等方法。

四、库存管理系统

1. 传统库存管理存在的问题

库存管理是企业管理的重要组成部分。在企业生产经营活动中,库存管理既受生产车间对原材料、零部件需求影响,又直接影响采购、销售部门的购、销活动。为盘活企业流动资金,加快资金周转,在保障供给的前提下,最大限度地降低压库资金,直接牵动着企业的经营效益。根据对我国众多企业的库存管理情况所作的调查和参考有关资料,目前企业在库存管理方面存在以下问题:

(1) 不能及时获得库存信息。在企业运作过程中,有时必须获知各种零部件当前的库存量,但由于零部件种类多、数量大,需要进行仔细的核算,这不仅费时,而且容易出错,从而影响企业快速有效的运转。

(2) 库存信息不够准确。仓库管理员根据各种送货单、退货单、收料单、发料单、领料单和退料单进行物料的入库、出库搬运后,要随时修改库存信息和借、欠料信息,以便反映库存状况。由于零部件种类多、数量大,使得库存记录和实际库存时常不是严格一致的,因而需要通过盘点来纠正差错,这不仅耽误时间,而且使工作量增大。

(3) 无法及时了解发料和生产用料情况。如在工令单下达后,由于零部件与生产线的关系复杂,根据送料员的个人经验给各配料点送料时,常缺少发料、用料记录和相关信息,经常出现生产线缺料才知道需要送料的情况,导致生产和用料发生混乱,无法了解发料和生产用料的实际情况。

2. 库存管理的一般流程

库存管理包括到货与接收、货物验收入库、货物储存保管、分拣包装、业务单据和业务费用结算等流程。现代库存管理一般都有专业的管理软件,将上述流程进行实时管理。一般流程包括入库、储存和出库三项内容,并由公司不同的部门和人员负责。流程如图 5.9 所示。

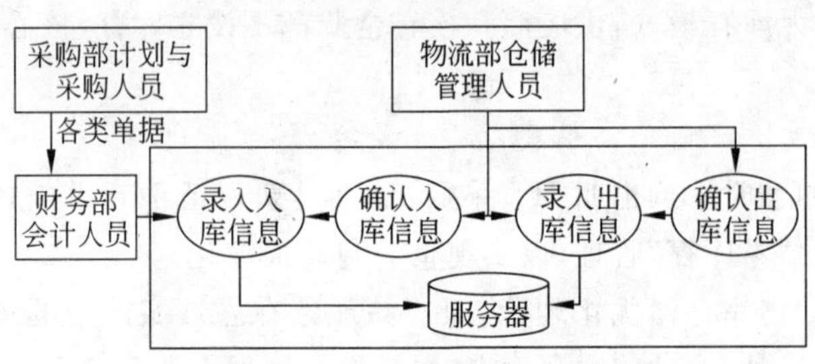

图 5.9　库存管理的一般流程

入库过程中，由采购部门下达采购单和明细，财务部会计人员根据采购单据将入库信息录入到库存管理信息系统中，录入的信息只是单据的信息，并不代表库存信息的任何改变，财务部会计人员只对录入的入库单据进行确认操作。而当采购物品真正入库的时候，由物流部库管人员通过库存管理系统查询到该项物品的入库信息，进行“最终确认”操作，代表物品的真正入库。

出库过程中，计划人员填写出库单信息，并对出库信息进行确认操作。领用人直接到仓库领取相关物品，物流部门仓管人员将相关手续和单据的信息以“出库单”的形式录入库存管理系统，并完成对应的出库单的“最终确认”操作。

3. 库存管理系统日常业务

(1) 采购入库单。采购入库单一般指采购原材料验收入库时填制的入库单据。采购入库单是企业入库单据的主要部分，是日常业务的原始单据之一。

(2) 材料出库单。材料出库单是企业领用材料时填制的出库单据。材料出库单是企业出库单据的主要部分，是进行日常业务处理和记账的主要原始单据之一。

(3) 产成品入库单。产成品入库单是指产成品验收入库时填制的入库单据。产成品入库单是企业入库单据的主要部分。

(4) 销售出库单。销售出库单是指产成品销售出库时填制的出库单据。销售出库单也是企业出库单据的主要部分，是进行日常业务处理和记账的主要原始单据之一。

(5) 其他入库单。企业的其他入库单是指除采购入库、产成品入库之外的其他入库业务，如调拨入库、盘盈入库、形态转换入库等业务形成的入库单。

(6) 其他出库单。企业的其他出库单是指除销售出库、材料出库之外的其他出库业务，如调拨出库、盘亏出库、形态转换出库等。

(7) 调拨。管理仓库间的实物转移和分销意义上的仓库分配、调拨业务属于转移事物类型。

(8) 形态转换。某种物品在加工或存储过程中，由于加工或环境的原因，使其形态和名称发生变化，这时需处理形态转换业务，调整库存账。

(9) 反冲。对于生产环节在制品及不入库半成品业务，系统按照产品结构管理实现原材料与在制品、半成品对冲处理功能，实现在制品、半成品管理。

(10) 盘点。在日常物品收发、保管过程中，由于计量错误、检验疏忽、管理不善、自然损耗、核算错误等原因，有时会发生物品的盘盈、盘亏和毁损现象，从而造成物品账实不相符。为了保护企业流动资产的安全和完整，做到账实相符，企业必须对物品进行定期或不定期的清查。

本章小结

仓储是以满足供应链上下游的需求为目的，在特定的有形或无形的场所、运用现代技术对物品的进出、库存、分拣、包装、配送及其信息进行有效的计划、执行和控制的物流活动。仓储有很多种类型，如工商企业内部仓储、社会公共仓储、原材料供应仓储、产成品中转仓储、末端配送中心等，不同类型的仓储有不同的特点。仓储是现代物流的基础环节，在物流系统中起着至关重要的作用，是物流系统运作和规划的重点。仓储业的发展经历了从原始的人工仓储到现代的智能仓储，通过各种高新技术对仓储的支持，仓储的效率得到了大幅度提高。仓储业正向着社会化、专业化、标准化和现代化方向发展。

仓储管理就是对仓库及仓库内的物品进行的管理，是仓储企业为了充分利用所具有的仓储资源，提供高效的仓储服务所进行的计划、组织、控制和协调过程。仓储管理中既需要考虑效率问题，也需要考虑经济效益和服务问题。仓储管理的任务包括：调配仓储资源、管理组织机构、开展商务活动、组织仓储生产、企业形象建设和提高员工素质。仓储管理的内容包括：仓库选址与设计、仓库设备选择与配置、仓库的业务管理、仓库的库存管理、仓库的组织建设和仓库的信息技术管理。仓储管理作业是指以保管保养活动为核心，从仓库接收物品入库开始，到按客户需要把物品全部完好地发送出去的全过程。仓储管理作业主要有物品的入库管理、在库保管管理、出库管理三个阶段。

库存是指一切闲置的，用于未来的，有经济价值的资源。库存管理是对制造业或服务业生产、经营全过程的各种物品，产成品以及其他资源进行管理和控制，使其储备保持在经济合理的水平。库存对企业既有有利的一面，也有不利的一面，所以做好库存管理具有重要意义。库存管理是企业物流管理的核心活动之一，是企业为了满足生产和销售活动，对物品的有效储存所进行的计划、组织和控制。如对储存的物品进行接收、发放、储存、保管等管理活动。在企业库存管理实践中，有很多种库存控制策略，如分类库存管理、供应商管理库存、联合库存管理等。在库存管理中，如何利用信息系统完成对库存的控制与管理是库存管理的方向。

复习与思考

1. 分析不同类型仓储的特征及其应用。
2. 仓储管理的主要任务有哪些？
3. 仓储管理的主要内容有哪些？
4. 仓储管理中需要本着哪些原则？
5. 库存管理的策略有哪些？
6. 简述库存管理系统及其一般流程。

参考文献

[1] 孙慧.仓储运作与管理[M].重庆：重庆大学出版社，2008.
[2] 高均.仓储管理[M].南京：东南大学出版社，2006.
[3] 金汉信，王亮，霍焱.仓储与库存管理[M].重庆：重庆大学出版社，2008.
[4] 滕宝红，物流主管日常管理工作技能与范本[M].北京：人民邮电出版社，2008.
[5] 宋华，胡左浩.现代物流与供应链管理[M].北京：经济管理出版社，2000.

第六章　装卸搬运

引导案例

装卸搬运——军事后勤中的关键一环

在美军的后勤保障手册中对弹药的重要性有这样的描述："一个士兵可以在战场上存活几个月没有邮件，几个星期没有食物，几天没有水，几分钟没有空气，却一秒也不能没有弹药！"由此可见美军对弹药物流体系的高度重视。高科技战争中弹药的消耗量日益增加，1991年海湾战争打响后，美军储备的弹药达29.4万吨；伊拉克战争中，美军共消耗各类导弹和炸弹29 199枚。能否按部队要求，将弹药及时准确地运抵作战地域，直接关系到部队的作战效果，甚至决定部队的生死存亡。未来信息化条件下，战场环境更加复杂、恶劣，弹药消耗品种多、数量大，因此，如何实施及时、准确、可靠的弹药保障是当今世界各国军队共同面临的一个重要课题。弹药保障系统是一个庞大的系统工程，弹药的装卸搬运是其中一个极其重要的环节。弹药生产后要经过初级包装，在流通装卸搬运中，还需要特殊的包装，在集装化、单元化以到达部队准备使用时之前，还需进行零散包装。总之，弹药要经过多次周转才能最终抵达部队，在每一次周转中，都要经过装卸搬运。因此，装卸搬运往往成为整个物流系统的瓶颈。

目前在我国部队弹药包装方面，绝大部分通用的是木箱，其次是铁笼和铁皮箱。这种传统的包装模式已不适应战时弹药快速保障需求，对于部队仓库，无论是10～30kg的枪弹包装箱，还是50kg以上的大口径弹包装箱，甚至上百公斤的122火箭弹，都是用部队官兵的双手来装卸搬运，这不仅使得工作的劳动强度加大，占用兵员问题突出，还使得作业效率低，保障速度慢，在战备等级转换的规定时间内很难完成弹药装载，严重影响部队的快速反应。另外，传统弹药包装单元重量较小，采用机械进行装卸时，无法发挥机械化作业的高效率。

目前，集装单元化技术已在军队中得到了广泛应用，各国军队在军用物资运输中集装箱运输所占比重在不断增加，并取得较好的军事、经济效益。例如，俄军已有一半以上的军用物资采用集装箱运输；美军采用集装箱运输的物资已达到80%以上。在美伊战争中，美军的很大一部分作战装备和后勤物资都是通过集装方式进行运输的。美军的弹药装卸搬运基本上是托盘组合弹药，由于托盘组合形式的标准和统一，既可以方便直接机械化装卸搬运进行供应，又可以用大型集装箱集装后供应。装卸搬运和运输装备也配套发展，形成从仓库到野战地域的系列装卸设备，使集装箱弹药能到弹药补给所，托盘弹药直送到作战分队，不仅有高效的机动设备，而且仍保留许多人力搬运设备，组成完整的作业线。

对比国内外情况后发现，我国装卸搬运托盘集装化、标准化还有很长的路要走，尤其是包装箱适应装卸搬运设备等。在军事方面，装卸搬运对整个国民经济影响重大，是物流体系中十分重要的一环。

（资料来源：石红霞等.现行弹药包装对弹药装卸搬运的影响分析[J].军事物流，2009(12)：257-259.）

第一节 装卸搬运概述

一、装卸搬运的概念

装卸是指物品在指定地点以人力或机械装上或卸下运输设备。搬运是指在同一场所内，对物品进行水平移动为主的物流作业。装卸搬运是指在同一地域范围内进行的、以改变物的存放状态（狭义的装卸）和空间位置（狭义的搬运）为主要内容和目的的活动。一般情况下，存放状态和空间位置是密不可分的，所以，习惯上常常以“装卸”或“搬运”来代替“装卸搬运”的完整含义。如流通领域常把装卸搬运活动称为“货物装卸”，而生产领域则把这种活动称为“物料搬运”；一般情况下，在强调存放状态改变时，使用“装卸”一词，强调空间位置改变时，使用“搬运”一词。

物流各阶段的前后和同一阶段的不同活动之间，都必须进行装卸搬运作业。可见，装卸搬运是物的不同运动阶段之间互相转换的桥梁，正是装卸搬运把物的运动的各个阶段联接成为连续的“流”，使物流的概念名实相符。各种方向的运输形式正是靠装卸搬运才得以联结成“网”。

物流过程中的装卸搬运在运输、仓储及流通加工之间起桥梁作用。装卸搬运包括装货、卸货、堆场货物的入库和出库几个方面：

(1) 装卸，将货物装上或卸下运输工具。

(2) 搬运，将货物在短距离内移动。

(3) 堆码，将物品或包装货物进行码放、堆垛等。

(4) 取出，将物品从保管场所取出。

(5) 分类，将物品按品种、发出方向、顾客需求等进行分类。

(6) 集货，将货品备齐，以便随时装货。

二、装卸搬运的分类

1. 按施行装卸搬运的物流设施、设备对象分类，可分为仓库装卸、铁路装卸、港口装卸、汽车装卸等

(1) 仓库装卸配合出库、入库、维护保养等活动进行，并且以堆垛、上架、取货等操作为主。

(2) 铁路装卸是对火车车皮的装进及卸出，特点是一次作业需实现一车皮的装进或卸出，很少有像仓库装卸时出现的整装零卸或零装整卸的情况。

(3) 港口装卸包括码头前沿的装船和后方的支持性装卸搬运。有的港口装卸采用小船在码头与大船之间“过驳”的办法，其装卸的流程较为复杂，往往经过几次的装卸及搬运作业才能最后实现船与陆地之间货物过渡的目的。

(4) 汽车装卸一般一次装卸批量不大，由于汽车的灵活性，可以减少或根本免去搬运活动，而直接、单纯利用装卸作业达到车与物流设施之间货物过渡的目的。

2. 按装卸搬运的机械及机械作业方式分类，可分为使用吊车的“吊上吊下”方式、使用叉车的“叉上叉下”方式、使用半挂车或叉车的“滚上滚下”方式、“移上移下”方式及散装散卸方式等

(1) “吊上吊下”方式。采用各种起重机械从货物上部起吊，依靠起吊装置的垂直移动实现装卸，并在吊车运行的范围内或回转的范围内实现搬运或依靠搬运车辆实现小搬运，属垂直装卸方式。

(2) “叉上叉下”方式。采用叉车从货物底部托起货物，并依靠叉车的运动实现货物位移，搬运完全靠叉车本身，货物可不经中途落地直接放置到目的处，属水平装卸方式。

(3) “滚上滚下”方式。主要用于港口装卸，利用叉车或半挂车、汽车承载货物，连同车辆一起开上船，到达目的地后再从船上开下。“滚上滚下”方式需要有专门的船舶，对码头也有不同要求，这种专门的船舶称为滚装船。

(4) 移上移下方式。在两车之间(如火车及汽车)进行靠接，然后利用各种方式，不使货物垂直运动，靠水平移动从一车辆上推移到另一车辆上。移上移下方式需要使两种车辆水平靠接，因此，对站台或车辆货台需进行改造，并配合移动工具实现装卸。

(5) “散装散卸”方式。对散装物进行装卸，一般从装点直接到卸点，中间不再落地，这是集装卸与搬运于一体的装卸方式。

3. 按货物的包装形式、形状、式样分类，可以分为个别搬运、单元货载搬运和散货搬运

个别搬运是指将包装货物一个一个地单个搬运。单元货载搬运是指将货物装上托盘或装进集装箱搬运。散货搬运是指对于类似于石油一类的液体货物或小麦一类的颗粒状货物的搬运。

4. 按装卸搬运的作业特点分类，可以可分为连续作业与间歇性作业装卸搬运

连续作业主要是同种大批量散装货小件杂货通过连续输送机械，连续不断地进行作业，中间无停顿，货间无间隔。在货物量较大、对象固定、货物对象不易形成大包装的情况下适用，尤其适用于包装货物、大件货物、散粒货物等。

三、装卸搬运的作用

无论在生产领域还是在流通领域，装卸搬运都是影响物流速度和物流费用的重要因素。

(1) 装卸搬运是随运输和保管而产生的物流活动，衔接生产各阶段和流通各环节的转换。在物流作业过程中，从一个环节转换到另一个环节，几乎都伴随着装卸搬运活动，运输、储存、包装等环节一般都以装卸搬运为起点和终点。如货物需要从仓库搬运至运输工具处并装到运输工具后才能运输，运至储存地之后又要从运输工具上卸下并搬运至仓库或

货场才能进行储存。

(2) 保障生产和流通各环节作业的顺利进行。虽然装卸搬运活动本身不产生有形产品,但其工作质量却对生产和流通的环节有着很大影响。如果生产过程的物料搬运不能适应生产要求,就可能导致停工;如果流通过程中的装卸搬运出现问题,就可能导致货物滞留于某一环节,从而中断流通过程。

(3) 影响物流活动的效率。在物流过程中,装卸搬运是不断出现、反复进行的,并且每一次装卸搬运活动都要耗费时间,而这一时间的长短是决定物流速度的关键。并且在进行装卸搬运操作时,一般都是要发生人员或机械与货物的直接接触,从而可能造成货物的破损、散失、混合等损失。因此,装卸搬运的效率直接影响着物流活动的效率。

(4) 装卸搬运是物流系统的构成要素之一。装卸搬运是为运输和保管的需要而进行的作业,但是,相对于运输产生的场所效用和保管产生的时间效用来说,装卸搬运活动本身并不产生价值。然而,从生产到消费的流通过程中,装卸搬运是必不可少的作业,与物品是否损坏造成的损失密切相关,且对货物的包装费用也有一定的影响。因此,装卸搬运的合理化是提高物流效率的重要手段。

四、装卸搬运的基本原则

由于装卸搬运在整个物流活动中起着十分重要的作用,同时考虑到装卸搬运作业的特性,装卸搬运必须考虑以下几个准则与基本要求:

1. 减少环节,作业程序化

装卸搬运活动的本身并不增加货物的价值和使用价值,相反却增加了货物损坏的可能性和成本。因此,装卸作业的准则首先应从装卸搬运的功能出发,适应各项装卸搬运作业环节,尽可能地减少或合并装卸搬运作业的环节和次数,消除重复无效、可有可无的装卸搬运作业。

必须进行的装卸搬运作业应尽量做到不停顿、不间断,像流水一样进行。工序之间要紧密衔接,作业路径应当最短和直线,消除迂回和交叉,要按流水线形式组织装卸作业,以减少装卸次数,简化装卸流程等。

2. 集中作业,集装散装化

集中作业是指在装卸过程中,按照经济合理的原则,适当集中货物,使其作业量达到一定的规模,为实现装卸搬运作业机械化、自动化创造条件。只要条件允许,流通过程中的装载点和卸载点应尽量集中。在货物内部,同一类货物的作业尽可能集中,建立相应的专业协作区、专业码头区或专业装卸线。一条作业线能满足车船装卸作业平时指标,就不采取低效的多条作业线方案;在铁路运输中,关闭业务量很小的中间小站的货运装卸作业,建立厂矿、仓库共用专用线等都是采用集中作业的措施。

成件物品集装化作业,粮食、盐、糖、水泥、化肥、化工原料等粉粒状货物散装化作业,是装卸搬运作业的两大发展方向。实际上,集装化和散装化也是一种集中作业形式,以把小件集中为大件,提高装卸作业效率。所以,各种成件货物应尽可能集装成集装箱、托盘、货捆、网袋等货物单元,然后装卸搬运;各种粉粒状货物应尽可能散装入专用车、船、库,以提高装卸搬运的效率。

3. 文明装卸、运营科学化

在装卸搬运作业中，要采取措施保证货物完好无损，保障作业人员人身安全，坚持文明装卸。同时，不能因装卸搬运作业而损坏装卸搬运设备和设施、运输与储存设备和设施等。装卸搬运设备和设施的负荷率和繁忙程度要合理，应控制在设计的范围之内，严禁超载运转；能源消耗和成本要达到合理甚至先进水平；设备与设施采用科学的综合管理和预修保养制度；按照经济合理的原则，确定设备和设施的寿命周期，及时更新改造。同时，要改变认为装卸搬运只是一种简单的体力劳动的观念，积极推行全面质量管理等现代化管理方法，使装卸搬运工作从经验管理上升到科学管理。

4. 拼装满载、安全效率化

装载作业一般是运输和储存的前奏。运载工具满载和库容的充分利用是提高运输和储存效益和效率的主要因素之一。装卸搬运要根据货物的轻重、大小、形状、物理化学性质以及货物的去向、存储的期限、车船库的形式等，采用恰当的装卸方式，巧妙配装，使运载工具满载，库容得到充分利用，以提高运输、储存效益和效率。

为了保证运输和储存的安全，在装载时要采取一定的方法保持货物稳固，以克服运输或储存过程中所产生的各种外力的破坏作用，如纵向、横向、垂直惯性力以及风力、重力、摩擦力。

5. 兼顾协调，通用标准化

装卸搬运作业与其他物流活动之间，装卸搬运作业本身各工序、各工步之间，装卸、搬运之间和系统内部各要素之间都必须相互兼顾、协调统一，这样才能发挥装卸搬运系统整体功能。

装卸搬运标准化是对装卸搬运的工艺、作业、装备、设施、货物单位等所制定发布的统一标准。装卸搬运标准化对促进装卸搬运合理化起着重要作用，它也是实现装卸搬运作业现代化的前提。

6. 省力节能，促进灵活性

节约劳动力，降低能源消耗，是装卸搬运作业最基本的要求。因此，作业场地应尽量坚实平坦，这对节省劳力和减少能耗至关作用。在满足作业要求的前提下，货物与货物单元毛重之比尽量接近1，以减少无效劳动；尽量采取水平装卸搬运，利用滚动装卸搬运，达到省力化。提高货物装卸搬运的灵活性，也是对装卸搬运作业的基本要求。

五、装卸搬运的发展趋势

1. 装卸搬运机械化、电子化和自动化

在物流托盘化系统中，装卸搬运可以托盘为单位进行，这将大大提高物流过程的连续性，提高装卸搬运作业的效率和质量。在一定质量和体积范围内装卸货物，如货物小于50kg，可以采用电子传送带进行货物分类、搬运等作业。在高架仓库中可采用计算机控制货物分类、取放作业的自动化仓库管理系统。

2. 装卸机械的专用化、通用化

装卸机械是社会经济发展的产物，随着社会经济的发展而呈现多样化的特征。多样化的特征反映了对装卸搬运机械设备需求的多样化，从而使装卸机械设备具有多品种且不断更新的特点。装卸机械活动的系统性、一致性、经济性、机动性、快速化，要求一些设备向专门化、通用化方向发展。专用设备以特有的功能不断满足特殊需要，发挥最佳效果，而通用化设备以普遍的功能适应多样化需求，发挥广泛的作用。

3. 装卸机械的大型化、高速化

大型化是让设备的规模，容量和能力越来越大。高速化是让设备的运转速度、运行速度、识别速度、运算速度大大加快。现代社会经济发展速度快，为了进一步提高工作效率和规模效益，大型、高速的装卸机械设备需求不断增长，装卸机械规模也不断扩大。装卸机械设备的起重量、载重量、生产率、作业能力越来越大，工作效率也越来越高。

4. 装卸搬运组织一体化

为了降低流通、消费领域中的装卸搬运组织的难度，在市场经济和专业化分工的条件下，国外一些运输经营者开始根据物流业务的需要，把装卸搬运的触角同时伸向生产、流通、消费等领域，逐步形成了一体化作业体系。

5. 装卸搬运绿色化

绿色装卸搬运是指为尽可能减少装卸搬运环节产生的粉尘烟雾等污染物而采取的现代化的装卸搬运手段及措施。在货物集散地，尽量减少泄漏和损坏，杜绝粉尘、烟雾污染。清洗车的废水必须经过处理后再排放。在货物集散地要采用防尘装置，制定最高容许的高度标准。废水应集中收集、处理和排放，加强现场的管理和监督。

第二节 装卸搬运机械与设备

一、装卸搬运机械的概念

装卸搬运机械是指用来搬移、升降、装卸和短距离输送物料或货物的机械。它不仅用于完成船舶与车辆货物的装卸，也用于完成库场货物的堆码、拆垛、运输以及舱内、车内、库内货物的起重输送和搬运。

二、装卸搬运机械与设备的作用

装卸搬运机械是机械化生产的组成部分，是实现装卸搬运作业机械化的物质技术基础，是实现装卸搬运合理化、效率化、省力化的重要手段。在装卸搬运作业中，要不断反复进行装、搬、卸操作，这些都靠装卸搬运机械有效衔接。因此，合理配置和应用装卸搬运机械，安全、迅速、优质地完成货物装卸、搬运、码垛等作业任务，对于加快现代物流发展，促进经济发展有着十分重要的作用。

(1) 提高装卸效率，节约劳动力，减轻装卸工人的劳动强度，改善劳动条件。

(2) 缩短作业时间，加速车辆周转，加快货物的送达和发出。

(3) 提高装卸质量，保证货物的完整和运输安全。

(4) 降低装卸搬运作业成本。装卸搬运机械的应用，势必会提高装卸搬运的作业效率，而效率提高使每吨货物分摊到的作业费用相应减少，从而使作业成本降低。

(5) 充分利用货位，加速货位周转，减少货物堆码的场地面积。采用机械作业，堆码高度大，装卸搬运速度快，可以及时腾空货位，可以减少场地面积占用。

随着现代物流的不断发展，装卸搬运机械将会得到更为广泛的应用。因此，科学使用、管理装卸搬运机械，充分发挥装卸搬运机械的潜能，实现装卸搬运机械作业，是取得良好装卸搬运效果的重要手段。

三、装卸搬运机械与设备的选择

合理选择装卸搬运机械，有利于提高装卸搬运的效率，降低装卸搬运的费用，取得事半功倍的效果。在选择装卸搬运机械时，通常要考虑以下因素：

1. 货物特性及流量

装卸搬运机械的选择应考虑货物的特性。如对于散装货物而言，利用带式输送机进行装卸搬运比较方便；对于托盘等包装货物而言，利用叉车进行装卸搬运比较合算。为完成某项轻量级的装卸搬运任务而购买某种价格高昂的重量级机械设备，显然是不合算的。在购买设备之前，一定要确认设备能够得到充分运用。

2. 成本因素

装卸搬运机械的选择要考虑成本因素。在效率相同的情况下，尽可能选择性能价格比较优越、日常维护费用较低的设备。有些企业片面追求设备的先进性，而不考虑成本因素，造成效率低下。在选择设备时，不但要考察设备的一次性购置成本，还要考察设备的使用寿命、性能以及日常维护费用。日常维护费用包括：操作及维修人员工资、燃料及动力费用、配件费用和润滑剂费用等。有些设备虽然购置成本不高，使用寿命也较长，但由于日常维护费用高昂，也不宜选择。搬运机械与设备选择的依据如图 6.1 所示。

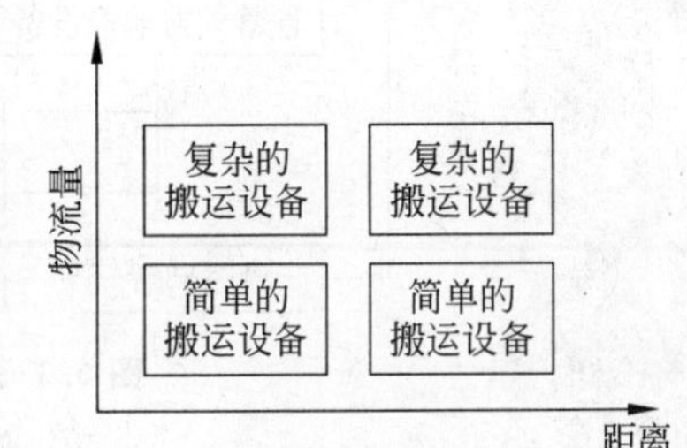

图 6.1 搬运机械与设备选择的依据

3. 设备之间的配套

企业为开展装卸搬运活动而选用的各种设备，应注意系统性，确保各种设备之间的有效衔接和配套，提高运行的综合效果。有些装卸搬运机械虽然独立运行的效率较高，但却难以和其他设备进行有效的配套，也不适合选用。为了强化设备之间的配套，应尽量选择标准化的设备。

4. 工作环境

工作场所是露天还是室内，通道是否宽敞，是否存在对人体有害的污染及其他特殊的要求，都关系到设备的选择。如在污染较严重的作业环境下，比较适合采用自动化的装卸搬运设备。

5. 设备的可操作性

有些设备需要经过复杂培训的专门人员进行操作，而这些人员又是企业所缺乏的，引进也存在一定的困难，因而这些设备也不宜选择。

四、装卸搬运机械设备的分类

装卸搬运机械设备的一般类别如图 6.2 所示。在物流的日常作业活动中，常用的装卸搬运机械与设备有：

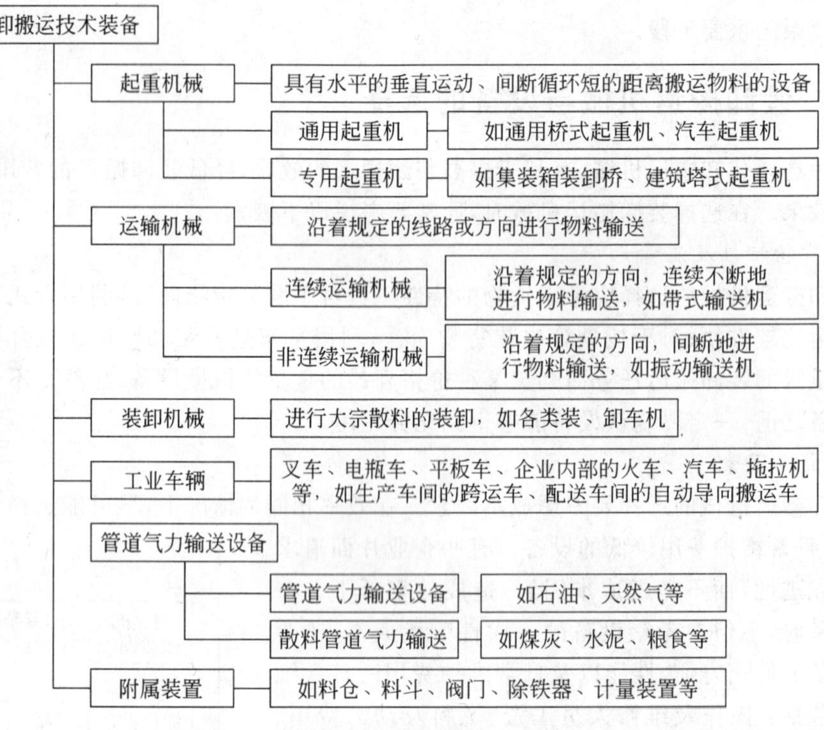

图 6.2 装卸搬运机械设备的一般类别

1. 起重机

起重机是主要用于升降货物的机械，包括以下类型：

(1) 轻型起重机械，如葫芦、绞车等，一般由人力操作；

(2) 载货电梯及各种升降机；

(3) 通用起重机，如桥式起重机、门式起重机、固定旋转式起重机和行动旋转式起重机等；

(4) 特种起重机，专门用于某些专业性的工作，结构较为复杂，如港口专用起重机、建筑专用起重机和冶金专用起重机。

2. 输送机

输送机(conveyor)是"对物品进行连续运送的机械"。输送机被广泛运用于短距离的出入库运输，适用于沿着同一方向运送散料或重量不大的单件物品，它也是生产流水线和自动分拣机的基本组成部分。输送机的优点是连续输送，操作简便，效率很高。缺点是不适合搬运不规则的物品，且只能沿固定路线进行单向输送。

常见的输送机根据有无动力分为重力式和动力式。根据驱动的介质不同分为辊道输送机、带式输送机和悬挂式输送机等类型。辊道输送机由一系列排列规则的辊子组成，用以传送重量较大、形态规则的货物，如纸箱或托盘。辊道既可以由电力驱动，也可以由人工推动；人工推动时，最好有一定的倾斜度，以便充分利用重力的作用。带式输送机的皮带用来输送成件、散装物料或供总装的零部件。悬挂式输送机运送的物品悬挂在输送机的各种附件上，如钩盘、斗、桶上，适于运送各种尺寸的货物，运送货物的种类较为广泛。

3. 叉车

叉车是“具有各种叉具，能够对货物进行升降和移动以及装卸作业的搬运车辆”。它应用广泛、操作机动灵活，在仓库、码头、车站、工厂车间等使用非常普遍。叉车有一对水平伸出的货叉，货叉可以上下移动。通过叉车的运动和货叉的升降，可以将货物的水平移动和垂直升降有效地结合起来。叉车造价不高，性能可靠，但轮压较高，对场地的承载力要求也较高。同时，作业时回转半径较大，需要较大的作业场地。

4. 自动导引车

自动导引车(automated guided vehicle，AGV)又称无人搬运车，是“能够自行行驶到指定地点的无轨搬运车辆。”自动导引车通过采用无线通信的方式与主控计算机交换信息，接受主控计算机的集中控制。由于装有自动导航系统，该车能够沿预定的路线自动行驶，将货物从起始点运送到目的地。自动引导车在装卸搬运中的优点有四个方面：

(1) 自动化程度高，可以节省大量的劳动成本支出。在钢铁厂，自动导引车用于炉料运送，大大降低了工人的劳动强度。

(2) 适合在噪声、空气污染、放射性元素等对人体构成极大威胁的环境下作业。在核电站和利用核辐射进行保鲜储存的场所，自动导引车用于物品的运送，避免了对人体有害的辐射。

(3) 适合黑暗场所的作业。在胶卷和胶片仓库，自动导引车可以在黑暗的环境下准确可靠地运送物料和半成品。

(4) 有利于保持货物的清洁。在烟草生产企业中，自动导引车的运用有助于保证烟草的品质不受影响。

5. 自动分拣机

自动分拣机是按照预先设定的计算机指令对物品进行分拣，并将分拣出的物品送达指定位置的机械。随着激光扫描、条码计算机控制技术等的发展，自动分拣机在物流中的使用日益普遍。在邮政部门，自动信函分拣机以及自动包裹分拣机已使用多年。

被分拣物品经由各种方式，如人工搬运、机械搬运、自动化搬运等送入分拣系统，经合流后汇集到一条输送机上。物品接受激光扫描器对其条码的扫描，或通过其他自动识别方式，如光学文字读取装置、声音识别输入装置等方式，将分拣信息输入计算机中央控制器中。计算机通过将所获得的物品信息与预先设定的信息进行比较，将不同的被拣物品送到特定的分拣道口位置上，完成物品的分拣工作。分拣道口可暂时存放未被取走的物品，当分拣道口满载时，由光电管控制，阻止分拣物品不再进入分拣道口。

在面对多品种、少批量的订货时，自动分拣机能够发挥巨大的作用。近年来，随着连锁超市和便利店的迅速发展，拣货、拆零作业的劳动力已经占配送中心劳动力的80%。通过采用自动分拣机，只要将各门店的订单输入计算机，存放各种商品的货位的指示灯和品种显示器会立刻显示出所需商品的具体位置及数量，作业人员便可从货架上取出商品，放入带式输送机上的周转箱内，直接送达自动分拣机进行配货，这样便可大幅度提高装卸搬运作业的效率，减轻作业强度，差错率也大为下降。

6. 机器人

机器人是一种能实现自动定位控制、可重复编程、多功能、多自由度的操作机械。20 世纪 80 年代以来，机器人代替人工被广泛应用于自动化工业中。在装卸搬运中，机器人主要用于货物分类、成组载荷。在高噪音、冷藏库等对人体不利的环境下，机器人能够发挥人工所无法发挥的作用。

7. 牵引车及挂车

牵引车本身没有承载能力，而是用于提供动力。挂车没有动力装置，仅用于装载货物，需要牵引车拖带才能移动。装载货物的若干挂车连成一列后，由牵引车拖带，完成移动货物的任务。这种装卸搬运机械的特点是机动灵活，挂车数量可以自由决定，任意组合。在货物周转量较大的组合，如车站、码头、大型配送中心，牵引车和挂车使用较为普遍。

8. 活动货架

活动货架又叫重力移动式货架，有滚轮式、滚筒式和滚珠式，每层货格都有一定的倾斜度，后部高于前部，货物从后部装入，从前部取出，当货物取出后，在重力的作用下，货物自动从后部向前部移动，实现装卸搬运的目的。活动货架有助于确保货物的先进先出，避免货物出现过期变质的现象。活动货架在配送中心、大型仓储超市中使用较普遍。

9. 人工装卸搬运机械

人工装卸搬运机械种类繁多，如手推车、手动托盘搬运车、手动叉车等，具有操作灵活、使用轻便等特点，具有较广泛的用途。

第三节　装卸搬运管理

一、装卸搬运的流程

不同的装卸搬运作业，其具体流程也不尽相同，但无论哪一种都要经过作业准备、作业实施和作业绩效评价三个基本阶段。

1. 装卸搬运作业的准备

(1) 明确装卸搬运作业的任务

确定作业任务是进行装卸搬运作业的基本前提。装卸搬运的任务有可能提前确定，也有可能临时变动。但是在通常情况下，可以根据物流计划，经济合同，装卸作业的不均衡程度，装、卸车的时限等因素来确定作业现场的装卸搬运任务量。

在确定了装卸搬运的任务后，对装卸作业对象的特点进行详细了解，以确定作业方式，选择作业工具，组织作业人员。具体而言，需要了解作业对象的物理和化学特性，以确定其可行性；了解作业对象对物流条件的要求，包括质量保证方面的要求、环境保护方面的要求和某些特殊要求，如精密仪器的搬运就需要采取特殊的方法，贵重物品的搬运需要特殊控制等。

(2) 确定装卸搬运作业的方式

装卸搬运的方式有多种，每种均有其适用的作业对象，如对散装货物的装卸搬运就要采用散装作业方式。同时，针对不同作业方式，与其相适应的作业过程、作业设备也不相同。确定作业方式有助于进一步规划装卸搬运的作业过程，选择作业工具和设备。

(3) 规划装卸搬运作业路线

规划装卸搬运作业路线，即对装卸搬运作业整个过程各个环节的连续性进行合理安排，以缩小搬运距离，减少搬运次数。作业现场的平面布置是直接影响搬运距离的因素，因此，首要问题是对各个环节的作业点进行空间布局，要留有足够的场地集结货物，并满足装卸搬运机械工作面的要求；场内道路的分布要为装卸搬运作业创造良好的条件，要有利于加速货位的周转。

在作业现场空间布局一定的情况下，可根据物流量大小和搬运距离的长短来选择较为合理的搬运路线。搬运路线可分为直达型、渠道型和中心型。

(4) 选择装卸搬运的工具和设备

不同的装卸搬运工具有不同的功能、适用于不同的作业方式、作业对象和作业场所。因此，在组织装卸搬运作业时，应当根据作业对象的特点、作业场所的条件，结合不同工具和设备的性能来选择。选择恰当的设备是件复杂的工作，通常可以从以下方面考虑：

① 明确是否确实需要该搬运步骤。

② 制订设备选择计划时要考虑长远发展的需要。

③ 选用的设备不仅仅局限于装卸搬运作业的某一个环节，它要在整个系统的总目标下发挥作用。

④ 遵循简单化原则，选择合适的规格型号。为完成某种轻量级工作而购买价格昂贵的重量级设备，或者选用使用寿命不长的设备都是极不恰当的，在可能的条件下应尽可能利用重力输送的长处。

⑤ 要进行多方案的比较。不要只依靠一家设备商去选择完成某项搬运工作的设备和搬运方法。

(5) 组织装卸搬运作业的工作人员。

2. 装卸搬运作业的实施

(1) 确定装卸任务量。根据物流计划，经济合同，装卸搬运作业不均衡的程度，装卸时限等，确定作业现场年度、季度、月、旬、日平均装卸任务量。装卸任务量有事先确定的因素，也有临时变动的可能。因此，要合理地运用装卸设备，就必须把计划任务量与实际装卸作业量两者之间的差距缩小到最低水平。同时，装卸作业组织工作还要把装卸作业物品对象的品种、数量、规格、质量指标以及搬运距离尽可能地做出详细的规划。

(2) 合理规划装卸方式和装卸作业过程。装卸作业过程是对整个装卸作业过程中装卸、搬运、作业的连续性进行合理的安排，以减少运距和装卸次数。装卸作业现场的平面布置是直接关系到装卸、搬运距离的关键因素。装卸机械要与货场长度、货位面积等互相协调。要有足够的场地集结货场，并满足装卸机械工作的要求。场内的道路布置要为装卸、搬运创造良好的条件，有利于加速货物的周转。使装卸按远距达到最小平面布置是减少装卸搬运距离的最理想的方法。

(3) 根据装卸任务和装卸设备的生产率,确定装卸设备需要用的台数和技术特征。

(4) 根据装卸任务,装卸设备生产率和需用台数,编制装卸作业进度计划,它通常包括:装卸搬运设备的作业时间表、作业顺序、负荷情况等详细内容。

(5) 将装卸、搬运进度计划下达给各部门,安排劳动力和作业班组。

3. 装卸搬运作业的绩效评价

装卸搬运作业的绩效评价是对装卸搬运作业活动的分析、评价与评估,以衡量其作业活动的投入、产出状况。对作业绩效的评价有助于发现装卸搬运作业过程中存在的问题,并进一步寻找解决方案。

(1) 绩效评价的目的

① 减缩时间。降低装卸搬运作业的循环期,当整个装卸搬运流程能够在较少的时间内完成,那么流程中所有的实体都能够更为高效地运转,从而最终降低供应链中的库存。减缩时间意味着流程中的信息和产品流能够十分迅速和流畅地传递。

② 减少浪费。企业通过尽量降低功能重叠,协调运作系统以及提高质量来降低整个装卸搬运流程的浪费。

(2) 绩效评价的内容

① 成本。绩效评价考虑的成本是完成特定运营目标所发生的成本。较有代表性的绩效成本是以金额表示的搬运量的百分比或者搬运每单位数量的成本。

② 顾客服务。用以考察企业满足上下游企业需要的相对能力。由于难以定量地衡量,一般通过订单处理、服务反馈周期等指标作为补充指标。

③ 资产。衡量为实现目标对企业设施和设备的资产及流动资本的使用情况。设施、设备、存货是一个企业资产的重要组成部分,主要注重对注入存货等流动资本的流转、固定资产的投资回报率。

④ 质量。质量是内部绩效衡量的最主要内容,主要用来确定企业所发生的装卸搬运活动的效率。由于质量的范围非常大,因此对质量的衡量比较困难。目前作为折中的处理办法是关注总体的物流绩效,而非单一功能绩效,它代表着理想的绩效。

二、装卸搬运方案的设计

1. 搬运方案的初步设计

搬运方案的初步设计是用统一的物料搬运符号表示。如属简单问题,可以用物料搬运方法工作表填写建议的方法。表的左边列出各项移动,右边填写各项移动建议的搬运方法。初步搬运方案还有其他方法:

(1) 用普通工作表表示

① 物料搬运方法工作表。适用于物料品种单一或很少,而且在各路线上依次流通无折返的情况。

② 流程表。直接在以前编制的流程表上记载变更的搬运方法。

③ 流程图。把每项建议的搬运方法直接标注在流程图上,该方法更容易理解。

(2) 系统化方法汇总表

该方法是在汇总表上表示搬运方法，适用于项目的路线和物料类别较多的情况。从该汇总表上，可以全面了解所有物料搬运的情况，还可以汇总各种搬运方法，综合各条路线和各类物料的同类路线系统、设备和运输单元，也能把全部搬运规划汇总在这张表上。

2. 方案的修改和约束

要使初步设计出的方案符合实际、切实可行，必须根据实际的约束进行修改。解决物料搬运问题，除了路线系统、设备和运输单元以外，还要考虑正确和有效地操作设备问题、协调和辅助物料搬运正常进行的问题等。各物料搬运方案中经常涉及的一些修改和约束的内容包括：

(1) 已确定的同外部衔接的搬运方法。

(2) 既满足目前生产需要，又能适应远期发展变化。

(3) 与生产流程或流程设备保持一致。

(4) 可以利用现有公用设施和辅助设施保证搬运计划的实现。

(5) 布置方案及其对面积、空间的约束条件。

(6) 建筑物及其结构特征。

(7) 库存制度以及存放物料的方法和设备。

(8) 投资的约束。

(9) 影响工人安全的搬运方法。

3. 方案说明和各项需求计算

对修改后的几个初步搬运方案，要逐个进行说明和计算，其内容包括：

(1) 每条路线上每种物料搬运方法的说明。

(2) 搬运方法以外的其他必要的变动说明，如更改布置、作业计划、生产流程、建筑物、公用设施、道路等。

(3) 计算搬运设备和人员的需求量。

(4) 计算投资数和预期的经营费用。

4. 方案评价

从几个合理可行的方案中选出最佳方案——即对方案进行评价，是程序模式的一个决定性的步骤。评价方案的方法有：

(1) 成本费用或财务比较

① 投资费用，包括基建投资和项目费用。

② 经营费用，包括物料、人员、管理费用。

(2) 无形因素比较

无形因素比较法主要有优缺点比较法和加权因素比较法。无形因素有：

① 生产流程的关系及其服务能力。

② 搬运方法的通用性与适应性。

③ 灵活性和柔性。

④ 布置和建筑物扩充的灵活性是否受到搬运方法的限制。

⑤ 面积和空间的利用。

⑥ 安全和建筑物管理。

⑦ 是否便于管理和控制。

⑧ 可能发生故障的频率及对生产造成的中断、破坏和混乱的程度。

⑨ 能否适应生产节拍的要求和对生产流程时间的影响。

⑩ 与仓库设施是否协调。

⑪ 同外部运输是否相适应。

根据实践经验，一般在不同方案进行费用比较时，大多会选择资金回收期短、费用最少的方案。

5. 搬运方案的详细设计

搬运方案的初步设计阶段确定了搬运路线系统、搬运设备、运输单元和总体方案。搬运方案的详细设计是在此基础上制定从工作地到工作地或从具体取货点到具体卸货点之间的搬运方法，详细搬运方案必须与总体搬运方案协调一致。

实际上，方案初步设计阶段和方案详细设计阶段用的是同样的模式，只是在实际运用中两个阶段的设计区域范围不同、详细程度不同。详细设计阶段需要大量的材料、更具体的指标和更多的实际条件。

三、装卸搬运方法选择的条件

1. 决定装卸方法选择的外在条件

(1) 货物特征：货物经由包装、集装、散装等形成的形态、质量、尺寸等直接影响装卸搬运方法的选择。如托盘系列集装货物，宜选择叉车进行装卸搬运作业。

(2) 作业内容：装卸搬运作业中的重点是堆码、装车、拆垛、分拣、配载、搬运等作业，其中以哪一种作业为主或哪几种作业组合，影响到装卸搬运作业方法的选择。

(3) 运输设备：不同的运输设备(汽车、轮船、火车、飞机等)的装载与运输能力、装运设备尺寸都影响到装卸搬运方法的选择。

(4) 运输及仓储设施；运输、仓储设施的配置情况、规模、尺寸大小影响到作业场地、作业设备以及作业方法的选择。

2. 决定装卸方法选择的内在条件

(1) 货物状态：主要指货物在装卸搬运前后的状态。

(2) 装卸动作：指在货物装卸搬运各项具体作业中的单个动作及组合。

(3) 装卸机械：装卸机械所能实现的动作方式、能力大小、状态尺寸、使用条件、配套工具等以及与其他机械的组合也是影响装卸方法选择的因素。

(4) 作业组织：参加装卸搬运作业的人员素质、工作负荷、时间要求、技能要求，对装卸搬运方法的选择有重要的影响。

四、装卸搬运的合理化

1. 装卸搬运合理化的目标

(1) 装卸搬运距离短。搬运距离的长短与搬运作业量大小和作业效率密切相关。在装卸搬运作业中，装卸搬运距离最理想的目标是“零”。货物装卸搬运不发生位移，应该说是最经济的，然而这是不可能办到的，因为凡是“移动”都要产生距离。距离移动越长，费用越大；距离移动越短，费用越小。所以装卸搬运合理化的目标之一是使装卸搬运距离尽可能短。

(2) 装卸搬运时间少。是指货物从开始装卸搬运到完成的时间少。如果能尽量压缩装卸搬运时间，就能提高物流速度，及时满足客户需求。为此，应根据实际情况，实现装卸搬运机械化。装卸搬运的机械化、自动化，不仅大大缩短了时间、节约了费用、提高了效率，而且通过装卸、搬运环节的有效联接，还能激活整体物流过程。所以，装卸搬运时间尽量少是装卸搬运合理化的最重要目标之一。

(3) 装卸搬运质量高。装卸搬运质量高是装卸搬运合理化目标的核心。装卸搬运作业的质量高是为客户提供优质服务的主要内容之一，也是保证生产顺利进行的重要前提。按要求的数量、品种，安全及时地将货物装卸搬运到指定位置，这是装卸搬运合理化的主体和实质。

(4) 装卸搬运费用省。装卸搬运合理化目标中，既要求距离短、时间少、质量高，又要求费用省，这似乎不好理解。实际上，如果真正实现装卸搬运机械化和物流现代化，装卸搬运费用肯定能够大幅度地降低。采取机械化、自动化装卸搬运作业，既能大幅度削减作业人员，又能降低人工费用。这笔开支在国外企业中所占的比例非常高，在我国也会逐渐上升，这方面费用削减的潜力很大。因此，应合理规划装卸搬运工艺，提高装卸搬运作业的机械化程度，尽可能地实现装卸搬运作业的连续化，从而提高装卸搬运效率，降低装卸搬运成本。

2. 装卸搬运不合理的表现形式

(1) 过多的装卸搬运次数

在物流过程中，装卸搬运环节是发生货损的主要环节，而在整个物流过程中，装卸搬运又是反复进行的，其发生的频度超过其他任何活动，过多的装卸搬运必然导致损失的增加，同时，每增加一次装卸搬运，就会较大比例地增加费用，也会减缓整个物流的速度。

(2) 过大包装的装卸搬运

包装过大过重，在装卸搬运作业中，就会反复在包装上消耗较大的劳动。这一消耗不是必须的，因而会形成无效劳动。

(3) 无效物质的装卸搬运

进入物流过程中的货物，有时混杂着没有使用价值或对用户来讲使用价值不对路的各种掺杂物，如煤炭中的矸石、矿石中的水分、石灰中的未烧熟石灰及过烧石灰等。在反复装卸搬运时，会对这些无效物质反复消耗劳动，因而形成无效劳动。

由此可见，无效装卸搬运增加了物流成本，增加了货物的损耗，降低了物流速度，如能防止无效装卸搬运，则可节省劳动，使装卸搬运合理化。

3. 装卸搬运合理化的途径

(1) 提高物品装卸搬运活性

货物平时存放的状态是各种各样的，可以是散放在地上，也可以是装箱存放在地上或放在托盘上等。由于存放的状态不同，货物的装卸搬运难易程度也不一样。人们把货物从静止状态转变为装卸搬运运动状态的难易程度称之为装卸搬运活性。如果很容易转变为下一步的装卸搬运而无须过多做装卸搬运前的准备工作，则活性就高；如果难以转变为下一步的装卸搬运，则活性就低。

在装卸搬运作业工艺方案设计中，应充分应用活性理论，合理设计作业工序，不断改善装卸搬运作业。货物放置时要有利于下次搬运，如装于容器内并垫放的物品较散放于地面的物品更易于搬运；在装上时要考虑便于卸下，在入库时要考虑便于出库；还要创造易于搬运的环境和使用易于搬运的包装。总之，要提高装卸搬运活性，以达到作业合理化、节省劳力、降低消耗、提高装卸搬运效率的目的。

在日本，物流界为了改善货物装卸和整个物流过程的效率，曾经提出了一种叫做"六不改善法"的物流原则，具体的内容如下：

① 不让等——通过合理的安排使得作业人员和作业机械闲置的为零，实现连续的工作，发挥最大的作用。

② 不让碰——通过机械化、自动化设备的利用，使得作业人员在进行各项物流作业的时候，不直接接触商品，减轻人员的劳动强度。

③ 不让动——通过优化仓库内的货物摆放位置和自动化工具的应用，减少货物和作业人员移动的距离和次数。

④ 不让想——通过对物流过程中的装卸搬运作业进行分解和分析，实现作业的简单化、专业化和标准化的原则，从而使得作业过程更为简化，减少作业人员的思考时间，提高作业效率。

⑤ 不让找——通过详细的规划，把作业现场的工具和货物摆放在最明显的地方，使作业人员在需要利用设备的时候，不用去寻找。

⑥ 不让写——通过信息技术以及条形码技术的发展、广泛应用，真正实现无纸化办公，降低作业成本，提高作业效率。

(2) 利用重力和消除重力影响，进行小消耗的装卸

在装卸时考虑重力因素，可以利用货物本身的重量，进行有一定落差的装卸，以减少或根本消除消耗装卸的动力，这是合理化装卸的重要方式。例如，从卡车、铁路货车卸货时，利用卡车与地面或小搬运车之间的高度差，使用溜板、溜槽之类的简单工具，可以依靠货物本身重量，从高处自动滑动至低处，这就无须消耗劳力。

在装卸时尽量消除或削弱重力的影响，减轻体力劳动及其他劳动消耗。在货物平移时，从甲工具移到乙工具上，这就能有效消除重力影响，实现合理化。

在人力装卸时，负重行走，要持续抵抗重力的影响，同时还要行进，因而体力消耗很大，是容易出现疲倦的环节。所以，人力装卸时如果能配合简单机具，做到"持物不步行"，将大大减轻劳动量。

(3) 合理地利用装卸搬运机械设备

现阶段，装卸搬运机械设备大多在以下情况使用：超重物品；搬运量大、消耗人力多、人力难以操作的物品；粉体或液体的物料搬运；速度太快或距离太长，人力不能胜任时；装卸作业高度差太大，人力无法操作时等。今后的发展方向是，即使在人可以操作的场合，为了提高生产率、安全性、服务性和作业的适应性等，也尽可能将人力操作转由机械设备来

实现。

同时，要通过各种集装方式形成机械设备最合理的装卸搬运量，使机械设备能充分发挥自己的效能，达到最优效率，实现规模装卸搬运。追求规模效益的方法，主要是通过各种集装实现间断装卸时一次操作的最合理装卸量，从而使单位装卸成本降低、也可以通过散装实现连续装卸的规模效益。

(4) 保持物流的均衡畅通

货物的处理量波动大时会使搬运作业变得困难，而且搬运作业受运输等其他环节的制约，其节奏不能完全自主决定，必须综合各方面因素妥善安排，使物流量尽量均衡，避免忙闲不均的现象。

(5) 选择装卸搬运方式，改善作业方法

在装卸搬运过程中，必须根据货物的种类、性质、形状、重量来合理确定装卸搬运方式，合理分解装卸搬运活动，并采用现代化管理方法和手段，改善作业方法，实现装卸搬运的高效化和合理化。

本章小结

装卸搬运是指在同一地域范围内进行的、以改变物的存放状态和空间位置为主要内容和目的的活动。装卸搬运是影响物流速度和物流费用的重要因素，衔接生产各阶段和流通的各环节，保障生产和流通各环节作业的顺利进行，是物流系统的构成要素之一。在装卸搬运作业过程中，需要把握一些基本原则，如减少环节，集中作业，运营科学化、拼装满载和安全效率等。随着现代物流的发展，装卸搬运呈现机械化、电子化、自动化；装卸机械的专用化、通用化、大型化、高速化；装卸搬运组织一体化；装卸搬运绿色化的发展趋势。

装卸搬运机械是指用来搬移、升降、装卸和短距离输送物料或货物的机械。装卸搬运机械是机械化生产的组成部分，是实现装卸搬运作业机械化的物质技术基础，是实现装卸搬运合理化、效率化、省力化的重要手段。合理选择装卸搬运机械，有利于提高装卸搬运的效率，降低装卸搬运的费用，取得事半功倍的效果。在选择装卸搬运机械时，需要综合考虑货物特性及流量、成本因素、设备之间的配套、工作环境、设备的可操作性等因素。

装卸搬运作业有不同的作业流程，但无论哪一种都要经过作业前的准备、作业的实施和作业绩效评价三个基本阶段。在装卸搬运活动中，装卸搬运方案设计至关重要。装卸搬运方案设计一般包括搬运方案的初步设计、方案的修改和约束、方案说明和各项需求的计算、对方案进行评价、搬运方案的详细设计等内容。

在装卸搬运过程中需要避免和减少不合理的方式，如过多的装卸搬运次数、过大包装的装卸搬运、无效物质的装卸搬运等。这增加了物流成本，增加了货物的损耗，降低了物流速度，因此如何实现装卸搬运合理化至关重要。现实中，我们可以通过提高物品装卸搬运活性、合理利用装卸搬运机械设备、保持物流的均衡畅通、选择装卸搬运方式，改善作业方法等方式实现装卸搬运的合理化。

1. 装卸搬运的基本原则有哪些？
2. 装卸搬运呈现什么样的发展趋势？
3. 如何选择装卸搬运机械与设备？
4. 装卸搬运的基本流程是什么？
5. 装卸搬运方法的选择条件有哪些？
6. 如何实现装卸搬运的合理化？

参考文献

[1] 赵苏. 物流管理工具箱[M]. 北京：机械工业出版社，2010.
[2] 李岩. 运输与配送管理[M]. 北京：科学出版社，2010.
[3] 吴健. 现代物流学[M]. 北京：北京大学出版社，2010.
[4] 姜方桃，张敏. 供应链管理[M]. 北京. 科学出版社，2009.
[5] 李静芳. 现代物流管理[M]. 北京：清华大学出版社，2009.
[6] 张诚等. 现代物流管理[M]. 江西：江西人民出版社，2008.
[7] 刘万韬. 现代物流管理概论[M]. 北京：中国传媒大学出版社，2008.
[8] 江少文. 现代物流[M]. 上海：立信会计出版社，2006.

第七章 流通加工

引导案例

广西浦北县北通镇高林村果品流通加工

流通加工是指物品在从生产地运往使用地的过程中，根据需要实施包装、分割、计量、分拣、组装、价格贴付、标签贴付、商品检验等简单作业的总称。流通加工具有较强的生产性，也是流通部门对环境保护可以大有作为的领域。绿色流通加工主要包括两个方面：一是变消费者加工为专业集中加工，以规模作业方式提高资源利用效率，减少环境污染；二是集中处理消费品加工中产生的边角废料，可以避免消费者分散加工所造成的废弃物污染。

为了谋生，当许多农民不得不背井离乡，远赴广东打工的时候，广西钦州市浦北县北通镇高林村的村民们却足不出户，选择在家里"淘宝"。全村630户2710人，从事果品流通加工的就超过320户，共1 650人，兴办了35个干果加工场点，仅水果销售和果品加工，每年的人均纯收入达2 000元，日子过得红红火火。

高林村发展水果流通加工具有较长的历史，而且家家户户种植荔枝、龙眼、香蕉等水果，加工原料非常丰富。近年来，高林村充分发挥本村荔枝、龙眼、黄榄等水果资源多和果品加工时间长、工艺技术好的优势，带领村民们致力于发展果品流通加工业。村委专门组建成立果品流通加工工作小组，专抓果品的流通加工，并通过传、帮、带等方式，切实为农户解决水果生产、加工、销售等方面遇到的困难和问题，进而推动了全村水果流通加工业的快速发展。

2004年，村委兴办的经济实体和加工场，仅加工荔枝干、龙眼干、桂圆肉、黄榄坯达2万多公斤，收入达10万多元，获利2万多元，加上代收代购的其他收入，村级经济年纯收入达5万元。在村委干部的带领下，村民们纷纷建立新的加工场点，传统加工户也加大资金投入，引进或更新设备，以提高产品的质量和市场竞争力。据不完全统计，2007年荔枝、龙眼收获季节，全村加工荔枝、龙眼干、桂圆肉达30多万公斤，仅此一项，全村人均增收360多元。

高林村加工干果工艺好，原料质量上乘，加工的荔枝干、龙眼干、黄榄坯、话李等产品，远销山东、福建、浙江、河南、河北等地，并深受新老客户青睐，产品供不应求。

（资料来源：根据广西农业信息网的资料整理。）

第一节 流通加工概述

一、流通加工的概念

流通加工活动是发生在流通领域的生产活动。物流中心、配送中心的经营中大量存在着流通加工业务，这种活动在美国、日本等一些物流发达的国家更为普遍。在日本东京地区的 90 多家物流公司中，其中一半以上从事流通加工业务。随着我国经济总量的不断增长，国民收入不断增多，消费者的需求日益多样化，流通加工应运而生，流通加工活动也因此成为一项前景广阔的经营业务。

不同的领域对流通加工的定义不同，具体有以下几种：

(1) 流通加工主要是指对进入流通领域的产品或半成品按销售要求进行再加工。一些连锁超市根据自己所销售商品的特点，大部分商品维持现状外，其余商品根据销售的需要，实行了一些流通加工作业，如分装加工、分选加工、半成品加工等。

(2) 流通加工是指某些原料或产成品在从供应领域向生产领域，或从生产领域向消费领域流动的过程中，为了有效利用资源、方便用户、提高物流效率和促进销售，在流通领域对产品进行的初级或简单再加工。

(3) 流通加工是指物品在从生产地到使用地的流通过程中，为促进销售、保护商品质量和提高物流效率，对其施加的包装、切割、剪裁、分拣、计量、组装等作业的总称。

(4) 流通加工是指在物流过程中，在物品的检查、成品的包装、条形码的建立、冷藏、动物的喂养等环节所进行的增值活动。

(5) 流通加工是指处在流通领域里的生产加工企业，与处在生产领域里的生产企业一样可以创造使用价值。

(6) 物资进入流通领域以后，按照用户的要求进行一定的加工活动，称为流通加工。

上述定义的表述虽然不同，但本质是一致的。我国国家质量监督局于 2006 年 12 月 4 日批准颁布的《中华人民共和国国家标准物流术语》(GB/T 18354—2006)中，对流通加工的定义为：流通加工是根据顾客的需要，在流通过程中对产品实施的简单加工作业活动(如包装、分割、计量、分拣、刷标志、栓标签、组装等)的总称。

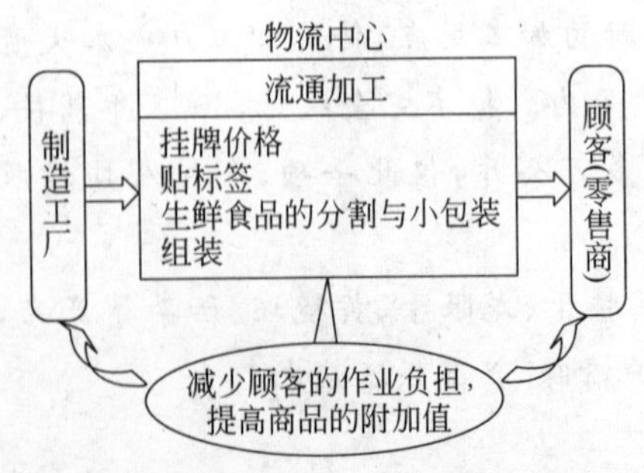

图 7.1 物流中心的流通加工流程图

流通加工是现代物流系统结构框架中的重要结构之一。它有效地将生产和消费(或再生产)联系起来，既可以看作是生产加工在物流领域中的延伸，也可看成是物流领域为了更好地服务其对象而使物品发生物理的、化学的变化的活动，它起着“桥梁和纽带”作用，如图 7.1 所示。

流通加工从简单的粘贴标价牌，到高科技才能完成的加工，加工形态多种多样。流通加工受技术革新的影响，未来将越来越趋向多样化。为适应消费的多样化和激烈的市场竞争而引起的特色化战略的实施，流通加工应积极应对顾客多样化的需求，在提高商品附加值的同时帮助企业有效规避风险，这也有利于推进物流系统化进程。

二、流通加工产生的原因

1. 流通加工的出现与现代生产方式有关

现代生产发展趋势之一就是生产规模大型化、专业化，依靠单品种、大批量的生产方法降低生产成本以获取规模经济效益，导致了生产相对集中趋势的出现。这种规模的大型化、生产的专业化程度越高，生产相对集中的程度也就越高。生产的集中化进一步导致产需之间的分离，表现为空间、时间及人的分离，即生产与消费不在同一个地点，而是有一定的空间距离；生产及消费在时间上不能同步，而是存在着一定的“时间差”；生产者与消费者不处于一个封闭的圈内。

近年来，人们认识到现代生产引起的产需分离并不局限于上述三个方面，这种分离是深刻而广泛的。第四个重大的分离就是生产及需求在产品功能上的分离。“顾客第一”成为许多生产者的主导思想，但生产毕竟有生产的规律，尤其是强调大生产的工业化社会，大生产的特点之一就是“少品种、大批量、专业化”，这使得产品在功能（规格、品种、性能）上往往不能和消费需要密切衔接。弥补这一分离的方法就是流通加工。所以，流通加工的诞生实际上是现代生产发展的必然结果。

2. 流通加工是大工业和网络经济时代服务社会的产物

流通加工的出现与现代社会消费的个性化有关。消费的个性化和产品的标准化之间存在着一定的矛盾，这使得本来就存在的产需第四种形式的分离变得更加严重。本来，弥补第四个分离可以采取增加一道生产工序或消费单位加工改制的方法，但在个性化需求十分突出后，采取上述弥补措施将会使生产及生产管理的复杂性及难度增加，按个性化生产难以实现高效率、大批量的流通。所以，消费个性化的新形势及新观念为流通加工开辟了道路。

3. 流通加工的出现与人们对流通作用的观念的转变有关

在社会再生产全过程中，生产过程是典型的加工制造过程，是形成产品价值及使用价值的主要过程，再生产型消费的本质也是通过加工制造消费某些初级产品，进而生产出深加工产品。在生产不太复杂、生产规模不大时，所有的加工制造几乎全部集中于生产及再生产过程中，而流通过程只是实现商品价值及使用价值的转移而已。

在社会生产向大规模生产、专业化生产转变之后，社会生产变得越来越复杂，生产的标准化和消费的个性化之间的矛盾，导致生产过程中的加工制造常常满足不了消费的要求，而流通的复杂化也使得其要求不能在生产过程中的加工制造环节得到满足。于是，加工活动开始部分地由生产及再生产过程向流通过程转移，在流通过程中形成了某些加工活动，这就是流通加工。

流通加工的出现使得流通过程明显地具有了某种“生产性”，改变了长期以来形成的“价值及使用价值转移”的旧观念，从理论上明确了：从价值观念来看，流通过程是可以主动创造价值及使用价值的，而不单是被动地“保持”和“转移”。因此，人们必须研究流通过程中孕育着多少创造价值的潜在能力，因而有可能通过努力在流通过程中进一步提高商品的价值和使用价值，同时，实现这一目标的代价又很小。

4. 效益观念的树立是促使流通加工得以发展的重要原因

20 世纪 60 年代后，效益问题逐渐得到人们的重视，人们过去盲目追求高技术，采用新技术，新设备，结果导致了燃料、材料投入大幅度上升，结果往往是得不偿失。70 年代初，第一次石油危机的发生证实了效益的重要性，人们牢牢树立了效益观念，流通加工可以以少量的投入获得很大的效果，是一种高效益的加工方式，自然可以获得很大的发展。所以，尽管流通加工可能不需要采用先进技术，但它是现代观念的反映，并在现代社会再生产过程中起着重要的作用。

三、流通加工的特点

流通与加工不属于同一范畴，流通是改变产品的空间、时间状态和所有权性质，是商业行为。加工是改变物质的形状和性质，使原料变成产品，是工业行为。流通加工是为了弥补生产加工中的不足，更有效地满足用户的需求，将一部分加工放在物流过程中完成，成为物流的一个组成部分，是生产活动在流通领域的延伸，是流通职能的扩充。流通加工在现代物流系统中，主要担负的任务是提高物流系统对用户的服务水平，提高物流效率和使物流活动增值。流通加工与生产加工相比，其特点主要表现在它的商品性和加工性等方面。

(1) 从加工对象看，流通加工的对象是进入流通过程的商品，具有商品的属性，以此来区别多环节生产加工中的一环，而生产加工的对象不是最终产品，而是原材料、零配件或半成品。

(2) 从加工程度看，流通加工大多是简单加工，而不是复杂加工，一般来讲，如果必须进行复杂加工才能形成人们所需的商品，那么，这种复杂加工应该专属生产加工过程。生产过程理应完成大部分的加工活动，流通加工只是对生产加工的一种辅助，不是对生产加工的代替。

(3) 从价值观点看，生产加工的目的在于创造价值及使用价值，而流通加工的目的则在于完善其使用价值，旨在通过小的改变实现价值的提高。

(4) 从加工责任人看，流通加工的组织者是从事流通工作的人员，他们能密切结合流通的需要进行加工活动。从加工单位来看，流通加工由商业或物资流通企业完成，而生产加工则由生产企业完成。

(5) 从加工目的看，商品生产是为交换、消费而进行的生产，而流通加工的一个重要目的是为消费(或再生产)进行的加工，这一点与商品生产有共同之处。但是流通加工有时候也是以自身流通为目的的，纯粹是为流通创造条件，这种为流通所进行的加工与直接为消费进行的加工在目的上是有区别的，这也是流通加工不同于一般生产加工的特殊之处。

四、流通加工的发展趋势

1. 流通加工市场化

流通部门在传统的经营中始终遵循从上游要个好的出厂价，向下游卖个好的批发价，二者的差价是流通企业唯一的利润来源。但是,从商品转化为货币时,商品的适应性原则是关键。生产加工的不足会影响这个转化过程,而商流本身是不能弥补这一不足的。流通加工使流通企业从商流的单一定位,转变为商流与物流的综合定位。流通企业除了从商业交换中获得利润外,还从流通加工中获得利润。例如,美国单纯的储存企业已经被淘汰,只有储存加流通加工的企业才能够生存。

2. 流通加工社会化

流通加工社会化是指流通加工由个体的单向的加工形式转变为面向社会的专职综合的流通加工为主的加工体系,即将流通加工属于某个系统的行为转化为一种社会行为。流通加工企业面向的是全社会每个需要流通加工产品的消费单位和个人,而每个需要流通加工产品的消费单位和个人都可以从流通加工企业中得到他们所需要的被加工的产品。在选购加工产品时,企业有大量的产品比较空间和选择余地。

(1) 流通加工企业要把自己放到市场经济中,根据市场的需要选择流通加工项目,根据用户的要求进行流通加工生产。

生产企业要逐步减少预备加工的数量,应考虑放弃以往不经济的加工活动,而把生产加工尽可能让渡给流通企业。

(2) 流通加工社会化将得到众多企业家的关注。他们会以多种形式与流通加工企业合作建立流通加工中心,也可以投入这一有广阔发展前景的领域。

(3) 流通加工除了使其他与物流环节密切相关的职能继续得到深化外,还会以不同的形式与商流结合,为企业创造更多的商机,为社会提供更多的服务。

3. 流通加工绿色化

流通加工是在流通阶段为保存和便于销售等进行的加工处理。它同其他加工活动一样,对环境不可避免地有一定程度的污染,不过随着我国经济的发展和物流体系的不断完善,技术的不断进步,流通加工将向绿色流通加工的方向发展。

绿色流通加工主要包括两个方面:一是变消费者加工为专业集中加工,以规模作业方式提高资源利用效率,减少环境污染。如餐饮服务企业通过对食品进行集中加工,可以减少家庭分散烹调所带来的能源浪费和空气污染;二是集中处理消费品加工中产生的边角废料,从而避免消费者分散加工所造成的废弃物污染,如流通部门对蔬菜集中加工,可避免居民分散加工所导致的垃圾随意丢放及相应的环境治理问题。

4. 流通加工高端化

流通加工的技术层次不断提高,加工程度不断深化,使得流通加工向高端化方向发展。我国铁路用钢的加工配送高端化已经走在世界前列,一些铁路线上用料,如扣件等高端产品加工已在流通领域普遍应用。由于我国钢铁以及与钢铁相关的产品流通量巨大,运输、仓储、加工、配送滞留的时间相对较长,所以有利于发展与延伸物流高端业务,具体包括钢铁物流金融、物流地产以及以钢铁远期交易和以现货交易为基础的电子商务业务。

第二节　流通加工的重要性

一、流通加工的地位

1. 流通加工能有效地完善流通

在物流中，运输和储存是主要功能要素，而流通加工也是不可或缺的功能要素，它具有补充、完善、提高与增强的作用，该作用是运输、储存等其他功能所不能实现的。例如，由于现代社会生产的相对集中(少品种、多批量、专业化)和消费的相对分散(多品种、小批量、个性化)，生产和消费需要往往不能密切衔接，而通过流通加工就可以较为有效地解决这个供需矛盾。所以，流通加工的产生实际上是现代生产发展的一种必然趋势，它提高了物流服务水平，并促进流通向现代化发展。

2. 流通加工是物流中的重要利润源

流通加工是一种低投入高产出的加工方式，往往以简单加工解决大问题。在物流领域，流通加工通过满足客户的需要，提高服务功能而成为高附加值的活动。例如，有的流通加工通过改变装潢，提升了商品的档次，进而使价值得以充分实现；有的产品经过流通加工，利用率得以提高，如对平板玻璃进行的流通加工(集中裁制、开片供应)，玻璃利用率从60%左右提高到85%～95%，而采取一般方法是无法像这样实现生产率的大幅提高。实践证明，在流通企业中，流通加工提供的利润并不亚于从运输和储存中挖掘的利润。所以，流通加工是物流领域中的重要利润源。

3. 流通加工是国民经济中重要的产业形态

目前，世界上许多国家和地区的物流中心或仓储经营中大量存在着流通加工业务，有的流通加工业务规模很大，在美国、日本等发达国家则更为普遍。在我国，随着经济的增长，人民收入不断增多，消费者的需求日益多样化，使得在流通领域开展流通加工尤为重要。所以，在我国整个国民经济的组织和运行方面，流通加工是一种重要的加工形态，它对推动国民经济的发展，完善国民经济的产业结构和产品分工具有重要意义。

二、流通加工的作用

1. 弥补生产加工的不足

生产环节的各种加工活动往往不能完全满足消费者的需要。例如，某个生产企业需要钢铁企业的钢材，它对钢材的要求除了规格型号之外，往往还包括长度、宽度等。但是钢铁企业面对的是成千上万个客户，是很难满足每个客户的细节要求的。那么要弥补以上生产环节加工活动的不足，由流通企业进行再加工是一种理想的方式。因为流通企业对生产供应与消费需求双方衔接的各种要求比较了解，可以根据供方或需方的委托代为完成加工。

2. 提高劳动生产率和物料利用率

流通加工是把多个制造企业供应给多个客户的商品集中起来进行专业加工，其加工效率比分散加工要高得多。用量少和仅为满足临时需要的使用单位，因为只能依靠自行加工，所以其加工水平和成本无法与专业流通加工相比。此外还有以下好处：

(1) 提高原材料利用率

通过流通加工进行集中开料，能够合理套裁、因材施用，裁出大件的边角料再裁小件，明显提高了原材料的利用率。

(2) 提高加工设备利用率

在分散加工的情况下，由于生产周期和生产节奏的限制，加工设备利用率时高时低，导致设备加工能力不能得到充分发挥。而流通加工面向全社会，加工数量大幅度增加，加工范围明显扩大，加工任务饱满，加工设备利用率显著提高。

(3) 方便配送

如果说配送是包括整理、挑选、分类、备货、末端运输等一系列活动的集合，那么流通加工就是配送的前提。物流企业如果自行安排流通加工与配送，则流通加工时必须顾及配送的条件与要求。根据流通加工形成的特点布置配送，使必要的辅助加工与配送很好衔接，有利于物流全过程的顺利完成。

3. 充分利用各种输送手段

流通加工环节将实物的流通分成两个阶段：从生产企业到流通加工，从流通加工到消费环节。一般来说，由于流通加工环节设置在消费地，第一个阶段输送距离长，可以采用船舶、火车等大运量输送；第二个阶段距离短，主要是利用汽车和其他小型车辆来配送流通加工后的多规格、小批量、多用户的产品。这有利于发挥各种输送手段的最高效率，加快输送速度，节省运力运费。

4. 提高产品档次，增加经济效益

在流通加工过程中进行一些产品的简单加工，能够显著提高产品的经济效益。例如，对一些制成品进行简单的装潢加工，可以使产品售价提高20%以上。因此流通加工是提高物品附加价值的活动。

5. 优化物流系统

流通加工的重要作用在于优化物流系统。它使得物流系统服务功能大大得到增强。工业化时代进入新经济时代的一个重要的标志是出现了“服务社会”。在物流领域，流通加工在增强服务功能方面有很大的贡献。流通加工通过使物流过程减少损失、加快速度、降低操作的成本，从而降低整个物流系统的成本，提高物流对象的附加价值，因此也成为“利润中心”。

三、流通加工的经济效益

流通加工的经济效益可以表述为流通加工的劳动投入与效益产出之间的对比关系。在具体的加工部门可表现为流通加工的数量和实现的价值与劳动消耗和劳动占用的对比关系。

1. 流通加工的直接经济效益

(1) 流通加工可以提高劳动生产率

流通加工是集中的加工，其加工效率即加工的劳动生产率，比分散加工要高得多。即使是相当规模的企业，其进行的加工活动与流通加工相比，其劳动生产率也相对较低。比如，建筑企业完成的安装玻璃的开片加工，往往在施工场地针对某一工程进行，而流通企业的流通加工的开片，可满足若干个建筑工地的需求，其加工效率更高，劳动生产率也更高。

（2）流通加工可以提高原材料的利用率

流通加工集中下料可以实现优材优用、小材大用、合理套裁，能够明显地提高原材料的利用率。从原材料的节省方面就可以很容易地说明其经济效果。

2．流通加工的间接经济效益

（1）流通加工为许多生产者缩短了生产时间，使他们具有更多的时间来进行创造性的生产。

（2）流通加工部门可以用表现为一定数量货币的加工设备为更多的生产或消费部门服务，这样可以相对减少全社会的加工费用。

（3）流通加工能在生产的分工和专业化中起中介作用，它使生产部门可以大规模生产，从而提高了生产部门的劳动生产率。

（4）流通加工在加工活动中可更为集中、有效地使用人力、物力，比生产企业加工更能提高加工的经济效益。

第三节　流通加工技术

一、流通加工技术类型

1．为弥补生产领域加工不足的流通加工

有许多产品在生产领域由于许多因素的限制只能加工到一定程度，例如，钢铁厂只能按标准规定的规格进行大规模生产，以使产品有较强的通用性、生产有较高的效率和效益；木材如果在产地完成成材加工或制成木制品，就会造成运输的极大困难，所以原生产领域只能加工到圆木、板、方材这个程度，进一步的下料、切裁、处理等加工则由流通加工完成。这种流通加工实际上是生产过程的延续，是对生产加工的深化，对弥补生产领域加工不足有重要意义。

2．为适应多样化需要的流通加工

生产部门为了实现高效率、大批量生产，其产品往往不能完全满足客户的要求。为了满足客户对产品多样化的需要，同时又保证社会高效率的大生产，将生产出来的产品进行多样化的改制加工是流通加工中具有重要地位的一种加工形式。例如，对钢材卷板的舒展、剪切加工，平板玻璃按需要规格的开片加工，将木材改制成枕木、方材、板材等的加工。

3．为保护产品所进行的流通加工

物流过程中，对产品的保护问题一直延伸到用户投入使用前。只有避免产品在运输、储存、装卸、搬运、包装等过程中遭受损失，才能使其使用价值得以顺利实现。该类流通加工主要包括有稳固、改装、冷冻、保鲜、涂油等。

4. 为提高物流效率、方便物流的流通加工

一些产品本身的形态使得难以对其进行物流操作，例如鲜鱼的装卸、储存操作很困难，过大设备的搬运、装卸困难。流通加工使物流各环节易于操作，如鲜鱼的冷冻、过大设备的解体、气体的液化等。这种加工往往只改变"物"的物理状态，但并不改变其化学特性，并最终仍能使其恢复到原来的物理状态。

5. 为促进销售的流通加工

流通加工可以从几个方面起到促进销售的作用。如将过大包装或散装物分装成适合二次销售的小包装的分装加工；将以保护产品为主的运输包装改换成以促进销售为主的装潢性包装，以达到吸引消费者、指导消费者的作用；将蔬菜、肉类洗净切块以满足消费者要求等。这种流通加工可以是不改变"物"的本体，只进行简单改装的加工，也可以是组装、分块等深加工。

6. 为提高加工效率的流通加工

许多生产企业的初级加工由于数量有限，加工效率不高，难以使用先进的技术，使得企业加工效率不高。流通加工通过采用集中加工的形式，解决了上述弊病，并提高了生产水平。以一家流通加工企业代替了几个生产企业的初级加工工序，促使生产水平有一个发展。

7. 为提高原材料利用率的流通加工

流通加工根据其综合性强、用户多的特点，采用合理规划、合理套裁、集中下料的办法，能够提高原材料利用率，减少损失浪费。

8. 衔接不同运输方式使物流合理化的流通加工

在干线运输及支线运输的结点设置流通加工环节，能够有效解决大批量、低成本、长距离干线运输与多品种、少批量、多批次末端运输之间的衔接问题。在流通加工点与大生产企业间形成大批量、定点运输的渠道，以流通加工中心为核心，组织对多用户的配送。也可以在流通加工点将运输包装转换为销售包装，从而有效衔接不同目的的运输方式。

9. 以提高经济效益和企业利润为目的的流通加工

流通加工的一系列优点可以形成一种"利润中心"经营形态，这种类型的流通加工是经营的一环，在满足生产和消费要求基础上获得利润，同时在市场和利润引导下在各个领域中得到有效发展。

10. 生产和流通一体化的流通加工

生产企业与流通企业的联合，或者生产企业涉足流通，或者流通企业涉足生产，形成的对生产与流通加工进行合理分工、合理规划、合理组织，统筹进行生产与流通加工的安排，这是生产和流通一体化的流通加工形式。它能够促成产品结构及产业结构的调整，充分发挥企业集团的经济技术优势，是目前流通加工领域的新形式。

三、流通加工技术层次

1. 初级流通加工

(1) 拆箱作业。拆箱作业是根据单品拣货的拆箱割箱作业，一般发生在流通加工区、

散装拣货区等。

(2) 裹包。裹包是用纸、塑料薄膜、铝箔、复合薄膜等柔性材料,将物品包覆起来的包装方法,一般发生在流通加工区、集货区等。

(3) 多种物品集包。多种物品集包是根据客户的需求将数件数种物品集成小包装或附赠品包装的包装方法,一般发生在流通加工区、集货区等。

(4) 外部外箱包装。外部外箱包装是根据运输配送需求将物品装箱或以其他方式外部包装的包装方法,一般发生在流通加工区、集货区等。

(5) 发货物品称重。发货物品称重是根据运输配送需求或运费计算需要对发货物品进行的称重作业,一般发生在流通加工区、发货暂存区、称重作业区等。

(6) 附印条形码文字。附印条形码文字是根据顾客需求在发货物品外箱或外包装印制有关条形码文字的作业,一般发生在流通加工区、分类区等。

(7) 印制粘贴标签。印制粘贴标签是根据顾客需求印制条形码文字标签并贴附在物品外部的作业,一般发生在流通加工区、分类区等。

2. 深度流通加工

深度流通加工在不同的领域含义不同,下面以钢材、木材、水泥和机电产品的流通加工为例加以分析。

(1) 钢材的流通加工

由于各种钢材的长度、规格有时与客户的需要不能完全吻合,如热轧厚钢板等板材最大交货长度可达7~12米,有的则是成卷交货,对于使用钢板的客户来说,采用单独剪板、下料的方式会导致设备闲置时间长、人员浪费大、不容易采用先进方法的局面出现,如果采用集中剪板,集中下料的方式,就可以避免单独剪板、下料的浪费,从而提高材料利用率。剪板加工是在固定地点设置剪板机进行下料加工或设置种种切割设备将大规格钢板裁小,或切裁成毛坯,降低销售起点,方便用户。钢板剪板及下料的流通加工,加工后钢材的晶体组织很少发生变化,能够保证原来的交货状态,有利于进行高质量加工;加工精度高,可以减少废料、边角料,减少再进行加工的切削料,既提高了再加工效率,又有利于减少消耗;由于集中加工能够保证批量及生产的连续性,可以专门研究此项技术并采用先进设备,能够大幅提高效率和降低成本,使生产企业能简化生产环节,提高生产水平。

(2) 木材的流通加工

木材流通加工可依据木材种类、地点等决定加工方式。在木材产区可对原木进行流通加工,使之成为容易装载、易于运输的形状,如磨制木屑、压缩输送提高了木材的运输效率。根据美国的经验,这种方法比直接运送原木节约一半的运费。集中开木下料是在流通加工点将原木锯截成各种规格的锯材,同时将碎木、碎屑集中加工成各种规格板,甚至还可以进行打眼、凿孔等初级加工。以前,用户直接使用原木,加工复杂、加工场地大、加工设备多,资源浪费严重,木材平均利用率不到50%,平均出材率不到40%,现在,实行集中下料、按用户的要求供应规格料,原木利用率提高到95%,出材率提高到72%左右,具有相当好的经济效果。

(3) 水泥的流通加工

水泥流通加工包括水泥熟料的流通加工、集中搅拌混凝土等。其中水泥熟料的流通加工是指需要长途运入水泥的地区，一般不便运入成品水泥而是运进成品熟料这种半成品，并在该地区的流通加工厂磨细，根据当地资源和需要，掺入混合材料及外加剂，制成不同品种和标号的水泥供应给当地用户，这是水泥流通加工的一种重要的形式。这样可大大降低运费、节省运力，按照实际需要大量掺入混合材料生产出各种标号的水泥，尤其是可以大量生产低标号水泥，以减少水泥长距离输送的数量。这种流通加工方式已经受到许多国家的重视。

(4) 机电产品的流通加工

机电产品的流通加工是采用半成品大容量包装出厂，在消费地拆箱组装的装配式流通加工方式。组装一般由流通部门在所设置的流通加工点进行，组装之后随即进行销售，这种流通加工方式近年来已在我国广泛采用。这大大提高了运载率，有效地衔接批量生产和分散消费。组装式流通加工只改变商品状态，不改变商品功能和性质。

第四节　流通加工的流程与管理

一、流通加工的流程

不同类型的流通加工有不同加工目的和加工方式(包括加工对象、加工工艺、加工技术、加工进度等)，因而也就有不同的加工流程。下面以服装的流通加工业务为例说明流通加工的流程，如图 7.2 所示。

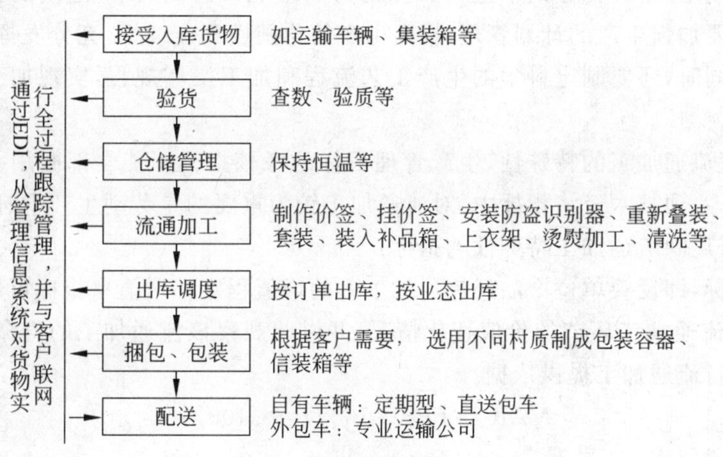

图 7.2　服装的流通和加工

首先要接收入库货物，然后要验货，查清数目、检验质量等，在仓储过程中，要对货物进行相应的管理，比如保持恒温。然后是核心的流通加工作业，包括制作价签、挂价签、安装防盗识别器、重新叠装、套装、装入礼品箱、上衣架、熨烫加工、清洗等。再次是出库调度，可以是按订单出库,也可以按业态出库,然后要根据客户的需要,选用不同材质制成的容器、集装箱等对货物进行捆包、包装。最后是利用运输工具对货物进行配送。期间,通常要通过 EDI 从管理信息系统对货物实施全过程跟踪管理。

二、流通加工的管理

1. 流通加工管理的内容

(1) 流通加工的计划管理

流通加工是生产加工制造的一种补充形式,提供流通加工服务的企业应当制定合理的加工计划,对整个加工活动进行组织、协调和控制。加工计划应包括加工方式、种类、流程、时间、人员配备计划以及质量控制和成本预算等具体控制指标。同时,企业应当结合需求情况,综合考虑技术、设备、成本等因素,对开展流通加工服务的可行性进行必要分析。

(2) 流通加工的投资管理

流通加工虽然有许多优越性,但毕竟是在产需之间增加了一个中间环节,它延长了商品的生产时间,提高了商品的生产成本,存在着许多降低经营效益的因素。它的规模、投资都低于一般生产性企业,投资额较低、投资时间短、建设周期短、投资回收速度快且投资收益较大。因此,在投资决策、设置流通加工点、从事流通加工业务之前,必须认真地进行可行性分析。

(3) 流通加工的生产管理

由于流通加工也是一种生产,因此流通加工的生产管理在许多方面类似于生产企业的组织管理,而与运输、储存等流通环节的组织管理区别较大。

流通加工的生产管理是指对流通加工生产全过程的计划、组织、指挥、协调与控制,包括生产计划的制定,生产任务的下达,人力、物力的组织与协调,生产进度的控制等。在生产管理中特别要加强生产的计划管理,提高生产的均衡性和连续性,充分发挥生产能力,提高生产效率。同时,还要制定科学的生产工艺流程和加工操作规程,实现加工过程的程序化和规范化。

此外,由于流通加工的特殊性,生产管理目标的考核指标不能全部搬用一般企业的考核指标。例如,八项技术经济指标中,对流通加工较为重要的是劳动生产率、成本及利润指标。此外,还有反映流通加工特殊性的指标:

增值率指标,即反映单位产品经流通加工后的增值程度。增值率指标可以帮助管理人员判断投产后流通加工环节的价值变化情况,并以此观察该流通加工的寿命周期,为决策人是否继续实行流通加工提供依据。

$$\mathrm{VAR} = (P_2 - P_1)/P_1 \times 100\%$$

其中,VAR 为增值率;

P_2 为产品加工后价值;

P_1 为产品加工前价值。

品种规格增加量及增加率,反映某些流通加工方式在满足用户要求、衔接产需方面的成就。增加量由加工后品种、规格数量与加工前之差决定。增加率计算公式如下:

$$PSAR = PSA/S_1 \times 100\%$$

其中，PSAR 为品种规格增加率；

PSA 为品种规格增加量；

S_1 为加工前品种规格。

资源增加量，反映某些类型流通加工在提高材料利用率、出材率方面的效果。试指标不但能够提供真实流通加工的重要性数据，而且可用于计算微观及宏观经济效益。其具体指标分为新增出材率和利用率两种：

$$新增出材率 = 加工后出材率 - 原出材率$$

$$新增利用率 = 加工后利用率 - 原利用率$$

(4) 流通加工的质量管理

流通加工的质量管理主要是对加工产品的质量控制。在提供流通加工服务的过程中，应该全面控制影响产品质量的各种因素，制定相关的质量控制标准，建立严格的质量责任制度和质量监查体系。

由于所加工的成品中很多是国家质量标准中没有的品种规格，所以目前进行这种质量控制的依据主要是用户要求。用户要求不一，质量检测的宽严程度也就不同，流通加工点必须能进行灵活的柔性生产才能满足用户的质量要求。流通加工中的全面质量管理基本上可以借鉴工业企业质量管理的模式进行。常用的管理和控制方法有工序控制、产品质量监测岗、各种质量控制图表等。特别是当第三方物流企业掌握了大量且相对稳定的货源时，将流通加工质量管理纳入其经济管理过程具有十分重要的意义。

流通加工除应满足用户对加工质量的要求以外，还应满足用户对品种、规格、数量、包装、交货期、运输等方面的服务要求。流通加工服务质量的一个重要的评价尺度就是用户的满意程度。

(5) 流通加工的费用管理

流通加工是商品流通中提高附加值的一个重要环节，此过程中也会产生费用，包括设备费、材料费、人工费以及电力、燃料、油料等其他费用。由于流通加工的特殊性，其费用应当进行单独管理、单独核算，以便检查和分析流通加工费用的使用情况，确定流通加工的经济效益。

2. 流通加工管理的职能

流通加工过程虽然其工艺过程比生产加工制造过程简单得多，但也体现了加工生产的许多内容，其中涉及劳动力、设备、动力、物资、财务等方面的管理。从管理的职能方面分析，流通加工应当强调计划职能、组织职能和控制职能。

(1) 计划职能。计划职能在流通加工管理中是相当重要的，它的计划内容涉及加工作业和技术经济方面的内容。例如，套裁型流通加工，其最主要的指标就是要提高出材率、提高材料利用率。这需要采用科学方法进行套裁的计划和计算，同时要根据用户的需求进行流通加工的数量管理，加强计划性，提高设备利用率、出材率，没有或尽量减少套裁剩余所造成的浪费，达到流通加工服务用户的目的。

(2) 组织职能。流通加工的组织职能是将劳动力、设备和材料进行最恰当的组织，使流通加工过程能与仓储作业、库存控制、配送作业之间很好地协调而不发生紊乱。由于流通加工的用户需求差别很大，因此，流通加工过程必须严格按用户的尺寸、规格、数量进行加工，既不能多，也不能少。流通加工造成的材料剩余，往往难以销售出去，会造成不应有的浪费。所以，流通加工在组织上的难点就是满足用户需求，按时、按量、按规格要求同步作业，一般情况下不应有半成品的积存。

(3) 控制职能。流通加工的控制职能突出表现在质量控制。由于流通加工所依据的质量控制标准是由用户提出的，要求不同，质量标准的差异也较大，流通加工特别是服务型流通加工的质量控制水平，甚至有可能影响到这种服务项目的存在与否。为了满足用户提出的质量要求，在流通过程中一是要加强工序控制，二是要加强测量仪器的核校，以优秀的工作质量和工程质量保证流通加工质量。

3. 流通加工不合理的表现

(1) 流通加工地点设置不合理

流通加工地点设置即布局状况是否合理是决定整个流通加工是否有效的重要因素。一般而言，为衔接单品种大批量生产与多样化需求的流通加工，加工地应设置在需求地区才能实现大批量的干线运输与多品种末端配送的物流优势。即使在产地或需求地设置流通加工的选择是正确的，还存在流通加工在小地域范围的正确选址问题，它也会在一定程度上影响物流成本，并表现出交通不便，流通加工与生产企业或用户之间距离较远，流通加工点的投资过高(如受选址的地价影响)，加工点周围社会、环境条件不良等问题。

(2) 流通加工方式选择不当

流通加工方式包括流通加工对象、流通加工工艺、流通加工技术、流通加工程度等。流通加工方式的确定实际上就是与生产加工的合理分工。分工不合理，把本来应由生产加工完成的作业错误地交给流通加工来完成，或者把本来应由流通加工完成的作业错误地交给生产过程去完成，都会造成不合理。

流通加工不是对生产加工的代替，而是一种补充和完善。一般来说，如果工艺复杂，技术装备要求较高，或加工可以由生产过程延续或轻易解决的，都不宜再设置流通加工。如果流通加工方式选择不当，可能会出现与生产争利的恶果。

(3) 流通加工作用不大，形成多余环节

有的流通加工过于简单，或者对生产和消费的作用都不大，甚至有时由于流通加工的盲目性，不仅未能解决品种、规格、包装等问题，反而增加了作业环节。不合理措施的采用，导致物流成本提高。

(4) 流通加工成本过高，效益不好

流通加工之所以能够有生命力，重要优势之一是有较大的产出投入比，因而起着有效的补充完善作用。如果流通加工成本过高，则不能实现以较低投入实现较高使用价值的目的，难以实现物流成本的优化。

4. 流通加工合理化的措施

(1) 加工和配送结合

将流通加工设置在配送点中，一方面按配送的需要进行加工，另一方面加工又是配送业务流程中分货、拣货、配货的一环，加工后的产品直接投入配货作业，这无须单独设置一个加工中间环节,使流通加工有别于独立的生产,而使流通加工与中转流通巧妙结合在一起。同时,由于配送之前有加工,可使配送服务水平大大提高。这是当前对流通加工进行合理化选择的重要形式,在煤炭、水泥等产品的流通中已表现出较大的优势。

(2) 加工和配套结合

在对配套要求较高的流通中,配套的主体来自各个生产单位,但是,完全配套有时无法全部依靠现有的生产单位,因此要进行适当的流通加工,它可以有效促成配套,加强流通加工的桥梁与纽带的作用。

(3) 加工和合理运输结合

流通加工能有效衔接干线运输与支线运输,促进两种运输形式的合理化。利用流通加工,在支线运输转干线运输或干线运输转支线运输环节,不仅进行一般的支转干或干转支,而且按干线或支线运输合理的要求进行适当加工,这将大大提高运输及运输转载水平。

(4) 加工和合理商流相结合

通过加工有效促进销售,使商流合理化,是流通加工合理化的方向之一。加工和配送的结合,提高了配送水平,强化了销售,是加工与合理商流相结合的一个成功案例。

(5) 加工和节约资源相结合

节约能源、节约设备、节约人力、减少耗费是流通加工合理化重要的因素,也是目前我国设置流通加工并考虑其合理化的较为普遍的形式。对于流通加工合理化的最终判断,要看其是否能实现社会、企业两个效益,而且是否取得了最优效益。流通企业应该树立社会效益第一的观念,以实现产品生产的最终利益为原则。如果只是追求企业的微观效益,不适当地进行流通加工,甚至与生产企业争利,这有悖于流通加工的初衷,或者其本身已不属于流通加工的范畴。

本章小结

流通加工活动是发生在流通领域的生产加工活动。流通加工业务在国外率先得到应用和发展,其在现代物流业的发展中发挥着重要的作用。随着我国经济的不断增长,国民收入增高,消费者需求的多样化,我国开展流通加工业务已成为一种趋势。流通加工与生产加工相互区别,相互联系,共同构成了加工体系。流通加工正向着社会化、高端化、市场化方向发展,流通加工活动势必成为一项广阔前景的经营业务。

目前,世界上许多国家和地区的物流中心或仓库经营中,大量存在流通加工业务,有的规模很大。一些原本在工业企业进行的加工业务,现在由流通环节承担并且拓展,改变了以往流通企业经营业务单一的情况,发展多种经营业务是现代经济发展的必然要求。流通加工在经济发展和现代物流业发展中都发挥着重要作用。

不同的目的和作用使得流通加工的类型呈现多样化,如为弥补生产领域加工不足的流通加工、为适应多样化需要的流通加工、为保护产品所进行的流通加工、为提高物流效率、方便物流的流通加工等。不同类型的流通加工有不同的内容。流通加工的基本内容包括初级流通加工和深度流通加工。初级流通加工一般仅限于包装的改变,附加值比较低。深度流通加工的附加值比较高。

随着经济的全球化和国际分工的细化，为了适应激烈的市场竞争和满足消费者日益多样化的需求，流通加工的需求不断增加。流通加工在提高商品的附加价值、提高物流活动的效率、降低物流成本方面的作用不断加大，流通加工管理已成为物流管理中的重要内容，包括流通加工的计划管理、投资管理、生产管理等。同时，流通加工中也存在很多不合理的方式，如地点设置不合理、加工方式选择不当、环节较多等，所以，如何实现流通加工合理化至关重要。

1. 简述流通加工及其产生的必然性。
2. 流通加工与生产加工的区别有哪些？
3. 流通加工的发展趋势是什么？
4. 如何理解流通加工的重要性？
5. 流通加工的类型与层次有哪些？
6. 简述流通加工不合理的形式及其合理化措施。

参考文献

[1] 赵艳. 物流管理基础[M]. 北京：中央广播电视大学出版社，2007.
[2] 王艳珍. 物流学概论[M]. 哈尔滨：哈尔滨工业大学出版社，2009.
[3] 高本河，唐玉兰. 物流学概论[M]. 北京：中央广播电视大学出版社，2005.
[4] 崔介何. 物流学概论[M]. 北京：中国计划出版社，1997.
[5] 周亚建. 物流基础[M]. 北京：中国物资出版社，2007.
[6] 梁晨. 如何进行物流服务管理[M]. 北京：北京大学出版社，2004.

第八章　配　　送

引导案例

物流配送成为京东商城发展的短板

从中关村一家名不见经传的路边店，成长为中国最大的消费电子 B2C 购物平台，京东商城成长的动力是什么？京东商城总裁刘强东认为，京东的成功主要在于对成本的控制和对供应链的管理，即效率、价格和品质。

京东商城紧紧抓住了供应链效率和成本控制两条主线：以强大的 IT 系统消化每天发生的 15 000 份订单；在线销售的产品种类超过 3 万种；产品价格比线下零售店便宜 10%～20%；库存周转率为 12 天，与供货商现货现结，国美、苏宁的库存周转率为 47～60 天，账期为 112 天；费用率比国美、苏宁低 7%；毛利率维持在 5%左右，为产业链上的供货商、终端客户带来更多价值。然而，随着规模的急速扩张，最后一公里的配送问题开始令京东倍增烦恼。奔着低价而来的许多消费者，也开始对京东的配送和售后服务产生不满。

在交易量大幅度提升的同时，消费者对于京东商城的物流配送服务的满意度却在逐渐下降。实际上，京东对此问题早有认识。对于像京东商城这样每天有大量订单的电子商务零售企业，要想找一个与之相配套的物流配送企业并非易事，更何况还对其服务、质量和速度有刚性的要求。

鉴于国内物流体系还不够发达，服务、品质和效率还远远满足不了顾客的需求，而且为了要最终把握"最后一公里"的速度和服务质量，京东商城加大物流上的投入，选择自建物流。2009 年，京东商城投资 2 000 万元建立自有快速公司，目的就是提高上海及华东地区乃至全国的配送速度，并可以对配送周期、配送质量以及配送成本进行有效的控制，与库房作业做到无缝链接，实现"自卖自送 "。提高库存周转率在无形中缩短了时间，节约了成本，从而提升公司整体运营效率。不过，京东的物流配送还是难以支持其快速增长的订单流。"配送不及时是家常便饭，随便取消用户订单也是时有发生。最麻烦的是送错货，快递不肯退，一定要走一遍京东的退货流程，不只是耽误时间的问题，在购物体验上大打折扣。"

2004 年设立的京东商城，创立当年的销售额不过 1 000 万元，2009 年突破 40 亿，2010 年则可能达到 100 亿。相对而言，国美从创立到销售额突破 100 亿元则用了整整 15 年时间，而当当和卓越至今都没能突破 20 亿元 。但随着规模的不断扩张，物流配送的短板也开始日益显现。如何突破物流这一束缚电子商务企业的天花板，将是京东未来的生死考验。

（资料来源：肖海珍．京东供应链遭遇物流大限[J]．物流与供应链，2010(6)：47-50.）

第一节 配送概述

一、配送的产生与发展

1. 配送的产生

配送产生的背景虽然在各个国家不尽相同，但其产生的根本原因却是相同的，即经济利益的驱使。发达国家从 20 世纪六七十年代开始，经济发展出现了两个显著的特点：一是通过生产过程中的物质消耗而获取利润的潜力越来越小，因而努力方向转向了流通领域；二是庞大的流通量和激烈的市场竞争。因此，通过配送，提高流通中的专业化、集约化经营程度，进一步满足用户的各种需求，提高服务水平，降低流通成本，使产业资本在流通中产生更大的效益，就成为资本的一种内在要求。

在美国，自 20 世纪 60 年代以来，仓库主要是用于储存货物，离生产厂家很近。后来，随着科学技术的发展，为了满足越来越多的生产需要，对物流的要求也发生了变化，提出了"配送"的概念，原来的仓库也开始由"储备型"向"流通型"转变。据有关资料介绍，美国"20 世纪财团"曾组织过一次调查，它们提供了如下数据："以商品零售价格为基数进行计算，流通费用所占的比例达 59%，其中大部分为物流费。"该调查团得出的结论是："在商品成本中流通成本确实太大。"流通结构分散和物流费用逐年上升，严重阻碍了生产的发展和企业利润率的提高。在这种形势下，改变传统的物流方式，采用现代化的物流技术，进一步提高物流合理化程度，自然成为一些国家实业人士的共同要求，并且就此采取了一系列改革措施。美国企业界人士受到"二战"期间"军事后勤"观念与实践的影响并得到启发，率先把"军事后勤"的概念引入企业管理中。推行新的供货方式，将物流中的装卸、搬运、保管、运输等功能一体化和连贯化，取得很大成效。与此同时，他们改革了不合理的流通体制，改造了原有的仓库，统一了装卸、搬运等物流作业标准。在此期间，不少公司设立了新型的送货方式，这不仅降低了流通费用，而且节约了劳动消耗。美国有 30%以上的生产资料是通过流通企业配送中心销售的。

"二战"后，日本虽然出现了工业的复兴和经济高速增长，但也随之产生了流通落后的问题，这严重阻碍了生产的进一步发展。分散的物流使流通机构庞杂，主要存在的问题有：一是物流分散，生产企业自备车辆，出行混乱；二是道路拥挤，运输效率低而流通费用高。当时，日本曾就这方面的情况进行过大量的调查，结果表明，由于社会上自备车辆多、道路拥挤及停车时间长，使得企业收集和发送货物的效率明显下降。但是如果减少企业自备车辆就意味着企业运输能力的下降。为了保证企业生产和销售的顺利开展，需要依靠社会的运输力和仓储力，但这不是单个企业能够解决的。针对上述问题，日本企业界开始寻求解决矛盾的方法。它们成立了物流中心和物流团体，还积极推行"共同配送制度"，扩大和强化仓储业功能，统一了装卸、搬运等物流作业标准，将物流中的装卸、搬运、保管、运输等功能一体化和连贯化，主动为客户提供"门到门"服务。至此，经过不断的改革，一种被日本企业界称为"配送"的现代化物流方式和流通体制便产生了。

2. 配送的发展

配送是由送货逐渐演变过来的。一般的送货形态在西方发达国家已经有相当长的历史,可以说是随着市场而诞生的一种必然的市场行为。尤其是在资本主义经济生产过剩时,在买方市场的情况下,必然要采取各种各样的推销手段,而最初的送货便是作为一种迫不得已的推销手段出现的。

仅将配送作为推销手段而没有认识到它是企业发展的战略手段,这种情况在一些国家持续了很长的时间,甚至在经济发展的高峰时期仍然如此。许多企业直到20世纪70年代仍然将送货看成是“无法回避、令人讨厌、费力、低效的活动,甚至有碍企业的发展”,这种看法反映了当时的现实。

配送的发展大体上经历了三个阶段,即萌芽阶段、发育阶段和成熟阶段。

(1) 萌芽阶段

配送的雏形最早出现于20世纪60年代初期。在这个时期,物流运动中的一般性送货开始向备货、送货一体化方向转化。从形态上看,初期的配送只是一种粗放型、单一性的活动,其活动范围很小,规模也不大。在这个阶段,企业开展配送活动的主要是为了促进产品销售和提高其市场占有率。因此,在发展初期,配送主要是通过促销手段的职能来发挥其作用的。

(2) 发育阶段

20世纪60年代中期,随着经济发展速度的逐步加快,随着货物运输量的急剧增加和商品市场竞争的日趋激烈,配送在一些发达国家得到了进一步的发展。在这个时期,欧美一些国家的实业界相继调整了仓库结构,组建或设立了配送组织(配送中心),普遍开展了货物配装、配载及送货上门活动。这期间,不但配送的货物种类日渐增多,而且配送活动的范围也在不断扩大。例如,在美国开展了州际间的配送,在日本配送的范围则由城市扩大到了区域。从配送形式和配送组织上看,这个时期曾试行了“共同配送”,并且建立起了配送体系。

(3) 成熟阶段

20世纪80年代以后,受多种因素影响,配送有了长足的发展。在这个阶段,配送已演化成了广泛的、以高新技术为支撑的系列化、多功能性的供货活动。具体表现为:配送区域进一步扩大,劳动手段日益先进,配送的集约化程度明显提高,配送的方式日趋多样化。

二、配送的概念

1. 配送的概念

物流活功包括物流过程中所实施的运输、储存、装卸与搬运、包装、流通加工、配送、信息处理七大功能,而其中配送是现代物流最重要的功能之一,它囊括了运输、储存、装卸与搬运、包装、流通加工、信息处理等作业活动,素有“小物流”之称。因为配送是多种物流作业活动的综合,所以配送比其他物流活动的管理更复杂。配送是距离客户最近的物流活动,直接为客户服务、满足客户的各种需要,它体现了物流的最终目的是为了满足客户对所需物资的需要。如果没有配送，就会影响物流的社会经济效益，从某种意义上讲，物流成果主要通过配送来实现。因此，配送管理水平就意味着商品能否准确地按客户需求送达，关系到产品最终的成败。所以，配送管理对企业获得竞争优势具有举足轻重的作用，在市场中也被赋予了越来越丰富的内涵。

日本对配送的权威解释，应该是日本工业标准 JIS 的解释“将货物从物流结点送交收货人”，送货含义明确无误，配送主体是送货。美国配送的英语原词是 delivery，即送货的意思，强调的是将货送达。有些学者认为“delivery”只是配送中的最后一个环节，而不是全部，因此把“配送”翻译成“delivery”是不准确的。英文“distribution”中有“分类”、“整理”、“分配”、“配给”、“供应”等含义，更接近于本书中讨论的“配送”。

我国 2001 年颁布的《中华人民共和国国家标准物流术语》中对配送下的定义是：“在经济合理区域范围内，根据用户的要求，对物品进行拣选、加工、包装、分割及组配等作业，并按时送达指定地点的物流活动。”

上述配送的定义主要有下述含义：

(1) 配送是按用户的要求进行的。它明确了用户的主导地位。配送是从用户利益出发、按用户要求进行的一种活动，因此，在观念上必须明确“用户第一、质量第一”，配送企业的地位是服务地位而不是主导地位。

(2) 配送是由物流据点完成的。物流据点可以是物流配送中心、物资仓库，也可以是商店或其他物资集散地。

(3) 配送是“配”和“送”的有机结合。所谓“配”是指配货，对不同客户的货物进行有组织的配载，使送货达到一定的规模，以利用规模优势取得较低的送货成本。“送”就是送货。

(4) 配送是一种“中转”形式。配送是从物流据点至用户的一种特殊送货形式。从送货功能看，其特殊性表现为：从事送货的是专职流通企业，而不是生产企业；配送是“中转”型送货，而一般送货往往是生产什么送什么、有什么送什么，配送则是企业需要什么送什么。要做到需要什么送什么，就必须在一定中转环节筹集这种需要，因此配送必然以中转的形式出现。当然，广义上，许多人也将非中转型送货纳入配送范围，将配送外延从中转扩大到非中转，仅以“送”为标志来划分配送外延，也是有一定道理的。

(5)物流配送是流通加工、拣选、配货、送货等一系列活动的集合。

2. 配送与一般送货的关系

配送是“配”和“送”的有机结合，它和一般的送货是有区别的。配送不是一般概念的送货，也不是生产企业推销产品时直接从事的销售性送货，而是从物流据点至用户的一种特殊形式。配送与一般送货的区别见表 8.1。

3. 配送与运输的关系

配送与运输既有共同的特征，又存在差异性。

第一，配送和运输的共同特征。配送和运输都是线路活动。运输活动必须通过运输工具在运输线路上移动才能实现物品的位置移动。这是一种线路活动。配送以送为主，属运输范畴，也是线路活动。

表 8.1 配送与送货的区别

项 目	配 送 活 动	送 货 活 动
产生的目的	是社会化大生产、专业化分工的产物，是流通领域内物流专业化分工的反映	是生产企业的一种推销手段，通过送货上门服务达到提高销量的目的
内容	客户需要什么送什么，不但是送货，还有分拣、配货等	有什么送什么，只满足客户的部分需要
组织者	从事流通企业的工作人员，要求有现代化的技术装备、完善的信息系统，实现分拣、配货和送货的有机结合	由生产企业承担，中转仓库的送货只是一项附带业务
运作基础	必须以现代的交通运输工具和经营管理水平为基础，同时还和订货系统紧密相连，必须依赖现有信息的作用，使配送系统得以建立和完善	没有具体要求
技术装备	全过程有现代化技术和装备，保证规模、水平、效率和质量等	技术装备简单

第二，配送与运输的差别。主要表现在：首先，活动范围不同。运输是在大范围内进行的，如国家之间、地区之间和城市之间等；配送则仅局限在一个地区或一个城市范围内。其次，功能上存在差异。运输以实现大批量、远距离的物品位置转移为主，运输途中客观上存在一定的存储功能。配送则以实现物品的小批量、多品种、近距离位置转移为主。为了满足客户的要求，配送有时需要增加流通加工、包装和存储等功能，因此配送具有多功能性。配送与运输的区别见表 8.2。

表 8.2 配送与运输的区别

项 目	运 输	配 送
运输性质	干线运输	支线运输、区域运输、末端运输
货物性质	少品种、大批量	多品种、小批量
运输工具	大型货车或铁路运输、水路运输	小型货车(一般为汽车)
管理重点	效率优先	服务优先
附属功能	装卸、捆包	装卸、保管、包装、分拣、流通加工、订单处理

从物流来讲，配送几乎包括了所有的物流功能要素，是物流的一个缩影或在某个小范围中物流全部活动的体现。一般的配送集装卸、包装、保管及运输于一身，通过这一系列活动将货物送达目的地。特殊的配送则还要以加工活动为支撑，所以包括的方面更广。但是，配送的主体活动与一般物流不同，一般物流是运输及保管，而配送则是运输及分拣配货。分拣配货是配送的独特要求，也是配送中有特点的活动，以送货为目的的运输则是最后实现配送的主要手段，从这一主要手段出发，常常将配送简化看成运输中的一种。

从商流来讲，配送和物流的不同之处在于，物流是商物分离的产物，而配送则是商物合一的产物，配送本身就是一种商业形式。虽然配送具体实施时，也有以商物分离形式实现的，但从配送的发展趋势看，商流与物流越来越紧密地结合，是配送成功的重要保障。

三、配送的作用

1. 完善了输送及整个物流系统

第二次世界大战之后，由于大吨位、高效率运输工具的出现，使干线运输在铁路、海运或公路方面都达到了较高水平，长距离、大批量的运输实现了低成本化。但在干线运输之后，往往还要以支线转运或小搬运，这种支线运输及小搬运成为物流过程中的一个薄弱环节。这个环节与干线运输相比有特殊要求，即灵活性、适应性、服务性。而干线运输往往不能得到充分利用，成本过高等问题总是难以解决。采用配送方式，从范围上来讲，将支线运输、小搬运统一起来，使输送过程得以优化和完善。

2. 提高了物流系统末端的经济效益

采取配送方式，通过配货和集中送货，增大订货量，可以提高物流系统末端的经济效益。

3. 通过集中库存使企业实现"低库存"或"零库存"

配送通过集中库存，在同样的满足水平上，可使系统总库存水平降低，既降低了储存成本，也节约了运力和其他物流费用。尤其是采用准时制配送方式后，生产企业可以依靠配送中心准时送货而无须保持自己的库存，或者只需保持少量的保险储备，就可以实现生产企业的"零库存"或"低库存"，减少资金占用，改善企业的财务状况。

4. 简化订货程序，方便用户

由于配送能够提供全方位的物流服务，采用配送方式后，用户只需向配送提供商进行一次委托，就可以得到全过程、多功能的物流服务，从而简化了委托手续和工作量，也节省了开支。

5. 提高企业保证供应的程度

采用配送方式，配送中心比任何单独供货企业具有更强的物流能力，可使用户降低缺货风险。配送中心的储备量大，因而对每个企业而言，中断供应、影响生产的风险便相对减小，使顾客免去短缺之忧。

第二节 配送的策略与合理化

一、配送的模式

1. 按配送商品的种类和数量分类

(1) 少品种(或单品种)、大批量配送

当生产企业所需的物资品种较少或只需要某个品种的物资，而需要量较大，较稳定时，可实行这种配送方式。由于这种配送方式数量大，又不必与其他物资进行配装，可使用大吨位车辆进行整车运输。这种形式多由配送中心直送用户。由于配送量大、品种单一或较少，涉及配送中心内部的组织工作比较简单，故而这种配送成本一般较低。

(2) 多品种、少批量、多批次配送

多品种、少批量、多批次配送是按用户的要求，将所需的各种物资配备齐全后，由配送据点送达用户。现代企业生产除了大量需要少数几种主要物资外，也需要更多品种，但数量较少的其他非主要物资。如果采用大批量、少批次、必然会造成用户增大库存量。相反，若采用少批量、多批次的配送则有利于企业合理安排生产。这种配送方式在现代化生产趋于消费多样化，要求多样化的发展中，具有明显的优势。显然，配送中要实现这种多品种、少批量、多批次的配送，则对配送作业水平要求高。它除了要求配送中心设备，作业水平要有相当的规模和高技术外，还要求配送计划的严谨性和各种作业环节的调协性所表现出来的管理的高水平。

(3) 成套配套配送

按企业生产需要，尤其是装配型企业生产需要，将生产每一台件所需全部零部件配齐，按生产节奏定时送达生产企业，生产企业随即可将此成套零部件送入生产线装配产品。这种配送方式，配送中心承担了生产企业大部分供应工作，有利于生产企业实现“零库存”，从而专致于生产。

2. 按配送时间及数量分类

(1) 定时配送

这是一种按规定的时间间隔进行的配送。这种方式时间固定，易于安排工作计划，易于计划使用设备，对用户而言也利于安排接运人员和接运作业。但是，由于物资备货前品种和数量通知较晚，配货、配装工作紧张，难度较大，一旦配送要求与常规变化较大时，会使配送运力和其他工序作业出现困难。

(2) 定量配送

定量配送是按规定的批量在一个指定的时间范围内进行的配送。定量配送，由于数量的相对固定，备货工作从而相对简单。由于时间不严格规定，因而可以将不同用户所用时间不严格规定，因而可以将不同用户所需的物品拼凑整车运输，运力利用较充分。定量配送还有利于充分发挥集合包装的优越性，运用托盘、集装箱以及相关的运输设备，提高配送效率。

(3) 定时定量配送

这是按规定的时间、规定的货物品种和数量进行的配送。这种配送兼有定时配送和定量配送两种方式的优点。这种方式计划性强，要求较高，一般需要量较大，多数由配送中心选用。

(4) 定时定量定点配送

按照确定的周期，确定的货物品种和数量，确定的用户进行的配送。这种配送形式一般事先由配送中心与用户签订配送协议，双方严格按协议执行。这种配送适用于重点企业和重点项目的需要，对于保证物资供应，降低企业库存非常有利。

(5) 即时配送

这是一种完全按用户要求的物资配送时间、配送数量，随即进行配送的一种方式。这种配送方式以某天的任务为目标，适合一些临时需要或急需物资的配送。

3. 按配送的组织形式不同分类

(1) 集中配送

集中配送是由专门从事配送业务的配送中心对多家用户开展的配送。配送中心规模大、专业性强，与用户可确定固定的配送关系，实行计划配送。集中配送的品种多、数量大，一次可同时对同一线路中几家用户进行配送，配送效益明显，这是配送的主要形式。

(2) 共同配送

这种配送有两种情况：一是中小生产企业之间分工合作实行共同配送；另一种是几个中小型配送中心之间实行共同配送。前者是在同一行业或同一地区的中小型生产企业单独进行配送的运输量少、效率低的情况下，进行联合，实行共同配送。这种配送不仅可减少企业的配送费用，弥补配送能力薄弱的企业和地区配送能力的不足，而且有利于缓和城市交通拥挤，提高配送车辆的利用率。后一种配送是针对某一地区的用户，由于所需物资数量少，配送车辆利用率低等原因，几个配送企业将用户所需的物资集中起来，共同制订配送计划，实行共同配送。

(3) 分散配送

对小量、零星货物或临时需要的配送业务一般由商业销售网点进行。商业销售网点具有分布广，数量多，服务面宽等特点，比较适合开展对距离近，品种繁多而用量小的货物配送。

4. 按配送的服务形式分类

(1) 配送基本服务

配送基本服务是配送主体据以建立基本业务关系的客户服务方案，所有的客户在一定的层次上予以同等对待。不同用户对服务水平的要求不同，我们把支持大多数顾客从事正常生产经营和正常生活的服务称为基本服务。

衡量一个物流企业或者一个配送主体的配送能力，应该从两个方面进行考虑，一是规模能力，包括配送中心的储存能力、吞吐能力、运输周转能力、流通加工能力等；二是服务水准能力，包括配送物品的可得性、作业绩效、可靠性等。

(2) 配送增值服务

配送增值服务则是针对特定客户提供的特定服务，它是超出基本服务范围的附加的服务。配送增值服务是在基本服务基础上延伸的服务项目。增值服务涉及的范围很宽，一般可归纳为以顾客为核心的服务、以促销为核心的服务、以制造为核心的服务和以时间为核心的服务。

① 以顾客为核心的增值服务。这种增值服务向买卖双方提供利用第三方专业人员来配送产品的各种可供选择的方式，指的是处理客户向供应商的订货、直接送货到商店或客户家，以及按照零售店货架储备所需的明细货品规格持续提供配送服务。例如，日本大和公司为了在激烈的市场竞争中形成自己的竞争优势，开创了许多具有独创性的宅急便服务，包括百货店的进货和对家庭顾客的配送、通讯销售业者的无店铺销售支援系统、产地生产者的直接配送、专业店的订货配送、书报杂志的家庭配送等，使宅急便成为多样化、小批量定制化服务时代企业和家庭用户不可缺少的物流服务。

② 以促销为核心的增值服务。以促销为核心的增值服务旨在为用户提供有利于用户营销活动的服务。物流提供者服务的对象通常是生产企业或经销商,配送增值服务是在为他们提供配送服务的同时,增加更多有利于促销的物流支持。例如,为配送商品贴标、为储存的产品样品提供特别的介绍、为促销活动中的礼品和奖励商品设置专门的系统进行处理和托运等。

③ 以制造为核心的增值服务。这种增值服务旨在为用户提供有利于生产制造的特殊服务。以制造为核心的增值服务实际是生产过程的后向或前向延伸,使通过配送为生产企业提供的原材料、燃料、零部件进入生产消耗过程时尽可能减少准备活动和准备时间。例如玻璃套裁、金属剪切、木材初加工等均属于这类增值服务。

④ 以时间为核心的增值服务。以时间为核心的增值服务是以对顾客的反应为基础,运用延迟技术,使配送作业在收到用户订单时才开始启动,并将物品直接配送到生产线上或零售店的货架上,目的是尽可能降低预估库存和生产现场的搬运、检验等作业,使生产效率达到最高程度。

二、配送的策略

对物流配送成本的管理,就是在配送的目标即满足一定的顾客服务水平与配送成本之间寻求平衡:在一定的配送成本下尽量提高顾客服务水平,或在一定的顾客服务水平下使配送成本最小。下面重点介绍在一定的顾客服务水平下使配送成本最小的五种策略。

1. 混合策略

混合策略是指配送业务一部分由企业自身完成。这种策略的基本思想是,尽管采用纯策略(即配送活动要么全部由企业自身完成,要么完全外包给第三方,如专业物流公司完成)易于形成一定的规模经济,并使管理简化,但由于产品品种多变、规格不一、销量不等等情况,采用纯策略的配送方式超出一定程度后不仅不能取得规模效益,反而还会造成规模不经济。而采用混合策略,合理安排企业自身完成的配送和外包给第三方完成的配送,能使配送成本最低。例如,美国一家干货生产企业为满足遍及全美连锁店的配送需要,建造了6座仓库,并拥有自己的车队。随着经营的发展,企业决定扩大配送系统,计划在芝加哥投资700万美元再建一座新仓库,并配以新型的物料处理系统。董事会讨论该计划时,却发现这样不仅成本较高,而且就算仓库建起来也还是满足不了需要。于是,企业把目光投向租赁公共仓库。结果发现,如果企业在附近租用公共仓库,增加一些必要的设备,再加上原有的仓储设施,企业所需的仓储空间就足够了,只需20万美元的设备购置费,10万美元的外包运费,加上租金,总投资也远远没有达到原先计划的700万美元。

2. 差异化策略

差异化策略的指导思想是:产品特征不同,顾客服务水平也不同。当企业拥有多种产品时,不能对所有产品都按同一标准的顾客服务水平来配送,而应按产品的特点、销售水平,来设置不同的库存、不同的运输方式以及不同的储存地点,忽视产品的差异性会增加不必要的配送成本。例如，一家生产化学品添加剂的公司，为降低成本，按各种产品的销售量比重进行分类：A产品的销售量占总销售量的70%以上，B类产品占20%左右。对C类产品则为10%左右。对A类产品，公司在各销售网点都备有库存，B类产品只在地区分销中心备有库存而在各销售网点不备有库存，C类产品连地区分销中心都不设库存，仅在工厂的仓库才有存货。经过一段时间的运行，事实证明这种方法是成功的，企业总的配送成本下降了20%之多。

3. 合并策略

合并策略包含两个层次，一是配送方法上的合并，二是共同配送。

(1) 配送方法上的合并

配送方法上的合并是指企业在安排车辆完成配送任务时，充分利用车辆的容积和载重量，做到满载满装。这种方法是降低成本的重要途径。由于产品品种繁多，不仅包装形态、储运性能不一，在容重方面，也往往相差甚远。车上如果只装容重大的货物，往往是达到了载重量，但容积空余很多；只装容重小的货物则相反，看起来车装得满，实际上并未达到车辆载重量。这两种情况实际上都造成了浪费。实行合理的轻重配装、容积大小不同的货物搭配装车，不但能够在载重方面达到满载，而且也能充分利用车辆的有效容积，取得最优效果。最好是借助计算机计算货物配车的最优解。

(2) 共同配送

共同配送是一种产权层次上的共享，也称为集中协作配送。它是几个企业联合，集小量为大量，共同利用同一配送设施的配送方式。其标准运作形式是：在中心机构的统一指挥和调度下，各配送主体以经营活动(或以资产为纽带)联合行动，在较大的地域内协调运作，共同对某一个或某几个客户提供系列化的配送服务。

这种配送有以下两种情况：

① 中小型生产、零售企业之间分工合作实行共同配送。即同一行业或在同一地区的中小型生产、零售企业单独进行配送的运输量少、效率低的情况下进行联合配送，不但能够减少企业的配送费用，配送能力得到互补，而且有利于缓解城市交通拥挤，提高配送车辆的利用率。

② 几个中小型配送中心之间的联合。针对某一地区的用户，由于各配送中心所配物资数量少、车辆利用率低等原因，几个配送中心将用户所需物资集中起来，共同配送。

4. 延迟策略

传统的配送计划安排中，大多数的库存是按照对未来市场需求的预测量设置的，这样就存在着预测风险，当预测量与实际需求量不符时，就出现库存过多或过少的情况，从而增加配送成本。延迟策略的基本思想就是对产品的外观、形状及其生产、组装、配送应尽可能推迟到接到顾客订单后再确定。一旦接到订单就要快速反应，因此采用延迟策略的一个基本前提是信息传递要非常快。

(1) 实施延迟策略的前提条件

一般来说，实施延迟策略的企业应具备以下几个基本条件：

① 产品特征：模块化程度高，产品价值密度大，有特定的外形，产品特征易于表述，定制后可改变产品的容积或重量。

② 生产技术特征：模块化产品设计，设备智能化程度高，定制工艺与基本工艺差别不大。

③ 市场特征：产品生命周期短，销售波动性大，价格竞争激烈，市场变化大，产品的提前期短。

(2) 实施延迟策略的方式

实施延迟策略常采用两种方式：生产延迟(或称形成延迟)和物流延迟(或称时间延迟)，而配送中往往存在着加工活动，所以配送实施延迟策略既可采用形成延迟方式，也可采用时间延迟方式。具体操作时，常常发生在诸如贴标签(形成延迟)、包装(形成延迟)、装配(形成延迟)和发送(时间延迟)等领域。

5. 标准化策略

标准化策略就是尽量减少因品种多变而导致附加配送成本，尽可能多地采用标准零部件、模块化产品。如服装制造商按统一规格生产服装，直到顾客购买时才按顾客的身材调整尺寸大小。采用标准化策略要求厂家从产品设计开始，就要站在消费者的立场考虑节省配送成本，而不要等到产品定型生产出来了，才考虑采用什么技巧降低配送成本。

三、配送合理化的主要措施

配送合理化是降低配送成本的重要措施，目前有以下几种做法：

(1) 实行专业化配送

通过采用专业设备、设施，实行专业化的管理及操作程序，以实现配送合理化。

(2) 实行加工配送

加工借助于配送，可以避免盲目性，使加工目的更明确，和用户联系更紧密。两者有机结合，投入增加不大却可追求两种优势，这是配送合理化的重要经验。

(3) 实行共同配送

通过共同配送，聚少成多，可以以最近的路程、最低的配送成本完成配送，从而追求合理化。

(4) 实行送取结合

在配送时，将用户所需的货物送到，再将该客户生产的产品用同一车运回，为客户代存代储，免去了生产企业库存包袱。这种送取结合，使运力得到充分利用，也使配送企业功能有更大的发挥，从而追求合理化。

(5) 实行准时配送

配送做到了准时，用户才有货源把握，才能放心地实施低库存或零库存，才能有效地安排接货的人力、物力，追求最高的工作效率。因此，供应能力的保证，取决于准时供应。从国外的经验来看，准时供应配送是现在许多配送企业追求配送合理化的重要手段。

第三节 配送中心

一、配送中心的概念与功能

1. 配送中心的概念

配送活动是在物流发展的客观过程中产生并不断发展的，这一活动过程随着物流活动的深入和物流服务社会化程度的提高，在实践中不断演绎和完善着其组织机构；我们将组织配送执行销售或专门执行实物配送活动的流通机构称为配送中心。配送中心具有集货、分货、送货等基本职能，为了提供更完善的配送服务，配送中心有时还具有较强的流通加工能力。配送中心是物流中心的一种主要形式，是在实践中产生并发展的，因此，国外学者对配送中心的界定不完全相同。

日本《市场用语辞典》对配送中心的解释是："一种物流节点。它不以储藏仓库的这种单一的形式出现，而是发挥配送职能的流通仓库，也称为基地、据点或流通中心。配送中心的目的是降低运输成本，减少销售机会的损失，为此建立设施、设备并开展经营、管理工作。"而日本《物流手册》对配送中心的定义则是："配送中心是从供应者手中接受多种大量的货物，进行倒装、分类、保管、流通加工和情报处理等作业，然后按照众多需要者的订单要求备齐货物，以令人满意的服务水平进行配送的设施。"本书对配送中心的定义是：从事配送业务具有完善的信息网络的场所或组织，应基本符合下列要求：一是主要为特定的用户服务；二是配送功能健全；三是辐射范围小；四是多品种、小批量、多批次、短周期；五是主要为末端客户提供配送服务。

2. 配送中心的功能

(1) 集散功能

货物由几个公司集中到配送中心里，再进行发运，或向几个公司发运。集散功能也可以将其他公司的货物放入该配送中心来处理、发运，以提高卡车的满载率，降低费用成本。

(2) 储存保管功能

储存，一是为了解决货物生产与销售不同步的时间差问题。二是为了解决生产与消费之间的平衡问题。为保证正常配送的需要，满足用户的随机需求，在配送中心不仅应保持一定量的物品储备，而且要对储存物品进行保管保养工作，以保证储备物品的数量，确保质量完好。

(3) 分拣与配货功能

将集中的大量物品按用户的需要重新分拣、配齐后，送至用户。这是配送中心的主要功能之一，也是区别于传统仓库的主要方面。

(4) 流通加工功能

配送过程中，为解决生产中大批量、少规格和消费中的小批量、多样化要求的集散功能，货物由几个公司集中到配送中心里，再进行发运，或向几个公司发运。集散功能也可以将其他公司的货物放入该配送中心来处理、发运，以提高卡车的满载率，降低费用成本。

(5) 送货功能

将配好的货物按到达地点或客户要求进行送货。运输车辆可以租用社会运输力量或自己的专业运输车队。

(6) 物流信息、汇总及传递功能

它为管理者提出更加准确、及时的配送信息,也是用户与配送中心联系的渠道。

每个配送中心一般都具有这些功能,根据对其中某一功能的重视程度不同,决定着该配送中心的性质,而且它的选址、房室构造、规模和设施等也随之变化。

二、配送中心的类别

随着社会生产的发展,流通规模的不断扩大,配送中心不仅数量增加,也由于服务功能和组织形式的不同,演绎出许多新的类型,标准不同,分类的结果也不一样。

1. 配送中心的经济功能分类

(1) 供应型配送中心

供应型配送中心是以向客户供应商品,提供后勤保障为主要特点的配送中心。在实践中,许多配送中心与生产企业或大型商业组织建立起相对稳定的供需关系,专门为其供应原材料、零配件和其他商品,这类配送中心即属于供应型配送中心。例如,为大型连锁超级市场组织供应的配送中心。

(2) 销售型配送中心

销售型配送中心以销售商品为目的,借助配送者以服务手段来开展经营活动的配送中心。这种类型的配送中心多为商品生产者和经营者为促进商品的销售,通过为客户代办理货、加工和送货等服务手段来降低物流成本,提高服务质量。这类配送中心是典型的配销经营模式,在国内外配送中心都向以销售配送中心为主的方向发展。

(3) 储存型配送中心

储存型配送中心是充分强化商品的储备和储存功能,在充分发挥储存作用的基础上开展配送活动的配送中心。这类配送中心通常具有较大规模的仓库和储物场地,在紧缺资源条件下,能形成储备丰富的资源优势。例如,美国福来明公司的食品配送中心,有7万多平方米的储备仓库,经营商品达8万多种。在我国,目前拟建的配送中心,都采用集中库存形式,库存量较大,多为储存型配送中心。

(4) 加工型配送中心

加工型配送中心以加工产品为主,因此,在其配送作业流程中,储存作业和加工作业居主导地位。流通加工多为单品种、大批量产品的加工作业,并且是按照用户的要求安排的。因此,对于加工的配送中心,虽然进货量比较大,但是分类、分拣工作量并不太大。此外,因为加工的产品品种较少,一般都不单独设立拣选、配货等环节。通常,加工好的产品(特别是生产资料产品)可直接运到按用户户头划定的货位区内,并且要进行包装、配货。在我国,生产资料的配送活动中有许多加工型配送中心。例如,上海市开展的配煤配送,在配送点中进行了配煤加工;上海六家船厂联建的船板处理配送中心等都属于这一类型。

(5) 流通型配送中心

这种类型的配送中心通常用来向客户提供库存补充。基本上没有长期储存功能,仅以暂存或随进随出方式进行配货、送货。这种配送中心的典型方式是,大量货物整进并按一定批量零出,采用大型分货机,进货时直接进入分货机传送带,分送到各用户货位或直接分送到配送汽车上,货物在配送中心里仅做稍许停留。因此,流通型配送中心应充分考虑市场因素,在地理上定位于接近主要的客户地点。例如,阪神配送中心内只有暂存,大量储存则依靠一个大型补给仓库。

2. 按配送中心的归属及服务范围分类

(1) 自用(自有)型配送中心

自用型配送中心是指隶属于某一个企业或企业集团,通常只为本企业服务,不对本企业或企业集团外开展配送业务的配送中心。例如,美国沃尔玛商品公司的配送中心,即为其公司独资建立,专门为本公司所属的零售门店配送商品。这类配送中心可以在逐步对外开展配送业务的基础上向公用型配送中心转化。

(2) 公用型配送中心

公用型配送中心是以盈利为目的,面向社会开展后勤服务的配送组织。其主要特点是服务范围不局限于某一企业或企业集团内部。随着物流业的发展,物流服务逐步从其他行业中分化独立出来,向社会化方向发展。公用型配送中心作为社会化物流的一种组织形式在国内外迅速普及起来。

3. 配送中心辐射范围分类

(1) 城市配送中心

这类配送中心的配送范围以城市为中心,由于其配送运输距离通常在汽车运输的经济里程内,可以用汽车作为运输工具,将商品直接配送到最终用户,其服务对象多为连锁零售商业的门店或最终消费者。其特点是运距较短,反应能力强,因而从事多品种、少批量、多用户的配送较有优势。例如,深圳的商业连锁零售机构自建的配送中心以及北京食品配送中心都属于这种类型。

(2) 区域配送中心

这类配送中心库存商品准备充分,辐射能力强,因而其配送范围广,可以跨省、市,甚至跨国开展配送业务。一般而言,它的配送规模较大,配送批量也较大,其配送用户通常主要是下一级的城市配送中心,有时也零星地配送给营业所、商店、批发商和企业用户。这种类型的配送中心在国外已经相当普遍,一般采用大型连锁集团建设区域配送中心,负责某一区域范围内部分商品的集中采购,再配送给下一级配送中心的形式。比如日本的阪神配送中心,蒙克斯帕配送中心等。

4. 服务对象范围分类

(1) 专业配送中心

专业配送中心一般有两个含义,一个含义是配送对象,配送技术是属于某一专业范畴,在某一专业范畴有一定的综合性,综合这一专业的多种物资进行配送,例如多数制造业的销售中心。专业配送中心的第二个含义是,以配送为专业化职能,基本上不从事经营的服务型配送中心,如蒙克斯帕配送中心。

(2) 柔性配送中心

在某种程度上这种配送中心和第二种专业配送中心对立，它不向固定化、专业化方向发展，而向能随时变化，对用户要求有很强适应性，不固定供需关系，不断发展配送用户并向改变配送用户的方向发展。

此外，物流配送中心按运营主体的不同，可大致分为四种类型：以制造商为主体的配送中心、以批发商为主体的配送中心、以零售业为主体的配进中心和以仓储运输业为主体的配送中心。

三、配送中心选址的方法

对大多数企业而言，网络中的设施选址堪称是最重要的物流战略规划问题。配送中心的选址就是确定在什么位置建立配送中心。它不仅关系到设施建设的投资和建设的速度，而且在很大程度上决定了所提供的产品和服务的成本，从而影响到企业的生产管理活动和经济效益。选址问题既重要又复杂。其原因有：选址因素互相矛盾、难以确定各因素的权重和判别的标准会随时间变化等。下面简单介绍四种配送中心选址的方法。

1. 重心法

重心法可用来确定配送中心的位置，使新建配送中心到现有供需地点的距离最短。重心法属于无限制定位法。20 世纪 40 年代，胡佛提出了三个基本原则，即管理者可以在靠近客户的地方选址，或在靠近供应商的地方选址，或在供应商和客户的地点之间选址，如图 8.1 所示。

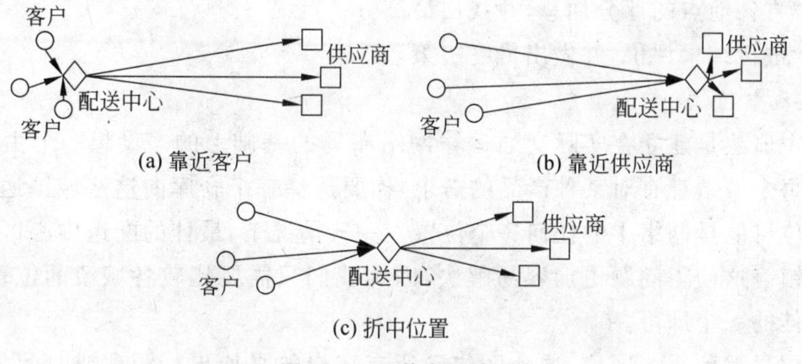

图 8.1　配送中心选址

管理者在靠近客户的地方选址，可以提供优质的客户服务和较低的配送成本，但是从供应商所在地运入物料的运输成本较高。反之，管理者在靠近供应商的地方选址，可以使产品快速进入供应链，此时向内运输成本较低，但是向外运输的成本较高。管理者可能在客户和供应商之间的某一点选址，实现合理的服务和较低的成本之间的平衡。

选择最佳折中位置的一个简单方法是估计供应量和需求量的重心(center of gravity)。这个重心的坐标为

$$X_0 = \frac{\sum X_i W_i}{\sum W_i} \quad Y_0 = \frac{\sum Y_i W_i}{\sum W_i}$$

式中，(X_0, Y_0)——重心的坐标，它确定了设施所在的位置；

(X_i, Y_i)——每个客户和供应商 i 的坐标；

Wi——客户 i 的期望需求量，或供应商 i 的期望供给量。

2. 因素评分法

因素评分法是使用得最为广泛的一种选址方法，它以简单易懂的方式将各种因素结合起来。该方法强调那些难以量化或计入成本的重要的选址因素。例如，某地区的生活方式具有吸引力，有益于员工，员工流动率较低，并有助于招聘新员工，但是却不能对这种生活方式做出现实的评估。Andel 提出："在更多情况下，选址决策是建立在往往不能被置于矩阵之中或用数量表达的因素之上。"即使难以将这些重要因素数量化，我们仍需要鉴别它们。

用评分法进行配送中心选址的主要因素包括：交通运输条件、土地条件、周边环境、劳动力市场和客户分布等。虽然难以直接量化这些因素，但可以通过给每个因素评分而达到同样的目的。当评价一家旅店时，难以量化这家旅店的服务质量，但当看到其中一家被授予五星级时，人们便知道它是非常优秀的。这就是评分模型的基础，该模型有以下五个步骤：

步骤 1：确定选址决策中最重要的因素。

步骤 2：为每个因素设定能够反映其重要性的最高可能分数。

步骤 3：依次考虑每个地点，并为每个地点评定一个实际分数，以步骤 2 所设定的最高可能分数为限。

步骤 4：将各地点的评分加总，并找出最高分。

步骤 5：进行结果评价，并做出最终决策。

3. 单设施中值法

单设施中值法是建立在实际交通运输网络布局的基础上的。设想一个由公路连接的城镇网络。每个城镇都有对某种产品的需求，你要选择一个仓库向这些城镇送货。最佳的配送中心区位可能是网络中的任何一个位置。一般情况下，最佳的配送中心区位总是在其中的一个城镇。这使得问题更加容易解决，因为我们只需要比较各城镇的位置，并识别出绩效评价最佳的一个即可。

假设你想寻找到一个区位，这个区位到所有客户的平均出行距离或时间最短，这被称为单设施中值问题(single median problem)。

4. 线性规划法

随着计算工具的发展，在选址问题中引入运筹学的方法也越来越普遍。为了解决物流网络设计中常见的大型、复杂的选址问题，人们在考虑求解方法时，往往希望求解方法对问题的描述足够宽泛，同时希望能够得出数学上的最优解。这些方法主要包括混合—整数线性规划法、目标规划法、树形搜索法、动态规划法等。其中混合—整数线性规划法是多设施选址模型中最受欢迎的方法。

混合—整数线性规划法能够把固定成本以最优的方式考虑进去，以分配整个网络的需求。该方法的缺点是处理大规模选址问题时计算量太大，可能需要较长的时间求解。

四、配送中心的作业流程

不同类型的配送中心，其作业流程的长短也不一，且内容各异；但作为一个整体，其作业流程又是统一的、一致的。

1. 配送中心的一般作业流程

所谓的一般作业流程指的是作为一个整体来看待，配送中心在进行货物配送作业时所展现出的工艺流程。从一定意义上说，一般作业流程也就是配送中心的总体运动所显示的工艺流程。

配送中心的一般作业流程是以中、小件杂货配送为代表的配送中心流程，由于货种多，为保证配送，需要有一定储存量。理货、分类、配货、配装的功能要求较强，但一般来讲，很少有流通加工的功能。配送中心的一般作业流程如图 8.2 所示。

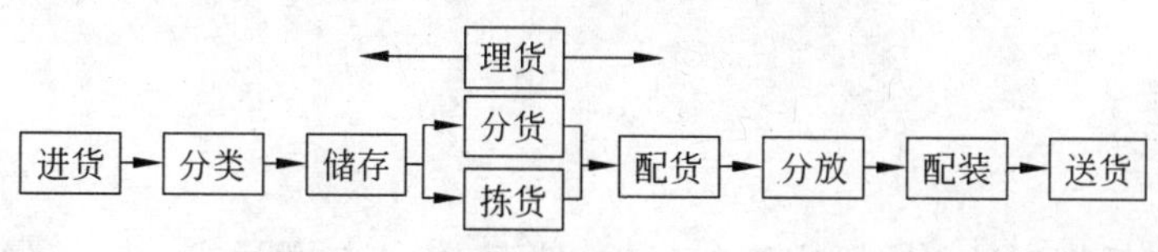

图 8.2 配送中心的一般作业流程

固体化工产品、小型机电产品、水暖卫生材料、百货及没有保质期要求的食品配送中心等也采取这种流程。

这种流程是配送中心的典型流程，其主要特点是有较大的储存场所，分货、拣选、配货场所也较大。

2. 配送中心的特殊作业流程

所谓特殊作业流程是指某一类配送中心（即个别配送中心）进行配送作业时所经过的程序（或过程）。其中包括不设储存库（或储存工序）的配送工艺流程、带有加工工序的配送工艺流程和分货型配送工艺流程。

(1) 不带储存库的配送中心作业流程

有的配送中心专以配送为职能，而将储存场所尤其是大量储存场所转移到配送中心之外的其他地点，专门设置补货型的储存中心，配送中心中则只有为一时配送备货的暂存，而无大量储存。

这种配送中心和第一种类型配送中心的流程大致相同，主要工序及主要场所都用于理货、配货，区别只在于大量的储存在配送中心外部而不在其中。

这种类型的配送中心，由于没有集中储存的仓库，占地面积比较小，也可以省却仓库、现代货架的巨额投资。至于补货仓库，可以采取外包的形式，以协作的方法解决，也可以自建补货中心。此外，还可以采用虚拟库存的办法来解决。

(2) 加工型配送中心的作业流程

加工型配送中心的作业流程按其加工方式的不同，其作业流程也有区别。以平板玻璃为例，进货是大批量、单(少)品种的产品，因而分类的工作不重或基本上无须分类存放。加工一般是按用户要求进行。因此，加工后产品便直接按用户分放、配货。所以，这种类型配送中心有时不单设分货、配货或拣选环节。配送中心中加工部分及加工后分放部分占较多位置。加工型配送中心作业流程如图 8.3 所示。

(3) 分货型配送中心的作业流程

分货型配送中心是将批量大、品种较单一的产品进货转换成小批量发货式的配送中心,不经配煤、成型煤加工的煤炭配送和不经加工的水泥、油料配送的配送中心大多属于这种类型。分货型配送中心的作业流程如图 8.4 所示。

进货 → 暂存 → 加工 → 分放 → 配货 → 配装 → 送货

图 8.3 加工型配送中心的作业流程

接货 → 存储 → 装货 → 送货

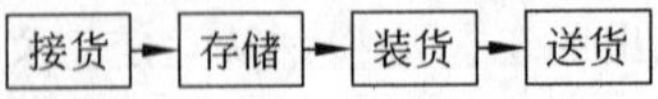

图 8.4 分货型配送中心的作业流程

这种配送中心流程十分简单,基本不存在分类、拣选、分货、配货、配装等工序,但是由于是大量进货,储存能力较强,储存工序及装货工序是主要工序。

本章小结

物流活动包括物流过程中所实施的运输、储存、装卸与搬运、包装、流通加工、配送、信息处理七大功能,而其中配送是现代物流最重要的功能之一,它囊括了运输、储存、装卸与搬运、包装、流通加工、信息处理等作业活动。因为配送是多种物流作业活动的综合,所以配送比其他物流活动的管理更复杂。配送是指在经济合理区域范围内,根据用户的要求,对物品进行拣选、加工、包装、分割及组配等作业,并按时送达指定地点的物流活动。为控制配送的成本,可采用混合策略、差异化策略、合并策略、延迟策略和标准化策略。配送合理化是降低配送成本的重要措施,目前有以下做法:实行专业化配送、加工配送、共同配送、送取结合和准时配送。配送中心是物流基础设施之一,是进行配送活动的节点,应基本符合下列要求:(1)主要为特定的用户服务;(2)配送功能健全;(3)辐射范围小;(4)多品种、小批量、多批次、短周期;(5)主要为末端客户提供配送服务。本章介绍了重心法、因素评分法、单设施中值法、线性规划法等配送中心选址的方法及配送中心运作流程。

复习与思考

1. 什么是配送,请简述配送与运输的区别和联系。
2. 配送的模式有哪些?
3. 简述控制配送成本的策略。
4. 配送合理化的主要措施是什么。
5. 什么是配送中心,它的功能是什么?
6. 配送中心选址的方法有哪些?
7. 分析配送中心的作业流程。

参考文献

[1] 张敏,黄先军. 现代物流配送管理[M]. 合肥：安徽大学出版社,2009:9-11.
[2] 王波,申作兰. 现代物流配送管理[M]. 武汉：武汉理工大学出版社,2008:1-7.
[3] Donald Waters. 高咏玲译. 供应链管理概论[M]. 北京：电子工业出版社,2010.
[4] 刘万韬. 现代物流管理概论[M]. 北京：中国传媒大学出版社,2008:137-147.
[5] 崔介何. 物流学概论[M]. 北京：北京大学出版社,2010:189-199.
[6] 马建平. 现代物流配送管理[M]. 广州：中山大学出版社,2001:157-160.
[7] 丁立言,张铎. 物流配送[M]. 北京：清华大学出版社,2002:16-21.
[8] 冷志杰. 配送管理[M]. 重庆：重庆大学出版社,2009:1-10.
[9] 石佐生. 配送管理[M]. 北京：冶金工业出版社,2009:3-6.

第九章 物流信息与物流自动化

引导案例

RFID打造科技上海世博会

2010上海世博会运用先进的RFID技术，推出了RFID-SIM手机门票，RFID技术追踪食品安全和用物联网构筑安全防线，充分体现了RFID技术的神奇魅力。更好地诠释了“城市，让生活更美好”的世博主题。

世博会的门票——有手机就能进园参观

与以往的世博会相比，采用创新的手机门票成为了本次世博会的一大亮点。刷一下手机，就可以在世博园畅行无阻，还可以用手机刷卡坐公交、地铁往返世博园与市区之间。世博会手机票将门票等业务数据安全地存储在一颗名为RFID-SIM的芯片内，通过手机终端的用户界面、无线通信技术以及非接触通信技术来实现手机票的购买、选票等功能，使用户足不出户就能完成世博会门票的选购，省去送票或取票的麻烦；同时还可查询购票、退票、领取纪念票等信息。

世博会的食品——从田间到餐桌的全过程监管

“世博食品物流RFID监控溯源系统”将包括供博单位提供的蔬菜、水产品、畜禽、奶、蛋、面包糕点、餐饮半成品等对温控有要求的食品，并在专供世博食品的物流箱型车上也配备相应的射频识别设备，对装载冷藏冷冻食品的车辆配备射频识别等温度连续监控设备。在食品进入园区时，执法人员通过手持式办公终端移动设备，就能在现场快速追溯食品和原料的来源，确保供应渠道的安全可靠。同时还将选择在蔬菜、水果、水产品、蛋等初级农产品及配送的餐饮半成品等包装袋上要求佩戴射频识别标签，储存种养殖企业或生产单位、品名、产地、生产日期、保质期、储存条件等信息，使产品包装和射频识别标签随货物交易完整地进入餐饮、零售或物流终端，以保证食品和原料能够追踪溯源。

世博会的信息安全——用物联网构建防入侵系统

无论是世博会还是奥运会，安防始终是主办方首先要考虑的问题。在本次世博会上，除了采用原有的视频监控、防盗报警等传统手段之外，还采用了物联网技术构建一个完整的安防体系。由我国自主研发的综合监控联网管理平台，将在千米高空“俯瞰”全部世博园区，并在场馆周围设置“隐形”电子围栏，在出入口处安装人脸识别系统。场馆内还有识别各种状态的行为分析系统、无死角的高清视频画面，这些先进的安防监控技术都将进行统一、高效的管理。该管理平台将对场馆内监控图像的录制存储、110、119报警系统、图像识别系统、门禁控制系统等实现联动管理，通过场馆监控中心的大型屏幕墙进行实时监控，处理来自现场设备接入的防盗、防灾、求助报警、门禁控制等各个信号。一旦发生紧急事件，就可立即通过对讲系统指挥保安人员采取措施。

（资料来源：http://www.1000security.com/subject/acs_rfid/）

第一节 物流信息

物流信息是指与物流活动(商品包装、商品运输、商品储存、商品装卸等)有关的一切信息。物流信息是反映物流各种活动内容的知识、资料、图像、数据、文件的总称。物流信息是物流活动中各个环节生成的信息,一般是随着从生产到消费的物流活动的产生而产生的信息流,与物流过程中的运输、保管、装卸、包装等各种职能有机结合在一起,是整个物流活动顺利进行所不可缺少的一部分。从广义的范围看,物流信息不仅指与物流活动有关的信息,而且包括与其他物流活动有关的信息,如商品交易信息和市场信息等。从狭义的范围来看,物流信息是指与物流活动有关的信息。

一、物流信息的特征

物流信息除了具有信息的一般属性,还具有体现在物流领域的一些自身特点,主要包括:

(1) 广泛性。由于物流是一个大范围内的活动,物流信息源也分布于一个大范围内,信息源点多、信息量大,涉及从生产到消费、从国民经济到财政信贷各个方面。物流信息来源的广泛性决定了它的影响也是广泛的,涉及国民经济各个部门、物流活动各环节等。

(2) 联系性。物流活动是多环节、多因素、多角色共同参与的活动,目的就是实现产品从产地到消费地的顺利移动,因此在该活动中所产生的各种物流信息必然存在十分密切的联系,如生产信息、运输信息、储存信息、装卸信息间都是相互关联、相互影响的。这种相互联系的特性是保证物流各子系统、供应链各环节以及物流内部系统与外部系统相互协调运作的重要因素。

(3) 多样性。物流信息种类繁多,从其作用的范围来看,本系统内部各个环节有不同种类的信息,如流转信息、作业信息、控制信息、管理信息等,物流系统外也存在各种不同种类的信息,如市场信息、政策信息、区域信息等;从其稳定程度来看,有固定信息、流动信息与偶然信息等;从其加工程度看,有原始信息与加工信息等;从其发生时间来看,有滞后信息、实时信息和预测信息等。在进行物流系统的研究时,应根据不同种类的信息进行分类收集和整理。

(4) 动态性。多品种、小批量、多频度的配送技术与 POS、EOS、EDI 数据收集技术的不断应用,使得各种物流作业频繁发生,加快了物流信息的价值衰减速度,要求物流信息的不断更新。物流信息的及时收集、快速响应、动态处理已成为主宰现代物流经营活动成败的关键。

(5) 复杂性。物流信息的广泛性、联系性、多样性和动态性带来了物流信息的复杂性。在物流活动中,必须对不同来源、不同种类、不同时间和相互联系的物流信息进行反复研究和处理,才能得到有实际应用价值的信息,去指导物流活动,这是一个非常复杂的过程。

二、现代物流信息的作用

物流信息在物流活动中具有十分重要的作用，通过物流信息的收集、传递、存储、处理、输出等，对整个物流活动起指挥、协调、支持和保障作用，其主要作用包括以下几个方面：

(1) 沟通联系的作用。物流系统是由许多个行业、部门以及众多企业群体构成的经济大系统，系统内部正是通过各种指令、计划、文件、数据、报表、凭证、广告、商情等物流信息，建立起各种纵向和横向的联系，沟通生产商、批发商、零售商、物流服务商和消费者，满足各方的需要。因此，物流信息是沟通物流活动各环节之间联系的桥梁。

(2) 引导和协调的作用。物流信息随着物资、货币及物流当事人的行为等信息载体进入物流供应链中，同时信息的反馈也随着信息载体反馈给供应链上的各个环节，依靠物流信息及其反馈可以引导供应链结构的变动和物流布局的优化；协调物资结构，使供需之间平衡；协调人、财、物等物流资源的配置，促进物流资源的整合和合理使用等。

(3) 管理控制的作用。通过移动通信、计算机信息网、电子数据交换(EDI)、全球定位系统(GPS)等技术实现物流活动的电子化，如货物实时跟踪、车辆实时跟踪、库存自动补货等，用信息化代替传统的手工作业，实现物流运行、服务质量和成本等的管理控制。

(4) 缩短物流管道的作用。为了应付需求波动，在物流供应链的不同节点上通常设置有库存，包括中间库存和最终库存，如零部件、在制品、制成品的库存等，这些库存增加了供应链的长度，提高了供应链成本。但是，如果能够实时掌握供应链上不同节点的信息，如知道在供应管道中，什么时候、什么地方、多少数量的货物可以到达目的地，那么就可以发现供应链上的过多库存并进行缩减，从而缩短物流链，提高物流服务水平。

(5) 辅助决策分析的作用。物流信息是制定决策方案的重要基础和关键依据，物流管理决策过程的本身就是对物流信息进行深加工的过程，是对物流活动的发展变化规律性认识的过程。物流信息可以协助物流管理者鉴别、评估经比较物流战略和策略后的可选方案，如车辆调度、库存管理、设施选址、资源选择、流程设计以及有关作业比较和安排的成本-收益分析等，均是在物流信息的帮助下才能做出的科学决策。

(6) 支持战略计划的作用。作为决策分析的延伸，物流战略计划涉及物流活动的长期发展方向和经营方针的制订，如企业战略联盟的形成、以利润为基础的顾客服务分析以及能力和机会的开发和提炼，作为一种更加抽象、松散的决策，它是对物流信息进一步提炼和开发的结果。

(7) 价值增值的作用。物流信息本身是有价值的，而在物流领域中，流通信息在实现其使用价值的同时，其自身的价值又呈现增长的趋势，即物流信息本身具有增值特征。另一方面，物流信息是影响物流的重要因素，它把物流的各个要素以及有关因素有机地组合并联结起来，以形成现实的生产力和创造出更高的社会生产力。同时，在社会化大生产条件下，生产过程日益复杂，物流诸要素都渗透着知识形态的信息，信息真正起着影响生产力的现实作用。企业只有有效地利用物流信息，投入生产和经营活动后，才能使生产力中的劳动者、劳动手段和劳动对象最佳结合，产生放大效应，使经济效益出现增值。物流系统的优化，各个物流环节的优化所采取的办法、措施，如选用合适的设备、设计最合理路线、决定最佳库存储备等，都要切合系统实际，也即都要依靠准确反映这实际的物流信息。否则，任何行动都难免带有盲目性。因此，物流信息对提高经济效益也起着非常重要的作用。

第二节 物流信息系统

随着物流供应链管理的不断发展，各种物流信息的复杂化，各企业迫切要求物流信息化，而计算机网络技术的发展又给物流信息化提供了技术上的支持。因此，物流信息系统就在企业中扎下了根，并且为企业带来了更高的效率。

一、物流信息系统的内涵

物流信息系统是指由人员、设备和程序组成的，为物流管理者执行计划、实施、控制等职能提供信息的交互系统，它与物流作业系统一样都是物流系统的子系统。

物流信息系统是建立在物流信息的基础上的，只有具备了大量的物流信息，物流信息系统才能发挥作用。在物流管理中，人们要寻找最经济、最有效的方法来克服生产和消费之间的时间距离和空间距离，就必须传递和处理各种与物流相关的情报，这种情报就是物流信息。它与物流过程中的订货、收货、库存管理、发货、配送及回收等职能有机地联系在一起，使整个物流活动顺利进行。在企业的整个生产经营活动中，物流信息系统与各种物流作业活动密切相关，具有有效管理物流作业系统的职能。它主要有两个作用：一是随时把握商品流动所带来的商品量的变化；二是提高各种有关物流业务的作业效率。

二、物流信息系统的功能

物流信息系统是物流系统的神经中枢，它作为整个物流系统的指挥和控制系统，可以分为多种子系统或者多种基本功能。通常，可以将其基本功能归纳为以下几个方面：

(1) 数据的收集和输入

物流数据的收集首先是将数据通过收集子系统从系统内部或者外部收集到预处理系统中，并整理成为系统要求的格式和形式，然后再通过输入子系统输入到物流信息系统中。这一过程是其他功能发挥作用的前提和基础，如果一开始收集和输入的信息不完全或不正确，在接下来的过程中得到的结果就可能与实际情况完全相左，这将会导致严重的后果。因此，在衡量一个信息系统性能时，应注意它收集数据的完善性、准确性，校验能力，预防和抵抗破坏能力等。

(2) 信息的存储

物流数据经过收集和输入阶段后，在其得到处理之前，必须在系统中存储下来。即使在处理之后，若信息还有利用价值，也要将其保存下来，以供以后使用。物流信息系统的存储功能就是要保证已得到的物流信息能够不丢失、不走样、不外泄、整理得当、随时可用。无论哪一种物流信息系统，在涉及信息的存储问题时，都要考虑到存储量、信息格式、存储方式、使用方式、存储时间、安全保密等问题。如果这些问题没有得到妥善的解决，信息系统是不可能投入使用的。

(3) 信息的传输

物流信息在物流系统中，一定要准确、及时地传输到各个职能环节，否则信息就失去其使用价值了。这就需要物流信息系统具有克服空间障碍的功能。物流信息系统在实际运行前，必须充分考虑所要传递信息的种类、数量、频率、可靠性要求等因素。只有这些因素符合物流系统的实际需要时，物流信息系统才是有实际使用价值的。

(4) 信息的处理

物流信息系统的最根本目的就是要将输入的数据加工处理成物流系统所需要的物流信息。数据和信息是有所不同的，数据是得到信息的基础，但数据往往不能直接利用，而信息是从数据加工得到，它可以直接利用。只有得到了具有实际使用价值的物流信息，物流信息系统的功能才算发挥。

(5) 信息的输出

信息的输出是物流信息系统的最后一项功能，也只有在实现了这个功能后，物流信息系统的任务才算完成。信息的输出必须采用便于人或计算机理解的形式，在输出形式上力求易读易懂，直观醒目。

这五项功能是物流信息系统的基本功能，缺一不可。

三、物流信息系统的层次结构

物流信息系统从本质上讲是把各种物流活动与某个一体化过程联接在一起的通道。一体化过程应建立在四个功能层次上：业务操作、管理控制、决策分析以及制定战略计划系统，如图 9.1 所示。

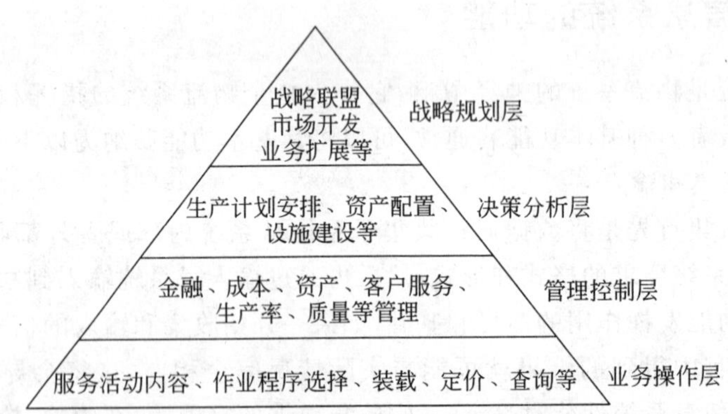

图 9.1 物流信息系统的层次结构图

第一个层次是业务操作层，包括记录订货内容、安排存货任务、作业程序选择、装船、运输、配送、发货、开发票，客户查询等。交易系统的特征是：格式规则化、通信交互化、交易批量化、作业程序化。结构上的各种过程和大批量的交易相结合主要强调了信息系统的效率。物流信息管理系统管理控制、决策分析以及战略计划制定的强化，需要以强大的交易系统为基础。

第二个层次是管理控制层，要求把主要精力集中在功能衡量和报告上，功能衡量对于提供有关服务水平和资源利用等的管理反馈来说是必要的。因此，管理控制涉及评价过去的功能和鉴别各种可选方案。当物流信息系统有必要报告过去的物流系统功能时，物流信息系统是否能够在其被处理的过程中鉴别出异常情况也是非常重要的。

第三个层次是决策分析层，主要把精力集中在决策应用上，协助管理人员鉴别、评估和比较物流战略和策略上的可选方案。决策分析与管理控制不同的是，决策分析的主要精力集中在评估未来策略上的可选方案，并且它需要相对的灵活性，以便作范围很广的选择。因此，使用者需要有更多的专业知识和培训去利用它的能力。既然决策分析的应用要比交易应用少，那么物流信息系统的决策分析趋向于更多地强调效果（effectiveness），而不是强调效率（efficiency）。

最后一个层次是制定战略计划层，主要精力集中在信息支持上，以期开发和提炼物流战略。这类决策往往是决策分析层次的延伸，但是通常更加抽象、松散，并且注重于长期。

第三节　物流信息技术

物流信息化是指物流企业运用现代信息技术对物流过程中产生的全部或部分信息进行采集、分类、传递、汇总、识别、跟踪、查询等一系列处理活动，以实现对货物流动过程的控制，从而降低成本、提高效益的管理活动。物流信息技术是现代物流的灵魂，是现代物流发展的必然要求。

一、电子数据交换技术（EDI）

电子数据交换技术（Electronic Data Interchange，EDI）是一种利用计算机进行商务处理的方式。在基于互联网的电子商务普及应用之前，曾是一种主要的电子商务模式。EDI是将贸易、运输、保险、银行和海关等行业的信息，用一种国际公认的标准格式，形成结构化的事务处理的报文数据格式，通过计算机通信网络，使各有关部门、公司与企业之间进行数据交换与处理，并完成以贸易为中心的全部业务过程。EDI包括买卖双方数据交换、企业内部数据交换等。构成EDI系统的三个要素包括EDI软件和硬件、通信网络、数据标准化。一个部门或企业要实现EDI，首先，必须有一套计算机数据处理系统；其次，为使本企业内部数据比较容易地转换为EDI标准格式，须采用EDI标准；另外，通信环境的优劣也是关系到EDI成败的重要因素之一。EDI标准是整个EDI最关键的部分，由于EDI是以实现商定的报文格式形式进行数据传输和信息交换，因此制定统一的EDI标准至关重要。EDI标准主要分为以下几个方面：基础标准、代码标准、报文标准、单证标准、管理标准、应用标准、通信标准、安全保密标准等。

最初EDI由美国企业应用在企业间订货业务活动中的电子数据交换系统，其后EDI的应用范围从订货业务向其他业务扩展，如POS销售信息传送业务、库存管理业务、发货送货信息和支付信息的传送业务等。在供应链管理的应用中，EDI将变成供应链企业信息集成的一种重要工具，一种在合作伙伴企业之间交互信息的有效技术手段。通过EDI，可以快速获得信息，提供更好的服务，减少纸面作业，更好地沟通和通信，提高生产率，降低成本，并且能为企业提供实质性、战略性的好处，如改善运作、改善与客户的关系、提高对客户的响应、缩短事务处理周期、减少订货周期、减少订货周期中的不确定性、增强企业的竞争力等。

二、条形码技术

20世纪40年代的条码技术，是诸多自动识别技术（如磁条识别技术、光学字符识别技术、图像识别技术、射频识别技术、生物特征识别技术等）的一种。

条形码是利用光电扫描阅读设备来实现数据输入计算机的一种代码。条形码技术是在计算机和信息技术基础上产生和发展起来的融编码、识别、数据采集、自动录入和快速处理等功能于一体的新兴信息技术。条形码技术以其独特的技术性能（如实时生成或预先制作均可，操作简单，成本低廉，技术成熟等），广泛应用于各行各业，迅速改变着人们的工作方式和生产作业管理，极大地提高了生产效率。其中，尤以现代化物流业运用最为广泛、有效。

1. 条形码技术的优点

条形码是迄今为止最为经济、实用的一种自动识别技术。条形码技术具有以下的优点：

(1) 可靠准确。键盘输入数据出错率为三百分之一，利用光学字符识别技术出错率为万分之一，而采用条形码技术误码率低于百万分之一。

(2) 数据输入速度快。与键盘输入相比，条形码输入的速度是键盘输入的5倍，并且能实现“即时数据输入”。

(3) 经济便宜。与其他自动化识别技术相比，推广应用条形码技术，所需费用较低。

(4) 灵活、实用。条形码符号作为一种识别手段可以单独使用，也可以和有关设备组成识别系统实现自动化识别，还可以和其他控制设备联系起来实现整个系统的自动化管理。同时，在没有自动识别设备时，也可以实现手工键盘输入。

(5) 自由度大。识别装置与条形的标签相对位置的自由度要比OCR（光学字符识别）大得多。条形码通常只在一维方向上表达信息，而同一条形码上所表示的信息完全相同并且连续，这样即使是标签有部分缺欠，仍可以从正常部分输入正确的信息。

(6) 设备简单。条形码符号识别设备的结构简单，操作容易，无须专门训练。

(7) 易于制作。可印刷，被称作“可印刷的计算机语言”。条形码标签易于制作，对印刷技术设备和材料无特殊要求，且设备也相对便宜。

2. 条形码的作用

条形码技术是物流信息系统的关键节点，是物流信息由手工处理到数字化、自动化的桥梁。可以说，没有条形码技术就无法建立真正的物流信息系统。条形码在物流系统中的作用主要体现在以下三个方面：

(1) 物流系统的基础。条形码所包括的是信息数据，是物流系统中物流对象的一部简要说明书，通过条形码单元将大量信息集约起来，就能使信息的采集和录入工作电子化。依靠这个系统，构筑了物流信息系统的开端。

(2) 整个物流过程中的信息源。条形码在整个物流系统中，不管它处在什么位置都可以通过专用的条形码读取设备，掌握它的运动节奏。在现代物流系统中，这是构筑 EDI 系统、供应链系统的一个重要组成部分，通过它可以随时掌握物流对象的位置状况和相关管理状况。

(3) 沟通国际物流。条形码实际是一种国际通用语言，通过对条形码识别，可以进行国际间的沟通。现代物流系统已呈现出国际化趋势，通过条形码系统进行这种国际间的沟通，省却了在不同国家语言文字之间的转换问题，有力地支持了物流的国际化。

由此可见，条形码技术是实现快速、准确而可靠地采集数据的有效手段；是实现销售时点系统(POS)、电子数据交换(EDI)、电子商务、供应链管理的技术基础；是物流管理现代化、提高物流企业管理水平和竞争能力的重要技术手段。

3. 条形码技术在物流管理中的应用

条形码技术在物流行业有着很广泛的应用，起到很重要的作用。条形码技术就像一条纽带，在物资入库、分类、出库、盘点和运输等方面，把产品生命周期各阶段发生的信息联结在一起，可跟踪产品从生产到销售的全过程，全面实现条形码管理。条形码技术主要包括以下几个方面的应用：

(1) 物料管理。通过将物料编码和打印条形码标签，不仅便于物料跟踪管理，而且也有助于做到合理的物料库存准备，提高生产效率，便于企业资金的合理运用。对采购的生产物料按照行业及企业规则建立统一的物料编码，从而杜绝因物料无序而导致的损失和混乱。对需要进行标识的物料打印其条形码标签，以便在生产管理中对物料的单件跟踪，从而建立完整的产品档案。

(2) 生产线物流管理。在生产中应用产品识别码监控生产，采集生产测试数据，采集生产质量检查数据，进行产品完工检查，建立产品识别码和产品档案，有序地安排生产计划，监控生产及流向，提高产品下线合格率。

(3) 仓储与配送管理。条形码技术应用于仓储与配送管理，避免手工书写票据和送到机房输入的步骤，大大提高了工作效率。同时解决了库房信息陈旧滞后的问题，提高了交货日期的准确性。此外还解决了票据信息不准确的问题，提高了客户服务质量、消除事务处理中的人工操作、减少无效劳动。另一方面，在货物移位时，用识别器进行识读，自动收集数据，把采集数据自动传送至计算机货物管理系统中进行数据管理。按照规定的标准，通过条形码识读器对仓库分类货物或零散货物进行定期的盘存。

总之，条形码技术不仅作为物流信息系统的一个节点，在物流管理中起着举足轻重的桥梁纽带作用，而且作为一种全球通用的计算机语言，在供应链中充当着沟通、识别工具，使物品在全球范围内顺利流通。

三、全球卫星定位技术(GPS)

全球定位系统(global positioning system，GPS)是一个中距离圆型轨道卫星导航系统。它可以为地球表面绝大部分地区(98%)提供准确的定位、测速和高精度的时间标准。系统由美国国防部研制和维护，可满足位于全球任何地方或近地空间的军事用户连续精确地确定三维位置、三维运动和时间的需要。该系统包括太空中的24颗GPS卫星；地面上的1个主控站、3个数据注入站和5个监测站及作为用户端的GPS接收机。最少只需其中4颗卫星，就能迅速确定用户端在地球上所处的位置及海拔高度；所能连接到的卫星数越多，解码出来的位置就越精确。

GPS系统拥有如下多种优点：全天候，不受任何天气的影响；全球覆盖（高达98%）；三维定速定时高精度；快速、省时、高效率；应用广泛、多功能；可移动定位；不同于双星定位系统，使用过程中接收机不需要发出任何信号，增强了隐蔽性，提高了其军事应用效能。

GPS在物流中的应用主要体现在以下三个方面：

1. 用于汽车自定位、跟踪调度

据丰田汽车公司的统计和预测，日本车载导航系统的市场在1995年至2000年间将平均每年增长35%以上，全世界在车辆导航上的投资将平均每年增长60.8%。因此，车辆导航将成为未来全球卫星定位系统应用的主要领域之一。

2. 用于铁路运输管理

我国铁路开发的基于GPS的计算机管理信息系统，可以通过GPS和计算机网络实时收集全路列车、机车、车辆、集装箱及所运货物的动态信息，可实现列车、货物追踪管理。只要知道货车的车种、车型、车号，就可以立即从近10万公里的铁路网上流动着的几十万辆货车中找到该车，还能得知这辆货车现在何处运行或停在何处，以及所有的车载货物发货信息。铁路部门运用这项技术可大大提高其路网及其运营的透明度，为货主提供更高质量的服务。

3. 用于军事物流

全球卫星定位系统首先是因为军事目的而建立的，在军事物流中，如后勤装备的保障等方面，应用相当普遍。尤其是在美国，其在世界各地驻扎的大量军队，无论是在战时还是在平时，都对后勤补给提出很高的需求，在战争中，如果不依赖GPS，美军的后勤补给就会变得一团糟。美军在20世纪末的地区冲突中依靠GPS和其他顶尖技术，以强有力的、可见的后勤保障，为"保卫美国的利益"做出了贡献。对此，引起了我国的重视，我国军事部门也在运用GPS。

四、地理信息系统技术（GIS）

地理信息系统（geographic information system，GIS）是以地理空间数据为基础，采用地理模型分析方法，适时地提供多种空间的和动态的地理信息，对各种地理空间信息进行收集、存储、分析和可视化表达，是一种为地理研究和地理决策服务的计算机技术系统。

GIS的基本功能是将表格型数据（无论它来自数据库、电子表格文件或直接在程序中输入）转换为地理图形显示，然后对显示结果浏览、操作和分析。其显示范围可以从洲际地图到非常详细的街区地图。显示对象包括人口、销售情况、运输路线以及其他内容。

GIS技术包括数据库管理、图形图像处理、地理信息处理多方面的基础技术，在计算机软件和硬件的支持下，运用系统工程和信息科学的理论，科学管理和综合分析具有空间内涵的地理数据，为各行业提供规划、管理、研究、决策等方面的解决方案。GIS物流分析软件集成了车辆路线模型、最短路径模型、网络物流模型、分配集合模型和设施定位模型等。

(1) 车辆路线模型。用于解决一个起始点、多个终点的货物运输中，如何降低物流作业费用，并保证服务质量的问题(包括决定使用多少辆车，每辆车的行驶路线等)。

(2) 网络物流模型。用于解决寻求最有效的分配货物路径问题，也就是物流网点布局问题。

(3) 分配集合模型。可以根据各个要素的相似点把同一层上的所有或部分要素分为几个组，用以解决确定服务范围和销售市场范围等问题。

(4) 设施定位模型。用于确定一个或多个设施的位置。在物流系统中，仓库和运输线共同组成了物流网络，仓库处于网络的结点上，结点决定着线路如何根据供求的实际需要并结合经济效益等原则，在既定区域内设立多少个仓库，每个仓库的位置，每个仓库的规模，以及仓库之间的物流关系等，运用此模型能很容易地解决。

五、销售时点信息系统技术(POS)

销售时点信息系统(POS)是指通过自动读取设备(如收银机)在销售商品时直接读取商品销售信息(如商品名、单价、销售数量、销售时间、销售店铺、购买顾客等)，并通过通信网络和计算机系统传送至有关部门进行分析加工以提高经营效率的系统。POS系统最早应用于零售业，以后逐渐扩展至其他如金融、旅馆等服务行业，利用POS系统的范围也从企业内部扩展到整个供应链。

POS是一种多功能终端，把它安装在信用卡的特约商户和受理网点中与计算机联成网络，就能实现电子资金自动转账，它具有支持消费、预授权、余额查询和转账等功能，使用起来安全、快捷、可靠。POS系统在物流领域的作用主要体现在下以几个方面：

(1) 基础信息采集。这是POS系统的主要功能，它能够即时地从源头采集整个物流活动的基础信息，可以说是物流信息最基本的工作。

(2) 提高数据采集效率。POS系统由于采用了自动读取设备进行数据的采集和读入，可以使工作效率大大提高，尤其是数据量比较大时，这个系统的数据采集优势就更加突出。它可以在瞬间完成复杂的数据读取和采集。

(3) 提高管理水平。采用POS系统，可以使管理工作从分类管理上升到单品管理，尤其对精细物流系统而言，后续的仓位管理、自动存取货物的管理等都要以这种单品的信息采集为基础。

(4) 提高统计效率。通过计算机网络，利用智能化的信息处理手段，可以使非常繁琐的统计工作、统计分析工作通过计算机自动生成，从而使传统物流过程中经常容易出现差错和造成时间延误的环节变得准确而通畅。

(5) 将管理领域延伸。采用POS系统，在对物流对象管理的同时，还能实现对物流环节和工作人员的管理。

六、电子订货系统(EOS)

电子订货系统(electronic ordering system,EOS),是指将批发、零售商场所发生的订货数据输入计算机,即通过计算机通信网络连接的方式将资料传送至总公司、批发商、商品供货商或制造商处。因此,EOS能处理从新商品资料的说明直到会计结算时所有商品交易过程中的作业,可以说EOS涵盖了整个物流。在寸土寸金的情况下,零售业已没有许多空间用于存放货物,在要求供货商及时补足售出商品的数量且不能有缺货的前提下,更必须采用EOS系统。EOS因为拥有了许多先进的管理手段,所以在国际上使用非常广泛,并且越来越受到商业界的青睐。

1. EOS系统在企业物流管理中的作用

(1) 对于传统的订货方式,如上门订货、邮寄订货、电话、传真订货等,EOS系统可以缩短从接到订单到发出订货的时间,缩短订货商品的交货期,减少商品订单的出错率,节省人工费用。

(2) 有利于减少企业的库存水平,提高企业的库存管理效率,同时也能防止商品特别是畅销商品缺货现象的出现。

(3) 对于生产厂家和批发商来说,通过分析零售商的商品订货信息,能准确判断畅销商品和滞销商品,有利于企业调整商品生产和销售计划。

(4) 有利于提高企业物流信息系统的效率,使各个业务信息子系统之间的数据交换更加便利和迅速,丰富企业的经营信息。

2. 应用EOS系统的基础条件

(1) 订货业务作业的标准化,这是有效利用EOS系统的前提条件。

(2) 商品代码的设计。在零售行业的单品管理方式中,每一个商品品种对应一个独立的商品代码,商品代码一般采用国家统一规定的标准。对于统一标准中没有规定的商品则采用本企业自己规定的商品代码。商品代码的设计是应用EOS系统的基础条件。

(3) 订货商品目录的制作和更新。订货商品目录的设计和运用是EOS系统成功的重要保证。

(4) 计算机以及订货信息输入和输出终端设备的添置和EOS系统设计是应用EOS系统的基础条件。

七、智能运输系统技术(ITS)

智能运输系统(intelligent transportation systems,ITS),是将先进的信息技术、计算机技术、数据通信技术、传感器技术、电子控制技术、自动控制技术、运筹学、人工智能等学科成果综合运用于交通运输、服务控制和车辆制造,加强了车辆、道路和使用者之间的联系,从而形成一种定时、准确高效的综合运输系统。智能运输系统实质上就是利用高新技术对传统的运输系统进行改造而形成的一种信息化、智能化、社会化的新型运输系统。它使交通基础设施能发挥最大的效能,从而提高交通的安全水平,并提高道路网的通行能力和提高汽车运输生产率和经济效益。

智能运输系统主要由五个子系统构成，即先进的交通信息系统、先进的交通管理系统、先进的车辆系统、先进的公共运输系统及商用车辆运营系统。

(1) 先进的交通信息系统。其核心是信息中心，该中心为出行者提供强大的信息支持。例如，为出行者提供所需的有关公交线路图及发车时刻表、某一时刻某一路段的车速状况、道路施工情况、绕行路线和气候条件等实时信息；提供与目的地相关的信息如沿途加油站、汽车修理厂、餐馆、医院等设施的地理位置分布、地址、电话、营业时间等；提供沿途交通及道路状况信息如道路线形、路宽、交叉口、坡度、交通堵塞情况等信息；提供最佳行驶路线及实时导航信息等等。

(2) 先进的交通管理系统。该系统由一系列监视公路状况、支持交通管理与出行建议系统所组成。交通管理控制中心通过交通探测车、车辆探测器、雷达探测器、气象检测器、能见度检测器、视频监测系统、不停车电子收费系统和紧急电话等手段采集有关信息并加工这些信息，然后通过电子地图、大屏幕显示器、可变标志、可变情报板、电话、电视、路侧通信广播、交通广播、微机信息灯系统、匝道仪控制系统、视频监测系统和不停车电子收费系统等手段将有关信息传递给司机和相关人员，并不断优化交通信号灯的绿信比，随时采取相关措施保障良好的交通秩序，此外还对一些突发事件(如交通事故、道路维修、特殊的政治活动等)迅速确定解决方案，并做出准确的反应。

(3) 先进的车辆系统。该系统是指借助车载设备及路侧、路表的电子设备来检测周围行驶环境的变化情况，进行部分或完全的自动驾驶控制以达到行车安全和增加道路通行能力的目的。其本质就是在车辆与道路系统中将现代通信技术、控制技术和交通流理论加以集成，提供一个良好的辅助驾驶环境，在特定条件下，车辆将在自动控制下安全行驶。

(4) 先进的公共运输系统。作为智能运输系统的子系统，主要保证对各种可选交通方式有足够的考虑。该系统采用先进的公共汽车、车辆全球定位系统和先进的电子技术等，来达到不需要新建另外的公路就能够运送更多的出行者的目的。该系统利用计算机技术对公交车辆及公共设施的技术状况和服务水平进行实时分析，实现公交系统计划、运营和管理功能的自动化；为乘客提供实时的换乘信息；具有完备的安全监测、预警和防范设施等。

(5) 商用车辆运营系统。商用车辆包括货运汽车、公共汽车、出租车和紧急车辆。该系统可为商用车辆运营客户提供电子通关；对高速行驶中的车辆、货物状态和司机的安全情况进行监测、危险时预警并在必要时进行自动控制；对运送危险品的车辆，在发生事故时，能立刻确定事故的严重程度、事故地点、危险品种类并推荐最佳应急方案；还可以帮助司机确定车辆位置，避开交通阻塞路段，提高运输效率。

八、射频识别技术(RFID)

射频识别技术(radio frequency identification，RFID)，是 20 世纪 90 年代开始兴起的一种自动识别技术，它是一项利用射频信号通过空间耦合(交变磁场或电磁场)实现无接触信息传递并通过所传递的信息达到识别目的的技术。

1. 射频技术的特点

射频识别系统最重要的优点是非接触识别，它能穿透雪、雾、冰、涂料、尘垢和条形码无法使用的恶劣环境阅读标签，并且阅读速度极快，大多数情况下阅读一份标签不到100毫秒。有源式射频识别系统的速写能力也是其重要的优点，它可用于流程跟踪和维修跟踪等交互式业务。

目前，制约射频识别系统发展的主要问题是不兼容的标准。射频识别系统的主要厂商提供的都是专用系统，导致不同的应用和不同的行业采用不同厂商的频率和协议标准，这种混乱和割据的状况已经制约了整个射频识别行业的发展。许多欧美组织正在着手解决这个问题，并取得了一定的成绩。标准化必将促进射频识别技术的快速发展和广泛应用。

2. RFID系统的组成

射频识别系统至少包括以下两个部分，一是读写器；二是电子标签(或称射频卡、应答器等)。另外还应包括天线，主机等。RFID系统在具体的应用过程中，根据不同的应用目的和应用环境，系统的组成会有所不同，但从RFID系统的工作原理来看，系统一般都由信号发射机、信号接收机、编程器、发射接收天线几部分组成。

(1) 信号发射机。在RFID系统中，信号发射机为了不同的应用目的，会以不同的形式存在，典型的形式是标签。标签相当于条形码技术中的条形码符号，用来存储需要识别传输的信息，另外，与条形码不同的是，标签必须能够自动或在外力的作用下，把存储的信息主动发射出去。

(2) 信号接收机。在RFID系统中，信号接收机一般叫做阅读器。根据支持的标签类型不同与完成的功能不同，阅读器的复杂程度是显著不同的。阅读器基本的功能就是提供与标签进行数据传输的途径。阅读器通过接收到的附加信息来控制数据流的发送。一旦到达阅读器的信息被正确的接收和译解后，阅读器通过特定的算法决定是否需要发射机对发送的信号重发一次，或者指导发射器停止发信号，这就是“命令响应协议”。

(3) 编程器。只有可读可写标签系统才需要编程器。编程器是向标签写入数据的装置。编程器写入数据一般来说是离线(off-line)完成的，也就是预先在标签中写入数据，等到开始应用时直接把标签黏附在被标识项目上。也有一些RFID应用系统，写数据是在线(on-line)完成的，尤其是在生产环境中作为交互式便携数据文件来处理时。

(4) 天线。天线是标签与阅读器之间传输数据的发射、接收装置。在实际应用中，除了系统功率，天线的形状和相对位置也会影响数据的发射和接收，因而需要专业人员对系统的天线进行设计、安装。

3. RFID在物流中的应用

射频识别技术在北美、欧洲、澳大利亚以及日本、韩国等国家和地区已经被广泛地应用于工业自动化、商业自动化、交通运输管理等众多领域，如汽车、火车等交通监控、高速公路自动收费系统、停车场管理系统、特殊物品管理、安全出入检查、流水线生产自动化、仓储管理、动物管理、车辆防盗等领域。在我国由于射频识别技术起步稍晚一些，目前主要应用于公共交通、地铁、校园、社会保障等方面。

现代物流是一系列繁杂而精密的活动，要计划、组织、控制和协调这一活动，离不开信息技术的支持。RFID技术正是有效地解决了供应链上各项业务资料的输入和输出、业务过程的控制与跟踪以及降低出错率等难题的一种技术。借助RFID技术，物流行业可以实现对物流过程各个环节的管理，加快物流速度，提高生产效率，促进贸易活动。

目前RFID技术主要应用于物流公司的仓储管理和运输管理上。仓储管理的应用主要体现在出库、入库和库存盘点三个环节，通过RFID的实际应用可以发现，采用RFID电子标签管理操作简单、可靠性高，出入库记录完整，实时反映库存状态，因每一项操作都必须验证，因而准确率接近100%，而且优化库存结构，合理配置存储，减少重复劳动，降低了运输及仓储成本。美国进行的一项研究发现，沃尔玛进行RFID技术实验的结果使商品脱销率降低了16%。研究还表明，相同的货物，使用RFID技术比用条形码进行补货快3倍。

在运输管理方面采用射频识别技术，只需要在货物的外包装上安装电子标签，在运输检查站或中转站设置阅读器，就可以实现资产的可视化管理。在运输过程中，阅读器将电子标签的信息通过卫星或电话线传输到运输部门的数据库，电子标签每通过一个检查站，数据库的数据就得到更新，当电子标签到达终点时，数据库关闭。与此同时，货主可以根据权限，访问在途可视化网页，了解货物的具体位置，这对提高物流企业的服务水平有着重要意义。

这里需要指出的是，RFID标签的成本以及RFID系统的成本比条形码高很多，因此在一定时期内条形码对于低端类产品的标识还是必需的。目前，RFID标签更适合于高端产品或者包装箱。RFID和条形码的并存形成了良好的互补，例如很多企业将已装箱内的物品以条形码标识，而在包装箱(或托盘、集装箱等)外使用RFID标签(包含箱的ID号和箱内物品的品种及数量等)，这是一种非常科学的搭配使用方法。

九、物联网技术(IOT)

物联网(the internet of things)是指通过射频识别、红外感应器、全球定位系统、激光扫描器等信息传感设备，按约定的协议，把任何物品与互联网连接起来，进行信息交换和通信，以实现智能化识别、定位、跟踪、监控和管理的一种网络。物联网的概念是在1999年提出的。物联网就是“物物相连的互联网”，它有两层意思：第一，物联网的核心和基础仍然是互联网，是在互联网基础上的延伸和扩展的网络；第二，其用户端延伸和扩展到了任何物品与物品之间，进行信息交换和通信。通俗来讲，物联网可实现人与物之间的信息沟通。

从物流角度看，基于RFID技术的物联网作为高科技与物流业结合的一项应用技术，已成为物流和供应链“速度”和“价值”实现的最先进的手段，这对中国物流业实现跨越式发展将是一个难得的历史机遇。物联网将大幅度提升中国物流产业的核心竞争力，使我国物流业与全球领先水平同步。

从整个集成供应链看，基于RFID的物联网系统使供应链的透明度大大提高，物品能够在供应链的任何地方被实时跟踪。安装在工厂配送中心、仓库及商场货架上的读写器，能够自动记录物品在整个供应链的流动过程。基于RFID的物联网技术，通过各行业管理中心的管理，可以给供应链的各个环节带来诸多好处：

(1) 在制造环节，产品注入智能信息，降低伪造风险，保证工厂人员正确处理货物，加强对订约人的管理。

(2) 分销环节，自动接货和派货处理，增加存放准确性，增加仓库物流准确性，减少偷盗，支持最后一分钟订货和改善送货容器的利用率。

(3) 运输环节，增加装载准确性，自动送货处理，减少产品转移，增加核查点效率，增加运输安全性和改善运输资产利用率。

(4) 零售环节：提供货架利用率，加快仓库存储，减少偷盗，自动更新仓库文件，提高产品管理安全性(包括日期、温度、质量等)。

物联网所能应用和发挥效应的方面主要包括以下几个部分：节省人工成本、信息集成更准确、同步计划更有效、增加工作流的协同程度、提供全新的商业环境。来自美国Symbol公司的一份调查报告显示，采用RFID技术的物流方案，对于生产商而言，可以使库存降低5%～30%，使运输成本降低2%～13%，产品的供货周期缩短10%～50%。对于零售企业而言，货架利用率提高5%～8%，库存降低5%～10%，销售额增加2%～10%，物流成本降低3%～4%。

第四节　物流自动化技术

物流自动化是指物流作业过程的设备和设施自动化，包括运输、装卸、包装、分拣、识别等作业过程，包括自动识别系统、自动检测系统、自动分拣系统、自动存取系统、自动跟踪系统等。物流自动化能够方便物流信息的实时采集与追踪，提高整个物流系统的管理和监控水平等。下面将重点介绍自动化立体仓库和自动分拣系统。

一、自动化立体仓库

自动化立体仓库是指由电子计算机进行管理和控制，不需人工搬运作业而实现收发作业的仓库。亦指用高层货架储存货物，以巷道堆垛、起重机配合周围其他装卸搬运系统进行存取出入库作业，并由计算机全面管理和控制的一种自动化仓库。

自动化技术在仓储领域(包括主体仓库)中的发展可分为五个阶段：人工仓储阶段、机械化仓储阶段、自动化仓储阶段、集成化仓储阶段和智能自动化仓储阶段。在20世纪90年代后期及21世纪的若干年内，智能自动化仓储将是自动化技术的主要发展方向。

自动化立体仓库是现代物流系统迅速发展的一个重要组成部分，它具有节约用地、减轻劳动强度、消除差错、提高仓储自动化水平及管理水平、提高管理和操作人员素质、降低储运损耗、有效减少流动资金的积压、提高物流效率等诸多优点。与厂级计算机管理信息系统联网以及与生产线紧密相连的自动化立体仓库更是当今计算机集成制造系统(CIMS)及柔性制造系统(FMS)必不可少的关键环节。

1. 自动化立体仓库的主要构成

(1) 高层货架：主要特征是货架高、密度大，高度和长度较大，排列较多，巷道较窄。优势主要在于高度。规模由储存量的大小来决定，大型立体仓库往往规模很大。高层货架是立体仓库的主要构筑物，一般用钢材或钢筋混凝土制作。

(2) 货架单元尺寸：恰当地确定货格净空尺寸是立体仓库设计中一项极为重要的

内容。

(3) 货架的刚度和精度：作为一种承重结构，货架必须具有足够的强度和稳定性。自动和半自动控制的立体仓库对货架的精度要求是相当高的，它是仓库成败的决定因素之一。

(4) 巷道式堆垛机：巷道式堆垛机是立体仓库中最重要的运输设备，它是随着立体仓库的出现而发展起来的专用起重机。主要用途是在高层货架的巷道内来回穿梭运行，将位于巷道口的货物存入货格，或者取出货格内的货物运动到巷道口。巷道式堆垛机由机架、运行机构、起升机构、载货及存取机构、电气设备五部分组成。

(5) 装卸堆垛机器人：特点是速度高、作业准确、尤其适合有污染、高温、低温等特殊环境和反复单调作业场合。装卸堆垛机器人在仓库中的主要作业是堆码、搬运、堆垛和拣选作业。在自动化立体仓库中使用装卸搬运机器人的优点是其能在搬运、拣选和堆垛过程中完成决策，起到专家系统的作用。

(6) 电气与电子设备：自动化仓库中的电气与电子设备主要指检测装置、信息识别装置、控制装置、通信设备、监控调度设备、计算机管理设备以及大屏幕显示等设备。

2. 自动化立体仓库的优点

(1) 由于能充分利用仓库的垂直空间，其单位面积存储量远远大于普通的单层仓库(一般是单层仓库的4～7倍)。

(2) 仓库作业全部实现机械化和自动化，一方面能大大节省人力，减少劳动力费用的支出，另一方面能大大提高作业效率。

(3) 采用计算机进行仓储管理，可以方便地做到“先进先出”，并可防止货物自然老化、变质、生锈，也能避免货物的丢失。

(4) 货位集中，便于控制与管理，特别是使用电子计算机，不但能够实现作业的自动控制，而且能够进行信息处理。

(5) 能适应黑暗、低温、有毒等特殊环境的要求。例如，胶片厂把胶片卷轴存放在自动化立体仓库里，在完全黑暗的条件下，通过计算机控制可以实现胶片卷轴的自动出入库。

(6) 采用托盘或货箱存储货物，货物的破损率显著降低。

3. 自动化立体仓库的缺点

(1) 由于自动化立体仓库的结构比较复杂，配套设备也比较多，所以需要的基建和设备的投资也比较大。

(2) 货架安装精度要求高，施工比较困难，因此工期相应较长。

(3) 存储弹性小，难以应付高峰时的需求。

(4) 对可存储的货物品种有一定限制，需要单独设立存储系统用于存放长、大、笨重的货物以及要求特殊保管条件的货物。

(5) 自动化立体仓库的高架吊车、自动控制系统等都是技术含量极高的设备，维护要求高，因此必须依赖供应商，以便在系统出现故障时能得到及时的技术援助。这就增强了对供应商的依赖性。

(6) 对建库前的工艺设计要求高，在投产使用时要严格按照工艺作业。

二、自动分拣系统

自动分拣系统(automated sorting system,ASS)是第二次世界大战后在美国、日本的物流中心中广泛采用的一种自动分拣系统,该系统目前已经成为发达国家大中型物流中心不可缺少的一部分。

1. 自动分拣系统的作业过程

该系统的作业过程可以简单描述如下:物流中心每天接收成百上千家供应商或货主通过各种运输工具送来的成千上万种商品,在最短的时间内将这些商品卸下并按商品品种、货主、储位或发送地点进行快速准确的分类,将这些商品运送到指定地点(如指定的货架、加工区域、出货站台等)。同时,当供应商或货主通知物流中心按配送指示发货时,自动分拣系统在最短的时间内从庞大的高层货存架存储系统中准确找到要出库的商品所在的位置,并按所需数量出库,将从不同储位上取出的不同数量的商品,按配送地点的不同,运送到不同的理货区域或配送站台集中,以便装车配送。

2. 自动分拣系统的组成

自动分拣系统一般由控制装置、分类装置、输送装置及分拣道口组成。

(1) 控制装置的作用是识别、接收和处理分拣信号,根据分拣信号的要求指示分类装置、按商品品种、按商品送达地点或按货主的类别对商品进行自动分类。这些分拣需求可以通过不同方式,如可通过条形码扫描、色码扫描、键盘输入、重量检测、语音识别、高度检测及形状识别等方式,输入到分拣控制系统中去,根据对这些分拣信号判断,来决定某一种商品该进入哪一个分拣道口。

(2) 分类装置的作用是根据控制装置发出的分拣指示,当具有相同分拣信号的商品经过该装置时,该装置动作,使改变在输送装置上的运行方向进入其他输送机或进入分拣道口。分类装置的种类很多,一般有推出式、浮出式、倾斜式和分支式几种,不同的装置对分拣货物的包装材料、包装重量、包装物底面的平滑程度等有不同的要求。

(3) 输送装置的主要组成部分是传送带或输送机,其主要作用是使待分拣商品按顺序通过控制装置、分类装置,在输送装置的两侧,一般要连接若干分拣道口,使分好类的商品滑下主输送机(或主传送带)以便进行后续作业。

(4) 分拣道口是已分拣商品脱离主输送机(或主传送带)进入集货区域的通道,一般由钢带、皮带、滚筒等组成滑道,使商品从主输送装置滑向集货站台,在那里由工作人员将该道口的所有商品集中后或是入库储存,或是组配装车并进行配送作业。

以上四部分装置通过计算机网络联结在一起,配合人工控制及相应的人工处理环节构成一个完整的自动分拣系统。

3. 自动分拣系统的主要特点

(1) 能连续、大批量地分拣货物。由于采用大型生产中使用的流水线自动作业方式,自动分拣系统不受气候、时间、人的体力等的限制,可以连续运行。自动分拣系统单位时间分拣件数多,其分拣能力是每小时可分拣 7 000 件包装商品,可以连续运行 100 个小时以上。如用人工则每小时只能分拣 150 件左右,同时分拣人员也不能在这种劳动强度下连续工作8小时。

(2) 分拣误差率极低。自动分拣系统的分拣误差率大小主要取决于所输入分拣信息的准确性大小,这又取决于分拣信息的输入机制,如果采用人工键盘或语音识别方式输入,则误差率在3%以上,如采用条形码扫描输入,除非条形码的印刷本身有差错,否则不会出错。因此,目前自动分拣系统主要采用条形码技术来识别货物。

(3) 分拣作业基本实行无人化。国外建立自动分拣系统的目的之一就是为了减少人员的使用,减轻工人的劳动强度,提高人员的使用效率,因此自动分拣系统能最大限度地减少人员的使用,基本做到无人化。自动分拣系统在分拣作业时本身并不需要使用人力,人员的使用仅局限于以下工作:送货车辆抵达自动分拣线的进货端时,由人工接货;由人工控制分拣系统的运行;分拣线末端由人工将分拣出来的货物进行集载、装车以及自动分拣系统的经营、管理与维护。

本章小结

本章主要介绍了物流信息及物流信息系统的概念,以及现代物流管理中的主要信息技术和自动化技术。

物流信息是指与物流活动(商品包装、商品运输、商品储存、商品装卸等)有关的一切信息。物流信息系统是指由人员、设备和程序组成的、为物流管理者执行计划、实施、控制等职能提供信息的交互系统,它与物流作业系统一样都是物流系统的子系统。

物流信息化是指物流企业运用现代信息技术对物流过程中产生的全部或部分信息进行采集、分类、传递、汇总、识别、跟踪、查询等一系列处理活动,以实现对货物流动过程的控制,从而降低成本、提高效益的管理活动。常见的物流信息技术包括电子数据交换技术、条形码技术、全球卫星定位技术、销售时点信息系统、智能运输系统技术、射频识别技术及物联网技术。

物流自动化是指物流作业过程的设备和设施自动化,包括运输、装卸、包装、分拣、识别等作业过程,包括自动识别系统、自动检测系统、自动分拣系统、自动存取系统、自动跟踪系统等。

复习与思考

1. 除了信息的一般属性,物流信息有哪些主要特征?

2. 物流信息系统的基本功能有哪些?如何理解物流信息系统的层次结构?

3. 什么是物流信息化?主要的物流信息技术有哪些?它们在物流管理领域分别有哪些应用?

4. 什么是物流自动化?主要的物流自动化技术有哪些?

参考文献

[1]　蒋长兵，吴承健. 现代物流理论与供应链管理实践[M]. 杭州：浙江大学出版社，2006.
[2]　宁焕生，王炳辉. RFID重大工程与国家物联网[M]. 北京：机械工业出版社，2009.
[3]　彭扬，吴承健，彭建良. 现代物流学概论[M]. 北京：中国物资出版社，2009.
[4]　互动百科. http://www.hudong.com/wiki.
[5]　MBA智库百科. http://www.mbalib.com/.

第 三 篇

物流与供应链管理

第十章 采购与供应管理

引导案例

西门子的供应商管理策略

在21世纪的采购管理中，供应商早已不是以前的小供货商，而是企业的战略联盟者。对于这些不再俯首帖耳、有时甚至还会高高在上的“伙伴”们，如何才能让他们为西门子移动公司的业务做更大的贡献呢？

西门子公司的高级采购工程部门(APE)能够起到从设计源头上压缩采购成本的作用。如何设计原型中一个元部件的价格是11欧元，但目标价格只有6欧元，那么设计就要做相应的修改，采用更少的元部件或用更加集成的元部件。有时候，高级采购工程部门的任务就是用目标价格倒推成本(target price-based costing)。“我们对供应商的要求是每年都能比上一年节省更多的成本。”西门子公司的采购管理人士如是说。

除了给供应商持续的成本压缩压力以外，西门子公司还充分利用订单份额来做诱饵，让现有的2～3个供应商充分竞争。只有价格最低的供应商，才会得西门子公司更多的订单。西门子公司有时也会故意放一两个新的供应商进场，打破原有的供应商竞争格局。新供应商更好的服务和更低的价格会迫使老供应商降低价格、提高服务，西门子移动公司就可以坐收“渔翁之利”。

每年年底，西门子移动公司内部所有与供应商有过接触的部门还会对供应商进行价格、物流服务和产品质量三方面的总拥有成本(TOC)进行评分，成本最高的供应商可能就会失去大笔订单。在竞争面前，供应商自然会对自己的产品质量、产品价格、物流服务等各方面严格审视，以达到西门子公司的高标准。

为了使选择供应商的过程尽可能公平透明，西门子公司还使用了一套网上竞价(e-biding)系统。西门子公司对现有的长期供应商相当有人情味，为了保持良好的供应商关系，现有的供应商在这套系统中有一定的优先权。而想新加入的供应商则必须靠过硬的质量、价格和服务来与现有的供应商竞争。这套体系的好处是所有的供应商都知道其他供应商能做什么，这样就能把价格和服务的底线推到循环竞争的极限。西门子移动以司全球采购中国部门的副总裁柯逸华说，在未来的规划中，西门子移动公司50％的采购量都会通过这套系统来进行。

通过保持这样一种“充分竞争”的环境，西门子移动公司能非常高效率地管理自己的供应商，节约采购成本。

(资料来源：鞠颂东，徐杰，采购管理[M]. 北京:机械工业出版社，2009.)

第一节 采购管理概述

一、采购的概念

美国供应链管理专业协会(CSCMP)认为,采购是企业有关购买需要的物品和服务的职能,包括采购计划、采购活动、存货控制、运输、接收、入库检验等业务活动。采购是企业在一定的条件下从供应市场获取产品或服务作为企业资源,以保证企业生产及经营活动正常开展的一项企业经营活动。采购是一个商业性质的有机体,为维持正常运转而寻求从体外摄入的过程。因此采购活动必须考虑以最适当的总成本,于最适当的时间,以高度的效率,获得最适当质量、最适当数量的物料、工具、机器等物质,并能保持物料源连续性的一种采购技术。

在采购的概念中涵盖着以下几个关键点:

(1) 寻求和获取最佳资源。从企业整体目标和客户价值的视角,基于企业的能力现状,寻求最佳的外部资源,与企业内部资源整合,以获得最大的企业效益和客户价值。

(2) 按需采购。所有的购买物品和服务的采购活动都必须在企业经营计划的框架下,依据企业内、外部客户的需要而制订。

(3) 满足内、外部客户的需求。采购的最终目标就是要最大限度地满足企业内、外部客户的需求。

(4) 成本控制。在满足企业内、外部客户需求的前提下,采用优化采购策略,使采购成本最小化。

(5) 采购质量控制。采购的物品和服务必须满足必要的质量要求,通过供应商选择、供应商开发、供应商绩效管理以及接收检验等手段和质量控制方法来控制。

(6) 采购策略。采购策略是指依据企业经营战略而制订的有关供应商选择、管理和激励、采购方法的计划模式的原则体系。

(7) 采购计划。采购是有计划的业务活动,其计划的依据是企业的经营战略、市场需求和生产计划,计划的目标是用最小的成本满足内、外部客户的数量和质量要求。

(8) 存货控制。存货是指用于创造企业产品和服务以满足客户需求的原材料、在制品、产成品以及补给品等。存货控制就是将存货控制在一定的水平上,既能满足及时需求,又能将存货成本控制在最低水平。

(9) 供应商选择与管理。按照企业经营战略、采购策略和企业需求,选择最适合的供应商,建立和维护与供应商的关系,并管理供应商的物资与服务供应绩效。

二、采购的分类

采购方法种类很多,可从中选取最方便最有利的方法进行采购,然而采购对象不同,所采用的采购方法也不相同。

(1) 以采购地区分类,采购可分为国内采购(简称内购)与国外采购(简称外购)。外购是指向国外的供货商或外国供货商在本国境内的代理商进行采购的行为。内购是指向国内厂商进行采购的行为。一般来说,物料的采购以内购较为方便与经济。

(2) 按采购方式分,采购分为直接采购、委托采购与调拨采购。直接采购是指直接向物料供应厂商从事采购的行为。调拨采购是指将过剩物料互相支持调拨使用的行为。

(3) 按采购重要性分类,采购可分为战略采购和日常采购。战略采购是采购人员根据企业的经营战略要求,制定和执行采购企业的物料获得的规划,通过内部客户需求分析,外部供应市场、竞争对手、供应基础等分析,在标杆比较的基础上设定物料的长短期的采购目标、达成目标所需的采购策略及行动计划,并通过行动的实施寻找到合适的供应资源,满足企业在成本、质量、时间、技术等方面的综合目标。日常采购是采购人员根据确定的供应协议和条款,以及企业的物料需求时间计划,以采购订单的形式向供应方发出需求信息,并安排和跟踪整个物流过程,确保物料按时到达企业,以支持企业的正常运营的过程。

(4) 按采购订约方式分类,采购可分为合同采购,口头或电话采购,书信或电报采购以及试探性订单采购。合同采购(contract purchasing)是指买卖双方根据签订合同方式而进行采购的行为。口头或电话采购(oral or telephone purchasing)是指买卖双方不经过订约的方式而是以口头或电话的洽谈方式而进行采购的行为。书信或电报采购(letter or telegraph purchasing)是指买卖双方通过书信或电报的往还而进行采购的行为。试探性订单采购(trial order purchasing)是指买卖双方在进行采购事项时因某种原因不敢大量下订单,先以试探方式下少量订单,待试探性订单采购进行顺利时,才下大量订单。

(5) 按采购价格的方式分类,采购可分为招标采购,询价现购、比价采购、议价采购以及公开市场采购。招标采购(purchasing by invitation to bid)是将物料采购的所有条件(如物料名称、规格、数量、交货日期、付款条件、罚则、投标押金、投标厂商资格、开标日期等)详细列明,登报公告。投标厂商依照公告的所有条件,在规定时间以内缴纳投标押金参加投标。询价现购(purchasing at inquiry price)是采购人员选取信用可靠的厂商将采购条件讲明,并询问价格或寄以询价单并促请对方报价,比较后则现价采购。比价采购(price compare purchasing)是指采购人员请数家厂商提供价格后,从中加以比价之后,决定厂商进行采购事项。议价采购(purchasing by negotiating prices)是指采购人员与厂商双方经讨价还价而议定价格后再进行采购。公开市场采购(open market purchases)是指采购人员在公开交易或拍卖场所随时机动式的采购。

三、采购的功能和作用

采购的基本作用,就是将资源从资源市场的供应者手中转移到用户手中的过程。在这个过程中,一是要实现将资源的所有权从供应者手中转移到用户手中;二是要实现将资源的物质实体从供应商手中转移到用户手中。因此,采购过程实际上是商流过程与物流过程的统一。

1. 采购制约企业销售工作的质量

商品采购作为向企业提供对象的先导环节，只有使购进商品的品种、数量符合市场需要，商品销售业务才能实现高质量、高效率、高效益，从而达到采购和销售的和谐统一；反之则会导致购销之间的矛盾，造成销售呆滞，影响企业功能的发挥。因此，商品销售质量的高低很大程度上取决于商品采购的质量，销售活动的拓展和创新也与商品采购有直接联系。

2. 采购制约企业研发工作的质量

在某种程度上没有采购支持的研发方案其成功率会大打折扣。一方面，研发人员经常会因采购不到某种物料或者受到某种加工工艺的限制，使设计难以实现；另一方面，设计人员费尽心思所获得的研发样品在功能上与同行业相比相差甚远，或者即使性能一样，但外观、体积、成本、制造方便性等许多方面都显得逊色，这归结于研发人员信息落后，对先进元器件了解不多，也是采购方面支持不够造成的。

3. 采购制约商品周转速度

采购人员必须解决好业务经营中的适时和适量问题。若采购工作运行的时点与把握的度同企业其他环节的活动达到了适度结合，就能够加快商品的周转速度，从而加快资金周转，为企业带来切实的利益。反之，就会造成商品积压，商品周转速度减缓，保管费用增加，造成浪费。

4. 采购制约企业经济效益的实现程度

尽管企业的经济效益是在商品销售之后实现的，但效益高低却与商品购进业务经营有着密切的关系。因为企业经济效益是直接通过利润额来表示的，而商品采购过程中及进货后待售阶段所支付费用的多少同利润额成反比，因此，采购商品的效率如何，对企业经营的数量有很大影响。企业经济效益的实现是同市场经营机会联系在一起的。

第二节 供应商管理

供应商是指那些向买方提供产品或服务并相应收取货币作为报酬的实体，是可以为企业生产提供原材料、设备、工具及其他资源的企业。供应商管理是指对供应商的了解、选择、开发、使用和控制等综合性管理工作的总称。供应商管理是企业保证物资供应、确保采购质量和节约采购资金的重要环节。供应商的选择和供应商的评估是供应商管理中两个非常重要的步骤。

一、供应商选择与评估

1. 供应商选择与评估的步骤

供应商选择是实施采购的前提。在供过于求的市场环境下，企业面临着诸多可供选择的供应商，而且许多企业推行国际化战略，在全球范围进行采购，这使企业对供应商的选择和评估变得更加复杂。因此供应商的评估和选择在实践中需要科学的方法与规范的程序来指导其运作，一般包括以下步骤：

(1) 成立供应商评估和选择小组：供应商的选择涉及企业的生产、技术、计划、财务、人事、物流、市场等部门有关人员共同参与讨论、参与决策。对于技术要求高、比较重要的采购项目来说，特别需要设立跨职能部门的供应商选择工作小组。

(2) 确定全部的供应商名单：通过供应商信息数据库以及采购人员、销售人员或行业杂志、网站等媒介渠道，了解市场上能提供所需物品的供应商。

(3) 列出评估指标并确定权重：确定代表供应商服务水平的有关因素，据此提出评估指标。评估指标和权重对于不同行业产品的供应商是不尽相同的。

(4) 逐项评估每个供应商的履约能力：为了保证评估的可靠性，应该对供应商进行调查。考察小组由各部门有关人员组成，如技术部门进行技术考察，对企业的设备、技术人员进行分析；生产部门考察制造系统，了解人员素质、设备配置水平、生产能力、生产稳定性等；财务部门进行财务考核，了解供应商的历史背景和发展前景，审计供应商并购、被收购的可能，了解供应商经营状况、信用状况，分析价格是否合理以及能否获得优先权。

(5) 综合评分确定供应商：在综合考虑多方面的因素之后，就可以给每个供应商打出综合评分，选择出合格的供应商。

2. 供应商选择与评估的因素

供应商评估与选择既是供应商管理的重要内容，也是企业经营活动中的一项重要决策。供应商选择是一个多准则评价问题，是在对各个准则定量和定性分析的基础上对供应商给出综合量化指标，以选择最合适的供应商。一般而言，供应商的评价多集中在质量、交货期、批量柔性、交货期与价格的权衡、价格与批量的权衡、多样性等指标因素。

(1) 质量。质量是供应商选择的首要参考目标，它也是采供双方合作达成的基本条件。质量指标主要是指供应商所供给的各类物资，包括原材料、初级产品或消费品组成部门的质量。在对供应商的质量管理要求上，考察的因素包括质量管理方针、政策、质量管理制度的执行及落实情况、有无质量管理制度手册、有无质量保证的作业方案和年度质量检验的目标和改善的目标、有无权威评价机构的评鉴等级、是否通过了 ISO 9000 质量体系认证等。

(2) 价格。在满足质量要求的供应商间选择的时候，采购方首先考虑的因素是各个供应商的报价。尤其是采用招标方式采购的标准件，价格更是决定哪几个供应商应该被选择的关键指标。

(3) 交货能力。交货能力包括交货提前期、交货准时性、对采购方变更交货数量和交货时间的反应水平等这些与准时按需交付满足采购方需求物资的所有能力。

(4) 服务水平。服务水平因素指的是在采购合同执行过程中，供应商对采购商在物资或设备的使用、残次品的处理、设备使用方法培训、相应故障的排除等方面的帮助，即供应商为采购企业提供质量保证和相应售后服务的所有活动。

(5) 供应商的信誉。供应商信誉是供应商与本采购企业或其他买家合作过程中积累起来的声望，是供应企业无形资产的组成部分。供应商信誉好坏决定了其按约保质保量履行合同的意愿程度。

除此之外，供应商的地理位置、财务状况、技术创新能力、信息共享水平以及对市场的反应能力等指标也是选择和评估供应商时需要考虑的因素。

二、供应商管理策略

1. 用供应链管理新思维重新定位与供应商的关系

实施有效的供应商管理就是要将危害供应链运作的冲突因子消灭于萌芽状态，最根本的办法是消除引起冲突的土壤。具体做法包括建立有效的供应链组织机制，建立公正、合理的供应链协议以及建立长期的合作关系等。

2. 建立利益共享机制

在供应链的利益共享机制中，直接的点对点企业之间合理的利益分配机制是供应链企业利益共享机制的基础。问题是点与点之间企业的利益分配很容易失衡，交易双方中一方利益的过度获取必然是另一方的过度付出。解决的方法是供应商与需求商之间建立共同的利益获取与约束机制，在共性层面上，将以供应链协议的利益分享机制为基础，在点的层面上，需求商与供应商之间的利益分配可以采取灵活的协商方式，确保双方能够共赢。

3. 建立有效的双向激励机制

供应商激励在方法上可以有以下几种：

(1) 价格激励，需方由于提供更多的订单以及其他的激励，供应商在价格上将给予需方更为有利的价位，如给予低价位或价格折扣等。

(2) 提供更周全的服务项目等，如一次采购按需发（送）货（相当于提供免费仓储服务）、上门服务、长期的技术支持等。

(3) 允许需方改变订单需求数量，甚至取消某些订单。

(4) 向需方提供更简单的采购业务流程，减少采购作业成本，这需要需方有可靠的信用保证为前提。

(5) 提供更为宽松的付款条件。

4. 建立良好的沟通管道

信息在现代社会中已上升为企业的最重要的资源，谁掌握更新、更准确、更全面的信息，谁就获得了更为有利的竞争地位。在供应链平台上，企业之间信息的沟通主要是通过可共享的信息在供应链信息网络的发布而获得，这是获得关联企业之间信息的主要渠道。

5. 建立共同的质量观念

这里的质量是一个广义的概念，是围绕客户需求而展开的有形的产品质量和无形的服务质量。供应链要保持有效的运作，必须建立在共同认可的质量观的基础上才有保证，比如供应商要向需求商提供质量满意的产品；运输、装卸、仓储、流通加工各环节必须维持或提升产品质量；供应商要努力提升创新能力以满足需方不断增长的新需求，需方必须提供必要的帮助与合作；等等。

第三节 采购策略

一、MRP 采购(物料需求计划采购)

物料需求计划(material requirement planning,MRP)是指根据产品结构各层次物品的从属和数量关系,以每个物品为计划对象,以完工时期为时间基准倒排计划,按提前期长短区别各个物品下达计划时间的先后顺序,是一种工业制造企业内物资计划管理模式。MRP 是根据市场需求预测和顾客订单制定产品的生产计划,然后基于产品生成进度计划,组成产品的材料结构表和库存状况,通过计算机计算所需物资的需求量和需求时间,从而确定材料的加工进度和订货日程的一种实用技术。

MRP 采购主要应用于生产企业。MRP 主要内容包括客户需求管理、产品生产计划、原材料计划以及库存纪录。其中客户需求管理包括客户订单管理及销售预测,将实际的客户订单数与科学的客户需求预测相结合即能得出客户需要什么以及需求多少。

MRP 采购有以下几个特点:

(1) 需求的相关性。MRP 采购是针对具有相关性需求货物的采购方法,不但需求本身之间相关,需求和资源也相关,需求的品种数量也相关,需求时间也相关。

(2) 需求的确定性。MRP 采购计划是根据主生产进度计划、主产品的结构文件、库存文件和各种零部件的生产时间或订货与进货时间精确计算出来的,其需要的时间、数量都是确切规定好了的,而且不能改变。

(3) 计划的精细性。MRP 采购计划有充分的根据,从主产品到零部件,从需求数量到需求时间,从产出先后到装配关系都作了明确的规定,无一遗漏或偏差。不折不扣地按照这个计划进行,能够保证主产品产出计划的如期实现。

(4) 计算的复杂性。MRP 采购计划要根据主产品产出计划、主产品结构文件、库存文件、生产时间和采购时间把主产品的所有零部件的需要数量、需要时间、先后关系等准确计算出来,其计算量是非常庞大的。特别是当主产品复杂、零部件数量特别多时,必须借助计算机才能进行计算。

MRP 采购的优越性是很明显的,由于进行了精确的计划和计算,使得所有需要采购的货物能够按时按量到达需要它的地方,一般不会产生超量的原材料库存。通过对使用 MRP 的企业调查显示,这些企业库存水平平均降低 20%~40%,与此同时减少零部件缺货 80%;改进了对用户的服务,服务水平可以达到 95%。这就很好地解决了库存量与服务水平这两者之间的矛盾,改变了以往那种两者不可兼得的局面。MRP 采购除了能经济有效地采购企业所需的物料外,还有利于促进企业提高管理水平。因为实行 MRP 采购,必然是企业采用了 MRP 系统,而 MRP 系统输入的信息多、操作规范、时间观念强,这些都要求企业加强系统化、信息化、规范化管理,提高企业素质和管理水平。

二、JIT采购(准时化采购)

JIT采购又称为准时化采购,它是由准时化生产(just in time)管理思想演变而来的。它的基本思想是:把合适的数量、合适质量的物品、在合适的时间供应到合适的地点,最好地满足用户需要。准时化采购和准时化生产一样,它不但能够更好地满足用户需要,而且可以极大的消除库存、最大限度地消除浪费,从而极大地降低企业的采购成本和经营成本,提高企业的竞争力。

传统采购是填充库存,并以一定的库存来应对企业需求,为了保证企业生产、JIT采购、经营的正常进行和应付物资采购过程中的各种不确定性(如市场变化、物资短缺、运输条件约束等),常常产生大量的原材料和外购件库存。虽然传统采购方式也在极力进行库存控制,想方设法地压缩库存,但是由于机制问题,其压缩库存的能力是有限的。特别是在需求急剧变化的情况下,常常导致既有高库存、又出现某些物资缺货的局面。高库存增加了成本,缺货则直接影响生产。而JIT作为一种先进的采购模式,不但能够有效克服传统采购的缺陷,提高物资采购的效率和质量,还能够有效提升企业的管理水平,为企业带来巨大的经济效益。主要有以下几个优点:

(1) 有利于暴露生产过程中隐藏的问题。从深层次上提高生产效率,JIT采购认为,过高的库存不仅增加了库存的成本,而且还将许多生产上、管理上的矛盾掩盖起来,严重地影响企业的生产效率。而JIT是一种理想的物资采购方式,它设置了一个最高标准,一种极限目标,即原材料和外购件的库存为零,质量缺陷为零,通过不断减少外购件和原材料的库存来暴露生产过程中隐藏的问题,从解决深层次的问题上来提高生产效率。

(2) 消除了生产过程的不增值过程。在企业采购中,存有大量的不增加产品价值的活动,如修改订货、点数、入库及运转等,把大量时间、精力、资金花在这些活动上是一种浪费。JIT采购由于大大精简了采购作业流程,因此消除了这些浪费,极大地提高了工作效率。

(3) 进一步减少并最终消除原材料和外购件库存。JIT采购模式的运作,在客观上将在用户企业和供应商企业中铸造一种新的科学管理模式,这将大大提高用户企业和供应商企业的科学管理水平。根据国外一些实施JIT采购策略企业的测算,JIT采购可以使原材料和外购件库存降低40%～85%。这有利于企业减少流动资金的占用,加速流动资金的周转,同时也有利于节省原材料和外购件库存占用的空间,从而降低库存成本。

(4) 使企业真正实现柔性生产。JIT采购使企业实现了需要什么物资,就能供给什么样的物资,什么时间要就能什么时间供应,需要多少就能供给多少,从而使原材料和外购件库存降到最低水平。

(5) 有利于提高采购物资的质量。一般来说,实施JIT采购,可以使购买的原材料和外购件的质量提高2～3倍。而且,原材料和外购件质量的提高,又能够降低质量成本。

(6) 有利于降低原材料和外购件的采购价格。由于供应商和制造商的密切合作以及内部规模效益与长期订货,再加上消除了采购过程中的一些浪费,就使得购买的原材料和外购件的价格得以降低。

虽然JIT采购模式比传统采购模式具有显著优点,但是由于实施JIT采购对企业的基础工作、人员素质、管理水平、信息水平等要求较高，在我国实施JIT采购方法的企业数量还不太多，主要集中在汽车、电子等行业，应用水平也有待于进一步提高。

第四节 采购模式

一、电子采购

电子采购最先兴起于美国，最初形式是一对一的电子数据交换系统(EDI)。这种联结自己和供应商的电子商务系统的确大幅度地提高了采购的效率，但早期的解决方案价格贵、耗费大，且由于其封闭性仅能为一家买家服务，令中小供应商和买家望而却步。20世纪90年代中期，电子采购目录开始兴起，这是供应商通过将其产品上网，来提高供应商的信息透明度、市场涵盖面。近年来，全方位综合电子采购平台出现且通过广泛联结买卖双方来进行电子采购服务。

电子采购是一种在Internet上创建专业供应商网络的基于Web方式的采购，它能够使企业通过网络，寻找管理合格的供货商和物品，随时了解市场行情和库存情况，编制销售计划，在线采购所需的物品，并对采购订单和采购的物品进行在途管理、台账管理和库存管理，实现采购的自动统计分析。实施电子采购，不仅方便、快捷，而且交易成本低，信息公开程度透明，的确是一种很有发展前途的采购方式。实现电子采购的方式有两种：使用EDI(电子数据交换)的电子采购和使用Internet的电子采购。电子采购门户站点对购买简单商品最为有效，它可以让供应商创建和维护其产品的在线目录，其他公司可以从这些目录中搜索商品、下定单以及当场确定付款和装运选择。在试图购买那些必须定制的产品时，常常需要人力判断以及人与人之间的协商。首先，要整理RFP(建议请求)信息包，其中包括某一商品的技术规格和供应要求。其次，必须找到能够满足该请求的供应商。为了节省时间和资金，只需要与有资格的供应商联络，这样花费的精力最少。使这一过程自动化的一种方式就是使用EDI网络，它能够让供应商和买主交换采购信息。只要交纳一点事务处理费，就能通过EDI网络提交信息包，并通过同一网络收到答复。

电子采购比一般的电子商务和一般性的采购在本质上有了更多的概念延伸，它不仅仅完成采购行为，而且利用信息和网络技术对采购全程的各个环节进行管理，有效地整合了企业的资源，帮助供求双方降低了成本，提高了企业的核心竞争力。在这一全新的商业模式下，随着买主和卖主通过电子网络而联结，商业交易开始变得具有无缝性，其自身的优势是十分显著的。具体包括以下几个方面：

(1) 提高采购效率，缩短了采购周期。采购方企业通过电子采购交易平台进行竞价采购，可以根据采购方企业的要求自由设定交易时间和交易方式，大大缩短了采购周期。自采购方企业竞价采购项目正式开始至竞价结束，一般只需要1～2周，较传统招标采购节省30%～60%的采购时间。

(2) 节约大量的采购成本。据美国全国采购管理协会(www.napm.org)称，使用电子采购系统可以为企业采购节省大量成本。采用传统方式生成一份定单所需要的平均费用为150美元，使用基于Web的电子采购解决方案则可以将这一费用降低至30美元。企业通过竞价采购商品的价格平均降幅为10%左右，最高时可达到40%多。通用电气公司估计通过电子采购将每年节约100亿美元。

(3) 优化采购流程。采购流程的电子化不是用计算机和网络技术简单替换原有的采购方式，而是要依据更科学的方法重新设计采购流程。在这个过程中，摒弃了传统采购模式中不适应社会生产发展的落后因素。

(4) 减少过量的安全库存。世界著名的家电企业海尔集团在实施电子采购后，采购成本大幅降低，仓储面积减少一半，降低库存资金约7亿元，库存资金周转日期从30天降低到了12天以下。

(5) 电子采购的另外一个优势是信息共享。不同企业，包括各个供应商都可以共享信息，不但可以了解当时采购、竞标的详细信息，还可以查询以往交易活动的记录，这些记录包括中标、交货、履约等情况，帮助买方全面了解供应商，帮助卖方更清楚地把握市场需求及企业本身在交易活动中的成败得失，积累经验。这使供求双方之间的信息更加透明。

(6) 电子采购能帮助采购方改善客户服务和客户满意度，促进供应链绩效，以及改善与供应商关系。

(7) 电子采购不仅使采购企业大大获益，而且让供应商获益。对于供应商，电子采购可以更及时地掌握市场需求，降低销售成本，增进与采购商之间的关系，获得更多的贸易机会。

国内外无数企业实施电子采购的成功经验证明，电子采购在降低成本，提高商业效率方面，比在线零售、企业资源计划(ERP)更具潜力。电子采购的投资收益远远高于过去10年内已经在企业中占主导地位的任何商业革命，包括企业流程再造、策略性采购等。

二、招标采购

招标采购是指通过招标的方式，邀请所有潜在的供应商参加投标，采购单位通过某种事先确定并公布的标准从所有投标中评选出中标供应商，并与之签订合同的一种采购形式。

招标采购是在众多的供应商中选择最佳供应商的有效方法。它体现了公平、公开和公正的原则。企业采购通过招标程序，可以最大程度地吸引和扩大招标方之间的竞争，从而使招标方有可能以更低的价格采购到所需要的物资或服务，更充分地获得市场利益。

招标采购程序一般包括六个步骤：①确定采购机构和采购需求，编制招标文件，确定标底，发布采购公告或发出投标邀请；②投标，投标人接到招标通知后，根据招标通知的要求填写招标文件，并将其送交采购机构；③开标，采购机构在预先规定的时间和地点将投标人的投标文件正式启封揭晓；④评标，采购机构根据招标文件的要求，对所有的标书进行审查和评比；⑤决标，即授予合同，是指采购机构决定中标人；⑥双方对标书的中内容进行确认，并依据标书签订正式合同。

目前常用的招标采购包括公开招标、邀请招标和议标采购三种招标方式。

1. 公开招标采购

公开招标采购是指招标人(政府采购中心或其委托的中介机构)在媒体上公开刊登通

告，吸引所有有兴趣的供应人参加投标，并按程序选定中标人的一种采购方式。符合下列条件之一的，(政府采购中心或其委托的中介机构)应当采取公开招标采购：①合同价值五万元以上的物资；②合同价值五十万元以上的工程；③合同价值五万元以上的服务；④采购目录中规定应当集中采购而未达到上述标准的项目。

公开招标采购方式是目前各国政府采购中普遍使用的方式，有着竞争性强，透明度高、程序规范、采购规模大等优点。但是公开招标采购时间较长、手续复杂，因此还需要有其他采购方式进行补充。

2. 邀请招标采购

邀请招标采购是指按照事先规定的条件选定合格供应商或承包商，有接到邀请者方才有资格参与投标。邀请招标采购应当是由采购人或采购代理机构以投标邀请书的方式选择邀请符合条件的(三个以上)特定供应商作为潜在的投标人，被邀请的供应商自主决定是否参与投标竞争，最后在所有参与授标的供应商中，通过一定的评标方法选出中标供应商。

邀请招标采购的优点是：投标人相对较少，招标成本相对较低，项目专业性较强。在潜在投标人范围有限，时间比较紧迫，或者采用公开招标并不合算等情况下，采取邀请招标的方式更为有利。但是，因潜在投标人被限于被邀请的特定供应商之中，竞争力较弱，此外由于投标邀请书可以直接寄往被邀请的供应商处，而不必在公开媒体上发布，其信息透明程度较弱。

3. 议标采购

议标采购是指直接邀请三家以上供应商进行报价比价，通过综合考虑质量、信用、售后服务等因素，按照规定程序择优选定供应商的方法。议标采购，适用于采购项目专业性强，仅有少数供应商有能力承担的特殊项目，或者公开招标的成本过高，与采购项目的价值不相称的项目。

三、政府采购

政府采购是指国家各级政府为从事日常的政务活动或为了满足公共服务的目的，利用国家财政性资金和政府借款购买货物、工程和服务的行为。政府采购不仅是指具体的采购过程，而且是采购政策、采购程序、采购过程及采购管理的总称，是一种对公共采购管理的制度。

在国外，政府采购(也叫公共采购)一般有三种模式：①集中采购模式，即由一个专门的政府采购机构负责本级政府的全部采购任务；②分散采购模式，即由各支出采购单位自行采购；③半集中半分散采购模式，即由专门的政府采购机构负责部分项目的采购，而其他的则由各单位自行采购。中国的政府采购中集中采购占了很大的比重，列入集中采购目录和达到一定采购金额以上的项目必须进行集中采购。

政府采购是相对于个人采购、家庭采购、企业采购和团体采购而言的一种采购管理制度。与个人采购、家庭采购、企业采购和团体采购相比，政府采购的主要特点体现在资金来源的公共性、采购主体的特定性、采购活动的非营利性、政府采购的社会性等方面。政府采购与其他采购的主要区别在于：

(1) 政府采购的资金来源为财政拨款和需要由财政偿还的公共借款，这些资金的最终来源为纳税人的税收和公共管理与公共服务收费，还包括将由政府偿还的公共借款。

(2) 采购主体是依靠国家财政资金运作的政府机关、事业单位、社会团体和公共事务机构等。国有企业和国有控股企业使用预算资金进行采购，国家军事机关的采购不包括在此。

(3) 政府采购不以盈利为目标，而是为政府部门提供消费品或向社会提供公共利益。政府采购必须遵循国家政策的要求，包括最大限度地节约支出，购买本国产品。

(4) 政府采购的每项活动都要规范运作，体现"公开、公平、公正"原则，接受社会监督。

四、全球化采购

全球化采购是指利用全球的资源，在全世界范围内去寻找供应商，寻找质量最好，价格合理的产品。由于世界各国经济的多样性和差异性，互相之间具有互补性，随着世界贸易组织职能的发挥，各国间的贸易变得更规范和简便，全世界范围内的资源优化变得更可行，全球化采购在此背景下逐渐发展壮大。

全球化采购与本土采购的最大差异在于策略性和地域性。一般的采购以本地为搜寻范围，着眼于低廉的运输成本和供应商的容易程度。全球化采购是将眼光放大到全球范围寻找最优秀的供应商提供原料。目前，全球供应和全球采购已经成为许多企业的主要战略。相比于本地采购，全球化采购具有以下优势：

(1) 可以扩大供应商价格比较范围，提高采购效率，降低采购成本

通过全球化采购，在全球范围内对有兴趣交易的供应商进行比较，可以以降低价格获得更好的产品和服务。由于地理位置、自然环境以及经济差异，各个国家和地区的资源优势是不同的。通过全球化采购，可以充分利用各国的资源优势并加以合理的组合，使企业能够以合理的价格获得质量较高的商品，从而大大提高企业的经济效益。

(2) 全球化采购可以利用汇率变动进一步降低商品的采购成本

在签订国际快递间商品买卖合同时，应考虑到汇率变动对购买成本的影响。因为贸易合同从签订到实施有一定的时间间隔，而国际快递汇率又是在不断变化着的，因此在选择以何种货币作为支付工具时，应考虑在该时段内国际快递金融市场汇率的变动趋势，以便从中获得收益。全球化采购突破了传统采购模式的局限，从货比三家到货比百家、千家，有助于企业大幅度降低采购费用，降低采购成本，大大提高采购工作效率。

(3) 实现采购过程的公开化和程序化

通过全球化采购可以实现采购业务操作程序化，有利于进一步公开采购过程，实现实时监控，使采购更透明、更规范。企业在进行全球化采购时，必须按软件规定流程进行，减少采购过程的随意性，通过全球化采购还可以促进采购管理定量化，科学化，实现信息化的大容量与快速传递，为决策提供更多、更准确、更及时的信息，使得决策依据更充分。

(4) 实现生产企业为库存而采购到为订单而采购

在全球电子商务模式下，采购互动是以订单驱动方式进行的。制造订单是在用户需求订单的驱动下产生，然后，制造订单驱动采购订单，采购订单再驱动供应商，这种准时化的

订单驱动模式可以准时响应用户需求，降低了库存成本，提高了快递速度和库存周转率。

(5) 实现采购管理向外部资源管理的转变

由于全球化采购下供需双方建立起了一种长期的、互利的合作关系，所以采购方可以及时把质量、服务、交易期的信息传送给对方，使供方严格按要求来提高产品与服务，并根据生产需求协调供应商计划，实现准时化采购，特别是采用电子商务采购，为采购提供了一个全天候超时空的采购环境，降低了采购费用，简化了采购过程，大大降低了企业的库存，使采购交易双方形成战略伙伴的关系。

虽然全球化采购具有上述显著优势，但它所面临的困难与挑战也不容忽视。文化的差异往往是最主要的障碍，此外民族风俗的不同、语言的隔阂、政治经济的稳定度、法令税务的相关规定、汇率的变动等，都会为组织的增值活动增加不确定性。这是我们在全球化采购中需要倍加注意的。

本章小结

采购是企业有关购买需要的物品和服务的职能，包括采购计划、采购活动、存货控制、运输、接收、入库检验等业务活动。

供应商管理是企业保证物资供应、确保采购质量和节约采购资金的重要环节。供应商的选择和供应商的评估是供应商管理中的两个非常重要的步骤。

现代采购技术主要包括 MRP 采购和 JIT 采购。MRP 采购是以需求分析为依据，以满足库存为目的的采购方式，而 JIT 采购是一种完全以满足需求为目的的采购方式。

目前国内外通行的采购模式主要有电子采购、招标采购、政府采购及全球化采购几种。

复习与思考

1. 如何理解采购的概念?
2. 供应商选择与评估的步骤有哪些? 主要需考虑哪些因素?
3. 如何理解 MRP 采购策略，与传统采购策略相比 MRP 采购有何优点?
4. 如何理解 JIT 采购策略，与传统采购策略相比 JIT 采购有何优点?
5. 采购模式主要有哪几种，它们各自的特点有哪些?

参考文献

[1] 徐杰，鞠颂东. 采购管理[M]. 北京：机械工业出版社，2009.
[2] 赵道致，王振强. 采购与供应管理[M]. 北京：清华大学出版社，2009.
[3] 伍蓓，王姗姗. 采购与供应管理[M]. 杭州：浙江大学出版社，2010.
[4] MBA 智库百科. http://wiki.mbalib.com.

第十一章　企业物流管理

引导案例

联想 ERP：一场透明化革命

做 ERP，对于联想这家发展迅速的大企业来说，只是有很多小问题而已。比如，随着 1994—1998 年，联想年销售额平均增长率达到 43%，联想财务截止日和出表日时间间距越来越长，由 15 天直到超过 30 天。

但是，值得为之付出 3 000 万元吗？事实上，联想公司一直在为这类问题烦闷。1992 年，联想开始开发自己的 MIS 系统，完成了销售小票的电子化，开始使用机器打印代替手工开票。“但是这个时候，销售、库存、财务系统都是分开的，高峰期间，销售小票和库存单据要用麻袋送到财务部。”联想集团公司供应链管理部副总经理杨京海回忆。

到了 1995 年，联想已发展成一艘“大船”，由于 PC 市场竞争加剧，在市场风浪中急行的联想面临的已经不是内部操作上的技术性问题，更多的是来自市场环境变化的适应性挑战。

首当其冲的是，IT 业上游原材料价格开始以惊人的速度下降，这直接导致制造商大量积压库存的市价已远远低于账面的价值，这在无形中会虚增企业的存货价值；其次，是来自大量欠款销售的风险。这两个问题的延迟将会动摇企业决策层的信心。

来自下游客户的个性化需求成为 PC 制造商的另一大挑战，摆在联想面前的两个新课题——如何根据客户的个性化需求安排生产计划？采购计划又依据什么来制订？

联想需要 ERP 来解决问题。想象中的 ERP 是一个商业世界的水晶球：准确地反映出联想资金流与业务流达成统一管理，描述从客户下订单开始到送货结束为止的整个业务运作过程。一项业务引起的应收、应付、在途、存货资金都有实时动态的控制点，每一个环节的资金状态都在系统的控制之下。一个企业用户通过 ERP 系统可以即刻回答业务运作过程每一个环节的状态。例如，客户需求的产品是否在运输途中？库存量目前是否可以满足？生产线上的在制品是否有客户需要的产品？短缺的材料是否已经进行了采购？已经采购的原材料何时能够运达？

但柳传志自己也说：“上 ERP 是找死，不上 ERP 是等死。”在中国第一波 ERP 浪潮中，因为 ERP 的先进理念和中国企业应用存在着很大的落差，ERP 在中国的发展存在着“炒着热，吃着凉”的现象。ERP 的实施难度更是让很多厂家望而却步，其成功率在国内只有 20%。可柳传志对那些正在不断出现的小问题非常敏感，他预感它们正在连成一个毒瘤，那足以让联想整个管理系统崩溃。他不想让这个危机在后面等他，与其踯躅不如现在就下决心。柳传志为此投入了 3 000 万元。

“我们的每个采购和生产计划人员每天一清早打开计算机，就可以得到一个今天他要做事情的提示。这实际上就是企业资源计划系统，也就是ERP的原始构想。这就是决策的信息化。”杨元庆说。

1998年11月，联想决定采用SAP的ERP软件——R/3系统作为联想的基础平台。联想ERP第一波实施的范围主要围绕以上三大类业务进行，联想ERP系统规划由五大部模块组成：财务会计(FI)、管理会计(CO)、销售和分销(SD)、物料管理(包括采购和库存)(MM)及生产(PP)。

陷入僵局

在系统实施之前，德勤咨询公司曾经为联想做了项目的整体咨询，并为其提供了一套德勤公司的FastTrack实施方法论和流程改造与设计模板。

联想选择了最好的资源，希望保证ERP成功。事实上它踌躇满志，认为自己拥有优秀的管理经验，投入上千万，使用尖端的SAP公司的软件，集合SAP、世界五大咨询业之一的德勤、国内最大的IT企业联想三方IT精英构筑的阵容。然而在实施四个月后，联想ERP陷入了僵局。

联想的问题后来被归结于“不实际的期待”，“流程重组的动作太大，其自身并未做好准备”。1999年1月26日，咨询顾问离开联想，ERP项目事实上被迫中止。到此时，联想才真正懂得什么是ERP。它不是一场艰苦的心脏手术，就是一堆价格高昂的漂亮文档。经过努力，项目于1999年3月恢复。4月初，确定由时任联想电脑公司副总经理的王晓岩担任项目总监，并由集团业务发展部参与，增加对项目的推进力度。王晓岩反思了实施ERP中的问题，以前联想过高估计了自己的管理水平；另外就是对顾问方过分依赖，这种实际上是一种原地踏步的方式，而非真正意义上ERP的流程再造——没有深度的探索何谈再造？手术刀没有切中要害。

联想开始从初期被动依赖顾问到转变为“以我为主”，它们“存储”了德勤人足够的知识和Knowhow(诀窍)，来了一场“知识转移”。事实上他们意识到如何把方法论、系统和联想的流程相结合成为真正的难点。在大规模地调整组织架构、形成产供销一条龙的事业部机制后，开始了彻底的转变，完全以市场为导向，市场能卖多少，就生产多少，采购多少，弹性留在后面，控制的难度留在后面，后面的适应前面的，联想的供应商也要保持对我们的弹性。但是如何在手段上保证后端能够准确掌握前端的信息，确保既能快速供货又不产生积压呢？而这正是信息化ERP所擅长的。

ERP实质上是打破了既有的金字塔，将其拉平为一条管理流水线，原来的总经理或部门经理的财权一支笔被解构为一个由多个环节衔接而成的流程，黑箱和猫腻就无法存身，比如采购被分解为招标—采购订单—审批—向供应商下单—收货—质检—付款等多个环节，每一环节均有权力，采购自然透明化，既当裁判员又当运动员的现象绝不可能存在。钱和物分成两个系统流动，职能部门做事，财务部门运转资金，而所有的事和钱均需一一对应。

开放透明的“自由人”

联想迎来了“自由人”的阶段。在联想决定上ERP之初，非常硬性地在每一个部门、每一个业务去推进。这时候整个公司就好像是个机器人，非常机械地完成各个部门的E化。

而当联想所有的业务都完成这一过程，同时各部门都越来越顺利地协同开展工作，十倍、数十倍地提高效率时，信息化的好处开始凸现，联想突然间发现自己在信息化的这个平台上开始变得自由而协调。

2000 年 2 月 14 日，联想 ERP 系统独立运行；2000 年 5 月 8 日，联想 ERP 再造系统成功上线（联想集团与神州数码分拆成两套系统），2000 年 8 月 15 日，联想集团正式对外宣布，联想 ERP 项目实施成功，完全进入正常使用阶段。

在联想 ERP 的管理流水线中，总经理和部门经理的权力更多地体现为监管范围的大小，简单说，杨元庆有权监察从采购到销售整个流程所有联想 8 000 人的行为，联想已经变成了一只水晶球。

“开放、透明的 ERP 平台，非常符合联想的精神。”杨元庆说。以前联想有 30 家技术中心站，每个都有财务人员。现在他们只要一个人录入，用一根电话线传回来就可以了。

（资料来源：中国物流与采购网[EB/oL]. http://www. chinawuliu. com. cn/cflp/newss/content1/201004/76632182. html）

第一节 企业物流概述

企业物流是一种围绕企业生产与经营活动的物流，是具体的、微观物流活动的典型领域。企业经营活动的基本结构是“投入—转换—产出”。对于生产型企业来讲，是原材料、燃料、人力、资本等的投入，经过制造加工使之转换为产品；对于服务型企业来讲则是设备、人力、管理和运营，转换为对用户的服务。物流活动便是伴随着企业的“投入—转换—产出”而发生的。相对于投入这一环节的是供应物流或输入物流，相对于转换环节的是生产物流或转换物流，相对于产出环节的是销售或输出物流，在这个过程中，还有一个废弃物的回收和处理过程，即回收物流和废弃物物流。企业的投入、转换、产出关系以及与之对应的物流如图 11.1 所示。

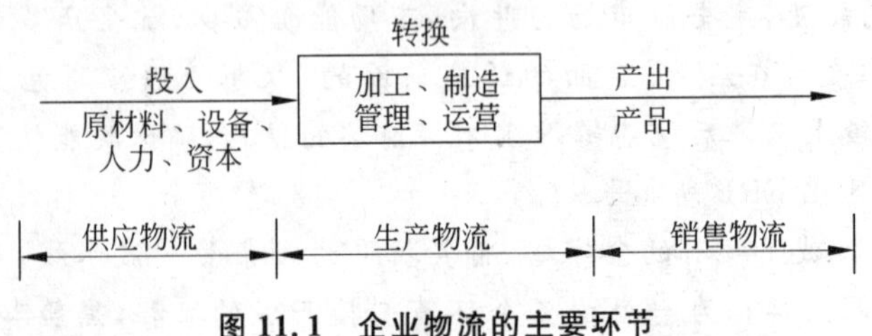

图 11.1 企业物流的主要环节

在企业物流的几个部分中，生产物流是核心。它和生产同步进行，是企业自身所能控制的、合理化的条件最为成熟的一种物流形式。供应物流和销售物流可以看做是生产物流分别向上或向下的延伸，它们受企业外部环境影响较大。企业物流按照企业经营活动的环节可以分为供应物流、生产物流、销售物流、回收物流以及废弃物物流，虽然这些都是由物流各种活动构成的，但是这些物流活动所需要的物流平台条件、物流管理方法以及物流组织等方面都是有区别的。尤其是在物流管理方面，区别更为明显。主要原因是这些物流子系统的具体目标是不相同的，为实现不同的目标，需要不同的组织方法和管理手段。

纵横交错的社会物流网络中，企业物流仅仅是其中的某个节点，它通过生产物流来完成节点内的空间和时间转换过程，通过供应物流和销售物流来实现节点与节点之间的连接。如果任何一个环节出现问题，企业的生产经营就会受到影响，社会物流网络也就难以正常运转。因此，深入研究企业物流是全面认识社会物流的基础。

第二节 生产物流

一、生产物流概述

1. 生产物流的概念

生产物流是指企业生产过程发生的涉及原材料、在制品、半成品、产成品等所进行的物流活动(GB/T 18354—2006)。从工厂购进原材料入库时起，到产品发送进入成品库为止的期间内发生的所有物流活动都属于生产物流的范畴。生产物流是生产(或制造)性企业物流活动的主体内容。这种物流活动是与整个生产的工艺过程相伴而生的，实际上已经成为了生产过程的有机组成部分。企业生产物流的大致流程是原料、零部件、燃料或其他辅助材料从企业的原材料仓库或企业的大门开始，进入到生产线的开始端，伴随生产过程一个环节一个环节地流动，在流动过程中，原材料同时被加工，产生一些废料余料，直到加工终结，产品“流”至成品库时便终结了生产物流的过程。

物流过程要有物流信息服务，即物流信息要支持物流的各项业务活动。通过信息传递，把运输、储存、加工、装卸、搬运等业务活动联系起来，协调一致，以提高物流整体运作效率。因此，生产物流研究的核心是如何对生产过程中的物料流和信息流进行科学的规划、管理和控制。

2. 生产物流的类型和特征

生产系统中的物流特征表现为：①物料按照工艺流程流动；②物流作业与生产作业紧密关联相互交叉；③物流连续地有节奏按比例运转。从物流的角度看，企业的生产过程实际上是物料输入—转化—物料输出的流程系统。因此，生产类型有差异，其物流就表现出不同的特征。

一般从生产专业化的角度，可以根据产品在工作地生产的重复程度把物料生产过程划分为大量生产、单件小批生产、成批生产三种类型。

(1) 大量生产。大量生产方式的特点是生产的品种少，每一种产品的批量大，稳定地不断重复地生产。一般这类产品在一定时期内具有相对稳定的需求。

(2) 单件小批生产。单件小批生产是指需要生产的产品品种多但每一种生产的数量很少，生产重复度低的生产物流系统。物料需求与具体产品制造存在一一对应的相关需求，因此生产的重复程度低；由于单件生产，生产对象在不断变化，因此生产设备和物流装备必须采用通用性原则；由于生产品种的多样性，使得制造过程中采购物料所需的供应商多变，外部物流较难控制。

(3) 成批生产。成批生产的生产对象是通用产品,生产具有重复性,可以按对象专业化原则组织生产。成批生产又分为单一品种成批生产和多品种成批生产。在生产物流的组织上,合理安排每一种产品的轮番间隔期和生产批量,既要减少批量、保证生产的比例性和压缩在制品,又要避免批量频繁变换,影响设备的利用率。

3. 影响生产物流的因素

(1) 生产的类型

不同的生产类型,它的产品品种、结构的复杂程度、精度等级、工艺要求以及原料准备不尽相同,这些特点影响着生产物流的构成以及相互间的比例关系。

(2) 生产规模

生产规模是指单位时间内的产品产量,通常以年产量来表示。生产规模越大,生产过程的构成越齐全,物流量愈大。反之生产规模小,生产过程的构成就没有条件划分得很细,物流量也较小。

(3) 企业的专业化与协作水平

社会专业化和协作水平提高,企业内部生产过程就趋于简化,物流流程缩短。某些基本的工艺阶段的半成品,如毛坯、零部件等,就可由厂外其他专业工厂提供。

二、物料需求计划

1. 物料需求计划的概念

物料需求计划(material requirement planning,MRP)是一种推式体系,根据预测和客户订单安排生产计划。因此,MRP基于天生不精确的预测建立计划,“推动”物料经过生产流程。也就是说,传统MRP方法依靠物料运动经过功能导向的工作中心或生产线(而非精益单元),这种方法是为最大化效率和大批量生产来降低单位成本而设计。计划、调度并管理生产以满足实际和预测的需求组合。生产订单出自主生产计划(MPS)然后经由MRP计划出的订单被“推”向工厂车间及库存。

MRP是一种以计算机为基础的编制生产与实行控制的系统,它不仅是一种新的计划管理方法,而且也是一种新的组织生产方式。MRP的出现和发展,引起了生产管理理论和实践的变革。MRP是根据总生产进度计划中规定的最终产品的交货日期,规定必须完成各项作业的时间,编制所有较低层次零部件的生产进度计划,对外计划各种零部件的采购时间与数量,对内确定生产部门应进行加工生产的时间和数量。一旦作业不能按计划完成时,MRP系统可以对采购和生产进度的时间和数量加以调整,使各项作业的优先顺序符合实际情况。

2. 物料需求计划的原理

我们从相关需求库存问题出发,通过制造业基本方程和制造工程网络,可以阐述物料需求计划的基本原理。物料需求计划是在产品结构与制造工艺基础上,利用制造工程网络原理,根据产品结构各层次物料的从属与数量关系,以物料为对象,以产品完工日期为时间基准,按照反工艺顺序的原则,根据各物料的加工提前期制定物料的投入出产数量与日期。MRP原理的逻辑关系如图11.2所示。

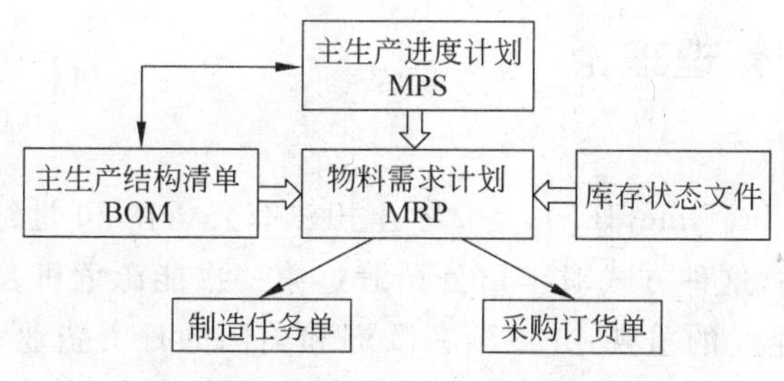

图 11.2 MRP 逻辑原理图

MPS 规定了生产或组装的最终产品的品种和数量以及顾客何时需要得到它们；BOM 规定了制造或组装最终产品所需要的原材料、零部件和中间产品，还报告了每个投入品在什么时候供应以及这些投入品之间的关系。MRP 的基本任务就是从最终产品的生产计划导出相关物料的需要量和需要时间，再根据物料的需求时间和生产周期来确定开始生产的时间，编制制造任务单和采购订货单。

3. 物料需求计划的发展

(1) 制造资源计划

制造资源计划(manufacturing resources planning，MRPⅡ)将公司高层管理与中层管理结合在一起，以制造资源计划为活动核心，促使企业管理循环的动作，达到最有效的企业经营。其涵盖范围包含了企业的整个生产经营体系，包括经营目标、销售策划、财务策划、生产策划、物料需求计划、采购管理、现场管理、运输管理、绩效评价等各个方面。

对于大多数企业来说，实施 MRPⅡ系统所要做的工作太多了。为了确保实施的成功，一般分成三个阶段来完成。

① 第一阶段——实现基本 MRP。这一阶段所应完成的任务包括：生产规则和主生产计划的编制，客户订单录入和预测支持功能，物料需求计划展开功能，库存记录准确性，物料清单的构造和准确性以及来自车间的采购部门的拖期预报。

② 第二阶段——实现闭环。这一阶段应完成的任务包括：车间作业管理，能力需求计划，投入/产出控制，工艺路线的准确性，对供应商实现采购计划法。

③ 第三阶段——实现财务管理和模拟功能。

(2) 企业资源计划

企业资源计划是由美国加特纳公司(Gartner Group Inc.)在 20 世纪 90 年代初首先提出的，那时的 ERP 概念的报告，还只是根据计算机技术的发展和供需链管理，推论各类制造业在信息时代管理信息系统的发展趋势和变革。当时，Internet 的应用还没有广泛普及。随着实践和发展，今天 ERP 已有了更深的内涵。

ERP 的基本框架和基本逻辑与 MRPⅡ并无本质上的不同。ERP 系统从功能上看仍是以制造过程为中心，其核心是 MRP，它体现了制造业的通用模式。ERP 是在 MRPⅡ原有功能基础上，向内外两方面延伸，向内主张以精益生产方式改造企业生产管理系统，向外则增加战略决策功能和供需链管理功能。

三、现代生产管理理论

1. 准时制生产

准时制生产(Just In Time,JIT),是日本丰田汽车公司在20世纪60年代实行的一种生产方式,1973年以后,这种方式对丰田公司渡过第一次能源危机起到了突出的作用,而后引起其他国家生产企业的重视,并逐渐在欧洲和美国的日资企业及当地企业中推行开来,现在这一方式与源自日本的其他生产、流通方式一起被西方企业称为"日本化模式",其中,日本生产、流通企业的物流模式对欧美的物流产生了重要影响,近年来,JIT生产不仅作为一种生产方式,也作为一种通用管理模式在物流、电子商务等领域得到推行。

准时制生产是一种全方位的系统管理工程。它像一根无形的链条调度并牵动着企业的各项工作能按计划安排的进程去顺利实施,因而又称为一种"拉动"式的生产模式。它要求将必要的零件以必要的数量在必要的时间送到生产线,即只将所需要的零件、只以所需要的数量、只在正好需要的时间送到生产线。

准时制生产遵循着以下五个基本原则:

第一,物流准时原则。要求在需要的时间段内,一般指15～30分钟,所有的物品按照需要的规格、规定的质量水平和需要的数量,按规定的方式送到生产现场,或在指定的地点能提取货物。

第二,管理的准时原则。要求在管理过程中,能够按照管理的需要,遵照管理规定的要求收集、分析、处理和应用所需的信息和数据,并作为指令来进行生产控制。

第三,财务的准时原则。要求在需要时候,及时按照需要的金额调拨并运用所需的周转资金,保证企业的财务开支适应生产运行的需求。

第四,销售的准时原则。要求在市场需求的供货时间内,组织货源和安排生产,按照订单或合同要求的品种和数量销售和交付产品,满足顾客的需求。

第五,准时生产原则。企业通过实施劳动组织柔性化来坚持多机床操作和多工序管理的生产方式,通过培训使操作工掌握一专多能的技艺,形成一支适应性强、技术水平高和富有创造性的工作团队,以保证各项特殊要求的生产任务能出色和按时地完成。并且在生产组织上实行工序间"一个流"的原则或成品/半成品储备量逐年下降的原则,最终实现"零库存"的管理目标。同时,在生产准备工作和生产调度也必须适应多品种混流生产的要求,实现柔性化生产。

2. 精益生产

精益生产的核心思想是由美国麻省理工学院在研究丰田生产方式的基础上提出的,是准时制生产的进一步提高。精益生产致力于在客户关系、产品设计、供应网络和工厂管理等各个方面全面消除浪费。其目标是以最少的人员、最低的库存、最短的时间,高效、经济地生产出高质量的产品,对顾客需求做出最迅速的响应。

精益生产的原则有:消除八大浪费;关注流程,提高总体效益;建立无间断流程以快速应变;降低库存;全过程的高质量,一次做对;基于顾客需求的拉动式生产;标准化与工作创新;尊重员工,给员工授权;团队工作;满足顾客需要;精益供应链;"自我反省"和"现地现场”。

3. 敏捷制造

敏捷制造是在具有创新精神的组织和管理结构、先进制造技术(以信息技术和柔性智能技术为主导)、有技术有知识的管理人员三大类资源支柱支撑下得以实施的,也就是将柔性生产技术、有技术有知识的劳动力与能够促进企业内部和企业之间合作的灵活管理集中在一起,通过所建立的共同基础结构,对迅速改变的市场需求和市场进度作出快速响应。敏捷制造比起其他制造方式具有更灵敏、更快捷的反应能力。

敏捷制造企业具有如下特点:

(1) 高度柔性。柔性主要指制造柔性和组织管理柔性。制造柔性主要是指企业能够针对市场的需求迅速转产,转产后能够实现多品种、变批量产品的快速制造。组织柔性主要是指企业淡化宝塔形的管理模式,更强调扁平式管理,即权力下放,项目组具有一定的决策能力。充分发挥每个人的主观能动性,随时发现问题,随时解决。

(2) 先进的技术系统。敏捷制造企业应具有领先的技术手段和掌握这些技术的人员,还应具有可快速重组的、柔性的但并不强调完全自动化的加工设备,以及一套行之有效的质量保证体系,使设计制造出来的产品达到社会用户都满意的程度。

(3) 高素质人员。敏捷制造的一个显著特征就是以其对机会的迅速反应能力来参与激烈的市场竞争,这不仅是无思想的计算机所不能担负的工作,而且也不是思想僵化、被动接受指令的工人或一般模式中偏重于技术的工程师们所能应付得了的,它需要具有“创造性思维”的全面发展的敏捷型劳动者才能够胜任。

(4) 用户的参与。传统的制造过程是收集用户的要求,由制造者进行设计,或者由制造者预测市场需求,再将“自以为是”的产品推向市场。在这种模式下,用户是被动地接受。否则,就要定做,不仅花费高,所需时间也长。在敏捷制造模式下,用户参入产品的设计过程,根据自己的喜好提出设计要求,而且整个设计制造过程对用户都是透明的,甚至连销售服务方面都有用户的掺入。

4. 约束理论

约束理论(theory of constraints,TOC)是以色列物理学家、企业管理顾问戈德拉特博士(Dr. Eliyahu M. Goldratt)在他开创的优化生产技术(optimized production technology,OPT)基础上发展起来的管理学理论,该理论提出了在制造业经营生产活动中定义和消除制约因素的一些规范化方法,以支持连续改进(Continuous Improvement)。同时 TOC 也是对 MRPⅡ和 JIT 在观念和方法上的发展。可用一句话来概括 TOC,就是找出妨碍实现系统目标的约束条件,并对它进行消除的系统改善方法。

TOC 强调必须把企业看成是一个系统,从整体效益出发来考虑和处理问题。首先,企业是一个系统,其目标应当十分明确,那就是在当前和今后为企业获得更多的利润;其次,一切妨碍企业实现整体目标的因素都是约束。按照意大利经济学家柏拉图的原理,对系统有重大影响的往往是少数几个约束,为数不多,但至少有一个。如市场、物料、能力、企业文化、管理体制、员工行为规范等;最后,为了衡量实现目标的业绩和效果,TOC 打破传统的会计成本概念,提出了三项主要衡量指标,即有效产出、库存和运行费用。TOC 认为只能从企业的整体来评价改进的效果,而不能只看局部。库存投资和运行费用虽然可以降低,但是不能降到零以下，只有有效产出才有可能实现不断增长。

第三节 供应物流与销售物流

供应物流与销售物流是物流系统的重要组成部分，是生产过程物流在流通领域中的延续，受企业外部环境影响较大，如政策与市场环境、运输与仓储环境等。

一、供应物流

1. 供应物流的概念

供应物流是指为生产企业提供原材料、零部件或其他物料时所发生的物流活动(GB/T 18354-2006)。供应物流是指包括原材料等一切生产物资的采购、进货运输、仓储、库存管理、用料管理和供应管理。它是生产物流系统中相对独立性较强的子系统，并且和生产系统、财务系统等生产企业各部门以及企业外部的资源市场、运输部门有密切的联系。供应物流是企业为保证生产节奏，不断组织原材料、零部件、燃料、辅助材料供应的物流活动，这种活动对企业生产的正常、高效率进行发挥着保障作用。企业供应物流不仅要实现保证供应的目标，而且要在低成本、少消耗、高可靠性的限制条件下来组织供应物流活动。

供应物流过程因不同企业、不同供应环节和不同的供应链而有所区别，这个区别就使企业的供应物流出现了许多不同种类的模式。但是，尽管不同的模式在某些环节具有非常复杂的特点，但是供应物流的基本流程是相同的，其过程有以下几个环节。

(1) 取得资源。取得资源是完成以后所有供应活动的前提条件。取得什么样的资源，这是核心生产过程提出来的，同时也要按照供应物流可以承受的技术条件和成本条件辅助这一决策。

(2) 到厂物流。所取得的资源必须经过物流才能达到企业。这个物流过程是企业外部的物流过程，在物流过程中，往往要反复运用装卸、搬运、储存、运输等物流活动才能使取得的资源到达企业的门口。

(3) 厂内物流。如果企业外物流到达企业的“门”，便以“门”作为企业内外的划分界限，例如以企业的仓库为外部物流终点，便以仓库作为划分企业内、外物流的界限。这种从“门”或仓库开始继续到达车间或生产线的物流过程，称作供应物流的企业内物流。

2. 供应物流系统的组成

供应物流系统主要包括采购、供应、库存管理、仓储管理和装卸搬运等一系列活动。

(1) 采购。采购工作是供应物流与社会物流的衔接点，是依据生产企业生产、供应、采购计划来进行原材料外购的作业层，负责市场资源、供货厂家、市场变化等信息的采集和反馈。

(2) 供应。供应工作是供应物流与生产物流的衔接点，是依据供应计划或消耗定额进行生产资料供给的作业层，负责原材料消耗的控制。

(3) 库存管理。库存管理工作是供应物流的重要部分，依据企业生产计划制定供应和采购计划，并负责制定库存控制策略及计划的执行与反馈修改。

(4) 仓储管理。仓储管理工作是供应物流的转换点，负责生产资料的接货和发货，以及物料保管工作。

(5) 装卸、搬运。装卸、搬运工作是原材料接货、发货、堆码时进行的操作。虽然装卸、搬运是随着运输和保管而产生的作业，但却是衔接供应物流中其他活动的重要组成部分。

3. 供应物流服务新形式

(1) 准时供应方式。准时供应方式是按照用户的要求，在计划的时间内或者在用户随时提出的时间内，实现用户所要求的供应。准时供应方式大多是双方事先约定供应的时间，互相确认时间计划，因而有利于双方做供应物流和接货的组织准备工作。

(2) 即时供应方式。即时供应方式是准时供应方式的一个特例，是完全不依靠计划时间而按照用户偶尔提出的时间要求，进行准时供应方式。这种方式一般作为应急的方式采用。在网络经济时代，由于电子商务的广泛开展，在电子商务运行中，最基本消费者所提出的服务要求，大多缺乏计划性，而又有严格的时间要求，因此在新经济环境下，这种供应方式有被广泛采用的趋势。需要说明的是，这种供应方式由于很难实现计划和共同配送，所以，一般成本较高。

(3) 看板方式。看板方式是准时方式中的一种简单有效的方式，也称为“传票卡制度”或“卡片制度”，是日本丰田公司首先采用的。在企业的各工序之间，或在企业之间，或在生产企业与供应者之间，采用固定格式的卡片为凭证，由下一环节根据自己节奏，逆生产流程方向，向上一环节指定供应，从而协调关系，做到准时同步。采用看板方式，有可能使供应库存实现零库存。

二、销售物流

1. 销售物流的概念

我国物流术语标准(GB/T 18354—2006)认为，销售物流就是企业在出售商品过程中所发生的物流活动。销售物流的起点，一般情况下是生产企业的产成品仓库，经过分销物流，完成长距离、干线的物流活动，再经过配送完成市内和区域范围的物流活动，到达企业、商业用户或最终消费者。对销售物流概念的理解包括以下几个方面：

(1) 销售物流是一个系统，具有一体化特征。销售物流是企业为保证本身的经营效益，伴随销售活动，不断将产品所有权转给用户的物流活动，它是订货处理、产成品库存、发货运输、销售配送等物流活动的有机统一。

(2) 销售物流是联接生产企业和用户的桥梁，是企业物流与社会物流的另一个衔接点。销售物流是企业物流活动的一个重要环节，它以产品离开生产线进入流通领域为起点，以送达用户并经售后服务为终点，它与社会销售系统相互配合，共同完成企业的分销和销售任务。

(3) 销售物流具有很强的服务性。销售物流是以满足用户的需求为出发，从而实现销售和完成售后服务，因此销售物流具有很强的服务性。在现代社会中，市场环境是一个完全的买方市场，只有满足买方要求，卖方才能最终实现销售。销售物流的服务性表现在要以满足用户的需求为出发点,树立"用户第一"的观念,要求销售物流必须快速、及时,这不仅是用户和消费者的要求,也是企业发展的要求。

(4) 销售物流以实现销售为目的。销售物流过程的终结标志着商业销售活动的终结。销售物流是以实现销售为目的。它的所有活动及环节都是为了实现销售利润,因此物流本身所实现的时间价值、空间价值及加工价值在销售过程中都处于从属地位。

2. 销售物流的功能

(1) 进行市场调查和需求预测。销售物流包括大量工作,首要任务是进行销售预测,然后在此基础上制订生产计划和存货计划。

(2) 开拓市场和制订销售产品的方针和策略。在进行产品销售活动中,开拓市场和制定销售产品的方针和策略是销售物流的一项重要内容,主要包括销售渠道、营销组合、产品定价等。

(3) 编制销售计划。正确确定计划期产品销售量和销售收入两个指标,满足社会需求,保证产品衔接。

(4) 组织、管理订货合同。包括组织签订合同、检查执行合同和处理执行合同中的问题。

(5) 组织产品推销。包括产品的商标与装潢设计、广告宣传、试销试展、派员推销以及市场信息反馈等。

(6) 组织对用户的服务工作。包括产品安装调试,使用与维修指导,实行"三包",提供配件以及售前、售后征求用户意见等。

(7) 进行成本分析。对销售功用与销售成本进行分析,不断提高销售的经济效益和销售管理工作水平。

3. 销售物流合理化的实现

销售物流合理化应该做到:在适当的交货期,准确地向顾客发送商品:对于顾客的订单,尽量减少商品缺货或者脱销;合理设置仓库和配送中心,保持合理的商品库存;使运输、装卸、保管和包装等操作省力化;维持合理的物流费用;使订单到发货的情报传递畅通无阻;将销售额等订货信息,迅速提供给采购部门、生产部门和销售部门。

(1) 销售物流的综合成本控制。为了实现销售活动,仓储、运输、包装等各职能部门所投入的成本称为职能成本。系统成本则是整个销售物流活动过程中各职能成本的总和。

(2) 直销方案的综合物流费用分析。把商品直接销售到用户手中,这种销售物流方案一般会耗费较高的物流成本费用,因为通常直销的货物数量不会很大,而且运输频率高,因此运送成本较高。但是这种直销一般是针对急需的用户采用,一旦延误,很有可能失去用户。如果失去销售机会而损失的效益大于物流成本,则企业还是应采取直销方案。

(3) 销售物流的统一管理。在销售物流过程中,仓储、运输、包装决策应该是互相协调的。因此,企业应将销售物流活动统一管理,协调各职能部门的决策,全权负责,这对于满足用户需求,节约企业的物流投入是非常有利的。

第四节 回收物流和废弃物物流

在社会活动中，生产过程造成的边角、废渣、废水，流通过程产生的废弃包装材料，生活中形成的可利用或无法利用的废弃物等，对这些物质的处理便构成了回收物流和废弃物物流，它们是物流系统的重要组成部分。

一、回收物流

1. 回收物流的概念

目前，理论界对回收物流的概念表述很多，但总的说来，可以将回收物流分为狭义回收物流和广义回收物流两类。

根据《中华人民共和国国家质量标准物流术语》，回收物流(returned logistics)是指不合格物品的返修、退货以及周转使用的包装容器从需方返回至供方所形成的物品实体流动。广义的回收物流(reverse logistics)除了包括狭义回收物流的内容以外，还包括废弃物物流。回收物流网络示意图如图 11.3 所示。

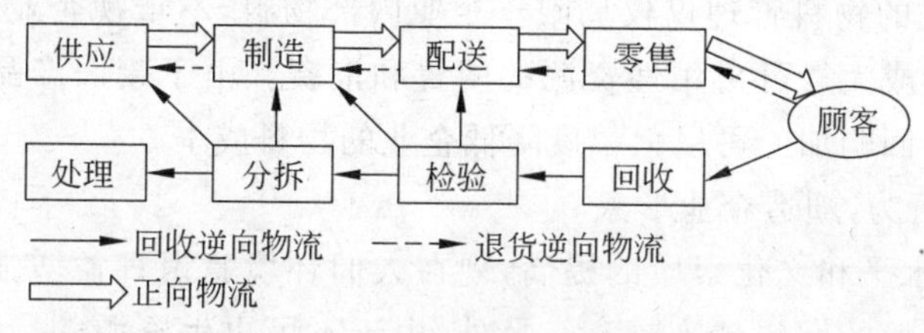

图 11.3 回收物流网络示意图

2. 回收物流的环节

回收逆向物流主要包括以下几个环节：

(1) 回收

回收是将顾客所持有的产品通过有偿或无偿的方式返回销售方。这里的销售方可能是供应链上任何一个节点，如来自顾客的产品可能返回到上游的供应商、制造商，也可能是下游的配送商、零售商。

(2) 检验与处理决策

该环节是对回收品的功能进行测试分析，并根据产品结构特点以及产品和各零部件的性能确定可行的处理方案，包括直接再销售、再加工后销售、分拆后零部件再利用和产品或零部件报废处理等。然后，对各方案进行成本效益分析，确定最优处理方案。

(3) 分拆

按产品结构的特点将产品分拆成零部件。

(4) 再加工

对回收产品或分拆后的零部件进行加工，恢复其价值。

(5) 报废处理

对那些没有经济价值或严重危害环境的回收品或零部件，通过机械处理、地下掩埋或焚烧等方式进行销毁。西方国家对环保要求越来越高，而后两种方式会对环境带来一些不利影响，如占用土地、污染空气等。因此，目前西方国家主要采取机械处理的方式。

3. 回收物流的意义

(1) 提高潜在事故的透明度

回收物流在促使企业不断改善品质管理体系上，具有重要的地位。企业在退货中暴露出的品质问题，将透过逆向物流资讯系统不断传递到管理阶层，提高潜在事故的透明度，管理者可以在事前不断地改进品质管理，以消除产品的不良隐患。

(2) 提高顾客价值，增加竞争优势

在当今顾客驱动的经济环境下，顾客价值是决定企业生存和发展的关键因素。众多企业通过逆向物流提高顾客对产品或服务的满意度，赢得顾客的信任，从而增加其竞争优势。对于最终顾客来说，回收物流能够确保不符合订单要求的产品及时退货，有利于消除顾客的后顾之忧，增加其对企业的信任感及回头率，扩大企业的市场份额。

(3) 降低物料成本

减少物料耗费，提高物料利用率是企业成本管理的重点，也是企业增效的重要手段。然而，传统管理模式的物料管理仅仅局限于企业内部物料，不重视企业外部废旧产品及其物料的有效利用，造成大量可再用性资源的闲置和浪费。由于废旧产品的回购价格低、来源充足，对这些产品回购加工可以大幅度降低企业的物料成本。

(4) 改善环境行为，塑造企业形象

随着人们生活水平和文化素质的提高，现在人们环境意识日益增强，消费观念发生了巨大变化，顾客对环境的期望越来越高。另外，由于不可再生资源的稀缺以及对环境污染日益加重，各国都制定了许多环境保护法规，为企业的环境行为规定了一个约束性标准。企业的环境业绩已成为评价企业运营绩效的重要指标。为了改善企业的环境行为，提高企业在公众中的形象，许多企业纷纷采取回收物流战略，以减少产品对环境的污染及资源的消耗。

二、废弃物物流

1. 废弃物物流的概念

国家标准术语中将废弃物物流定义为：将经济活动中失去原有使用价值的物品，根据实际需要进行收集、分类、加工、包装、搬运、储存等，并分送到专门处理场所时所形成的物品实体流动。可以说，废弃物物流的作用不在于创造多少经济价值，而在于创造社会效益，即从环境保护出发，将废弃物焚化、进行化学处理或运到特定地点堆放、掩埋。

按照废弃物的物理形态，可以将废弃物分为固体废弃物、液体废弃物和气体废弃物。按照形成废弃物的来源，可以将废弃物分为产业废弃物、生活废弃物和环境废弃物。

2. 废弃物的几种处理方式

(1) 废弃物掩埋。大多数企业对企业产生的最终废弃物，是在政府规划地区，利用原有的废弃坑塘或用人工挖掘出的深坑，将其运来、倒入，表面用好土掩埋。其优点是不形成堆场、不占地、不露天污染环境、可防止异味对空气污染；缺点是挖坑、填埋要有一定投资，在未填期间仍有污染。

(2) 垃圾焚烧。是在一定地区用高温焚毁垃圾。这种方式只适合用于有机物含量高的垃圾或经过分类处理将有机物集中的垃圾。

(3) 垃圾堆放。在远离城市地区的沟、坑、塘、谷中，选择合适位置直接倒垃圾，也是一种废弃物处理方式。

(4) 净化处理加工。是垃圾(废水、废物)进行净化处理，减少对环境危害的废弃物处理方式。

3. *废弃物物流的管理*

废弃物物流就是要研究废弃物如何运行，变废为宝。它是从环境保护的角度出发，不管对象物有没有价值或利用价值，都要将其妥善处理，以免造成环境污染。对这类废弃物的处理过程就产生了废弃物物流。由于我国长期以来各部门和地区分别管理，各自为政，导致了目前的许多废弃物无人管、无人治理的尴尬局面。自然界的物质不是无限的，森林的采伐、矿产的开采都是有一定限度的，在资源已日渐枯竭的今天，人们必须重视通过回收物流将可以利用的废弃物收集、加工，重复再利用，来节省和提高资源的利用率。

废弃物物流的管理不仅是企业的事情，也是政府的一项主要的工作内容。因为废弃物物流是当今经济可持续发展的一个重要组成部分，它对社会经济的不断发展和人类生活质量的不断提高具有重要的意义。目前国家发改委虽然建立了物流部际联席会议制度，对现有的物流发展进行协调管理，但还远远不够。废弃物物流的产生和管理涉及更多部门。一些发达国家制定了诸如控制污染发生源，限制交通流量和立法来加以约束的措施，而且还从物流业发展的合理布局上为物流的绿色化铺平道路。我国自 20 世纪 90 年代以来，也一直致力于环境污染方面政策和法规的制定和颁布，但针对废弃物物流的还不多。由于物流涉及的部门行业多，而这些部门又都自成体系，独立运作和制定各自的发展规划和设计各自的物流中心，造成社会资源配置的巨大浪费，也为以后物流运作上的环保问题增加了过多的负担。

本章小结

企业是为社会提供产品或某些服务的经济实体。企业物流是指在企业生产经营过程中，物品从原材料供应开始，经过生产加工成产成品，产成品销售，以及伴随生产消费过程中所产生的废弃物的回收以及再利用，直到最终废弃物排放的完整循环活动。企业物流因此划分为生产物流、供应物流、销售物流、回收物流以及废弃物物流。

生产物流是企业物流的关键环节。企业生产物流的大致流程是原料、零部件、燃料或其他辅助材料从企业的原材料仓库或企业的大门开始，进入到生产线的开始端，伴随生产过程一个环节一个环节地流动，在流动过程中，原材料同时被加工，产生一些废料余料，直到加工终结，产品“流”至成品库时便终结了生产物流的过程。目前广泛采用的生产物流计划方法有物料需求计划(MRP)和制造资源计划(MRPⅡ)。

供应物流是指为生产企业提供原材料、零部件或其他物料时所发生的物流活动。供应物流系统主要包括采购、供应、库存管理、仓储管理和装卸搬运等一系列活动。随着技术的进步和对供应速度的要求,目前已经形成了多种新的供应物流方式,如准时供应方式、即时供应方式、看板方式等。

销售物流是伴随销售活动产生的,将产品实体转给用户的物流活动。它是订货处理、产成品库存、发货运输、销售配送等物流活动的有机统一。

回收物流是考虑到被废弃的物品有再利用的价值,将其进行加工、拣选、分解、净化,使其成为有用的物品或转化为能量而重新投入生产和生活的循环系统。废弃物物流是无视对象物的价值,仅从环境保护的角度出发,将其焚烧、化学处理,或运到特定地点堆放、掩埋。这两种物流活动对自然资源和社会经济都具有重大的意义。

1. 简述“准时供应”和“即时供应”之间的区别。
2. 简述 MRP 和 MRPⅡ的概念、特点和原理。
3. 简述实现销售物流合理化的途径。
4. 回收物流和废弃物物流有哪些意义?

参考文献

[1] 周启蕾.物流学概论[M].北京:清华大学出版社,2009.
[2] 马天山,董千里.现代物流基础[M].北京:人民交通出版社,2004.
[3] 高本河,唐玉兰.物流学概论[M].北京:中央广播电视大学出版社,2007.
[4] 高林.JIT 在生产物流中的应用[J].物流技术与应用,2010(11):76-78.
[5] 贺超,冯春花.企业逆向物流回收——再制造决策研究[J].技术与创新管理,2010:436-440.
[6] 张海霞,王俊阁.基于 MRPⅡ/JIT 的生产车间物流管理[J].中国物流与采购,2010(15):53-55.

第十二章 物流成本管理

引导案例

A公司物流成本管理存在的问题

A公司是一个以市场为核心、现代医药科技为先导、金融支持为框架的新型公司，是西南地区经营药品品种较多、较全的医药专业公司。公司成立以来，效益一直稳居云南同行业前列，A公司下属一个制药厂，9个医药经营分公司，30个医药零售连锁药店。它有着庞大的销售网络，该网络以昆明为中心，辐射整个云南省乃至全国，包括医疗单位网络、商业调拨网络和零售连锁网络。

目前，公司虽已形成规模化的产品生产和网络化的市场销售，但其流通过程中的物流管理严重滞后，进而造成物流成本居高不下，不能形成价格优势。这严重阻碍了物流服务的开拓与发展，成为公司业务发展的"瓶颈"，主要表现在：

(1) 装卸搬运费用过高

装卸搬运活动是衔接物流各环节活动正常进行的关键，它渗透到物流各个领域，控制点在于管理好储存物品、减少装卸搬运过程中商品的损耗率、装卸时间等。而A公司恰恰忽视了这一点。首先是搬运设备的现代化程度较低，A公司只有几个小型货架和手推车，大多数作业仍处于人工作业为主的原始状态，工作效率低，且易损坏物品。其次是仓库设计得不合理，造成长距离的搬运。再次是库内作业流程混乱，重复搬运，大约有70%属于无效搬运，这种过多的搬运次数，既损坏了商品，又浪费了时间。

(2) 储存费用过高

目前，A公司仓库的平面布置区域安排不合理，只强调充分利用空间，没有考虑前后工序的衔接和商品的存放，混合堆码的现象严重，造成出入库的复杂和长期存放，比如，一些已过有效期发生变质和退回的商品没能得到及时处理，占据了库存空间，增大了库存成本。

(3) 运输费用没有得到有效控制

运输费用占物流费用的比重较大，A公司虽拥有庞大的运输队伍，但由于物流管理缺乏力度，没有独立的运输成本核算方法，再加上该公司只单纯地追求及时送货，因此不仅没能做到批量配送，还形成了不必要的迂回，造成人力、物力不必要的浪费。此外，由于部分员工的工作作风很差，乘送货之机办自己的私事，影响了工作效率，也增大了运输费用。

(4) 物流管理系统不完备

在企业中物流信息的传递依然采用"批条式"或"跑腿式"方式进行，计算机、网络等先进设备与软件基本上处于初级应用或根本不用的状态，这使得各环节间严重脱离甚至停滞，进而形成不必要的损失。

综上所述，我们可以看出，A公司物流成本控制着重在运输和储存费用。在运输中可以加强运输的经济核算，合理选择运输路线，有效调配运输车辆和人员，严格监控运输中的差错事故，就可以大幅度地降低运输费用。而在储存中，有些费用好比大海中的一座冰山，人们只能看到露出水面的那一部分，虽有很大的潜力可挖，但却不容易找到切入点，因此需要对现有仓储系统进行合理化改造。

（案例来源：广州物流网．http://www.guangzhou-logistics.com/）

第一节　物流成本概述

一、物流成本的概念

1．物流成本的定义

中国国家标准物流术语对物流成本进行了界定，认为物流成本是“物流活动中所消耗的物化劳动和活劳动的货币表现”，这一界定表明物流成本来自实物运动过程中所耗费的各种资源和劳动。具体而言，它是包装、装卸搬运、运输、存储、流通加工等实物运动过程中所产生的物力、财力和人力的总和。简而言之，物流成本就是完成各物流活动所产生的费用。

2．物流成本的含义

从不同的角度对物流成本进行分析，人们对物流成本所产生的理解和认识也就不同。从管理和控制物流成本的角度来分析，有三种关于物流成本的理解和认识：社会物流成本、企业物流成本、物流企业的物流成本。

（1）社会物流成本

社会物流成本是从宏观层次对物流成本产生的理解。社会物流成本是国民经济各个部门用于物流费用的总和，反映的是国家在一定时期内产生的物流总成本。社会物流成本的统计范围通常包括运输费用、库存费用及物流管理费用等。人们通常用社会物流成本占GDP的比重来衡量物流管理水平。

（2）企业物流成本

企业物流成本是从微观层次对物流成本产生的理解。在对企业物流成本进行理解时，通常区分制造企业物流成本和流通企业物流成本。制造企业物流成本产生于制造企业的物流过程，包括原材料的采购，半成品的搬运与存储，成品的包装与运输等诸多环节。相比而言，流通企业的业务活动比制造企业要简单，因此其物流成本构成也相对简单。流通企业物流成本主要产生于流通企业的各经营活动。

（3）物流企业的物流成本

物流企业的物流成本也是从微观层次对物流成本产生的理解。物流企业的物流成本是指提供个别功能性物流服务的物流企业及提供一体化物流服务的第三方物流企业的运营成本。当运营企业将物流业务外包给物流企业时，物流企业在运营中发生的各种支出构成了物流企业的物流成本，而物流企业向运营企业收取的物流费用构成了运营企业的物流成本。

二、物流成本的构成

1. 物流成本项目构成

从物流成本项目来看，物流成本主要包括物流功能成本和存货相关成本。其中物流功能成本包括物流运作成本、物流信息成本和物流管理成本，存货相关成本包括资金占用成本、物品损耗成本、保险和税收成本。具体项目构成见表 12.1。

表 12.1　物流成本的项目构成

成本项目			内容说明
物流功能成本	物流运作成本	运输成本	一定时期内，企业为完成货物运输业务而发生的全部费用，包括从事货物运输业务的人员费用、车辆（包括其他运输工具）的燃料费、折旧费、维修保养费、租赁费、养路费、过路费、年检费、事故损失费、相关税金等。
		仓储成本	一定时期内，企业为完成货物储存业务而发生的全部费用，包括仓储业务人员费用，仓储设施的折旧费、维修保养费、水电费、燃料与动力消耗等。
		包装成本	一定时期内，企业为完成货物包装业务而发生的全部费用，包括包装业务人员费用，包装材料消耗，包装设施折旧费、维修保养费，包装技术设计、实施费用及包装标记的设计、印刷等辅助费用。
		装卸搬运成本	一定时期内，企业为完成装卸搬运业务而发生的全部费用，包括装卸搬运业务人员费用，装卸搬运设施折旧费、维修保养费、燃料与动力消耗等。
		流通加工成本	一定时期内，企业为完成货物流通加工业务而发生的全部费用，包括流通加工业务人员费用，流通加工材料消耗，加工设施折旧费、维修保养费，燃料与动力消耗费等。
	物流信息成本		一定时期内，企业为采集、传输、处理物流信息而发生的全部费用，是指与订货处理、储存管理、客户服务有关的费用，具体包括物流信息人员费用，软硬件折旧费、维护保养费、通讯费等。
	物流管理成本		一定时期内，企业物流管理部门及物流作业现场所发生的管理费用，具体包括管理人员费用，差旅费、办公费、会议费等。
存货相关成本	资金占用成本		一定时期内，企业在物流活动过程中负债融资所发生的利息支出（显性成本）和占用内部资金所发生的机会成本（隐性成本）。
	物品损耗成本		一定时期内，企业在物流活动过程中所发生的物品跌价、损耗、毁损、盘亏等损失。
	保险和税收成本		一定时期内，企业支付的与存货相关的财产保险费及因购进和销售物品应缴纳的税金支出。

（资料来源：中华人民共和国国家标准 GB/T 20523-2006[M]. 企业物流成本构成与计算. 北京：中国标准出版社，2007）.

2. 物流成本范围构成

从物流成本范围来看，物流成本包括供应物流成本、企业内物流成本、销售物流成本、回收物流成本及废弃物流成本。具体的成本范围构成见表 12.2。

表 12.2 物流成本的范围构成

成本范围	内 容 说 明
供应物流成本	指经过采购活动，将企业所需原材料(生产资料)从供给者的仓库运回企业仓库为止的物流过程中所发生的物流费用。
企业内物流成本	指从原材料进入企业仓库开始，经过出库、制造形成产品以及产品进入成品库，直到产品从成品库出库为止的物流过程中所发生的物流费用。
销售物流成本	指为了进行销售，产品从成品仓库运动开始，经过流通环节的加工制造，直到运输至中间商的仓库或消费者手中的物流活动过程中所发生的物流费用。
回收物流成本	指退货、返修物品和周转使用的包装容器等从需方返回供方的物流活动过程中所发生的物流费用。
废弃物流成本	指将经济活动中失去原有使用价值的物品，根据实际需要进行收集、分类、加工、包装、搬运、储存等，并分送到专门处理场所的物流活动过程中所发生的物流费用。

(资料来源：中华人民共和国国家标准 GB//T20523-2006[M]. 企业物流成本构成与计算. 北京：中国标准出版社，2007.)

3. 物流成本支付形态构成

从物流成本的支付形态来看，物流成本包括企业内部物流成本和委托物流成本两部分，其中企业内部物流成本又包括材料费、人工费、维护费、一般经费和特别经费。具体的成本范围构成见表 12.3 所示。

表 12.3 物流成本的支付形态构成

成本支付形态		内 容 说 明
企业内部物流成本	材料费	资材费、工具费、器具费等
	人工费	工资、福利、奖金、津贴、补贴、住房公积金等
	维护费	土地、建筑物及各类物流设施设备的折旧费、维护维修费、租赁费、保险费、税金、燃料与动力消耗费等
	一般经费	办公费、差旅费、会议费、通讯费、水电费、煤气费等
	特别经费	存货资金占用费、物品损耗费、存货保险费和税费
委托物流成本		企业向外部物流机构所支付的各项费用

(资料来源：中华人民共和国国家标准 GB//T 20523-2006[M]. 企业物流成本构成与计算. 北京：中国标准出版社，2007.)

三、物流成本的特征

1. 物流成本的“二律背反”性

“二律背反”是指系统中的构成要素之间存在着此消彼长的关系，即某一要素的优化必然会导致另一个或几个要素受损。“二律背反”在物流系统当中普遍存在，比如减少物流当中的包装支出，必然会节省包装成本，从而有利于利润的增加，但是减少包装支出会降低对产品的保护，一旦产品进入流通环节，就会造成装卸、储存、运输等方面的成本的增加。

2. 物流成本的隐蔽性

西泽修教授提出的物流成本冰山理论认为，物流成本就像一座冰山，我们只看到了水面上的很小一部分，而隐藏在水面之下的黑色区域还很大，还没有被很好地发现和计算。物流成本的隐蔽性源自两个方面，首先除了委托外部物流企业完成物流活动之外，企业自身还需要配备物流人员和设施开展部分物流活动，产生于企业外部的物流成本容易被认识到，而产生于企业内部的物流成本却容易被忽视。其次是现行的会计核算制度中，成本分摊基本都是基于劳动力或产品进行的，按照劳动力或产品简单进行分摊物流成本，很难准确地反映出物流成本的本质，这也造成了对物流成本认识的困难。

3. 物流成本的乘数效应

物流成本的乘数效应，是指物流成本的变化不仅会直接影响收益，还会通过各种渠道间接影响收益。比如物流时间的节省除了意味着物流费用的降低之外，还意味着企业物资和与物资相关的资金周转速度的加快，以及用户满意度的提升，物流成本的直接效应体现在物流费用的降低可以直接提升收益，间接效应体现在物资和资金周转速度加快促进了生产效率的提升，用户满意度的提高有助于优化企业形象。

第二节　物流成本的计算方法

一、物流成本的计算对象

通过对物流成本的计算，有助于弄清物流成本的大小，提高对物流成本的认识，进而明确物流成本单位的责任和义务，强化物流成本的管理水平，并为企业的决策提供依据。对物流成本进行计算，首先要明确物流成本计算的对象。成本计算对象是指企业为了归集和分配各项费用和成本，而确定的存在于一定时间和范围内的费用承担者。

物流成本计算对象是各项物流费用和成本的承担者，在确定物流成本计算对象时，需要考虑到物流成本的特征、物流成本的构成项目、物流成本的范围、物流成本的支付形态等诸多因素。可以从物流成本构成的三个维度，即物流成本的项目、物流成本的范围及物流成本的支付形态，来确定物流成本的计算对象。

1. 物流成本的项目维度

通过分析物流成本项目，可以找出导致物流成本的各个物流活动，从而确定出物流成本承担的实体。物流成本承担的实体是指承担各项物流成本和费用的具体对象，在物流成本项目维度中，物流成本承担的实体主要是各种类型的物流活动或物流作业。同时，由于各个物流成本项目都是发生在一定时期内的物流活动或物流作业，所以通过物流成本项目维度可以确定出一定时间内的物流成本承担对象。

2. 物流成本的范围维度

通过物流成本的范围分析，可以归纳出物流成本产生的具体业务环节，从而从业务环节维度确定出物流成本的承担实体。从物流业务的环节来看，物流环节主要包括供应物流、企业内物流、销售物流、回收物流以及废弃物流等。将物流成本承担实体归入到不同的物流业务环节中,可以确定出一定业务环节内的物流成本承担对象。

3. 物流成本的支付形态维度

通过对物流成本支付形态的分析,可以确定出物流成本承担实体所处的空间位置。从物流成本的支付形态来看,企业需要区分内部物流成本和外部物流成本进行支付。对于企业外包的物流业务,需要列入外部物流成本,对于企业自己经营的物流业务,则需要列入内部物流成本。

二、物流成本的信息收集与计算

1. 会计方法

运用会计方法收集物流成本信息并计算物流成本,就是采用会计凭证、会计账户、会计报表等会计核算工具,对产生的物流费用和耗费进行系统、全面、连续的记录、计算和报告的方法。运用会计方法收集物流成本信息并计算物流成本通常有三种模式:独立核算物流成本的模式、设立物流成本总账的核算模式、设立物流成本辅助账户的核算模式。

(1) 独立核算物流成本的模式

独立核算物流成本的模式又被称为“双轨制”,是通过该模式收集物流成本信息并计算物流成本,表明物流成本核算体系与财务会计核算体系是截然分开的两套体系。在独立核算物流成本的模式中,对每项物流业务都需要从记账凭证开始逐步核算,直至汇总形成总账和财务报告。该模式的优势体现在信息全面、连续、准确、系统,物流成本核算体系与财务会计核算体系独立运行,相互之间的干扰不大,其劣势表现为工作量大。

(2) 设立物流成本总账的核算模式

设立物流成本总账的核算模式又被称为“单轨制”,在该模式下收集物流成本信息并核算物流成本,就是通过增设“物流成本”总账科目,将物流成本的核算与企业其他成本的核算相结合,进而建立一套能够提供多种成本信息的会计凭证、会计账户和会计报表体系。该模式的优势体现在信息系统、全面、连续,其劣势表现为对原有会计核算体系调整较大,需要核算人员具有更加专业的素质。

(3) 设立物流成本辅助账户的核算模式

运用设立物流成本辅助账户的核算模式,收集物流成本信息并核算物流成本,需要在原有的会计核算体系中成本费用账户下设立物流成本辅助账户,在辅助账户下独立核算物流成本。该模式的优点是账外计算,不需要调整现行会计账表体系,信息资料既全面又系统,而且计算方法简单易掌握。

2. 统计方法

运用统计方法进行物流成本信息的收集与物流成本的计算,不需要设立完整的会计凭证、会计账户和会计报表体系,物流成本的计算和信息收集,主要是通过对企业现行成本核算资料的剖析来实现。具体而言,通过对现行成本核算资料的分析,按照一定的原则和方法,针对不同领域、不同功能、不同性质的物流成本进行估算,对不同类型的物流成本进行核算,并重新进行归类、分配、汇总,加工生成新的物流成本信息。

统计方法的基本原则是单独的物流作业耗费直接计入物流成本，间接的消耗按比例计算计入物流成本。该方法的基本步骤包括：

(1) 分析材料采购、管理费用等账户，计算供应物流成本。

(2) 分析生产成本、制造费用、管理费用等账户，计算生产物流成本。

(3) 分析销售费用账户，计算销售物流成本。

(4) 计算企业对外支付的物流成本。

(5) 确定物流利息。

(6) 分析管理费用账户，计算退货物流成本。

(7) 分摊废弃物流成本。

在运用统计方法进行物流成本信息的收集与物流成本的计算时，需要注意以下几个方面：

(1) 核算期间的选取不宜太短。在选择核算期间的时候，既可以是半年也可以是一个季度，但不宜太短，以避免与常规核算发生太多冲突。在半年末或者季度末，一般都是在完成常规的核算之后，再进行专门的统计核算。

(2) 核算内容不苛求细而全。在进行统计核算时，应以现有的财务资料为主，可综合运用模型估算、倒算等方法，推算无法获取的数据和信息。核算也不必过于追求全面和完备，可以仅针对所关心的环节进行统计核算。

(3) 可以综合运用多种方法进行核算。在进行统计核算时，可以运用多种统计和数学分析方法，而不是仅仅局限于横向比较与纵向比较，通过运用多种分析方法和分析工具，能够深化对物流成本的认识。

运用统计方法收集物流成本信息并计算物流成本，不需要全面、系统地反映物流成本，运用起来简单易行。其不足之处表现在信息不够精确，容易造成物流成本计算的形式化，削弱物流管理的意识。当物流成本核算人员素质不高，物流成本研究处于起步阶段时，可以采用该方法。

三、物流成本计算的作业成本法

企业的物流活动是由一系列的物流作业构成的，这些物流作业包括采购、运输、仓储、装卸、流通加工、配送等，所以物流活动的成本来自这些物流作业。同时每项物流作业的发生都需要耗费一定量的企业资源，包括人力、物力、财力等，因此物流作业又是企业耗费资源的载体。这使得作业成本法在计算物流成本时具有相当的优势。作业成本法(activity based costing，ABC)是20世纪80年代后期，在传统成本方法的基础上产生的一种新的成本方法。其基本理念是“作业消耗资源，产品(服务)消耗作业”，也就是说企业通过消耗作业生产产品(提供服务)，而作业又需要消耗资源。

1. 作业成本法的核心概念和原理

(1) 作业成本法的核心概念

作业成本法所涉及的核心概念主要包括：资源(resource)、作业(activity)、资源动因

(resource driver)、作业动因(activity driver)。

资源是成本的源泉,是企业拥有的人力、物力、财力的总称。资源包括人工、原材料、设备等。

作业是企业为提供产品(服务)而进行的以消耗资源为特征的业务活动,作业是联结资源和成本计算对象的桥梁,是便于企业管理和控制的基本单元。

资源动因是指资源消耗量与作业之间的关系,是分配作业所消耗资源的依据。资源动因是资源与作业之间的纽带,反映了作业消耗资源的情况,是将资源成本分配到作业的依据。

作业动因是指作业发生的原因,是将作业中的成本分配到产品(服务)中去的依据,起到联结作业与产品(服务)的桥梁作用。作业动因计量了产品(服务)消耗作业的尺度,反映了产品(服务)消耗作业的逻辑关系。

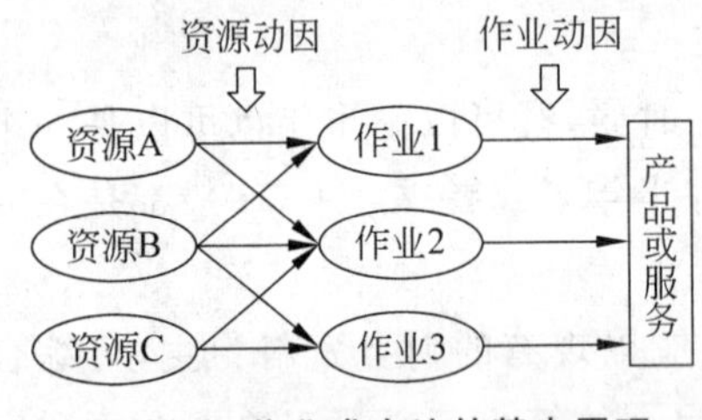

图 12.1 作业成本法的基本原理

(2) 作业成本法的基本原理

作业成本法的基本原理就是在核算成本的过程中,首先把企业消耗的资源按照资源动因分配到作业,而后再把作业当中汇集的成本按照作业动因分配到成本核算对象,可以概括为"作业消耗资源,产品消耗作业"。基本原理图如图 12.1 所示。

2. 作业成本法计算物流成本的步骤

(1) 分析界定物流系统涉及的作业

由于物流活动的广泛分布,物流作业也具有广泛分布的特点。而且随着物流活动所处的环节和物流服务所需要的工艺等方面的不同,物流作业呈现出不同内容,比如配送环节的物流涉及搬运、配货 、包装、单据传递等作业,而存储环节的物流涉及收货、验货、储存、发货等作业。表 12.4 描述了几项物流活动的物流作业。

企业物流活动涉及的作业有时数量很大,如果不对这些作业进行归类,往往就会产生混乱。最为直观的归类方式就是把相关的作业归入到一个作业中心,作业中心是具有相关关系的作业集合。

表 12.4 物流作业的界定

物流活动	物 流 作 业	物流活动	物 流 作 业
采购环节	选择供应商、谈判、订货	仓储环节	收货、验货、存储、发货
配送环节	搬运、配货、包装、单据传递	流通加工	检验、包装、商品加工

(2) 确认物流作业耗费的资源

资源是企业进行生产和提供服务所需要的最原始耗费,这些原始耗费包括货币资源、材料资源、人力资源和动力资源等。通常运用各种成本和费用对资源消耗进行计量,表现为各类成本、费用及各种花费等。确认资源是在计算物流作业耗费资源的前提下进行的,与物流作业无关的资源不需要进行确认。表 12.5 描述了与作业相关的若干资源的确认。

表 12.5　与作业相关的资源确认

物流作业	资　源	物流作业	资　源
订货作业	订单处理费用，差旅费用	搬运作业	搬运费用，设备折旧费用，人工费用
配送作业	搬运费用，分拣费用，设备折旧费用	包装作业	材料费用，加工费用

(3) 根据资源动因将资源分配到作业

决定作业耗费资源的关系被称为资源动因，资源动因是联结资源与作业的纽带。要将资源分配到作业首先确定每项作业所包含的资源种类，然后确立各类资源的资源动因，再按照资源动因将资源逐项分配到物流作业中。可以利用作业成本矩阵对资源进行分配，作业成本矩阵是一张反映作业项目和资源之间关系的表格，运用作业成本矩阵可以计算出物流作业的成本。作业矩阵见表 12.6。

表 12.6　作业成本矩阵

资源动因 / 作业名称 / 资源	订货作业	配送作业	搬运作业	包装作业
人工费用				
材料费用				
折旧费用				
……				
作业成本				

(4) 根据作业动因将作业成本分配到产品(服务)

将作业成本分配到最终产品(服务)，需要确认作业动因。作业动因反映了产品(服务)消耗作业的逻辑关系。比如检验作业的作业动因是生产的批次，配送作业的动因是配送次数等。当作业成本动因确定后，就可以依据成本动因将作业成本分配到产品(服务)中去。

第三节　物流成本管理

一、物流成本管理的概念

物流管理对于降低资源消耗、提高生产效率并增强企业经营具有举足轻重的作用。伴随着“经济黑暗大陆”、“物流冰山”及“第三利润源泉”等学说的提出，人们逐渐认识到运用物流成本管理降低物流成本，是挖掘物流“第三利润源泉”的主要途径之一，物流成本管理逐渐成为物流管理的一个核心问题。

由于物流成本管理是一个较为新兴的事物，理论界目前还没有一个十分确切的定义来表述物流成本管理。但对于物流成本管理已经形成了一些普遍的认识，比如从物流成本的内容来看，物流成本管理是通过对物流成本信息的有效计算和运用，发现物流活动中存在的问题，并采取一整套有效的方法系统进行的计划、分析与控制，并对物流活动中可能出现的问题进行预测的一系列科学管理活动。

物流成本管理不等同于计算物流成本,也不等同于管理物流成本。将物流成本管理等同于计算物流成本,仅仅是把物流看成了企业的费用,而没有把物流当作可以利用的资源,这不利于对物流成本信息的有效分析和利用,物流成本管理除了要计算物流成本,还需要综合运用多种工具对物流成本进行计划、分析与控制。将物流成本管理等同于管理物流成本是一种概念的混淆,物流成本管理是通过成本来管理物流,是以成本为手段的物流管理方法,管理物流成本仅涉及物流成本信息的收集、计算与归纳,而物流成本管理除了包含管理物流成本的工作外,还要研究如何有效地挖掘成本信息以服务于物流管理活动。

二、物流成本管理的作用

1. 物流成本管理的微观作用

(1) 有助于降低企业成本

物流成本是企业成本构成的重要部分,在企业成本的其他构成方面保持不变的情况下,降低物流成本有助于企业成本的降低。物流作为"第三方利润源泉"受到广泛的关注,就是因为通过物流的合理化管理能够降低物流成本,为创造企业利润提供了第三条途径。

(2) 有助于企业提高竞争能力

根据政治经济学原理可知,商品的价值是由凝结在其中的社会必要劳动时间决定的,社会必要劳动时间是由行业内的平均必要劳动时间来衡量的。企业通过加强物流管理能够缩短个别劳动时间,使得企业的物流活动效率高于社会平均的物流活动效率,进而获得超额利润。获取超额利润的企业,便可以运用价格手段在市场当中获取竞争优势。

2. 物流成本管理的宏观作用

(1) 有助于提高经济运行效率

从宏观视角来看,加强物流成本管理意味着减少商品在运输、装卸、存储等环节的损耗,表明在所创造的社会财富保持不变的情况下,流通环节的各种人力物力的消耗得到了节约,而节省下来的各种资源可以投入到社会扩大再生产当中,进而提高经济运转的效率。

(2) 有助于提高国家竞争力

在国际化大背景下,竞争已经扩大到全球范围内,各国企业都在不断寻求产品和服务的差异化和低成本,并通过差异化和低成本战略获取竞争优势。某一国家的所有企业整体物流成本管理水平的提高,有助于该国以更低的成本、更高的质量在国际市场上提供产品和服务,进而提升该国在国际市场上的竞争力。

三、物流成本管理的内容

1. 物流成本分析

物流成本分析是指利用物流成本信息和数据,采用各种分析方法,计算相关成本指标,进而了解物流活动的运作情况,找出问题及原因,并为物流工作的改进提供依据的工作。物流成本是物流活动的账面反映,物流活动中原材料的消耗、资金的占用和利用、人力资本的支出以及物流技术费用等都会直接或间接地反映到物流成本中。因此物流成本分析有助于发现物流活动中的问题，总结物流活动中的经验，并为进一步改进物流运作提供支撑。

物流成本分析可以采用的方法包括指标对比法和因素分析法等。指标对比法是指通过相同性质指标的对比来发现差异，进而找出主客观原因的分析方法。指标对比法往往采用本期实际指标作为计算期指标，然后再与基期指标作对比进行分析，基期指标可以是本年的计划指标，可以是上一年度同期的实际指标，也可以是历史年度内同期中最好的指标。因素分析法是指数法原理在经济分析中应用的结果。运用因素分析法分析事物变动的影响因素时，为了观察某一因素的影响，首先需要将其他因素暂时固定下来，之后再逐项替代进行分析。

2. 物流成本预测

物流成本预测是利用掌握的物流成本信息和数据，结合当前的现状和未来的发展前景，利用一定的预测方法，对未来的物流成本水平及其发展趋势进行推算和估计的工作。通过对物流成本进行预测，可以提前评估企业的物流成本发展趋势，进而为物流成本管理提供更多的决策依据。

可以用来进行物流成本预测的方法包括定性预测方法和定量预测方法两大类。定性预测方法主要是根据人们的知识、经验、判断和直觉进行判断，包括德尔斐法、主观概率法、领先指标法等。定量分析方法主要是借助数学模型进行预测，包括时间序列分析法和因果关系分析法。时间序列分析法利用预测对象的时间序列数据，来分析变量随时间发展而出现的规律，进而对未来进行预测。因果关系分析法是通过找出影响某种结果的一个或几个因素，建立起它们之间的数学模型，而后利用数学模型进行预测。定量预测方法包括移动平均法、指数平滑法、线性回归法、马尔科夫模型等。

3. 物流成本决策

物流成本决策是指根据企业掌握的物流成本数据，结合物流成本分析和物流成本预测的结果，综合运用企业获取的其他资料，从多个成本方案中选择最佳方案的工作。由于物流成本对企业利润的作用日益突出，物流成本决策越来越成为了企业生产经营决策体系的重要组成部分。

物流成本决策方法包括定性决策法和定量决策法两大类，定性决策法又称为主观决策法或决策软方法，主要是依靠管理决策者或专家的智慧、经验和判断能力进行决策，当物流成本的决策问题非常复杂，难以用定量的方法进行分析判断时，往往采用定性决策法。定量决策法又称为决策硬方法，定量决策法通常使用数学工具，建立反映各种因素关系的数学模型，通过对数学模型的计算和求解，选择最佳的决策方案。定量决策分析方法包括线性规划、层次分析法、数据包络分析法等。

4. 物流成本预算

物流成本预算是根据物流成本决策所确定的方案，制定预算期中各物流运作环节的成本和耗费水平的工作。物流成本预算可以降低各物流运作环节的成本支出，推动物流成本管理的责任制，增强企业物流成本的意识，揭示各物流运作环节中的主要矛盾，并为企业物流绩效的考核与评价提供依据。

进行物流成本预算时，可以采用直接编制法，也可以采用间接编制法。直接编制法是指以预算期内将要发生的各项物流活动为基础，直接计算和核定各项物流成本指标的预算编制方法。间接编制法是在企业全面预算的基础上，实施物流成本预算的方法，在间接编制法中物流活动的规划与预算零星地分散在各项业务活动的预算当中。

具体的预算方法包括弹性预算、零基预算、滚动预算等。弹性预算是指在编制物流成本预算时，预先估算预算期间的业务量情况，然后再按照业务量与物流运作活动的收入、成本、费用之间的数量关系来编制预算的方法。零基预算是指在编制物流成本预算时，对于预算期内项目开支数的编制，不以基期费用水平作为标准，而是从零点起来预算各项费用项目的开支数。滚动预算是指在编制物流成本预算时，始终保持预算横跨 12 个月的期间，并随着时间的推移逐期向后滚动的预算方法。

5. 物流成本计算

物流成本计算是指根据所确定的物流成本计算对象，采用相关的物流成本计算方法，按照规定的成本支出项目，分摊与分配物流活动成本的核算工作。通过物流成本的计算，可以在账面上反映企业各项物流活动的运作情况，了解各项物流活动的成本支出，为进行物流成本的控制提供依据。物流成本计算的方法在本章第二节中有详细的论述。

6. 物流成本控制

物流成本控制是指依据企业物流成本预算所确定的标准，采用特定的方法、工具和手段，对实际发生的各项物流成本支出情况进行控制的工作。通过物流成本控制，可以在实现物流成本目标的基础上达到降低物流成本的目的。有关物流成本控制的详细讨论见本章第四节。

四、物流成本管理的原则

物流成本管理的原则是指对物流成本及相关费用进行分析、预测、决策、预算、计算和控制等物流管理活动时需要遵循的基本要求。物流成本管理的基本原则主要包括：经济性原则、针对性原则、管理层参与原则等。

1. 经济性原则

经济性原则是指在物流成本管理的过程中要坚持成本效益的原则，即不能过度追求管理目标，而失去经济上的合理性。在进行物流成本管理的过程中，为了实现某项目标，往往需要花费一定的人力、物力和财力，付出一定的代价，经济性原则限定了这种代价的支出程度。如果某项物流成本管理活动的收益大于成本支出，则该项物流管理活动符合经济性原则，反之收益小于成本支出时，则该项物流管理活动违背了经济性原则。不符合经济性原则的物流成本管理活动是不可能持久的，这一原则要求物流成本管理要能起到降低成本、纠正偏差的作用，要具有切实的实用性。

2. 针对性原则

针对性原则是指物流成本管理的系统必须具有针对性，要适合企业成本项目的实际情况。虽然有很多物流成本管理方法、工具、经验和模式可以供不同的企业借鉴，但在物流成本管理的实施工作中，不可照搬别人的做法，需要根据企业自身的实际情况和特点，建立针对性的物流成本管理系统。处在不同环境、不同发展阶段或者不同规模的企业，其物流成本管理的重点、企业文化、组织结构等多个方面都有很大的区别，物流成本管理活动不能千篇一律。

3. 管理层参与原则

管理层参与原则是指企业物流成本管理活动必须要得到企业管理层的支持和推动。物流成本管理的管理层参与表明，管理层参与是企业物流成本管理活动顺利进展不可或缺的要素。物流成本管理活动需要企业内部所有员工的参与，需要对从企业原料的支出到产品和服务价值实现的整个过程进行管理，如果没有管理层的参与，很难在这样大的范围内实施管理活动。此外，物流成本管理涉及的多个部门之间往往存在各种各样的矛盾，二律背反的情况多处存在，只有管理层参与到物流成本管理活动中，才能及时有效地协调出现的多种矛盾。

第四节 物流成本控制

一、物流成本控制的概念

物流成本控制就是依据企业物流成本预算所确定的标准和限额，运用特定的方法、工具和手段，将实际的物流成本与限额进行比较，并进行严格审核，纠正不良差异，以不断降低物流成本，提高经济效益的各项工作。物流成本控制贯穿于企业经营的整个过程。

从时间视角来看，物流成本控制包括前馈控制、过程控制和反馈控制三个环节。前馈控制是在进行物流活动之前，对影响物流成本的各种条件和因素进行事前规划和预算，并通过物流成本的决策来确定目标物流成本。过程控制是在物流成本的形成过程中，比较实际发生的物流成本和目标物流成本，及时发现差异并进行合理纠正，进而确保物流成本目标的实现。反馈控制是在物流成本形成之后，对实际发生的物流成本进行事后评价，查明物流成本节约或超支的原因，并进行合理的奖惩，同时为今后的物流成本控制提供意见。

从范围视角来看，物流成本控制包括局部控制和综合控制两个方面。局部控制是针对企业物流活动中的某一个或几个局部环节的成本支出情况进行控制，比如从不同的控制对象来看，局部控制包括运输成本控制、装卸成本控制、储存成本控制、包装成本控制、流通加工成本控制等。综合控制是针对企业物流经济活动中所有环节进行控制，是局部控制的集成。综合控制的主体是企业专门的物流管理机构，其对象是企业经营中的所有物流活动。

二、物流成本控制的程序

一般而言，进行物流成本控制需要遵循以下程序：

1. 弄清物流成本控制对象及构成

进行物流成本控制的首要工作是找出物流成本控制的对象，并对成本控制的对象进行深入了解，弄清物流成本的构成情况，将各项成本进行细化。比如可以将物流成本分成运输成本、储存成本、包装成本、流通加工成本等。运输成本又可进一步分为路桥费、油费、维修费、保险费等成本项目，储存、包装、流通加工等成本也可进一步进行细化。

2. 确定物流成本标准

物流成本的标准是实施物流成本控制的基准，是用来评估各项物流活动成本支出限度的准绳。物流成本标准通常表现为物流成本计划的各项指标，这些指标可能来自标准成本、目标成本或标杆成本。根据成本控制对象的构成，分别对成本构成项目进行分析，确定各个项目的物流成本标准，为物流成本控制的实施提供基准。

3. 监测物流成本的形成

根据制定出来的物流成本标准，实时监督物流成本的形成过程。在监督过程中，需要实时地检查物流成本形成的项目，并对物流成本形成进行评价和比较，同时检查影响物流成本项目各项因素。在进行物流成本监测时，要与物流成本的责任制相结合，使物流成本的发生与相关人员挂钩，使成本的发生落实在个人的层面，只有这样才能有效发挥成本控制的作用，调动人员的积极性。

4. 揭示并区分偏差

揭示物流成本差异包括计算实际成本与标准成本之间的差异，对差异进行分析，找出导致差异产生的因素，明确差异产生的责任等。确定物流成本差异之后，需要区分有利差异和不利差异，并对不利的物流成本差异进行纠正，对有利的物流成本差异进行保持。

5. 实施有效控制和评价

在对偏差进行深入认识之后，需要针对偏差的具体情况进行控制，比如对于不利偏差，需要分清轻重缓急，提出针对性的改进措施，这需要进行合理的讨论和论证，确定出最优的控制方案，并贯彻执行控制方案。最后，还需要对物流成本的执行情况进行评价，实施有效的激励和惩罚措施，确保物流活动更加优化。

三、物流成本控制的方法

1. 标准成本控制法

标准成本控制法通过设定物流活动的标准成本，将物流活动实际消耗的成本与标准成本进行比较，得出成本差异，并通过对成本差异的分析确定控制差异的措施，从而将物流成本控制在一定的范围内。

标准成本控制法涉及的成本项目包括材料、人工和费用三项，标准成本可以由标准用量和标准价格相乘得到，比如直接材料的标准成本由直接材料的标准用量和直接材料的标准价格相乘求得。由于标准是衡量业绩的尺度，标准的制定非常重要，所以各个标准尺度往往都是多个部门通力合作，反复研究的结果。

在运用标准成本控制法进行物流成本控制时，通常需要以下三个步骤：

(1) 确定标准成本与实际成本

针对企业运用中的物流活动，确定所要分摊的材料、人工以及各项费用的数额时，可以运用以下计算公式求出标准成本和实际成本：

$$标准成本=标准价格\times标准用量$$

$$实际成本=实际价格\times实际用量$$

(2) 确定价格差异和用量差异

为了找出物流成本控制的具体内容，需要运用各个物流活动的标准成本和实际成本求出数量差异和价格差异，具体可以利用以下公式：

总差异＝实际成本－标准成本

价格差异＝实际用量×(实际价格－标准价格)

用量差异＝标准价格×(实际用量－标准用量)

(3) 分析差异原因并进行物流成本控制

在计算出总差异、价格差异和用量差异之后，对差异进行区分。当实际成本高于标准成本时，二者之间的差异称为不利差异。当实际成本高于标准成本时，二者之间的差异称为有利差异。找出不利差异产生的原因，并提出针对性的控制方案进行物流成本控制，找出有利差异的原因并总结经验，使有利优势能够长期持续。

2. 目标成本控制法

目标成本控制法是在需求分析的基础上，在实施物流活动之前，就确定运输、包装、装卸及流通加工等物流活动的目标成本，并将现有的物流活动成本与目标成本进行比较，找出成本差异，通过对成本差异的分析和控制将物流成本控制在一定的范围内。

目标成本控制法是从市场需求出发，以具有竞争优势的市场价格和目标利润倒推出目标成本的，是将企业战略与成本管理有机结合的成本管理系统。物流活动的目标成本是指一定时期内的物流活动需要达到的成本标准，通过目标成本就可以将物流活动的成本控制在相应的范围内，达到提高利润和降低成本的目的。

在使用目标成本控制法进行物流成本控制时，通常遵循以下步骤：

(1) 目标成本的确定

运用目标成本控制法进行物流成本控制时，首先需要确定目标成本，目标成本的计算公式如下：

目标成本＝市场可接受的价格－目标利润－税金及附加

(2) 目标成本的分解

目标成本的分解是将物流活动的目标成本按照一定的要求，采用科学的方法进行划分和展开，是成本归属的具体化、细小化和责任化。比如可以按照物流活动包含的运输、包装、装卸及流通加工等项目进行分解。

(3) 计算目标成本与现有成本的差异

在对目标成本进行分解之后，需要将目标成本与现有成本结合，进行物流成本的差异比较。物流成本的差异是实际成本脱离目标成本的差额，差异的方向和大小反映了成本的节约和超支情况。

(4) 分析成本差异并进行物流成本控制

最后需要对物流活动的目标成本与实际成本之间的差异进行分析，找出产生差异的原因，并采取相关的物流成本控制措施进行差异的调整。在具体控制过程中可以运用价值工程与各种改善手段，对物流活动中产生的过高的成本进行控制和修正。

3. 作业成本控制法

作业成本控制法是在物流作业成本核算基础上的控制方法，实施作业成本控制法需要依靠作业成本核算的物流成本，进行物流活动的作业分析、标杆比较和业绩评价等。运用作业成本控制法进行物流成本控制的具体工作如下：

(1) 作业分析

作业分析是指根据物流作业的增值特征，找出增值作业和非增值作业，并进行适当的作业重构的工作。增值作业是那些可以为物流和客户带来利润的作业，非增值作业是那些可以消除或减少，但又不会对物流活动造成影响的作业。在找出增值作业和非增值作业之后，在分析物流作业效率的基础上，抓住关键物流环节，进行作业的重构，找出物流成本控制所关注的重点作业。

(2) 标杆比较

通过作业分析选择和确定作业之后，就需要参照最先进的物流系统，并以最先进的物流成本作为标准，找出差距及原因。为了找出差距的原因，首先要了解自身物流系统的特点，找出有问题的作业，然后详细了解标杆企业的特征，找出造成物流成本差距的原因。

(3) 业绩评价

业绩评价是有效的评价和控制工具，通过业绩评价，可以提高物流活动的效率，改善物流活动质量，使物流系统不断得到改进。在找出物流成本差异的原因之后，可采用业绩评价手段进行物流成本控制，在实施业绩评价时可以依据各个物流活动作业，结合定性和定量指标评估作业的运行情况。

四、物流成本控制的内容

物流成本控制包含的内容很多，一般而言，可以从物流成本的阶段构成和物流成本的功能构成两个角度进行审视。

1. 从物流成本的阶段构成进行控制

(1) 投资阶段物流成本的控制

投资阶段物流成本的支出主要包括厂址选择、设施购置、物流系统规划和布局等，该阶段的物流成本控制就是要对这些投资支出进行控制。由于投资阶段成本支出的影响范围和影响程度深远，这些成本支出除了影响投资当期之外，还会对未来产生重大影响，因此进行物流成本控制时要考虑多方面的因素。比如，在对厂址选择的投资成本进行控制时，除了考虑土地费用和人工费用外，还需要考虑今后的运输和仓储等成本，寻求总成本的节约，进行前馈控制。

(2) 产品设计阶段物流成本的控制

除了设计阶段本身的成本支出之外，产品的形状、大小和重量等更决定了物流过程中发生的成本，因此产品的设计对物流运作的效率、物流运作的成本具有重要影响。进行产品设计阶段物流成本的控制，需要弄清产品设计对物流活动各个环节成本的影响，进而从总体最优的角度出发，结合物流活动的特征搞好产品的设计。

(3) 供应阶段物流成本的控制

供应阶段是物流成本发生的一个重要阶段，控制供应阶段的物流成本可以从多个方面入手，比如选择优化供应商、运用现代化的采购管理、控制采购批量和订货点、提高供应物流作业的效率和降低采购运输成本等。

(4) 生产阶段物流成本的控制

生产阶段物流的成本与生产的组织、产品的类型以及生产流程密切相关，因此对生产阶段的物流成本进行控制时，需要结合企业的生产管理方式。控制生产阶段的物流成本可以采用多种方法，包括生产工艺流程的合理布局、合理安排生产进度、减少在制品库存、节约物料使用等。

(5) 销售阶段物流成本的控制

销售阶段的物流成本是市场销售成本的构成部分，在销售阶段进行物流成本控制时，不仅要考虑到提高物流效率和降低物流成本，还需要考虑到销售战略的实施和客户服务质量的保障。具体的控制措施包括增强销售物流计划、加强订单管理、优化物流配送等多个方面。

2. 从物流成本的功能构成进行控制

(1) 采购成本控制

采购是企业物流活动的基础和起始环节，实施采购需要与企业内部的物流进行对接，采购会直接或间接地影响企业的库存和运输等环节，进而对整个物流费用和物流运营效率产生重要影响。进行采购控制的重要手段就是实施有效的采购策略，采购策略包括集中采购策略、联合采购策略、“期货”采购策略和招标采购策略等。企业需要根据自身的特征，选择最佳的采购策略。

(2) 运输成本控制

运输是物流系统的核心功能之一，运输成本控制的目的是使总的运输成本最小化，但又不影响运输的可靠性、安全性和快捷性。影响运输成本的因素包括运输距离、载货量、物流密度、装载能力、运输责任、相关运输税费等。控制运输成本的措施主要有减少运输环节，合理选择运输工具和运输方式，优化运输组织形式，运用现代化技术降低运输成本等。

(3) 仓储成本控制

仓储成本控制就是在保证货物合理库存的基础上，降低库存成本、提高库存质量、加快货物周转。进行仓储成本控制的措施包括优化仓库布局以减少库存，采用现代化技术降低库存水平，运用库存理论优化库存量，加强库存日常管理降低开支等。

(4) 配送成本控制

配送成本是在配送活动的各个环节所发生的各项费用与支出的总和，包括备货、分拣、配装及送货等。对配送成本进行控制就是在满足一定的客户服务水平的基础上，降低配送成本。控制配送成本的措施包括优化配送作业、优化配送路线、运用自动化技术、建立配送信息系统等。

(5) 包装成本控制

包装成本是物流活动中包装业务造成的成本。控制包装成本措施包括加强包装用品规格质量的管理，选择质优价廉的包装材料，加速包装物的周转周期，研究改善包装方法等。

(6) 信息成本控制

信息成本是物流信息处理过程中，由于处理各种物流信息而发生的成本。信息成本控制就是在保证物流信息准确性和及时性的前提下，降低物流信息处理的成本。具体控制措施包括信息流程再造、运用先进信息处理技术、加强信息处理管理等。

本章小结

物流成本的概念。物流成本是“物流活动中所消耗的物化劳动和活劳动的货币表现”，物流成本来自实物运动过程中所耗费的各种资源和劳动。从管理和控制物流成本的角度来分析，有三种关于物流成本的理解和认识：社会物流成本、企业物流成本、物流企业的物流成本。

物流成本的构成。从物流成本项目来看，物流成本主要包括物流功能成本和存货相关成本。从物流成本范围来看，物流成本包括供应物流成本、企业内物流成本、销售物流成本、回收物流成本以及废弃物流成本。从物流成本的支付形态来看，物流成本包括企业内部物流成本和委托物流成本两部分。

物流成本的特征。物流成本的“二律背反”性，物流成本的隐蔽性，物流成本的乘数效应。

物流成本计算对象的确定。从物流成本构成的三个维度，即物流成本的项目、物流成本的范围及物流成本的支付形态，来确定物流成本的计算对象。

物流成本信息收集与计算的会计方法。会计方法收集物流成本信息并计算物流成本，就是采用会计凭证、会计账户、会计报表等会计核算工具，对产生的物流费用和耗费进行系统、全面、连续的记录、计算和报告的方法。会计方法通常有三种核算模式：独立核算物流成本的模式、设立物流成本总账的核算模式、设立物流成本辅助账户的核算模式。

物流成本信息收集与计算的统计方法。统计方法进行物流成本信息的收集与物流成本的计算，不需要设立完整的会计凭证、会计账户和会计报表体系，物流成本的计算和信息收集，主要是通过对企业现行成本核算资料的分析来实现。

作业成本法所涉及的核心概念主要包括资源、作业、资源动因和作业动因。作业成本法的基本原理就是在核算成本的过程中，首先把企业消耗的资源按照资源动因分配到作业，而后再把作业当中汇集的成本按照作业动因分配到成本核算对象，可以概括为“作业消耗资源，产品消耗作业”。

对物流成本管理概念的理解，物流成本管理不等同于计算物流成本，也不等同于管理物流成本。

物流成本管理的作用。物流成本管理的微观作用包括有助于降低企业成本和提高企业竞争能力，物流成本管理的宏观作用包括有助于提高经济运行效率和有助于提高国家竞争力。

物流成本管理的内容。物流成本管理的内容包括物流成本分析、物流成本预测、物流成本决策、物流成本预算、物流成本计算以及物流成本控制。

物流成本管理的原则。物流成本管理的原则包括经济性原则、针对性原则和管理层参与原则等。

物流成本控制的概念。物流成本控制就是依据企业物流成本预算所确定的标准和限额，运用特定的方法、工具和手段，将实际的物流成本与限额进行比较，并进行严格审核，纠正不良差异，以不断降低物流成本，提高经济效益的各项工作。物流成本控制贯穿于企业经营的整个过程。

物流成本控制的方法。物流成本控制的方法包括标准成本控制法、目标成本控制法、作业成本控制法。

物流成本的控制内容。从物流成本的阶段构成来看包括投资阶段物流成本的控制、产品设计阶段物流成本的控制、供应阶段物流成本的控制、生产阶段物流成本的控制、销售阶段物流成本的控制。物流成本的功能构成来看包括采购成本控制、运输成本控制、仓储成本控制、配送成本控制、包装成本控制、信息成本控制。

1. 名词解释

物流成本　作业成本的资源　作业成本的作业　作业成本的资源动因

作业成本的作业动因

2. 简述物流成本的项目构成、范围构成和支付形态构成。
3. 物流成本的特征是什么？
4. 如何确定物流成本计算的对象？
5. 简述作业成本法的基本原理。
6. 物流成本管理的作用是什么？
7. 简述物流成本管理的原则。
8. 如何理解物流成本控制？
9. 物流成本控制的基本程序是什么？
10. 简述物流成本控制的内容。
11. 简述物流成本计算的方法。
12. 简述物流成本控制的方法。

参考文献

[1] 李庆松.物流学[M].北京：清华大学出版社，2008.

[2] 崔介何.物流学概论[M].北京：北京大学出版社，2010.

[3] 汝宜红.物流学[M].北京：高等教育出版社，2009.

[4] 傅锡原.现代物流学概论[M].北京：科学出版社，2007.

第十三章 供应链管理

引导案例

ZARA 供应链的"极速传奇"

作为西班牙排名第一、全球排名第三的服装零售商，Inditex 旗下拥有八个服装品牌，而创立于 1975 年的 Zara，则以只占集团三分之一数量的专卖店，贡献了 70%的销售额。强大的协同供应链运作体系及背后支撑的"大集中"系统，是 Zara 这家来自西班牙的服装零售商快速成功的关键。

Zara 公司采取"快速、少量、多款"的品牌管理模式，在保持与时尚同步的同时，通过组合开发新款式，快速地推出新产品，而且人为的造成"缺货"，以实现快速设计、快速生产、快速出售、快速更新，专卖店商品每周更新两次的目标。

Zara 的供应链突出了一个"快"字。首先在产品设计方面，Zara 很少完全依靠自己设计和研发，更多是从其他时装品牌的发布会上寻找灵感。Zara 的采购环节也非常有特色。在布匹采购方面，Zara 主要购买原坯布（一种未染色的织布），根据需要进行染色后再生产。这样不仅可以迅速应对市场上花色变换的潮流，还能有效降低原材料库存成本并防止缺货的风险。当服装进入生产阶段，Zara 的做法则和当今世界上流行的外包模式大相径庭，它不但拥有自己的纺织厂及服装加工厂，而且在欧洲一些主要地区建立了独立的物流运输企业。由 Zara 投资控股的 14 家工厂联结成一个超大型的自动化配销仓库，完全自制自销。为加快物流速度，Zara 总部设有双车道高速公路直通各配送中心。通常订单收到后 8 个小时内货物就可以被运走，每周给各专卖店配货两次。服装被从物流中心用卡车直接运送到欧洲的各个专卖店，并利用附近的两个空运基地运送到美国和亚洲，再利用第三方物流的卡车送往各专卖店。

如此快速的供应链，得益于 Zara 在信息共享和利用方面的卓越表现。Zara 的信息化可以简单地总结为"大集中"式系统。所谓"大集中"是指在西班牙总部，Zara 拥有一套完整的计划、采购、库存、生产、配送、营销和客户关系管理的平台，以及在这个平台基础上的供应链协同系统。而其他遍布全球的营销网络则通过它们的终端系统与总部保持紧密联系，力求在最短的时间内将信息传回总部，并完成信息流、资金流及物流的流转。

总之，Zara 运作模式的成功得益于公司出色的服装行业的全程供应链管理，以及支撑供应链快速反应的 IT 系统应用。

（资料来源：张炯."解密 Zara 供应链"[J].互联网周刊，2006(12)：90-91.）

第一节　供应链及供应链管理概述

一、供应链的概念及特征

供应链目前尚未形成统一的定义，许多学者从不同的角度出发给出了许多不同的定义。

国内学者马士华教授认为：供应链是围绕核心企业，通过对信息流、物流、资金流的控制，从采购原材料开始，制成中间产品以及最终产品，最后由销售网络把产品送到消费者手中的将供应商、制造商、分销商、零售商、直到最终用户联成一个整体的功能网链结构模式。

根据中华人民共和国国家标准物流术语（GB/T18354-2006）的定义，供应链是指生产及流通过程中，涉及将产品或服务提供给最终用户所形成的网链结构。这个定义具有以下几个特点：①它是一个范围更广的企业扩展模式，它包含所有加盟的节点企业，从原材料的供应开始，经过链中不同企业的制造加工、组装、分销过程直到最终用户。②它不仅是一条联结供应商到用户的物料链、信息链、资金链，而且是一条增值链，物料在供应链上因加工、包装、运输等过程而增加其价值，给企业带来收益。③在这个网络中，每个贸易伙伴既是其客户的供应商，又是其供应商的客户，它们既向上游的贸易伙伴订购产品，又向下游的贸易伙伴供应产品。

供应链是一个网链结构，由围绕核心企业的供应商、供应商的供应商和用户、用户的用户组成。一个企业是一个节点，节点企业和节点企业之间是一种需求与供应关系。供应链主要具有以下特征：

(1) 复杂性。因为供应链节点企业组成的跨度（层次）不同，供应链往往由多个、多类型甚至多国企业构成，所以供应链结构模式比一般单个企业的结构模式更为复杂。

(2) 动态性。供应链管理因企业战略和适应市场需求变化的需要，其中节点企业需要动态地更新，这就使得供应链具有明显的动态性。

(3) 面向用户需求。供应链的形成、存在、重构，都是基于一定的市场需求而发生，并且在供应链的运作过程中，用户的需求拉动是供应链中信息流、产品/服务流、资金流运作的驱动源。

(4) 交叉性。节点企业可以是这个供应链的成员，同时又是另一个供应链的成员，众多的供应链形成交叉结构，增加了协调管理的难度。

二、供应链管理的概念

供应链管理这个概念始于20世纪80年代初，在全球化竞争压力、经济与顾客需求等不确定因素增加、科技快速发展等因素的影响下，供应链管理引起了企业界广泛的关注。一些著名的企业如惠普科技（HP）、IBM、戴尔（Dell）等公司在供应链管理方面取得了巨大的成果，使企业界更深信供应链是新世纪强化企业全球竞争力的有效方式。

根据美国供应链管理专业协会(CSCMP)对供应链(supply chain management)的定义,供应链管理包括了对涉及采购、外包、转化等过程的全部计划和管理活动和全部物流管理活动。更重要的是,它也包括了与渠道伙伴之间的协调和协作,涉及供应商、中间商、第三方服务供应商和客户。从本质上说,供应链管理是企业内部和企业之间的供给和需求管理的集成。从供应链管理的概念边界和关系分析,美国供应链管理协会认为,供应链管理是联系企业内部和企业之间主要功能和基本商业过程、将其转化成为有机的、高效的商业模式的管理集成。它包括了上述过程中的所有物流活动,也包括了生产运作,它驱动企业内部和企业之间的营销、销售、产品设计、财务和信息技术等过程和活动的协调一致。

根据中华人民共和国国家标准物流术语(GB/T18354-2006)的定义,供应链管理是对供应链涉及的全部活动进行计划、组织、协调与控制。

第二节　供应链管理的内容

一、供应链管理的特点

供应链管理是迄今为止企业物流发展的最高级形式。虽然供应链管理非常复杂,而且动态多变,但众多企业已经在供应链管理的实践中获得了丰富的经验并取得了显著的成效。供应链管理的实质是深入供应链的各个增值环节,将顾客所需的正确产品(right product)能够在正确的时间 (right time),按照正确的数量(right quantity)、正确的质量(right quality)和正确的状态(right status)送到正确的地点(right place)——即"6R",并使总成本最小。供应链管理是一种先进的管理理念,它的先进性体现在是以顾客和最终消费者为经营导向的,以满足顾客和消费者的最终期望来生产和供应的。除此之外,供应链管理还有以下几种特点:

(1) 供应链管理把所有节点企业看作是一个整体,实现全过程的战略管理。传统的管理模式往往以企业的职能部门为基础,但由于各企业之间及企业内部职能部门之间的性质、目标不同,造成相互的矛盾和利益冲突,各企业之间及企业内部职能部门之间无法完全发挥其职能效率,因而很难实现整体目标化。

(2) 供应链是由供应商、制造商、分销商、销售商、客户和服务商组成的网状结构。链中各环节不是彼此分割的,而是环环相扣的一个有机整体。供应链管理把物流、信息流、资金流、业务流和价值流的管理贯穿于供应链的全过程。它覆盖了整个物流,从原材料和零部件的采购与供应、产品制造、运输与仓储到销售各种职能领域。它要求各节点企业之间实现信息共享、风险共担、利益共存、并从战略的高度来认识供应链管理的重要性和必要性,从而真正实现整体的有效管理。

(3) 供应链管理是一种集成化的管理模式。供应链管理的关键是采用集成的思想和方法。它是一种从供应商开始,经由制造商、分销商、零售商、直到最终客户的全要素、全过程的集成化管理模式,是一种新的管理策略,它把不同的企业集成起来以增加整个供应链的效率，注重的是企业之间的合作，以达到全局最优。

(4) 供应链管理提出了全新的库存观念。传统的库存思想认为，库存是维系生产与销售的必要措施，是一种必要的成本。因此，供应链管理使企业与其上下游企业之间在不同的市场环境下实现了库存的转移，降低了企业的库存成本。这也要求供应链上的各个企业成员建立战略合作关系，通过快速反应降低库存总成本。

(5) 供应链管理以最终客户为中心，这也是供应链管理的经营导向。无论构成供应链的节点的企业数量的多少，也无论供应链节点企业的类型、层次有多少，供应链的形成都是以客户和最终消费者的需求为导向的。正是由于有了客户和最终消费者的需求，才有了供应链的存在。而且，也只有让客户和最终消费者的需求得到满足，才能有供应链的更大发展。

通过对供应链管理的概念与特点的分析可以看出，相对于旧的依赖自然资源、资金和新产品技术的传统管理模式，以最终客户为中心、将客户服务、客户满意、客户成功作为管理出发点的供应链管理的确具有多方面的优势。但是由于供应链是一种网状结构，一旦某一局部出现问题，它将马上扩散到全局，所以在供应链管理的运作过程中就要求各个企业成员对市场信息的收集与反馈要及时、准确，以做到快速反应，降低企业损失。而要做到这些，供应链管理还要有先进的信息系统和强大的信息技术作为支撑。

二、供应链管理的核心思想

供应链管理的实现，是把供应商、生产厂家、分销商、零售商等在一条供应链上的所有节点企业都联系起来进行优化，使生产资料以最快的速度，通过生产、分销环节变成增值的产品，到达有消费需求的消费者手中。这不仅可以降低成本，减少社会库存，而且使社会资源得到优化配置。更重要的是，通过信息网络、组织网络，实现了生产及销售的有效链接和物流、信息流、资金流的合理流动，最终把产品以合理的价格，把合适的产品，及时送到消费者手上。供应链管理的核心思想主要有以下四点：

1. 以顾客为中心

从某种意义上讲，供应链管理本身就是以顾客为中心的“拉式”营销推动的结果，其出发点和落脚点，都是为顾客创造更多的价值，都是以市场需求的拉动为原动力。顾客价值是供应链管理的核心，企业是根据顾客的需求来组织生产；以往供应链的起始动力来自制造环节，先生产物品，再推向市场，在消费者购买之前，企业是不会知道销售效果的。在这种“推式系统”里，存货不足和销售不佳的风险同时存在。现在，产品从设计开始，企业已经让顾客参与，以使产品能真正符合顾客的需求。这种“拉式系统”供应链是以顾客的需求为原动力的。

供应链管理始于最终用户，主要体现在客户服务战略、需求传递战略及采购战略三个方面。客户服务战略决定企业如何从利润最大化的角度对客户的反馈和期望做出反应；需求传递战略则是企业以何种方式将客户需求与产品服务的提供相联系；采购战略决定企业在何地、怎样生产产品和提供服务。

2. 强调企业的核心竞争力

在供应链管理中，一个重要的理念就是强调企业的核心业务和竞争力，并为其在供应链上定位，将非核心业务外包。由于企业的资源有限，企业要在各式各样的行业和领域都获得竞争优势是十分困难的，因此它必须集中资源在某个自己所专长的领域，即核心业务上。这样在供应链上定位，使自己成为供应链上一个不可替代的角色。

比如，沃尔玛作为一家连锁商业零售企业，高水准的服务以及以此为基础构造的顾客网络是它的核心竞争力。于是，沃尔玛超越自身的"商业零售企业"身份，建立起了高效供应链。首先，沃尔玛不仅仅是一家等待上游厂商供货、组织配送的纯粹的商业企业，而且也直接参与到上游厂商的生产计划中去，与上游厂商共同商讨和制订产品计划、供货周期，甚至帮助上游厂商进行新产品研发和质量控制等方面的工作。其次，沃尔玛高水准的客户服务能够做到及时地将消费者的意见反馈给厂商，并帮助厂商对产品进行改进和完善。沃尔玛的思路并不复杂，但多数商业企业更多的是"充当厂商和消费者的桥梁"，缺乏参与和控制生产的能力。也就是说，沃尔玛的模式已经跨越了企业内部管理和与外界"沟通"的范畴，而是形成了以自身为链主，链接生产厂商与顾客的全球供应链。而这一供应链正是通过先进的信息技术来保障的，这就是它的一整套先进的供应链管理系统。离开了统一、集中、实时监控的供应链管理系统，沃尔玛的直接"控制生产"和高水准的"客户服务"将无从谈起。

3. 相互协作的双赢理念

传统的企业运营中，供销之间互不相干，是一种敌对争利的关系，系统协调性差。企业和各供应商没有协调一致的计划，影响整体最优。而在供应链管理的模式下，所有环节都看作一个整体，链上的企业除了自身的利益外，还应该一同去追求整体的竞争力和盈利能力。可以说，合作是供应链与供应链之间竞争的一个关键。在供应链管理中，不但要有双赢理念，更重要的是通过技术手段把理念形态落实到操作实务上。供应链管理的关键在于将企业内部供应链与外部的供应商和用户集成起来，形成一个集成化的供应链。而与主要供应商和用户建立良好的合作伙伴关系，即所谓的供应链合作关系，是集成化供应链管理的关键。

4. 优化信息流程

信息流程是企业内员工、客户和供货商的沟通过程，以前只能以电话、传真，甚至面谈达成信息交流的目的，现在可以利用电子商务、电子邮件，甚至互联网进行信息交流。计算机信息系统的优势在于其自动化操作和处理大量数据的能力，使信息流通速度加快，同时减少失误。然而，信息系统只是支持业务过程的工具，企业本身的商业模式决定着信息系统的架构模式。

为了适应供应链管理的优化，必须从与生产产品有关的第一层供应商开始，直到货物到达最终用户手中，真正按链的特性改造企业业务流程，使各个节点企业都具有处理物流和信息流的自组织和自适应能力。要形成贯穿供应链的分布数据库的信息集成，从而集中协调不同企业的关键数据(包括订货预测、库存状态、缺货情况、生产计划、运输安排、在途物资等)。为便于管理人员迅速、准确地获得各种信息，应该充分利用电子数据交换(EDI)、Internet 等技术手段，实现供应链的分布数据库信息集成，达到共享采购订单的电子接受与发送、多位置库存控制、批量和系列号跟踪、周期盘点等重要信息。

三、供应链管理的主要内容

供应链管理主要涉及四个领域：供应、生产计划、物流和需求。供应链管理是以同步化、集成化生产计划为指导，以各种技术为支持，尤其以 Internet/Intranet 为依托，围绕供应、生产作业、物流（主要指制造过程）、满足需求来实施的。供应链管理主要包括计划、合作、控制从供应商到用户的物料（零部件和成品等）和信息。供应链管理的目标在于提高用户服务水平和降低总的交易成本，并且寻求两个目标之间的平衡（这两个目标往往有冲突）。供应链管理的主要内容可以归纳为以下三个方面：

1. 供应链网络结构设计

即供应链物理布局的设计，具体包括供应链伙伴选择、供应链物流系统的设计。

2. 集成化供应链管理流程设计与重组

（1）各节点企业内部集成化供应链管理流程设计与重组：主要包括三大核心作业流程的设计与重组，即客户需求管理流程（如市场需求预测、营销计划管理等）、客户订单完成管理流程（如生产计划与生产作业管理、物料采购计划管理等）和客户服务管理流程（如客户退货管理等）。

（2）外部集成化供应链管理流程设计与重组：供应链核心主导企业的客户订单完成管理流程与其原材料供应商、产成品销售商、物流服务提供商（物流外包商）等合作伙伴管理流程之间的无缝对接。

（3）供应链交互信息管理：市场需求预测信息、库存信息、销售信息、新品研发信息、销售计划与生产计划信息等的交互共享，以及供应链各结点企业间的协同预测、计划与补货的库存管理技术。

3. 供应链管理机制的建设

供应链管理机制的建设包括合作协商机制、信用机制、绩效评价与利益分配机制、激励与约束机制、监督预警与风险防范机制等。

（1）合作机制：供应链合作机制体现了战略伙伴关系和企业内外部资源的集成与优化利用。

（2）决策机制：由于供应链企业决策信息的来源不再仅限于一个企业内部，而是在开放的信息网络环境下，因此处于供应链中的任何企业决策模式应该是基于 Internet/Intranet 的开放性信息环境下的群体决策模式。

（3）激励机制：缺乏均衡一致的供应链管理业绩评价指标和评价方法是目前供应链管理研究的弱点和导致供应链管理实践效率不高的一个主要问题。为了掌握供应链管理的技术，必须建立、健全业绩评价和激励机制，使我们知道供应链管理思想在哪些方面、多大程度上能够给予企业改进，以推动企业管理工作不断完善和提高，也使得供应链管理能够沿着正确的轨道与方向发展，真正成为能为企业管理者乐于接受和实践的新的管理模式。

（4）自律机制（benchmarking）：自律机制要求供应链企业向行业的领头企业或最具竞争力的竞争对手看齐，不断对产品、服务和供应链业绩进行评价，并不断地改进，以使企业能保持自己的竞争力和持续发展。自律机制主要包括企业内部的自律、对比竞争对手的自律、对比同行企业的自律和领头企业的自律。

供应链成长过程体现在企业在市场竞争中的成熟与发展之中，通过供应链管理的合作机制决策机制、激励机制和自律机制等来实现满足顾客需求、使顾客满意以及留住顾客等功能目标，从而实现供应链管理的最终目标：社会目标（满足社会就业需求）、经济目标（创造最佳利益）和环境目标（保持生态与环境平衡）的合一，这可以说是对供应链管理思想的哲学概括。

第三节　供应链设计

一、供应链的主要类型

供应链发展至今，有多种类型模式，主要有以下几种形式：直线/网状型供应链、推式/拉式供应链、纵向/横向一体化供应链。

1. 直线型供应链与网络型供应链

直线型供应链是最简单的一种供应链结构，即每一个节点成员只与一个上游成员和一个下游成员相联结，这样联结而成的供应链是一个直线型的供应链，如图 13.1 所示。它在企业外部供应链、产业链和全球网络供应链中较少出现，较常见的是在企业内部和动态企业联盟中。

供应商 → 制造商 → 批发商 → 零售商 → 消费者

图 13.1　直线型供应链

网络型供应链多存在于产业供应链和全球网络供应链中，这种结构中的每一个节点成员至少与一个上游成员和一个下游成员相联结，这样联结的供应链是一个网状型的供应链，每一个环节上都有至少一个或多个供应链成员，如图 13.2 所示。如果在某一环节上只有一个成员，则该成员一定是这个供应链上的核心成员，它将对这个供应链起到重要的作用。

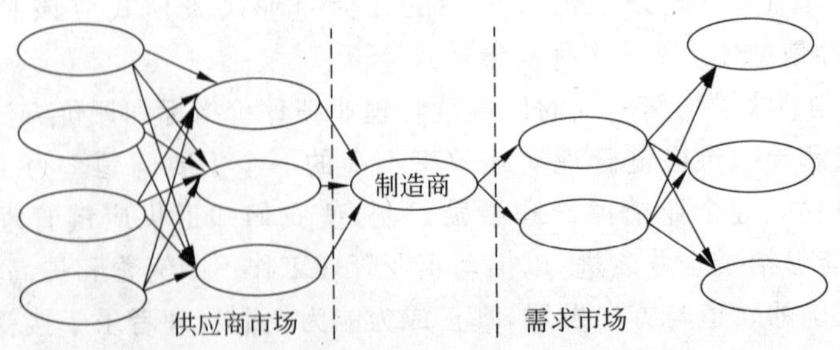

图 13.2　网络型供应链

2. 推式供应链与拉式供应链

推式供应链(push supply chain)的运作是以产品为中心，以生产制造商为驱动源点，如图 13.3 所示。这种传统的推式供应链管理是以生产为中心，力图提高生产率，降低单件产品成本来获得利润。通常，生产企业根据自己的 MRPⅡ/ERP 计划来安排从供应商处购买原材料，生产出产品，并将产品经过各种渠道，如分销商、批发商、零售商一直推至客户端。在这种供应链上生产商对整个供应链起主导的作用，是供应链上的核心或关键成员，而其他环节如流通领域的企业则处于被动的地位，这种供应链的运作和实施相对较为容易。然而，由于生产商在供应链上远离客户，对客户的需求远不如流通领域的零售商和分销商了解得清楚，这种供应链上企业之间的集成度较低，反应速度慢，在缺乏对客户需求了解的情况下生产出的产品和驱动供应链运作的方向往往是无法匹配和满足客户需求的。

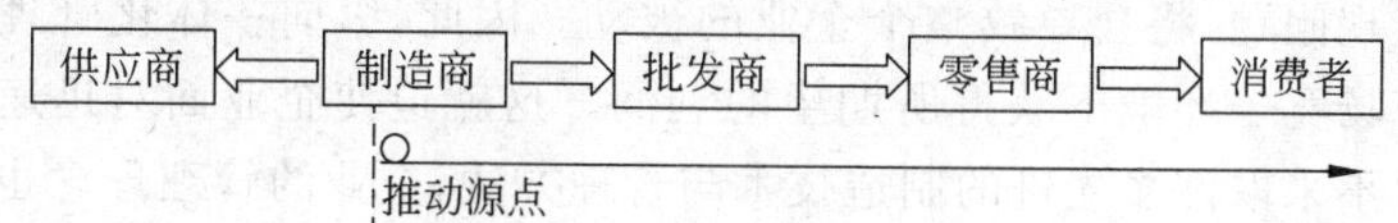

图 13.3 推式供应链

20 世纪 90 年代初，工业化的普及使生产率和产品质量不再成为生产企业的绝对竞争优势，为了更好地进行市场竞争，企业都纷纷把满足客户的需求作为经营的核心，因此，供应链的运营规则也从“推式”转变为以客户需求为原动力的“拉式”运作。拉式供应链(pull supply chain)管理的理念是以顾客为中心，通过对市场和客户的实际需求以及对其需求的预测来拉动产品的生产和服务，这种供应链的运作方式和管理被称为“拉式”供应链管理，如图 13.4 所示。这种运作和管理需要整个供应链能够更快地跟踪、甚至是超前于客户和市场的需求，来提高整个供应链上的产品和资金流通的效率，减少流通过程中不必要的浪费，降低成本，提高市场的适应力，特别是对下游的流通和零售行业，更是要求供应链上的成员间有更强的信息共享、协同、响应和适应能力。

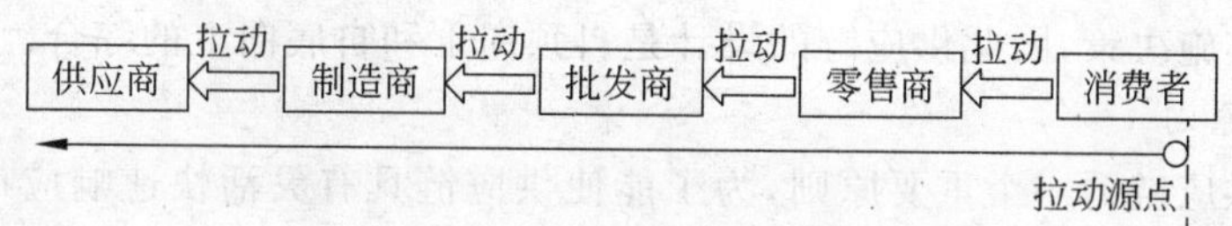

图 13.4 拉式供应链

3. 纵向一体化供应链与横向一体化供应链

在过去许多年里，企业为了更好地实现对内部的管理与控制，一直采取“纵向一体化”(vertical integration)的供应链管理模式。即企业除了拥有具有竞争优势的核心企业和业务外，还拥有自己的原材料、半成品或零部件供应，分销网络，甚至运输企业，形成了整体业务一条龙的运作。企业推行“纵向一体化”的目的，是为了加强核心企业对原材料供应、产品制造、分销和销售全过程的控制，使企业能够实现产、供、销的自给自足，减少外来因素的影响，在市场竞争中掌握主动。在市场环境相对稳定的条件下，“纵向一体化”的管理模式发挥了一定的作用。这种理念在第二次世界大战后发挥了相当积极的作用，美国式管理以大批量生产和大规模营销为代表，倾向于纵向一体化经营，即拥有自己的原料产地、自己的加工生产基地和成套的配送体系。在20世纪的60年代,企业处于相对稳定的市场环境中,这时的"纵向一体化"模式是有效的。20世纪90年代以来,随着科技和信息技术的迅速发展、经济全球化市场的形成,世界竞争日益激烈、消费者的个性化需求不断提高,"纵向一体化"模式则显露出种种缺陷。

到了20世纪末,特别是进入21世纪,资源在全球之间进行调配,形成了全球经济和市场一体化,各企业之间、合作伙伴之间,甚至是竞争对手之间的业务交流越来越多了,也越来越复杂,因此,企业需要将自己最强的力量放在最擅长的地方,其他的业务外包出去,外包的业务越多,也就意味着企业与上下游业务伙伴之间的交往越来越多。在这种市场环境下,纵向一体化管理模式逐渐无法满足市场的需求。企业除了把大量的资金、精力与时间投入到不擅长的非核心领域,在每一个纵向市场中都与其他企业进行竞争之外,一旦在某一纵向环节中出现问题,将会导致整个企业的被动。因此,纵向一体化管理模式已经很难在当今激烈的市场竞争环境下获得所期望的利润。这就迫使企业面对迅速变化且无法预测的市场而不得不采取许多先进的制造技术与管理方法,企业的管理理念也随之发生了重大的变革,开始从多年来一直奉行的纵向一体化转向了"横向一体化"(horizontal integration)的管理方式。

二、供应链的设计原则

在供应链的设计过程中,我们认为应遵循一些基本的原则,以保证供应链的设计和重建能满足供应链管理思想的实施和贯彻。

1. 自顶向下和自底向上相结合的设计原则

在系统建模设计方法中,存在两种设计方法,即自顶向下和自底向上的方法。自顶向下的方法是从全局走向局部的方法,自底向上的方法是从局部走向全局的方法;自上而下是系统分解的过程,而自下而上则是一种集成的过程。在设计一个供应链系统时,往往是先由主管高层做出战略规划与决策,规划与决策的依据来自市场需求和企业发展规划,然后由下层部门实施决策,因此供应链的设计是自顶向下和自底向上的综合。

2. 简洁性原则

简洁性是供应链的一个重要原则,为了能使供应链具有灵活快速响应市场的能力,供应链的每个节点都应是简洁的、具有活力的、能实现业务流程的快速组合。比如供应商的选择就应以少而精的原则,通过和少数的供应商建立战略伙伴关系,减少采购成本,推动实施JIT采购法和准时生产。生产系统的设计更是应以精益思想(lean thinking)为指导,努力实现从精益的制造模式到精益的供应链这一目标。

3. 集优原则(互补性原则)

供应链的各个节点的选择应遵循强强联合的原则,达到实现资源外用的目的。每个企业只集中精力致力于各自核心的业务过程,就像一个独立的制造单元(独立制造岛),这些所谓单元化企业具有自我组织、自我优化、面向目标、动态运行和充满活力的特点,能够实现供应链业务的快速重组。

4. 协调性原则

供应链业绩好坏取决于供应链合作伙伴关系是否和谐,因此建立战略伙伴关系的合作企业关系模型是实现供应链最佳效能的保证。席酉民教授认为，和谐是描述系统是否形成了充分发挥系统成员和子系统的能动性、创造性及系统与环境的总体协调性。只有和谐而且协调的系统才能发挥最佳的效能。

5. 动态性(不确定性)原则

不确定性在供应链中随处可见，许多学者在研究供应链运作效率时都提到不确定性问题。由于不确定性的存在，导致需求信息的扭曲。因此要预见各种不确定因素对供应链运作的影响，减少信息传递过程中的信息延迟和失真。增加透明性，减少不必要的中间环节，提高预测的精度和时效性对降低不确定性的影响都是极为重要的。

6. 创新性原则

创新设计是系统设计的重要原则，没有创新性思维，就不可能有创新的管理模式，因此在供应链的设计过程中，创新性是一个很重要的原则。要产生一个创新的系统，就要敢于打破各种陈旧的思维框框，用新的角度、新的视野审视原有的管理模式和体系，进行大胆的创新设计。进行创新设计，要注意几点：一是创新必须在企业总体目标和战略的指导下进行，并与战略目标保持一致；二是要从市场需求的角度出发，综合运用企业的能力和优势；三是发挥企业各类人员的创造性，集思广益，并与其他企业共同协作，发挥供应链整体优势；四是建立科学的供应链和项目评价体系及组织管理系统，进行技术经济分析和可行性论证。

7. 战略性原则

供应链的建模应有战略性观点，通过战略的观点考虑减少不确定影响。从供应链的战略管理的角度考虑，我们认为供应链建模的战略性原则还体现在供应链发展的长远规划和预见性，供应链的系统结构发展应和企业的战略规划保持一致，并在企业战略指导下进行。

第四节　供应链的集成管理

要成功地实施供应链管理，使供应链管理真正成为有竞争力的武器，就要抛弃传统的管理思想，把企业内部以及节点企业之间的各种业务看作是一个整体功能过程，形成集成化供应链管理体系。通过信息、制造和现代管理技术，将企业生产经营过程中有关的人、技术、经营管理三要素有机地集成并优化运行。通过对生产经营过程的物料流、管理过程的信息流和决策过程的决策流进行有效的控制和协调，将企业内部的供应链与企业外部的供应链有机地集成起来进行管理，达到全局动态最优的目标，以适应在新的竞争环境下市场对生产和管理过程提出的高质量、高柔性和低成本的要求。

一、供应链协作计划、预测与补货(CPFR)

当今世界，激烈的市场竞争和快速多变的市场需求使企业面临不断缩短交货期、提高质量、降低成本和改进服务的压力，迫使供应商、制造商、分销商和零售商走向合作。因此，供应链作为包括供应商、制造商、分销商和零售商的“由物料获取并加工成中间件或成品，再将成品送到用户手中的一些企业和部门构成的网络”，成了学术界和企业界研究和实践的热点。但供应链是错综复杂的，供应链的业务活动不仅要跨越供应链通道（供应商、制造商、分销商、零售商和其他合作伙伴）的范畴，而且要跨越功能、文化和人员的范畴，在努力减少成本、增加效率和获得竞争的过程中，不得不重新构思、重新定义和重新组织供应链合作伙伴关系和模式。为了建立新型合作伙伴关系，一种面向供应链的集成策略——协作计划、预测与补货（collaborative planning，forecasting and replenishment，CPFR）应运而生，并逐渐成为供应链管理中一个热门的研究问题。

CPFR的形成始于沃尔玛所推动的CFAR，CFAR（collaborative forecast and replenishment）是利用Internet通过零售企业与生产企业的合作，共同做出商品预测，并在此基础上实行连续补货的系统。后来，在沃尔玛的不断推动之下，基于信息共享的CFAR系统又正在向CPFR发展，CPFR（collaborative planning forecasting and replenishment）是在CFAR共同预测和补货的基础上，进一步推动共同计划的制定，即不仅合作企业实行共同预测和补货，同时将原来属于各企业内部事务的计划工作（如生产计划、库存计划、配送计划、销售规划等）也由供应链各企业共同参与。

供应链协作计划、预测与补货的本质特点表现为：

(1) 协同。从CPFR的基本思想看，供应链上下游企业只有确立起共同的目标，才能使双方的绩效都得到提升，取得综合性的效益。CPFR这种新型的合作关系要求双方长期承诺公开沟通、信息分享，从而确立其协同性的经营战略，尽管这种战略的实施必须建立在信任和承诺的基础上，但是这是买卖双方取得长远发展和良好绩效的唯一途径。正因如此，协同的第一步就是签署保密协议、建立纠纷机制、确立供应链计分卡以及形成共同激励目标（例如不仅包括销量，也同时确立双方的盈利率）。应当注意的是，在确立这种协同性目标时，不仅要建立起双方的效益目标，更要确立协同的盈利驱动性目标，只有这样，才能使协同性能体现在流程控制和价值创造的基础之上。

(2) 规划。1995年沃尔玛与Warner-Lambert的CFAR为消费品行业推动双赢的供应链管理奠定了基础，此后当VICS定义项目公共标准时，认为需要在已有的结构上增加“P”，即合作规划（品类、品牌、分类、关键品种等）以及合作财务（销量、订单满足率、定价、库存、安全库存、毛利等）。此外，为了实现共同的目标，还需要双方协同制定促销计划、库存政策变化计划、产品导入和中止计划以及仓储分类计划。

(3) 预测。任何一个企业都能做出预测，但CPFR强调买卖双方必须做出最终的协同预测，像季节因素和趋势管理信息等，无论是对服装或相关品类的供应方还是销售方都是十分重要的，基于这类信息的共同预测能大大减少整个价值链体系的低效率、死库存，促进更好的产品销售、节约使用整个供应链的资源。与此同时，实现协同促销计划是提高预测精度的关键。CPFR推动的协同预测不仅关注供应链双方共同做出最终预测，同时也强调双方都应参与预测反馈信息的处理和预测模型的制定和修正，特别是如何处理预测数据的波动等问题。只有把数据集成、预测和处理的所有方面都考虑清楚，才有可能真正实现共同的目标，使协同预测落在实处。

(4) 补货。销售预测必须利用时间序列预测和需求规划系统转化为订单预测，并且满足供应方的条件，如订单处理周期、前置时间、订单最小量、商品单元以及零售方长期形成的购买习惯等都需要供应链双方加以协商解决。根据美国产业共同商务标准协会(VICS)的CPFR指导原则,协同运输计划也被认为是补货的主要因素,此外,例外状况的出现也需要转化为存货的百分比、预测精度、安全库存水准、订单实现的比例、前置时间以及订单批准的比例,所有这些都需要在双方公认的计分卡基础上定期协同审核。潜在的分歧,如基本供应量、过度承诺等双方应事先进行商定。

二、供应链快速反应(QR)与有效客户反应(ECR)

1. 快速反应(quick response,QR)

快速反应系统是20世纪80年代开始于美国,由美国的纺织与服装行业以及主要的连锁零售商(沃尔玛、凯玛特)等为主力开始推导的。QR兴起的原因主要在于美国的成衣行业制造时间过长,造成存货成本和缺货率都过高。

快速反应系统是指通过零售商和生产厂家建立良好的伙伴关系,利用EDI等信息技术,进行销售时点以及订货补充等经营信息的交换,用多频度、小数量配送方式连续补充商品,以此来实现销售额增长、客户服务的最佳化以及库存量、商品缺货、商品风险和减价最小化的目标的一个供应链集成管理模式。

QR的思想运用到供应链中,在JIT思想的影响下,产生了QR物流。QR物流是指为了获得基于时间上的竞争优势,必须开发敏捷的物流系统。因此,QR物流是在信息系统和JIT系统的联合下,实现"适时、适地地提供适当的产品"这一目标。信息技术的发展,特别是EDI、条形码以及POS的应用,使得QR物流成为可能。越来越多的企业认识到加快物流速度能够实现销售上的低成本扩张。QR系统的一个突出的特点就是通过加速系统处理时间,减少累积提前期,以降低库存,从而进一步减少反应时间,形成良性循环。

在快速反应的实施中,零售商和制造商紧密协调零售库存的分布和管理。QR系统一般包括三个重要的部分。

(1) 零售商通过对条形码商品的扫描,从POS系统得到及时准确的销售数据。

(2) 经由EDI传送,制造商每周或每日共享SKU(库存单位)一级的销售和库存数据。

(3) 针对预定的库存目标水准,制造商受委托进行自动或近于自动的补充供应活动。

2. 有效客户反应(efficient consumer response, ECR)

有效客户反应是20世纪90年代在美国和欧洲消费品制造业和零售业得到发展并普遍应用的一种业务发展战略,旨在通过零售商与制造商的协作,以消费者为中心创造消费者价值最大化的产品与服务。由于ECR系统是通过生产厂商、批发商、零售商的联盟来提高商品供应效率,因而又可以称为连锁供应系统。ECR强调供应商和零售商的合作,尤其在企业间竞争加剧和需求多样化发展的今天,产销之间迫切需要建立相互信赖、相互促进的协作关系,通过现代化的信息和手段,协调彼此的生产、经营和物流管理活动,进而在最短的时间内应对客户需求的变化。

要实施ECR,首先应联合整个供应链所涉及的供应商、分销商以及零售商,改善供应链中的业务流程,使其最合理有效;然后,再以较低的成本,使这些业务流程自动化,以进一步降低供应链的成本和时间。这样,才能满足客户对产品和信息的需求,即给客户提供最优质的产品和适时准确的信息。而成功实施有效客户反应必须具备以下四个关键因素：

(1) 信息完整。供应链上、下游成员之间要实现信息互通、信息共享。因此，供应链的信息库要具有完整的信息，包括需求、供应、技术、市场等方面的信息。

(2) 标准化。为了快速响应客户的需求，供应链上的各项信息、数据的收集和传输应该标准化。例如数据格式应有统一的标准。

(3) 互信、互利、共识的建立。实施 ECR 的重点在于供应链体系内的上、下游之间彼此分享信息，以消费者的利益为出发点来共同修改供应链过程中的各个流程与活动。因此，供应链节点企业之间的信任非常重要。上、下游之间需要打破以往互相对立的角色，必须建立相互信任、荣辱共存、共同发展的新型伙伴关系。

(4) 完整的物流系统。建立一个高效率、低成本、功能完备的物流系统，是确保整个 ECR 体系成功贯彻实施的重要条件。

3. QR 与 ECR 的区别

QR 主要集中在一般商品和纺织行业，其主要目标是对客户的需求做出快速反应，并快速补货。ECR 主要以食品行业为对象，其主要目标是降低供应链各环节的成本，提高效率。这是因为食品杂货业与纺织服装业经营的产品的特点不同：杂货业经营的产品多数是一些功能型产品，每一种产品的寿命相对较长(生鲜食品除外)，因此，订购数量过多(或过少)的损失相对较小。而纺织服装业经营的产品多属创新型产品，每一种产品的寿命相对较短，因此，订购数量过多(或过少)造成的损失相对较大。ECR 与 QR 的主要区别体现在以下四个方面：

(1) 侧重点不同：QR 侧重于缩短交货提前期，快速响应客户需求；ECR 侧重于减少和消除供应链的浪费，提高供应链运行的有效性。

(2) 管理方法的差别：QR 主要借助信息技术实现快速补货，通过联合产品开发缩短产品上市时间；ECR 除新产品快速有效引入外，还实行有效商品管理、有效促销滚动。

(3) 适用的行业不同：QR 适用于单位价值高，季节性强，可替代性差，购买频率低的行业；ECR 适用于产品单位价值低，库存周转率高，毛利少，可替代性强，购买频率高的行业。

(4) 改革的重点不同：QR 改革的重点是补货和订货的速度，目的是最大程度地消除缺货，并且只在商品需求时才去采购。ECR 改革的重点是效率和成本。

4. QR 与 ECR 的联系

QR 和 ECR，两种供应链管理方法来源于不同的行业，却有相似的效果，都表现为超越企业之间的界限，将买方与卖方联结在一起，通过供应链上、下游伙伴之间的合作，以达到信息的快速传递从而更快、更有效地对消费者的需求做出响应。具体表现在以下三个方面：

(1) 贸易伙伴间商业信息的共享。零售商将原来不公开的 POS 系统产品管理数据提供给制造商或分销商。制造商或分销商通过对这些数据的分析来实现高精度的商品进货、调整计划，降低产品库存。

(2) 商品供应方通过信息共享进一步涉足零售业，提供高质量的物流服务。作为商品供应方的分销商或制造商比以前更接近于流通最后环节的零售商，特别是零售业的店铺，从而保障物流的高效运作。

(3) 企业间订货、发货业务全部通过 EDI 或 EOS 来进行,实现订货数据或出货数据的传送无纸化。企业间通过积极、灵活运用信息通信系统(如电子订货系统 EOS、供应商管理库存系统 VMI、连续系统 CRP),来促进相互间订货、发货业务的高效化,从而实现供应链的有效集成。

三、供应商管理库存(VMI)

近年来,为了降低库存成本,整合供应链资源,越来越多的企业开始尝试一种新型的供应链管理模式——供应商管理库存(vendor managed inventory)。特别是在零售行业中,零售商长期以来饱受"牛鞭效应(bullwhip effect)"的苦恼,长期以来销售某种产品,为了保证产品销售的连续性,零售商一直独自管理产品库存,单独承担库存成本,而产品一直由几家供应商负责供应,为了保证自己在市场营销方面的核心竞争力和加强企业间合作程度,同时降低成本,抑制"牛鞭效应",重新整合企业资源,零售商决定实施供应商管理库存(VMI)的供应链战略来进行企业之间的联盟。

供应商管理库存是一种在供应链环境下的库存运作模式。本质上,它是将多级供应链问题变成单级库存管理问题。相对于按照传统用户发出订单进行补货的传统做法,VMI是以实际或预测的消费需求和库存量,作为市场需求预测和库存补货的解决方法,即由销售资料得到消费需求信息,供货商可以更有效地计划、更快速地反应市场变化和消费需求。

供应商管理库存的实施一般包括三个阶段。

(1) 供应商管理库存的前期准备阶段主要体现在战略层次,包括采取哪种供应商管理库存形式,选定某一个供应商作为自己实施的合作伙伴,制定相互之间的契约关系以及供应的目标。

(2) 供应商管理库存的实施阶段是最为重要和复杂的。它主要体现在战术层次上,包括适应供应商管理库存的组织机构的变革,买方企业和自己的合作伙伴供应商共同组建一个工作团队,设立一些新的职能部门,以及整个供应商管理库存是如何具体运作的。

(3) 供应商管理库存的评估,根据双方企业实施供应商管理库存之前制定的目标,确定一些经济指标,对实施前后作一个对比,如果达到预期效果就进入全面实施阶段,如果达不到就返回到供应商管理库存实施阶段,进行改进和完善,直至通过再进入供应商管理库存的全面实施阶段。

实施 VIM 的关键在于库存状态的透明性,只有让供应商能够随时跟踪库存的变化,才能快速响应市场的需求变化。实施流程大致如下:建立完善的信息化系统,统一管理所有用户(供应商、批发商、零售商等)的信息。建立销售网络管理系统,统一产品分类和编码。最好能够在一个系统中管理整条供应链上的所有库存,如果将加盟店(零售商)的库存也纳入管理范围,这样便能更好地了解每种商品的库存变化和分析走势。有的 VMI 实施无法做到统一系统处理,也可以采用 EDI 的形式传递库存信息。

四、全球供应链管理

随着经济全球化进程的快速推进,使得自然资源、资金、技术以及劳动力等生产要素和产品以及服务在全世界流动，市场的竞争从区域性走向全球化。许多跨国企业为了追求生产利润的最大化，纷纷抢占海外优势资源，如人力、原料、技术、市场等，导致国内工厂、分销中心、仓库的海外迁移，从而使国内制造供应链扩展为全球供应链。相比国内供应链，全球制造供应链引入了关税、转移价格、汇率变动等一系列全球因素。具有全球性的、灵活敏捷的组织结构和形态控制机制，以及快速响应生产需求变化的新一代全球供应链管理模式正在快速形成，并对企业形成了严峻的挑战。

全球供应链(global supply chain)是指为获得原材料，将其制成中间物品及最终产品，并通过销售系统递送到顾客手中的网络结构，其实现的是供应链上的原材料、在制品、产成品在全球范围内流动，供应链上各主体之间的相关活动超越了国家的界限，需要通过全球的进出口贸易来实现的供应链。国内学者王圣广将全球供应链定义为：因全球制造的发展和社会生产的极大复杂化的需要，将供应链从生产实践中抽象出来，精练提高成一种新型的生产组织模式和管理模式，并将因市场空间扩大化而全球化的供应链称为全球供应链。基于全球供应链的生产组织模式和管理模式被称为全球供应链管理。

全球供应链与国内供应链的区别在于：全球供应链涉及的范围更为广泛，链上成员分属于不同的国家，成员间的合作与协调是建立在跨越国际的信息传递系统之上的。全球供应链上企业产品的原料采购、生产、销售等过程可能分别发生在不同的国家，产品的整个供应链流程跨越国界，这种组织、企业之间合作与协调的复杂程度超出了国内供应链。

全球供应链管理的核心思想是：充分利用全球范围的各种优势资源和组织管理优势，借助先进的运作组织手段和方法，如现代物流技术和网络信息技术(计算机集成制造系统CIMS、柔性生产系统FMS、并行工程、敏捷制造、准时制JIT、最优生产技术OPT、制造资源计划MRPⅡ、企业资源规划ERP等)，组成全球范围内的具有独特优势的生产基地和销售网络，其目的是提高运营效率、降低运营成本、提升整体系统的竞争力。

全球供应链管理强调在全面、迅速地了解世界各地消费者需求的同时，对其进行计划、协调、操作、控制和优化，在供应链中的核心企业与其供应商以及供应商的供应商、核心企业与其销售商乃至最终消费者之间，依靠现代网络信息技术支撑，实现供应链的一体化和快速反应，达到商流、物流、资金流和信息流的协调通畅，以满足全球消费者需求。全球供应链管理的实现把供应商、制造商、分销商等所有环节联系起来，通过信息网络尽快把握真实与准确的需求，并把不断变化的市场需求情况及时反馈到企业的中央管理系统，并通过信息的实时共享，组织快速供应，使物流以最快的速度，通过生产、分销环节变成增值的品牌产品，来满足消费者需求。

本章小结

本章重点介绍了供应链及供应链管理的相关理念，供应链管理是现代物流管理中的重要组成部分。

供应链是指生产及流通过程中，涉及将产品或服务提供给最终用户所形成的网链结构。供应链管理是对供应链涉及的全部活动进行计划、组织、协调与控制。

供应链管理的核心思想包括以顾客为中心、强调企业的核心竞争力、相互协作的双赢理念以及信息流程优化。供应链管理的主要内容包括供应链网络结构设计、集成化供应链管理流程设计与重组及供应链管理机制的建设三个方面。供应链发展至今，出现了多种类型模式，主要包括：直线/网状型供应链、推式/拉式供应链、纵向/横向一体化供应链。

实现供应链集成管理的主要方法及策略包括：协作计划、预测与补货(CPFR)，快速反应(QR)，有效客户反应(ECR)，供应商管理库存(VMI)及全球供应链管理。

复习与思考

1. 如何理解供应链及供应链管理的概念？
2. 供应链管理的核心思想及主要内容有哪些？
3. 如何设计供应链系统？应遵循哪些设计原则？
4. 如何理解供应链快速反应和有效客户反应？两者有何区别与联系？
5. 什么是全球化供应链管理？

参考文献

[1] 马士华，林勇. 供应链管理[M]. 北京：机械工业出版社，2010.
[2] 徐晓刚. 面向全球制造的供应链设计与评价[D]. 天津：天津理工大学，2006.
[3] 蒋长兵，吴承健. 现代物流理论与供应链管理实践[M]. 杭州：浙江大学出版社，2006.
[4] 陈兵兵. SCM 供应链管理：策略、技术与实务[M]. 北京：电子工业出版社，2004.
[5] 彭扬，吴承健，彭建良. 现代物流学概论[M]. 北京：中国物资出版社，2008.

第十四章 第三方物流

引导案例

凯斯公司第三方物流解决方案

凯斯公司(Case Corp)是一家农业及建筑设备制造商,产品销往全球,年销售收入达50亿美元。凯斯公司每年发运货物858次。从750家供应商采购零件运往8个制造厂,其成品和备件交易商多达4 100个,使用分布在全球各地的仓储设施16个,制造品和备件库存高达20亿美元。货物发达的可靠性、可视性及其与供应链其他部分的供应商、制造商和顾客的衔接是至关重要的。

公司自1993年起就致力于在全公司范围内整合供应链,将其全部物流作业外包给3家3PLs运作。这三家3PLs来自物流工业的不同领域,共同为凯斯公司提供全球范围的专业服务。这三家公司是:Fritz Cos.,Schneider和GATX。

Fritz Cos.是一家运作良好国际转运商,被指定为这三家3PLs的领袖。按照计划,Fritz Cos.负责开发EDI的应用及与其他联盟系统。另外,它还管理所有的国际发运。

Schneider物流公司(SLI),负责所有的国内运输。

GATX物流公司,是一家仓储专业公司,负责管理出入凯斯仓库和制造支持中心的零部件。

3PLs的选择

- 聘请Booy Ahen & Hamilton咨询公司来检查凯斯公司的整个过程。发现公司机遇在于成品库存和交付周期时间的压缩。
- 公司计划整合其全球物流,但自身没有足够的资源和能力。
- 董事会提出3PLs的基本要求:3PLs须提供信息系统使凯斯公司能随时对其全球的材料与产品进行监视。
- 选择3PLs花了6个多月。凯斯公司首先向26家3PLs发出了整合其全球物流的设计,要求这些公司提供其作业和财务的详细信息。
- 通过对候选3PLs的组织规模、财务结构及其顾客群进行评价,检查其潜在的成本节省额和一系列能力指标,如服务地理范围,体系;仓储和运输;分析3PLs的企业文化是否与凯斯公司兼容;以及3PLs是否有完善的基础设施以帮助凯斯公司实现准时(JIT)物流战略;3PLs是否有过同凯斯公司类似客户合作的经历。
- 第一轮筛选过后,凯斯选择了8～9家3PLs,而后凯斯公司的经理们到这些公司现场考察以便做进一步的选择。

- 凯斯公司原先准备选择单一的3PLs管理其全球物流，但经过初次评选后发现，没有一家3PLs可以提供跨职能的物流一体化服务，而多家3PLs的联盟则可以做到这一点。
- 决定选择多家3PLs，接着是更频繁的现场考察。竞选者需提供完整详尽的投标书。根据投标书，进一步缩小选择范围。
- 选定GATX物流公司，Schneider物流公司和Fritz公司，签订5年合作合同，这也表明凯斯公司希望超越传统的交易型关系而与之建立长期的伙伴关系。

将原有的作业交给3PLs并不是一蹴而就的事，这需要时间和耐心。凯斯公司与这三家3PLs公司的交接经历了四个阶段。"爬行"阶段、"行走"阶段、联合阶段和四方系统与作业整合阶段。

凯斯公司与三家3PLs的合作管理

尽管凯斯公司将日常作业管理交给了这三家公司，但凯斯公司的物流与供应链管理团队还是密切掌握这三家公司的运作情况。

将四方结合成单一物流伙伴联盟依赖于三个方面：

① 在战略层次上，高层领导的定期会谈。

② 在操作层次上，三家3PLs各派一位专职负责的经理，驻守在凯斯总部，每周与凯斯公司的该项目负责人会谈一次。

③ 在合同中加入鼓励条款。

这三家3PLs都有专职人员在凯斯总部和其他设施部门工作，在他们专为凯斯公司服务的独自作业领域都配有员工。

(资料来源：MBA智库百科。http://www.mbalib.com/)

第一节　第三方物流的兴起及概念

一、第三方物流的兴起

伴随着全球经济的飞速发展，第三方物流运营模式在全球范围内蓬勃兴起，全世界的第三方物流市场逐渐表现出强劲的发展态势。2009年美国第三方物流市场的总收入达到1 071亿美元，而据美国的一些经济学家预测，美国每年大概拥有7 000亿美元的市场潜力，市场增长空间巨大。欧洲的第三方物流在物流服务当中所占的比重远远大于美国，物流服务市场当中大约1/4以上都是第三方物流。理论界和实践领域从不同的方面、不同的视角在第三方物流方面做了大量的工作，通过总结发现第三方物流的蓬勃发展有其根本的原因。

1. 第三方物流是生产和流通分离的结果

与社会化大生产相伴而生的生产和流通的分离导致了物流的出现。在企业微观领域，社会分工使得运输、仓储、配送等活动成为了企业中的专门性工作，企业中既有专门从事生产的环节，又有专门从事物流的环节。在社会宏观领域，社会分工使得产业分成不同的部类,社会当中不仅有专门从事产品生产的产业,也有专门从事产品流通的产业。生产和流通的分离使得物流的职能逐渐专业化和产业化。

伴随着分工的不断深化,人们逐渐认识到任何一个企业都不可能把所有的业务都做到最优秀。同时,人们也认识到企业只有集中精力专注于核心业务,并将其他业务外包给市场当中的最佳伙伴,才能不断保持竞争优势。一方面物流企业在资金、人力、物力多方面具有优势,能够以成本更低,质量更高的方式提供专业化的物流服务;另一方面非物流企业也愿意将所不擅长的物流业务外包出去,以便于集中精力发展核心业务。从而第三方物流便应运而生了。

2. 第三方物流是商流和物流分离的结果

在产品流通环节当中,商流和物流的分离导致了第三方物流的出现。从表面上看似统一的流通过程,其实可以分成独立运动的商业流通和实物流通。商业流通侧重于价值的流动,是商品在流通中发生的形态变化的过程,即货币形态→商品形态→货币形态的转化过程,伴随着商流中的买卖关系,商品的所有权发生着变化。而实物流通侧重于实体的流动,是准确、及时、安全、保质、保量地将物品从供应地向接收地运送的过程,伴随着物流的过程,物品的空间位置发生着变化。商流和物流的分离是社会化大生产的必然结果,也是社会分工进一步深化的结果,商业职能和物流职能的分化使得业务领域更加专业,有利于商业和物流从业人员集中精力做好各自的核心业务。

3. 第三方物流是经济全球化的需要

经济全球化的发展需要专业的第三方物流作为支撑。经济全球化的发展使得国家之间在政治、经济和贸易等多个领域不断提高相互依赖的程度。社会分工已经不再局限于某一国家、某一区域,各个国家通过在全球范围内形成的买卖关系,在世界范围内展开国际分工。伴随着劳动力在全球市场范围内进行配置,原料和产品也在全球市场范围内进行流动,很多企业从不同的国家和地区采购原材料,并将生产的产品销往世界各地。

在原料和产品流动的过程中,大型企业虽然有能力在全球范围内建立自己的物流能力,但是为了节约成本、提高效率,并集中精力于核心业务,往往更多的还是倾向于外包其物流业务。此外,更多的中小型企业没有能力建立全球范围的物流能力,只能依赖于专业的物流企业实现企业物流业务。第三方物流已经成为了经济全球化进程中不可或缺的必要环节。

4. 第三方物流是市场竞争的必然结果

市场竞争的加剧导致第三方物流出现。生产力的不断发展,使得市场当中的产品极大丰富,企业为了生存并获取利润,与竞争对手展开了激烈的竞争,只有能够以更高的质量和更低的成本,提供更个性化服务的企业才能立于不败之地,保持持续的竞争优势。企业只有将核心产品和服务做到最好,同时能够让客户感知的附加服务最优,才能长期领先于竞争对手。

为了实现这样的目标,一方面企业需要集中精力提高其核心能力,以最低的成本、最高的质量将其核心产品和服务做到最好;另一方面又需要企业放弃非核心业务,将其外包给其他专业的公司，物流业务是很多非物流企业外包的对象之一。当物流作为核心业务时，只有第三方物流企业，才能以更为专业、更为高效的方式提供给物流的需求方；当物流作为非核心业务时，只有将其外包给专业的第三方物流企业，才能让客户感知到最优化的物流附加服务。

5. 第三方物流是管制放松和信息技术发展的结果

第三方物流的出现也是物流领域的政策不断放宽和配套的信息技术不断发展的结果。伴随着经济的不断发展，各国政府对物流准入政策的不断放宽，企业可以同时涉足海陆空业务的代理，原国家运营的海陆空业务也不断转为市场运营，这促进了第三方物流的蓬勃发展。

现代计算机和通信技术的发展，使得信息能够以更快和更便捷的方式流动，同时使得很多更加先进的管理技术和管理理念得以应用，物流领域的零库存、快速反应、准时制以及有效的客户反应等目标都可以实现，这为第三方物流企业的出现提供了保证。

二、第三方物流的概念

中国国家标准物流术语中认为第三方物流是“独立于供需双方，为客户提供专项或全面的物流系统设计或系统运营的物流服务模式”(GB/T18345-2006)。实际上第三方物流(third party logistics，TPL)最早是在西方国家出现的一个概念，国内外关于第三方物流还有其他的定义。

1988年美国物流管理委员会的一项顾客调查中首次采用了“第三方物流提供者”这一提法，后来美国的有关专业著作中将第三方物流提供者定义为：“通过合同的方式确定报酬，承担货主企业部分或者全部物流业务的企业。”所提供的服务包括三种类型：与运营相关的服务、与管理相关的服务及两者兼有的服务。美国物流管理协会2002年的解释认为：“第三方物流是将企业的全部或者部分物流运作任务，外包给能够为顾客提供多元化物流服务的企业的经营模式。”专业化的物流企业能够提供诸如仓储、运输、包装、库存、货运代理，以及码头装卸等多种服务。

日本有关专业著作中对第三方物流有两种理解，一种认为第三方物流是为卖方企业和买方企业提供物流服务的中间商组织的物流活动。这种理解认为与第三方物流的“第三方”相对应的“第一方”是卖方企业，“第二方”是买方企业，而“第三方”是指独立于买卖双方之外的第三方。另一种认为第三方物流是指为客户企业提供全方位物流服务的专业企业所运作的物流业务，包括物流系统的规划设计、解决方案和具体物流业务等。该种理解认为与第三方物流的“第三方”相对应的“第一方”是物流业务的需求方，“第二方”是“第一方”聘请的诸如运输、仓储等单一物流功能服务企业，而“第三方”则是指“第一方”和“第二方”之外的为“第一方”提供物流服务的企业。

中国的著作中对第三方物流的理解分为广义和狭义两种，广义的第三方物流以商品交易为参照来进行界定，认为第三方物流是指商品买卖双方之外的第三方所提供的物流。狭义的第三方物流则是指物流的需求方和物流需求方聘请的仓储、运输等基础物流服务企业之外的第三方，向物流的需求方提供的物流。中国关于第三方物流的界定，是建立在对"第三方"广义和狭义两种不同理解基础之上的。

此外，第三方物流与很多流行术语类似，在不同情境当中因人、因地的不同而有不同的称谓。第三方物流服务提供过程中通常需要签订一定期限的合同，因此第三方物流又被称为合同物流(contract logistics)。第三方物流通常是企业外界提供的物流服务，为了与企业自身的物流进行区分，第三方物流又被称为外包物流(outsourcing logistics)。

对于第三方物流的定义有各家之言，但总的来说第三方物流可以分为广义和狭义两种界定，而第三方物流广义和狭义两种界定的基础，是关于"第三方"的广义和狭义的两种解释。从字面上来看，第三方物流的"第三方"是相对于"第一方"和"第二方"而言的。对于"第三方"广义和狭义两种不同的解释，广义解释认为"第一方"是指货物的供应方，例如制造商和零售商买卖关系中的制造商，"第二方"是指货物的需求方，例如制造商和零售商买卖关系中的零售商，"第三方"是指相对于掌握商品所有权的买卖双方之外的第三方；狭义解释认为"第一方"通常指生产企业或者货主，"第二方"是指生产企业或货主聘请的运输和仓储业者等，"第三方"是指物流业务的需求方(第一方)和运输、仓储等业务的供给方(第二方)之外的，向第一方提供物流服务的第三方。关于"第三方"广义和狭义的解释见表 14.1。

表 14.1 "第三方"广义和狭义解释

	狭义解释	广义解释
第一方	生产企业或者货主	货物的供应方，例如制造商和零售商买卖关系中的制造商
第二方	生产企业或货主聘请的运输和仓储业者等	货物的需求方，例如制造商和零售商买卖关系中的零售商
第三方	物流业务的需求方(第一方)和运输、仓储等业务的供给方(第二方)之外的，向第一方提供物流服务的第三方	相对于掌握商品所有权的买卖双方之外的第三方

根据对"第三方"的广义和狭义的理解，对第三方物流的定义也分为广义和狭义两种。广义的第三方物流是指由商品买卖双方之外的第三方提供物流服务的形式。这表明无论是由卖方承担物流，还是由买方承担物流都不是第三方物流，只有由买卖双方之外的第三方承担的物流才是第三方物流，广义的第三方物流是相对自营物流而言的。广义的第三方物流如图 14.1 所示，第三方物流表明由独立于货物供应方和货物需求方的第三方承担物流的职能，第三方物流提供方提供的服务包括物流战略咨询、物流系统规划、物流业务管理、物流作业管理以及物流信息系统等。

狭义的第三方物流是指由物流的实际需求方(第一方)，以及由第一方聘请的运输和仓储等基础物流服务的供给者(第二方)之外的第三方，向第一方提供物流服务的运作形式。狭义的第三方物流如图 14.2 所示，第三方物流表明由物流的需求方和基础物流提供方之外的第三方，提供部分或综合物流服务，其中实线表示物流服务的提供，虚线表示物流服务的集成。

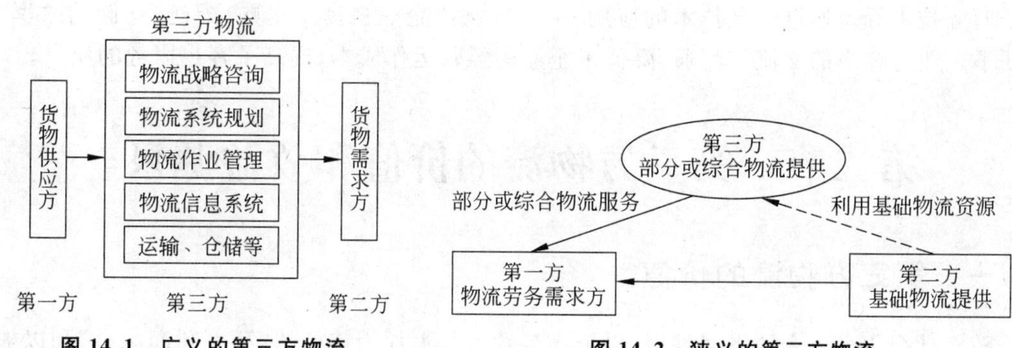

图 14.1　广义的第三方物流　　**图 14.2　狭义的第三方物流**

总结以上对第三方物流广义和狭义定义的表述，第三方物流广义和狭义的界定见表 14.2。

表 14.2　第三方物流的广义和狭义的界定

	狭义界定	广义界定
第一方物流	生产企业或货主自己运作的物流	供应方为提供商品而进行的物流
第二方物流	提供运输和仓储等业务的企业提供的物流	需求方为采购商品而进行的物流
第三方物流	由物流的实际需求方(第一方)，以及由第一方聘请的运输和仓储等基础物流服务的供给者(第二方)之外的第三方，向第一方提供的物流	商品买卖双方之外的第三方提供的物流

三、第三方物流的特征

第三方物流的出现可以说是物流业的一次革命，因为第三方物流具有很多传统物流服务不具备的特征。

1. 第三方物流是个性化的物流服务

各个行业和各个企业的物流需求存在着很大的差别，例如钢铁行业的物流需要较大的运输载荷能力，快餐行业的物流需要快捷和及时等。第三方物流企业需要根据客户的特定需求，提供量身定制的物流服务，因此第三方物流往往体现出个性化的特征。现代第三方物流企业的客户往往都会比较少，即使第三方物流企业同时服务于多家客户，由于物流服务需求的复杂性，其业务经营范围也会相对有限。

2. 第三方物流是合同化的物流服务

第三方物流是通过合同来确定物流提供方和物流消费方双方之间的业务关系。物流的提供方可以提供的服务项目包括运输计划与管理、仓储保管、信息技术和财务服务等，这些服务项目都是通过双方共同确定的合同条款来约定的，合同详细规定了服务的时间、内容和价格等，规定了双方的权利、责任和义务。

3. 第三方物流是基于信息技术的物流服务

信息技术的发展促使了第三方物流的兴起，因此依托信息技术是第三方物流的又一重要特征。目前在第三方物流中广泛应用的技术包括 EDI 技术、EFI 技术、条形码技术，以及电子商务技术等。通过信息技术的应用，第三方物流企业提高了采购、配送、仓储的效率，方便了企业与客户的交流与沟通，降低了企业的经营运作成本，提高了客户服务的质量。

第二节 第三方物流的价值和效益源泉

一、第三方物流的价值

随着社会化大生产的飞速发展，以依靠节约原料消耗为特征的“第一利润源泉”和以提高生产率为特征的“第二利润源泉”很难再被企业挖掘，企业依靠“第一利润源泉”和“第二利润源泉”寻求利润的难度越来越大，这使得作为“第三利润源泉”的物流被人们重视，“第三利润源泉”是指通过加强物流管理、提高物流效率、降低物流费用和减少物流资金占用等方式来增加企业的利润。“第三利润空间”并不意味着物流业是一个可以简单开采的大金矿，也并不意味着任何企业进入物流业都可以获取丰厚的利润。第三方物流在物流业中能够飞速发展，根本原因在于其价值效应，通过第三方物流能够较好地开发物流业中蕴含的“第三方利润源泉”。第三方物流在为客户创造收益的同时，也为第三方物流企业创造价值。第三方物流创造的价值包括成本价值、运作价值、服务价值、风险分散价值、社会价值等。

1. 第三方物流的成本价值

低成本一直是企业获取竞争优势的策略之一，实施第三方物流有利于企业节省物流费用，从而降低企业经营的总成本。将物流业务委托给第三方物流企业，有利于利用第三方物流企业的规模生产效应和专业化经营降低企业的物流成本。

第三方物流企业由于其规模生产效应，会提高各个物流环节的效率，节省各个环节的费用，使得物流运营的成本降低。第三方物流企业的物流经营规模较大，从而具有深厚的专业能力和水平；第三方物流企业有能力深入研究和应用物流领域的先进技术和管理方法，进而克服物流当中低效率和高成本的各个环节。同时，由于第三方物流企业物流承载的规模较大，降低某些环节的成本后，产生的利润空间会比较大，第三方物流企业有动力去提高各个物流环节的效率。因此通过实施第三方物流能够利用第三方物流企业的规模生产效应，帮助企业有效地节省物流成本。

第三方物流企业可以通过专业化经营，降低物流运营的成本。第三方物流企业具有雄厚的专业水平，能够通过专业的库存管理降低库存水平和盘活积压库存，还能够通过专业化的配送和运输管理提高配送效率和运输效率。此外，第三方物流企业能够实施专业的信息管理系统，发挥现代信息技术在物流领域应用的优势，加快信息流动，降低人工成本。因此实施第三方物流也能够利用第三方物流企业的专业化经营，帮助企业有效地节省物流成本。

2. 第三方物流的运作价值

根据李嘉图的比较优势理论，各个国家分别从事具有比较优势的产品生产，然后再在国际市场上进行自由交换，那么各个国家都能够从分工中获取利益。第三方物流作为市场中的专业领域，第三方物流企业在物流业务方面具有比较优势，第三方物流的运作价值就是比较优势的一种体现。

第三方物流企业能够提高物流的运作效率。生产企业自营的物流规模往往都比较小，企业内部物流从业人员的技术和管理水平也比较局限，物流设施和设备的运用效率往往偏低。第三方物流是通过专业化分工后，由从事规模经营的物流企业来运营物流业务的模式，第三方物流企业物流业务的规模比较大，拥有较多的物流专业人员，物流技术和物流管理方法能够有效实施，物流设施和设备也能够得到高效的应用。因此，通过实施第三方物流，物流运作的效率能够得到显著提高。

第三方物流能够发挥物流服务整合运作的优势。第三方物流企业往往同时向多个客户提供服务，或者向少量客户提供大量的专业化物流服务。伴随着数量的增加和专业化的增强，第三方物流企业可以整合相似的作业，发挥经济规模效应的作用。通过业务的整合，大量冗余的、重复的投资都能节省，大量复杂的、烦琐的作业环节都能省略，大量的信息费用和谈判成本也能消除。因此通过物流服务的整合运作，第三方物流可以创造更多的运作价值。

3. 第三方物流的服务价值

日益激烈的竞争使得提高客户服务水平，获取客户满意成为企业制胜的法宝，而物流能力是企业提高客户服务水平的重要手段之一。如果企业的物流出现问题，可能会造成原材料不能按时到达，从而企业的生产无法正常进行，也会对企业的产品配送产生不良影响，致使客户采购的产品无法按期交付，最终严重影响客户的服务水平。任何企业都需要有足够的物流能力作为保证。

第三方物流企业能够帮助企业提升物流能力，进而为客户创造服务价值。将企业的物流业务外包给第三方物流企业，利用第三方物流企业的专业化服务，可以提高企业原材料的运抵能力，从而保证企业的正常生产。更为重要的是将企业的物流业务外包给第三方物流企业后，通过第三方物流企业的专业化服务，生产企业可以提高对客户订单的反应能力，缩短订单的处理时间，更为高效地将产品送给客户，兑现对客户的承诺，提高客户服务水平，创造客户的服务价值。

4. 第三方物流的风险分散价值

风险通常表现为不确定性，规避风险的通常做法就是将风险分散。物流系统当中存在很多不确定性，使得企业无法准确确定与物流相关的收益和损失。将企业的物流委托给第三方物流企业运营，可以使企业面临的不确定性降低。第三方物流企业能够有效分散企业自营物流业务时面临的投资风险和存货风险。

从事物流业务往往需要购置一定量的物流设施和设备，建设仓库和购买车辆，这些投资都属于规模较大的投资，如果企业自营物流管理不善，设施和设备不能有效发挥作用，这些投资回收起来将非常困难。第三方物流企业具有专业化的人才和先进的管理技术，能够最优化地利用物流设施设备，此外第三方物流企业的物流业务量较大，大规模的业务量使得物流设施和设备很少出现闲置不用的状态。因此，投往物流设施和设备的资金能够较快地回收，与物流设施和设备相关的投资风险也被分散。

企业往往需要留有一定量的库存，以确保客户的需求能够及时得到满足，但是企业由于配送能力有限，物流管理水平不高，往往采取提高库存水平的策略，这给企业带来很大的库存风险。第三方物流企业能够精心地设计物流计划、更加优化地调度物流系统、建立更加专业的配送系统，从而缩短产品从企业到顾客手中的时间，提高产品在渠道当中流动的速度，最终帮助企业降低为了满足顾客需求的安全库存水平，分散企业的存货风险。

5. 第三方物流的社会价值

第三方物流还能带来很大的社会价值，这使得第三方物流受到更加广泛的重视。第三方物流的社会价值体现在吸纳劳动力、整合社会闲散资源和缓解城市交通三个方面。

伴随着第三方物流业务的发展，第三方物流企业在不断壮大的过程中，除了购置设施和设备之外，还会吸纳大量的物流从业人员，缓解社会的就业压力。第三方物流的不断发展壮大，使得新的服务产业链条逐渐形成，为了保证物流产业的发展，大量的人力投入到物流产业中，这能极大地缓解就业问题。

第三方物流还能整合社会上的闲散资源。第三方物流企业具有强大的管理控制能力和完善的信息系统，能够整合闲置在社会上的多方面资源，包括运输资源、人力资源、设备资源、厂房和库存资源等。通过第三方物流的整合，这些闲置资源能够按照新的方式整合，在提高第三方物流企业运营能力的同时，优化了闲置资源的应用。

第三方物流还有助于缓解城市的交通。第三方物流企业在配送和运输中，通常采用先进的物流技术和管理方法，能够加强对运输系统的控制，优化运输路线，减少车辆出行，合理化车辆配送的时间。这有利于降低由于运输无序化造成的城市交通拥挤，同时又能减少资源消耗，减少噪音污染和废气排放等。

二、第三方物流的效益源泉

第三方物流能够带来很多价值，归根到底在于通过实施第三方物流可以有效地挖掘物流系统中的“第三利润源泉”。第三方物流主要通过四种效应来实现对“第三利润源泉”的挖掘，这四种效应分别被简称为：规模效益、系统协调、专业化、增值服务。这四种效应又可以被看成是第三方物流的效益源泉，如图 14.3 所示。

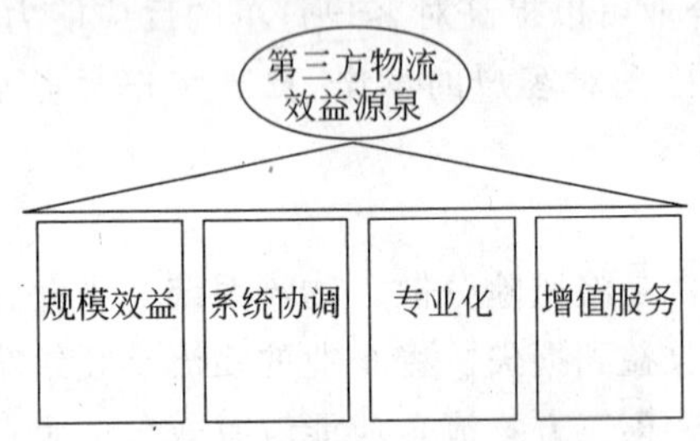

图 14.3 第三方物流效益源泉

1. 第三方物流的规模效益产生的效益源泉

规模效益是第三方物流最重要的一个效益源泉，第三方物流达不到一定规模，就不会产生效益，规模效益是第一方物流和第二方物流所不具备的，也正是第三方物流优于第一方物流和第二方物流之处。第三方物流企业只有达到一定规模才能通过集中存储降低平均库存，才能提供综合业务并发挥范围经济。具体而言，第三方物流企业可以通过以下两方面实现规模效益。

首先是通过集中存储降低平均库存来获取效益源泉。企业为了满足客户的订单，避免因缺货而造成的损失，往往需要留有一定量的产品安全库存。另外，企业为了保证生产的正常进行，还需要设立原料的经常储备和保险储备，经常储备是用于企业正常生产周转而设立的储备，保险储备是为应对原料供应的意外情况而设立的储备。从整个社会的角度来看,这些分散的库存和储备,如果由第三方物流企业集中起来进行管理,通过专业化的调度和配置,保证了企业生产正常运转,客户需求得到满足的条件下,大大降低整体的库存水平。从分散的企业节省下来的库存成本,便成为了第三方物流企业的效益源泉。

其次是通过综合业务来获取效益源泉。第三方物流企业可以提供采购、运输、仓储、配送、信息、咨询等多种业务,涉及公路、铁路、水运、航空等多方面的物流业务。物流企业的扩大和业务规模的增长,有利于物流企业整合多方面的业务,综合利用多种运输方式为客户提供全方位的服务。整合这些相关而又复杂的服务,并根据客户的个性化需要进行提供,有利于社会效益的提高,从而给第三方物流企业带来效益源泉。

2. *第三方物流的系统协调产生的效益源泉*

系统协调是指第三方物流企业对其供应商群体和客户群体进行的各种协调活动。这些协调活动包括打破各个供应商之间的界限,实现不同供应商之间的系统协调,实现统一组织和运输,包括打破不同客户之间的界限,实现统一运输和联合配送,还包括统一批量化作业,比如质检、审批、报关等。通过系统协调可以实现车辆的优化利用,节省配送成本,节约大量的物流费用,充分发挥各方面资源的互补效应,同时节省大量的交易成本。

第三方物流企业的系统协调还可以帮助物流业务外包企业节省大量的交易成本和系统协调成本。交易成本(transaction cost)又称为交易费用,是由美国经济学家科斯在《企业的性质》一文中提出的,交易成本是指人们在社会和经济交换当中,为了达成交易所要花费的成本。在物流领域中,企业为了实现运输和仓储等业务,要么企业自行运营,要么寻找运输、仓储等企业代营。社会分工的深入,使得寻找其他企业代营是通常的做法,此时企业需要花费时间和精力去寻找代营企业,从而造成搜寻成本,之后需要搜集代营企业信息,以便选择合适的代营企业,而后才能针对不同的物流业务与不同的代营企业进行谈判和合同签订,最后还得花费力气监督代营企业。这给企业造成了极大的交易成本和系统协调成本。

第三方物流有助于企业节省因物流外包而产生的交易成本和系统协调成本,实施第三方物流后,企业不再需要与众多经营不同物流业务的企业打交道。企业只需要寻找合适的第三方物流企业,与第三方物流企业签订合作协议,由第三方物流企业满足企业多方面的物流需求。这有助于企业节省大量的系统协调成本和交易成本,从而企业愿意向第三方物流企业支付可观的物流费用。而从整个社会的角度来看,第三方物流大大节省了社会当中与物流相关的交易成本和系统协调成本,进而成为物流产生的效益源泉。

3. *第三方物流的专业化产生的效益源泉*

分工和专业化是社会化大生产的典型特征,通过实施第三方物流可以发挥第三方物流企业和物流业务外包企业双方的专业化优势。第三方物流企业的专业化优势体现在专业化经营和信息集成两个方面,物流业务外包企业的专业化优势体现在集中精力于核心业务,提高核心竞争力方面。两方面优势的发挥为第三方物流创造了效益源泉。

第三方物流企业的专业化优势主要包括专业化经营和信息集成两个方面。就专业化经营而言,由于专业化的分工,第三方物流企业拥有技术熟练的物流工作人员和管理经验丰富的物流管理人员,这有利于高效率地使用专业设备和现代化物流作业工具,进而提高物流运作效率,降低物流运营成本。就信息集成而言,第三方物流企业积累了很多物流市场的知识，同时拥有集中的信息管理系统，因此第三方物流企业能够集成多方面的信息，综合运用多方面的信息能够大大提高物流的效率。

物流外包企业的专业化优势体现在集中精力于核心业务，提高核心竞争力方面。企业采用第三方物流后能够将物流业务进行外包，将有限的人力、财力、物力集中在核心业务上，实现资源的优化配置，提升核心竞争能力。面对日益复杂的经营活动和激烈的竞争环境，企业集中精力于核心业务的难度越来越大。如果采用第三方物流，将企业的物流业务由第三方物流企业承担，可以将企业有限的资源配置到更为关键的环节，发挥企业核心竞争力优势。因此，物流外包企业多创造的价值中很大一部分源自第三方物流。

4. 第三方物流的增值服务产生的效益源泉

第三方物流除了能够通过加强物流管理、提高物流效率、降低物流费用和减少物流资金占用等方式，来挖掘物流业中的“第三利润源泉”之外，还可以通过提供增值服务去深入挖掘“第三利润源泉”。第三方物流企业可以通过提供包装服务、保养服务等增值服务方式深入挖掘“第三利润源泉”。

在第三方物流企业提供物流服务的过程中，可以同时提供销售包装和运输包装服务。销售包装是为了产品的销售，美化产品、保护产品、提高产品品牌而进行的包装服务，虽然主要的包装服务是由生产进行的，但是也存在相当一部分销售包装由第三方物流企业进行。运输包装是为了便于产品的储存、运输、搬运和装卸而进行的包装服务，运输包装有利于提高运输效率，降低产品破损率。以运输包装为典型特征的物流模式就是集装箱运输。销售包装有助于产品价值的实现，运输包装有助于物流成本的降低和产品破损的降低，因而包装具有效益增值的效果。

第三方物流企业在提供物流服务的过程中，还可以附加原料和产品的保养服务。原料和产品在物流配送的过程中，通常伴随着连续的存储过程，要么在仓库中储存，要么在运输工具上存储。原料和产品在存储过程中因腐蚀、风化、融化等自然原因造成的损失经常发生，因盗窃、碰撞等人为因素造成的损失也经常发生。第三方物流企业专业化的保养服务有助于减少这些损失的发生，因此具有效益增值的效果。

第三节 第三方物流的发展模式及选择

一、第三方物流的发展模式

第三方物流的价值和效益源泉表明，第三方物流能够有效挖掘蕴含在物流业中的“第三利润源泉”，因此发展第三方物流至关重要。总结当前第三方物流的发展模式，不同的物流企业有各自成功的发展模式，第三方物流企业需要根据自身的实际情况选择合适的发展模式。

1. 第三方物流发展模式分类

第三方物流的发展有很多种模式，从不同的角度也有不同的分类方法，但总的来说可以从资源方面、发展方向方面对第三方物流发展模式进行分类。

从资源方面来看，第三方物流发展模式可以归为自主发展模式和合作发展模式两类。自主发展模式是指一些仓储、运输企业在原有业务的基础上，不断地进行实践和探索，寻求自身的发展路径，并将企业发展成为第三方物流企业。比如中远国际货运、中国储运等，都是凭借原有的物流业务和在人才、资金、经营网络、设备设施等方面的基础，不断向其他方向延伸，逐步发展成为现代物流企业。合作发展模式是指那些自身基础相对较差，或者要涉及陌生物流领域的企业，为了发展第三方物流，与其他成熟的企业合作，并在合作中不断取经学习，在合作者的帮助下，逐步发展第三方物流业务的发展模式。比如，传统的物流企业在向物流规划、物流咨询领域扩展时，由于对新领域陌生，往往会与物流科研机构或者咨询公司进行合作完成物流规划与咨询工作，并在合作中逐步探索物流发展模式。

从发展方向上看，第三方物流可以分为内涵式发展、外延式发展和混合发展三种类型。内涵式发展又称为纵向延伸发展，是指在原有业务的基础上，业务功能的扩展或多元化。外延式发展又称为横向发展，是指在原有规模的基础上，经营规模的扩展。混合发展模式是指既有业务功能的扩展或多元化，又有经营规模的扩展。

2. 第三方物流的形成途径

第三方物流企业通过选择适合自身的发展模式，逐步发展成为现代物流企业。不同的企业具有不同的发展路径，总的来说，第三方物流企业主要有以下几种形成途径。

(1) 从传统的仓储、货代、运输企业转型而成

业务经营范围相对单一的仓储、货代、运输企业，在原有业务的基础上，依托客户、经营网络和设施等方面的优势，不断延伸物流服务业务，拓展经营范围，并逐步转型为现代第三方物流企业。例如中远物流就是通过这种途径发展而成的第三方物流企业。

(2) 由工商企业设立或成立

很多企业都认识到物流是“第三利润源泉”，建立属于自己的物流体系，能够有效整合物流资源，降低物流运作成本，促进企业物流的合理运营。工商企业成立的物流部门或者物流企业，也会逐步发展成为第三方物流企业。通过这种方式发展的典型物流包括中钢物流等。

(3) 新兴的第三方物流企业

新成立的第三方物流企业，由于不存在原有企业的束缚，这些企业运营机制灵活，管理成本较低，因此发展十分迅速。比如广州的宝供物流就是一个典型例子，宝供物流成立于1992年，先后承包铁路货物转运，承接宝洁公司在中国的物流业务，并不断发展壮大成为新兴的第三方物流企业。

二、企业物流决策：自营与第三方物流

在第三方物流业务飞速发展的环境下，物流的需求企业需要在自营与第三方物流之间做出选择，选择适合企业自身的物流运营模式。

1. 自营物流的优劣势

以往企业都是采用自营的方式，完成企业对物流业务的需求。伴随着第三方物流的飞

速发展，第三方物流以其特有的优点吸引了众多企业的目光，越来越多的企业转向第三方物流。虽然如此，企业在选择第三方物流前，还是要结合企业自身的特点深入分析自营物流的利弊。

企业自营物流有其优势。自营物流可以省去与外界的交易，便于企业直接控制，物流系统在企业内部运作，也便于企业进行管理。自营物流购置的物流设施设备，可以用来降低企业内部物流的不确定性，缓解企业内部运力紧张带来的压力，为企业内部提供较大的机动性。企业自营物流也带来很多劣势。企业自营物流往往会形成设备投资，引起企业资源分散，使企业无法专注于核心业务。高效率的物流需要良好的物流管理能力和物流技术水平，企业自营物流往往无法提供管理和技术的保证，导致物流的运作效率受到影响。

2. 企业做出物流决策时需要考虑的因素

物流需求企业除了结合自身的情况分析自营物流的优劣势之外，在做出物流决策之前，还需要慎重考虑其他一些相关因素，包括物流对企业的重要程度，企业对物流的要求，企业自身的实力和物流能力等。

(1) 物流对企业的重要程度

一般而言，物流对企业的重要性越高，企业就越倾向于发展自身的物流运营能力，因为自营物流能给企业带来更多的灵活性，降低因交易引发的各种不确定性。但在企业拥有足够的物流能力之前，采用第三方物流是企业的最佳选择。

(2) 企业对物流的要求

企业在进行物流决策前，需要考虑企业对物流控制力的需求，比如依靠分销渠道获取竞争优势的企业，往往会采用自营物流的方式，因为只有自营物流，企业的竞争优势才不容易被竞争对手获取。此外企业还需要考虑自身物流的特点，比如对于全球市场的销售，宜选择区域性第三方物流为企业提供支持。

(3) 企业自身的实力和物流能力

大型企业拥有雄厚的实力，有能力建立自己的物流网络系统，提高物流服务的质量。中小企业由于自身人员和资金等方面的限制，很难建立自己的物流网络，同时为了把有限的资源集中在核心的业务上，中小企业的最佳选择是采用第三方物流。

三、第三方物流企业的选择

当物流需求企业做出决策，选择第三方物流后，需要在众多的第三方物流企业中选择适合自身的物流企业。选择第三方物流企业需要遵循一定的原则，建立第三方物流企业的评价体系，并运用科学的方法进行评价。

1. 选择第三方物流企业遵循的原则

克里弗德提出了选择第三方物流企业的十个原则：

原则 1：制定外购的战略

原则 2：建立一个严密的供应商选择程序

原则 3：清楚地定义你的期望

原则 4：设计一个好的台词

原则 5：建立合理的政策和程序

原则 6：明确并尽力避免潜在的摩擦点

原则 7：与你的物流合作伙伴有效沟通

原则 8：绩效评估

原则 9：激发并奖励供应商

原则 10：做个好的合作伙伴

选择第三方物流企业需要本着互惠互利，真诚往来的原则，把满足最终客户需求作为终极目标。同时考虑采用第三方物流后产生的成本，物流的安全可靠性，快捷、准确和及时性等，选择出适合企业的第三方物流企业。

2. 第三方物流企业的评价体系

评价第三方物流企业需要一个完整有效的指标评价体系，利用指标评价体系能够帮助物流需求企业筛选出最终的第三方物流企业。评价体系合理与否直接影响到第三方物流企业的选择。因此建立第三方物流企业评价的指标体系时，需要本着系统性、可比性、动态性、灵活性、简明性、独立性、科学性和定性定量相结合的原则。

系统性表明指标体系要全面反映第三方物流企业的综合水平，可比性表明评价指标要可以用来做比较，以便于能在不同的第三方物流企业之间做出优劣选择，动态性是指指标体系要能够反映第三方物流企业在未来的动态变化，灵活性是指指标体系要有足够的灵活性，便于企业根据实际情况加以调整和运用，简明性是指指标体系不能过于庞大，指标设立不能过细，独立性是指评价体系中的评价指标之间要避免包含关系，科学性是指指标体系能够客观地反映第三方物流企业的实际情况，能够公正、客观、全面地对第三方物流企业进行评价，定量与定性相结合是指指标体系能够综合运用定量指标和定性指标对第三方物流企业做出评价。

一般而言，第三方物流企业评价体系需要包括成本指标、作业效率指标、经营效果指标、技术水平指标、人员素质、物质实力等类别的指标。成本指标是用来描述第三方物流企业在服务过程中费用产生的定量化指标，包括运输成本、仓储成本、订单处理成本、信息成本等。作业效率指标是用来描述第三方物流企业在服务过程中绩效的定量化指标，包括作业准确率、作业完好率、作业响应率和作业速度等。经营效果指标是用来描述第三方物流企业服务水平的定型化指标，包括企业知名度、信誉度、美誉度和客户满意度等。技术水平指标是用来描述第三方物流企业服务质量水平的定量化指标，包括输送技术、装卸搬运技术、仓储技术、包装加工技术和信息技术等。人员素质指标是用来评价第三方物流企业人员素质水平的指标，从操作、服务人员素质和管理人员素质两个方面评价。物质实力指标用来评价第三方物流企业的企业资源实力，包括资金状况指标和设备状况指标等。

3. 选择第三方物流企业的评价方法

可用于评价第三方物流企业的方法有很多种，大体可以分为定性评价法、定量评价法、定性定量相结合的方法三种。

(1) 定性评价法

定性评价方法包括直观判断法、招标法和协商选择法等。直观判断法主要依据物流采购人员的经验，根据主观的判断评价第三方物流企业。直观判断法比较直观，简单。但是存在主观性太强的缺陷。招标法是通过招标的方式，让多家第三方物流企业竞标，然后由企业做出最后决策。招标法能够运用竞争的手段，在较为广泛的第三方物流企业中选择合适的对象，但是这种方法的手续较为繁杂，机动性也比较差。协商法是指由企业同多家第三方物流企业协商，并最终确定第三方物流企业的方法。协商选择法同招标法一样，都是在存在多家第三方物流企业时选用的方法，不同的是协商法运用的是协商的手段，而招标法运用的是竞争的手段。

(2) 定量评价法

定量评价法包括采购成本比较法、标杆比较法和作业成本法等。采购成本比较法是通过比较多家第三方物流企业的服务成本来确定最终对象企业的方法。简单地选择价格最低的第三方物流企业有很多缺陷，有时甚至会产生与企业的战略目标相违背的情况。标杆比较法是通过与行业内标杆企业的对标分析，来评价第三方物流企业的方法。标杆比较法有利于利用同行业内最先进的企业标准，衡量出第三方物流企业与先进标准之间的差距，但是有时行业最先进的标准不一定最适合本企业。作业成本法是通过把流程描述成作业，将第三方物流业务进行分解，找出基本的作业活动，通过作业活动评价第三方物流企业的方法。

(3) 定性定量相结合的方法

定性定量相结合的方法包括层次分析法、神经网络分析法及数据包络分析法等。层次分析法通过对定性指标构造出判断矩阵，求得最大特征值和特征向量，并利用一致性检验检测结果，最终确定最优评价对象的方法。采用层次分析法评价第三方物流企业具有层次清晰，简单明了的特点。但由于层次分析法的指标权重都是主观评价的结果，因此计算的评价结果仍然具有很大的主观性。神经网络分析法是通过建立人类思维模式的数学模型，进行的定性与定量相结合的评价方法。神经网络能够获取评价专家的知识和经验，同时以数学模型的方法加以计算，从而能够得到比较客观的结果，但是这种方法比较难于掌握。数据包络分析法是用于解决多输入、多输出决策问题的方法，也是线性规划模型的一种应用。该方法也同样具有获取专家知识和经验的特点，得到的结果也比较客观，但是该方法同样比较难于掌握。

第四节　第三方物流的发展现状及趋势

一、国外第三方物流的发展现状

第三方物流是一个新兴的行业，现代意义上的第三方物流起源于 20 世纪 80 年代，经过多年的发展，欧洲、美国和日本的第三方物流已经形成了一定的规模，中国第三方物流也有了长足的发展。

1. 欧洲第三方物流的现状

欧洲是第三方物流的发祥地，也是第三方物流最为成熟和发达的市场，物流网络体系比较完善。在欧洲第三方物流企业可以分为四类,一是综合性的大型物流企业,这些大型企业为物流需求企业提供广泛的服务。这些大型物流企业包括马士基物流、Schenker 国际物流等,例如 Schenker 国际物流在欧洲各个市场从事运输、仓储和转运等业务;二是传统物流服务企业。这些企业拥有自己的资产,经营着技术含量不高的货运、仓储和报关等服务;三是新兴的第三方物流企业,比如欧罗凯是德国汉堡主要的集装箱经营者,除了拥有配送和仓储能力之外,还为零售商和制造商提供复杂的物流服务;四是国有企业集团的第三方物流企业,比如各个国家的国营铁路企业和港务局等。

2. 美国第三方物流的现状

美国的第三方物流被认为处在生命周期的发展阶段,而且一直在高速增长。近些年来第三方物流已经成为美国产业中发展最快的部门之一。美国的第三方物流发展大致经过了四个阶段,第一阶段是以仓储为主的物流阶段,当时市场为卖方市场,产品销路好,企业可以通过扩大产量获取利润,所以管理库存在当时非常重要;第二阶段是以流通为主的物流阶段,在这个阶段市场由卖方市场转为了买方市场,产品竞争非常激烈,通过物流降低成本的作用逐渐呈现出来;第三阶段是综合物流阶段,这个阶段信息技术飞速发展,物流与高新技术有效地结合起来,现代的物流逐渐形成;第四阶段是物流一体化阶段,供应链使得物流企业与供应链上的各个企业联合起来,使产品在供应链中达到成本最低。目前随着美国物流市场的不断发展,其第三方物流已趋向国际化,走向了国际市场。

3. 日本第三方物流的现状

日本也是第三方物流发展较快的国家之一,日本从美国引入物流的概念后,大力推进了本国物流的建设。日本的物流发展大致经历了四个阶段,首先是日本从美国引入物流概念的阶段,在物流需求者的推动下,很多物流企业在日本出现;其次是物流系统时期,这个阶段物流受到日本经济发展的推动而快速发展,物流企业同生产企业密切结合;再次是物流管理时期,这个阶段日本加强了商业领域的物流建设,大量的物流中心和配送中心不断出现,而且信息技术也广泛用于物流网络体系,从而日本进入世界物流前列;最后是物流社会系统时期,这个阶段信息技术和物流相结合,物流、商流和信息流有效地结合,从而大幅度降低了物流成本,提高了物流服务水平。

4. 欧洲、美国和日本物流现状的比较

作为引领世界物流发展的三大主流,欧洲、美国和日本的物流发展有相同之处也有不同之处。相同之处体现在欧洲、美国和日本的物流发展都是在供需双方互动的过程中发展的,而且物流设施的现代化水平都很高,物流的社会化和组织化程度也很高。不同之处表现在政府作用不同,美国的第三方物流是在市场机制下的自主繁荣,而日本第三方物流的发展受到政府的影响很大;不同之处还表现在第三方物流服务的程度不同,首先,欧洲第三方物流的服务程度最高,提供的服务也最为广泛,其次是美国的第三方物流,提供物流服务的范围也比较广,最后是日本,相对于欧洲而言,美国和日本的物流服务发展还有一定的差距;最后不同之处还表现在物流组织模式上,美国的第三方物流多是独立的运营实体,而日本多是依附于母公司。

二、中国第三方物流的发展现状

中国第三方物流的市场潜力非常大，2000—2005 年中国第三方物流的年增长率达到 25%，发展十分迅速。在中国第三方物流的发展过程中，存在很多促进因素。促进第三方物流的因素首先表现为政府的重视，中国的国家发展规划中，多次提到发展物流产业；促进因素其次表现为企业对第三方物流的需求，企业为了降低成本，提高核心竞争力，外包物流业务的需求很强；促进因素最后表现为跨国企业对中国第三方物流业务的需求，跨国企业倾向于将部分物流功能外包给本地的物流企业运营。

虽然中国第三方物流发展迅速，有很多促进因素，但是目前中国的第三方物流还存在很多不足之处。

(1) 物流需求企业观念落后

物流需求企业错误地理解"第三利润源泉"的本质，一方面担心物流产生的"第三利润源泉"被别的企业赚去，另一方面担心企业失去对原料和产品的控制权，致使出现很多自办物流的企业。

(2) 第三方物流使用规模偏小

中国仓储协会的一项调查结果显示，中国生产企业原材料物流中只有不到 20% 的比例外包给第三方物流企业，产品销售物流外包给第三方物流企业的比例低于 20%。第三方物流的使用规模远远低于欧美国家。

(3) 第三方物流企业规模偏小，物流市场分散

中国第三方物流企业的规模普遍偏小，中国仓储协会 2006 年的一项调查显示，中国第三方物流企业基本都属于小型企业，而且没有一家企业的市场份额超过 2%，即使在第三方物流集中的长三角和珠三角地区，第三方物流企业服务的客户数也都少于 10 个。

(4) 第三方物流服务范围狭窄，客户满意度低

相对欧美多品类的物流服务，中国物流服务的范围仍局限在传统的运输、仓储等基本业务上，很少有第三方物流企业提供其他方面的增值服务，而且客户对于第三方物流企业的服务普遍感到不满意。

(5) 第三方物流企业管理水平低，人才匮乏

中国第三方物流企业经营管理的水平普遍偏低，体现在企业内部缺乏服务的规范，现代化的科技手段不能有效利用，EDI 等信息技术未能在第三方物流企业中得到有效利用。此外，企业物流专业人才缺乏，很多第三方物流的从业人员甚至不知道第三方物流为何物。

中国的第三方物流取得了很大的成绩，有多方面的有利因素在促进第三方物流的发展，但是第三方物流的发展过程中，还需要正视当前的不足之处，以便采取有效措施，促进中国第三方物流的长足发展。

三、第三方物流的发展趋势

1. 第三方物流的未来趋势

全球第三方物流市场的潜力还很大，随着物流服务的增长，未来第三方物流发展呈现

以下趋势。

(1) 供应链化。随着第三方物流企业提供服务内容的日趋复杂,不同地区企业对物流服务需求的差异性,以及企业物流需求的个性化,第三方物流企业需要具有更多的服务能力,但是很难有第三方物流企业满足所有的物流需求,这将促使第三方物流市场出现供应链化,即拥有不同能力的第三方物流企业将来会相互合作,取长补短,形成提供物流服务的供应链。

(2) 高技术化。现代意义上的第三方物流本身就是建立在信息技术基础上的,伴随着信息技术、配送技术、装卸搬运技术、运输技术、自动化仓储技术及包装技术等科技的进一步发展。第三方物流将会呈现信息化、自动化、智能化和柔性化的趋势。物流信息化体现在数据库技术、无线互联网技术、卫星定位技术、射频技术、条形码技术及其他科学技术的应用上;自动化体现在机电一体化技术的应用,表现为无人化;智能化是信息化和自动化的高层阶段,表现为专家系统和机器人等相关技术的应用;柔性化表现为物流供应根据需求的变化做出灵活的调整变化。

(3) 网络化。伴随着互联网技术和电子商务的发展,企业内部、合作企业之间、企业与消费者之间、企业与政府之间的沟通和联系得到了强化,商业关系和商业模式已逐步转向电子化。为了适应这种转化,第三方物流企业将会实施电子物流,实现在线跟踪货物、联机规划投递路线、实时调度物流和在线检查货物等。

(4) 绿色化。伴随着可持续发展和绿色供应链的兴起,避免物流各个环节造成的环境危害,也是未来第三方物流发展的一个主题。发展无环境危害的绿色物流将会从两个方面深入,一是控制对环境有污染的物流环节,减小各个环节的污染量;二是建立废料处理的物流系统,回收和处理物流产生的废弃物。

2. 加快发展第三方物流的措施

加快中国第三方物流的发展是中国物流业现代化进程的一项重要工作,发展第三方物流能够促进企业物流活动,提高整个社会物流资源优化。加快中国第三方物流发展还有很多工作要做。

(1) 物流需求企业需要观念更新,树立新的经营理念,重视第三方物流,为第三方物流的发展提供市场机会。

(2) 第三方物流企业需要强化服务能力,培养从提供物流规划、物流设计、物流管理到提供具体物流服务的各方面的能力。

(3) 加强第三方物流基础设施的建设,包括先进的配送设施、运输设施、搬运设施等。

(4) 加快第三方物流企业信息化进程,在信息技术日新月异的环境下,第三方物流企业既要完善内部的信息管理系统,又要发展以电子商务为基础的外部交易与信息管理系统。

(5) 强化第三方物流企业提供增值服务的能力,大力发展增值物流服务,广泛开展包装、保养等业务,提供包括物流战略咨询、信息平台建设开发等业务。

(6) 大力培养物流人才,实施人才战略,加快物流专业技术人才和物流管理人才的队伍建设。

本章小结

第三方物流的兴起的原因。第三方物流是生产和流通分离的结果，是商流和物流分离的结果，是经济全球化的需要，是市场竞争的必然结果，是政府管制放松和信息技术发展的结果。

对于“第三方”的理解：有广义和狭义两种不同的解释，广义解释认为“第三方”是指相对于掌握商品所有权的买卖双方之外的第三方；狭义解释“第三方”是指物流业务的需求方（第一方）和运输、仓储等业务的供给方（第二方）之外的，向第一方提供物流服务的第三方。

广义的第三方物流是指由商品买卖双方之外的第三方提供物流服务的形式。狭义的第三方物流是指由物流的实际需求方（第一方），以及由第一方聘请的运输和仓储等基础物流服务的供给者（第二方）之外的第三方，向第一方提供物流服务的运作形式。

第三方物流的特征。第三方物流是个性化、合同化、基于信息技术的物流服务。

第三方物流创造的价值包括成本价值、运作价值、服务价值、风险分散价值、社会价值等。

规模效益是第三方物流的一个最重要的效益源泉，规模效益首先是通过集中存储降低平均库存来获取效益源泉，其次是通过综合业务来获取效益源泉。

第三方物流的系统协调是产生效益的源泉，系统协调是指第三方物流企业对其供应商群体和客户群体进行的各种协调活动。

第三方物流企业的专业化优势体现在专业化经营和信息集成两个方面，物流业务外包企业的专业化优势体现在集中精力于核心业务，提高核心竞争力方面。

从资源方面来看，第三方物流发展模式可以归为自主发展模式和合作发展模式两类。从发展方向上看，第三方物流可以分为内涵式发展、外延式发展和混合发展三种类型。

企业做出物流决策时需要考虑的因素，包括物流对企业的重要程度，企业对物流的要求，企业自身的实力和物流能力。

评价第三方物流企业需要一个完整有效的指标评价体系，建立第三方物流企业评价的指标体系时，需要本着系统性、可比性、动态性、灵活性、简明性、独立性、科学性和定性定量相结合的原则。评价体系需要包括成本指标、作业效率指标、经营效果指标、技术水平指标、人员素质、物质实力等类别的指标。

选择第三方物流企业的评价方法包括定性评价法、定量评价法、定性定量相结合的方法三种。

欧洲、美国和日本的第三方物流是当前世界上第三方物流的三大主流。相比较而言，欧洲第三方物流发展最为成熟。

中国第三方物流发展存在的问题包括，物流需求企业观念落后，第三方物流使用规模偏小，第三方物流企业规模偏小，物流市场分散，第三方物流服务范围狭窄，客户满意度低，第三方物流企业管理水平低，人才匮乏。

第三方物流的未来趋势包括，第三方物流企业供应链化，第三方物流的高技术化、网络化和绿色化。

1. 第三方物流兴起的原因是什么?
2. 简述第三方物流的特征。
3. 第三方物流的价值是什么?
4. 简述第三方物流的规模效益。
5. 简述第三方物流的系统协调。
6. 简述第三方物流的发展模式。
7. 如何理解自营与第三方物流?
8. 阐述中国第三方物流发展的促进因素。
9. 简述国外第三方物流发展的现状。
10. 简述第三方物流发展的趋势。

参考文献

[1] 李庆松.物流学[M].北京:清华大学出版社,2008.
[2] 崔介何.物流学概论[M].北京:北京大学出版社,2010.
[3] 汝宜红.物流学[M].北京:高等教育出版社,2009.
[4] 傅锡原.现代物流学概论[M].北京:科学出版社,2007.

第十五章　国际物流

引导案例

务实的索尼全球物流运营

索尼集团公司是日本一家跨国经营和生产电子产品的厂商，在全球拥有 75 家工厂和 200 多个销售网点。仅在电子产品方面，索尼集团公司每年的全球集装箱货运量已经超过 16 万标准箱。为了充分发挥跨国经营的杠杆作用，该集团公司每年都会与承运人及其代理展开全球性商谈，以便进一步改善物流供应链，提高索尼集团公司的经济效益。

每年一度的全球物流洽谈

索尼集团公司每年都会举行一次与承运人的全球物流洽谈会，通过认真谈判把计划中的集装箱货运量配送给选中的承运服务提供人。在一年中，如果索尼提供的箱量低于约定，索尼向承运人赔款，如果箱量超过约定，索尼不要求承运人提供回扣。在合同中，索尼只要求承运人提供半年至一年的运价成本。索尼集团公司这样做的目的是为了加强与同样艰苦奋斗、拼搏不止的承运人的合作和联系，建立和提高质量上乘、价位低廉的物流链服务网络。负责与承运人展开全球性物流谈判的一般是索尼物流采购公司总经理。在全球性谈判中究竟要选用哪一家承运人，要全面评估有关承运人过去三年中的经营业绩、信誉程度、交货速度、船舶规范和性能，还有一些对公司命运至关重要的因素，如客户服务、售后服务、经营管理作风、经营风险意识、公司高级职员自身素质等。这体现了索尼运营物流的务实态度。

务实的经营理念与立足长远的物流理念

索尼的经营理念是："竭尽全力，接近客户，要想客户之所想，急客户之所急，凡是客户想到的，索尼争取先想到，凡是客户还没有想到的，索尼必须抢先想到。"这种理念也已经渗透到公司的物流活动中来。索尼的物流理念是：必须从战略高度去审视和经营物流，每时每刻都不能忽视物流，满足客户及市场的需要是物流的灵魂，索尼集团公司麾下的各家公司必须紧紧跟随市场的潮流。索尼物流涉及采购、生产和销售等项目，一般是在不同地区与承运人商谈不同的物流项目。如索尼公司在北美和亚洲的物流谈判就不包括采购项目，在欧洲的物流谈判就包括采购项目，这是因为索尼是跨国经营集团，要做的是全球性的物流，需要的是全球性物流供应链管理。

独特务实的远洋运输业务处理方式

索尼在处理自己产品的远洋运输业务中，往往是与集装箱运输公司直接洽谈运输合同而不是与货运代理谈，但是在具体业务中索尼也乐意与货运代理打交道。索尼与其他日本实业公司不同的是，索尼与日本的商船三井、日本邮船、川崎船务等实力雄厚的航运集团结成联盟。因此索尼集团公司在业务上始终保持独立自主。但是索尼非常重视电子信息管理技术(EICT),使用比较先进的通用电子信息服务(GEIS)软件,与日本和世界各地的国际集装箱运输公司建立密切的电子数据交换联系(EDIL)。

全球各地物流分支机构联合服务

分布在世界各地,特别是一些主要国家的物流分支机构已经成为索尼物流管理网络中的重要环节,目前这种环节的作用已经越来越显著。过去索尼分布于各个国家物流分支机构主要功能是为在同一个国家的索尼公司提供服务,经过改革调整,把这些物流分支机构的服务联合起来,发挥全球性索尼物流网络功能。虽然机构还是原有的物流机构,但是功能更大,服务范围更广泛,索尼公司的物流成本降低,经济效益得到极大提高。近来在索尼物流分支机构中全球业务搞得最大的是索尼物流新加坡公司,该公司主要经营东南亚各国到越南和中国的物流服务。

组织"牛奶传送式"服务

索尼集团公司在世界各地组织"牛奶传送式"服务,进一步改善索尼公司在全球,特别是在亚洲地区的索尼产品运输质量。牛奶传送式服务是日本人特有的一种快递服务,高效、快捷、库存量合理,又深得人心,特别受到要求数量不多,产品规格特别的客户的欢迎,他们非常喜爱这种服务方式,因而起到了很好的口碑效应。这种服务非常灵活,客户可以通过电话、传真和电子邮件申请服务,甚至可以租用"牛奶传送式"服务车辆进行自我服务。索尼新加坡物流公司正在进一步缩短海运和空运物流全程时间。由于采用出口优先规划,海运已经缩短到4天,空运缩短到1天。

(资料来源:赵雨.务实的索尼全球物流运营[J].市场周刊:新物流,2005(10))

第一节　国际物流概述

一、国际物流的概念

国际物流(international logistics)是指物品的供给地和接收地分别位于不同国家或地区的实体流动过程。它关注的是不同国家或地区之间的物品的流动。由此可见,国际物流是相对于国内物流而言的,是跨越国境的物流活动方式,是国内物流的延伸。

国际物流业是随着国际贸易和跨国经营的迅猛发展而迅速发展起来的,是社会化大生产和网络经济发展的产物。近几十年来,随着全球经济一体化的不断深化,国际物流有了更加飞速的发展和巨大变化。站在公司的角度来看,近几十年来跨国公司发展很快,如美国波音公司生产的波音客机,所需的450万个零部件,分别来自6个国家的1 500家大企业和1.5万家中小企业,这样大规模的全球采购必须依赖于国际物流来实现。不仅是已经国际化的跨国公司,即使是一般有经济实力的公司也在加紧国际化的步伐,在全世界范围内寻找贸易伙伴,开拓更广泛的国际市场,寻找最佳的生产基地。从而将公司的经济活动领域由一个地区、一个国家扩展到国际这个大舞台上。公司必须为支持这种国际化的全球战略,不断更新自己的物流观念,扩充物流设施设备,并按照国际物流的要求对原来的物流系统进行改革和创新。国际物流作为实现经济全球化的国际经贸活动，其重要性已被越来越多的国家和政府所认识。

狭义地理解，国际物流就是指为完成国际商品交易的最终目的而进行的物流活动。由于物流跨越国境，因此国际物流的职能就要包括为物品通过海关而发生的作业，如报关、商品检验检疫、国际货物保险等职能。而一般的物流职能也会因为国际间的流动而发生一定的变化，如包装需要适应远洋海运的需要，包装的尺寸规格需要符合国际通行标准，木质包装需要灭害处理并提供证书，等等。因此，可以把国际物流的职能归纳为：仓储、运输、包装、配送、装卸搬运、流通加工以及报关、商检、国际货物保险和国际物流单证等。

实际上，国际间的物品流动并不仅限于国际贸易和国际生产而出现的物流活动。比如，国际展览和国际援助就伴随着大量的国际物流活动。从广义上理解，国际物流包括了各种形式的物品在国际间的流动。通常包括进出口商品转关进境运输货物；加工装配业务进口的料件设备、国际展品等暂时进口物资、捐赠、援助物资及邮品等在不同国家和地区间所做的物理性移动。

从现象上看，国际物流直接表现为货物在国际之间的流动，但从本质上来说，国际物流的实质是按国际分工协作的原则，依照国际惯例，利用国际化的物流网络、物流设施和物流技术，实现货物在国际间的流动与交换，以促进区域经济的发展和世界资源优化配置。国际物流的总目标是为国际贸易和跨国经营服务，即选择最佳的方式与路径，以最低的费用和最小的风险，保质、保量、适时地将货物从某国的供方运到另一国的需方。作为企业价值链的基本环节，国际物流不仅使国际商务活动得以顺利实现，而且为国际企业带来价值增值，成为全球背景下的“第三方利润源泉”。

二、国际物流的特点

国际物流是不同国家的物流系统相互“接轨”，因而与国内物流相比，具有以下几个特点。

1. 国际物流环境复杂

国际物流环境的复杂性远远高于一国的国内物流环境。造成这种物流环境复杂性的原因是多方面的，诸如：不同国家或地区的生产力水平和科学技术发展程度不同；适用的法律法规不同；物流基础设施、物流规程和技术标准不同；自然环境、人文环境不同；消费水平不同；等等。如语言的差别会增加物流的复杂性，从地理上看西欧的土地面积比美国小得多，但由于它包括的国家多，使用多种语言，如德语、英语、法语等，货物的工业包装标识虽然大多统一使用英语，但是，货物的商品包装往往需要使用多种语言。

2. 国际物流系统范围广

物流本身的功能要素、系统与外界的沟通已经很复杂，国际物流在此基础上增加了不同的国家要素，使得国际物流系统涉及的地域范围和空间范围更广阔以及内外因素更多，需要更长的时间。

3. 国际物流风险大

国际物流活动涉及不同国家，因此风险性大大增加。国际物流的风险性主要包括政治风险、经济风险和自然风险。政治风险主要是指由于所经过的国家政局动荡带来的风险,如罢工、战争等原因造成货物可能受到损害或灭失。经济风险可分为汇率风险和利率风险,是指由于资金流动所带来的风险。自然风险是指在物流过程中由于自然因素引起的风险,如台风、暴雨等引起的风险。

4. 国际物流必须有高效的、统一的国际化信息系统的支持

国际物流参与者众多,所产生信息的源头多、信息载体多样化、信息的传送方式多样,对信息编码、解码和传输提出了挑战,带来了国际物流信息管理的复杂性。因此,国际物流需要依赖高效的、统一的国际化信息系统的支持。建立国际物流信息系统是一项基础性的系统工程,建设成本和维护成本都是很可观的。电子数据交换(EDI)技术的采用提高了信息传输的速度和准确性,但是保障信息安全尤其是有价单证的安全性仍然是艰巨的任务。

5. 国际物流的标准化程度要求更高

要使不同国家的物流互相接轨并畅通起来,就必须建立国际物流标准体系以统一国际物流标准。否则,会造成国际物流资源的浪费和成本的增加,国际物流水平也难以提高。比如包装规格尺寸,如果参与运输的远洋运输、内陆运输以及装卸搬运各个环节都能够高效地作业,那么包装就必须确立一个统一的模数,然而事实上由于各个国家的基础设施不同,这个基础模数并不相同,要建设统一的基础模数需要很大的资金投入。再比如信息的标准化,一些领先的国家或企业率先提出更先进、更低成本的信息技术,但是在相当长的一段时间内,往往多种技术并存,这些技术都需要大量的基础设备的投入,将这些技术纳入统一的标准同样需要巨大的资金支持。而且标准化的推进,往往离不开政府相应机构的支持,各国政府的观点和态度也左右着标准化的进程。

国际物流与国内物流的特点比较见表 15.1。

表 15.1 国内物流与国际物流的差异

项　目		国内物流	国际物流
运输工具		公路、铁路为主	海运、航空为主
信息传递		语音、文件与 EDI 信息	语音与文件效率低 EDI 信息标准化高
文件		较少	高度的文件需求
风险	货物运输	较低	较长的运输时间与货物换手处理
	财务	较小	高风险,涉及不同的货币、汇率与通货膨胀
组织	外包组织	较少	依赖承揽业、流通商和报关行
	政府组织	危险品、重量、安全与货物税的管制	海关、农产品与交通运输
文化		相同	文化的差异导致产品与市场需求的不同

(资料来源:林正章.国际物流[M].北京:机械工业出版社,2007:6.)

三、国际物流的作用

国际物流的存在与发展可以促进世界范围内物资或商品的合理流动,可以使国际间物

资或商品的流动路线最佳、流通成本最低、服务最优、效益最高。随着世界经济的全球化发展，国际物流越来越重要。

首先，贸易自由化、全球资本市场的成长和整合以及信息和通信技术的进步，使得原来分散的国家或区域市场正在逐渐演变成一个统一的全球市场。企业间的竞争也相应地延伸到了全球范围，企业在世界市场上的竞争地位决定了它在国内市场上的竞争地位。企业要获得竞争优势，就必须依靠国际物流活动在全球范围内分配和利用资源，开展经营活动。

其次，随着市场的全球化和竞争的国际化，全球性的跨国企业越来越多。这些跨国企业不仅在每一国家或地区使用相同的品牌进行销售，而且产品也趋向于标准化，跨国企业为了获得竞争优势和增加盈利，在全球范围分配和利用资源，需要高效的国际物流活动来协调其生产和流通活动。

最后，由于国际化信息系统的支持和世界各地域范围内的物资交流，国际物流可以通过物流的合理组织，促进世界经济的发展和国际间的友好交往，改善国际关系，并由此推进国际政治、经济格局的良性发展，从而促进整个人类的物质文化和精神文化发展。

第二节 国际物流系统及其运行模式

一、国际物流系统的概念

国际物流系统是在一定的时间和空间(包括国内、国家间、区域间和洲际间)进行物流活动，由物流人员、物流设施、待运物资和物流信息等要素组成的具有特定功能的有机整体。国际物流通过商品的储存和运输，实现其自身的时间和空间效益，满足国际贸易活动和跨国公司经营的要求。

国际物流系统的良好运作，是以系统化的理念为前提，以科学、完善的构成为基础，以充分的设施、制度和规则为保障的。要使国际物流系统正常和良好地运作，使其价值得到充分发掘和利用，就必须按照一般物流系统规程，结合国际贸易和国际生产的特殊性，恰当而科学地构造国际物流系统网络，通过各种物流系统化安排，实现国际物流合理化，最大限度地发挥国际物流功能。

二、国际物流系统的构成

国际物流系统包括商品的运输、储存、包装、装卸与搬运、流通加工、检验、通关以及国际物流信息等子系统。其中，运输和储存子系统是物流系统的两大支柱，国际物流主要是通过这两大子系统实现其自身的空间效益和时间效益，以满足国际贸易活动和跨国公司经营的要求。

1. 国际货物运输子系统

国际货物运输是国际物流系统的核心。在国际物流活动中，长运距、中间环节多、不同的交通和海关的规定、基础设施、汇率、文化和语言的差异使得运输过程中遇到的问题变得复杂，物流管理者需要清楚地知道运输的服务、成本和各种运输方式的局限性，还要学会与货运代理商打交道。无论是国际海运还是空运,第三方承运人通常会介入到国际货物运输环节中来,如何有效率地管理货运外包是国际物流管理的必要技能。集装箱运输和国际多式联运是国际货运的高效率运输方式,在全球环境和能源问题日益突出,绿色物流概念不断发展的趋势下,有效运用先进的运输方式显得格外必要。

2. 仓储子系统

商品储存、保管使商品在其流通过程中处于一种或长或短的相对停滞状态,这种停滞是完全必要的。因为,商品流通是一个由分散到集中,再由集中到分散的源源不断的流通过程。国际贸易和跨国经营中的商品从生产厂或供应部门被集中运送到装运港口,有时需临时存放一段时间,再装运出口,是一个集和散的过程。它主要是在各国的保税区和保税仓库进行的。主要涉及各国保税制度和保税仓库建设等方面。从物流角度看,应尽量减少储存时间、储存数量,加速货物和资金周转,实现国际物流的高效率运转。

3. 商品包装子系统

商品包装是商品生产的延续,是保护商品在流通过程中质量完好和数量完整的重要措施,还是说明货物的重要组成部分。货物在国际间的安全流动,很大程度上取决于合适的包装。良好的包装不但能起到保护商品的作用,而且能起到美化宣传的作用。因而,我们经常把包装比喻成是“无声的推销员”,各国消费者经常根据他们对产品包装的印象来决定是否购买。并且商品的商标和包装就是企业的面孔,它能反映出一个国家的综合科技实力的高低。为提高商品包装系统的功能和效率,应树立现代包装意识和包装观念;尽快建立起一批出口商品包装工业基地,以适应国际市场、国际物流系统对出口商品包装的各种特殊要求;认真组织好各种包装物料和包装容器的供应工作。

4. 装卸与搬运子系统

在国际物流系统中,商品的装卸搬运主要指垂直运输和短距离运输,是衔接物流其他各环节的纽带和桥梁。货物的装船、卸船,商品进库、出库及在库内的清点、查库、转运转装等,都是装卸与搬运的重要内容。提高装卸搬运的作业质量和作业效率,可以有效地减少国际物流各环节之间的摩擦,提高国际物流系统的效率,降低国际物流成本。

5. 流通加工子系统

通过国际物流系统中流通加工子系统,不仅可以保证并提高进出口商品的质量、促进商品销售,而且还可以提高物流效率和资源利用率。流通加工的具体内容包括分装、配装、拣选、贴标签、混装、刷标记(刷唛)等出口贸易商品服务,也包括套裁、组装、改装、剪断、平整、打孔、折弯、服装烫熨等生产性外延加工。这些加工不仅能最大限度地满足客户的多元化需求,还能增加外汇收入。

6. 商品检验子系统

出入境检验检疫工作是国际物流系统中的一个重要环节,检验检疫工作与国际物流的很多环节都紧密相连。由于国际贸易和跨国经营具有投资大、风险高、周期长等特点,使得商品检验成为国际物流系统中的一个重要子系统。通过商品检验,确定交货品质、数量和包装条件是否符合合同规定。如发现问题,可分清责任,向有关方面索赔。在买卖合同中,一般都订有商品检验条款,其主要内容有检验时间与地点、检验机构与检验证明、检验标准与检验方法等。根据国际贸易惯例,商品检验时间与地点的规定可概括为三种做法:出口国检验、进口国检验和在出口国检验、进口国复验。

7. 通关子系统

国际物流的一个重要环节是货物需要跨越关境，因此必须办理商品的出入境通关手续。由于各国海关的规定不完全相同，严重影响了国际物流的效率、增加了物流成本。

8. 信息子系统

国际物流信息的主要内容包括进出口单证的操作信息、支付方式信息、客户资料信息、市场行情信息等，特点是信息量大、时间性强、交换频繁。信息的作用，是使国际物流向更低成本、更高服务、更大量化、更精细化方向发展，许多重要的物流技术都是靠信息才得以实现的，国际物流活动的每个环节都需要信息来支撑。国际贸易中 EDI 的发展是一个重要趋势，强调 EDI 在国际物流系统中的应用，建设国际贸易和跨国经营的信息高速公路，适应国际多式联运和"精益物流"的要求，是国际物流信息子系统发展的方向。

国际物流系统的各子系统之间相互协作、发挥各自的功能，由此减少国际物流系统的物流费用，提高客户服务水平，最终实现国际物流系统整体效益最大的目标。

三、国际物流系统的运行模式

从投入产出的角度来讲，任何系统都是一个投入产出的过程，国际物流系统亦然，但其投入转化产出可从不同角度来分析。从国际贸易的一般业务程序来讲，国际物流系统模式(出口)的运行模式，如图 15.1 所示。

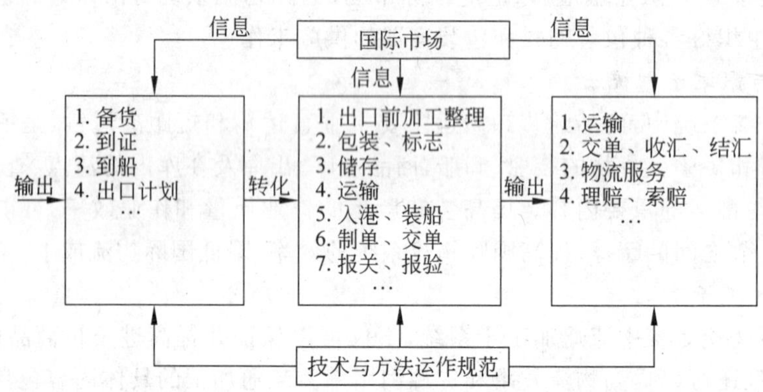

图 15.1 国际物流系统(出口)的运行模式

(资料来源：江春雨，王春萍. 国际物流理论与实务[M]. 北京：北京大学出版社，2008：26.)

国际物流输入部分的内容包括备货，货源落实，到证，接到买方开来的信用证，到船，买方派来船舶，编制出口货物运输计划和其他物流信息等。

国际物流的输出部分包括商品实体从卖方经由运输过程送达买方手中；交齐各项出口单证；结算，收汇；提供各种物流服务；经济活动分析及理赔、索赔。

国际物流系统的转化部分包括商品出口前的加工整理；包装、标志(唛头、标签)；储存；运输(国内、国际段)；货物集港、装船；制单、交单；报关、报验；现代管理方法、手段和现代物流设施的介入等。

从物流、商流、信息流和资金流四流合一的角度来看，国际物流业务的运作流程如图 15.2 所示。

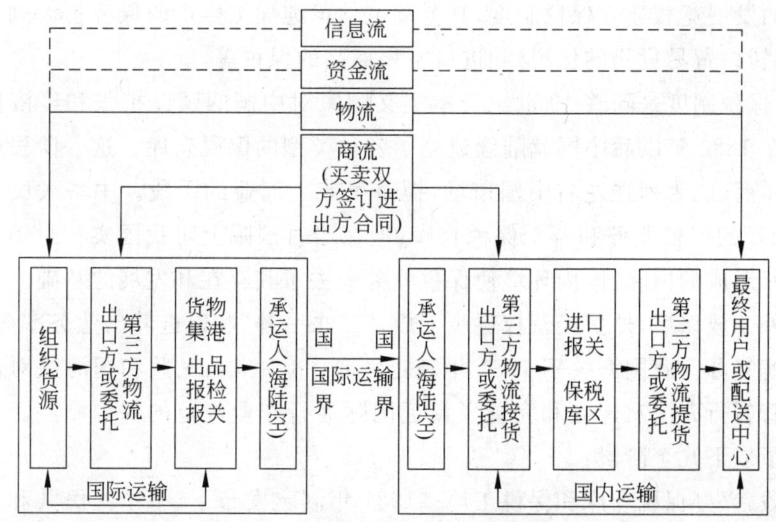

图 15.2　国际物流业务的运作流程

（资料来源：国际物流师认证考试复习指导编委会.国际物流师认证考试复习指导.北京：中国经济出版社，2008.）

第三节　保税制度与保税物流

一、保税制度

1. 保税制度的含义

保税制度（bonded system）是一种国际通行的海关制度，是指经海关批准的境内企业所进口的货物，在海关监管下在境内指定的场所储存、加工、装配，并暂缓缴纳各种进口税费的一种海关监管业务制度。由国家在港口或机场附近设立保税区、保税仓库或保税工厂，外国商品运进这些保税区域不算进口，不交纳进口税。它是关税制度的一个重要组成部分，同时也是一项重要的海关制度。

保税制度所指向的货物称为保税货物（bonded goods）。它是在入境后经海关批准未办理纳税手续而在境内储存、加工、装配后复运出境的货物。保税货物属于海关监管的货物，要在海关的监管下于指定或许可的场所或区域储存、中转、加工或制造。未经海关许可并补缴关税，不得擅自出售保税货物，也不得擅自开拆、提取、交付、发运、调换、改装、抵押、转让包括货物或者更换保税货物的标记。

2. 保税制度的产生与发展

保税制度最早形成于 16 世纪的欧洲。16 世纪中期，意大利的里窝那成为世界上第一个实行保税制度的城市，产生了最初的保税形式——保税储存制度。19 世纪中后期，在西方一些发达的资本主义国家为发展本国对外贸易，鼓励出口，对生产出口产品的工厂和企业所进口的原材料实行了保税制度。20世纪，世界各国为促进和鼓励本国对外贸易，特别是出口贸易的发展竞相建立保税制度，其范围也从单纯加工生产的保税扩大到包括商业性质的保税（如转口贸易货物的保税）和进口寄售商品的保税等。

在中国，保税制度是随着19世纪资本主义国家对中国的殖民扩张和经济侵略而发展起来的。早在1880年以后中国就陆续建立了各种类型的保税仓库。这一阶段的保税仓库主要服务于洋商，成为列强左右中国市场，扼杀民族工商业的手段。中华人民共和国成立初期，仍有少量的保税业务和若干保税仓库，但在当时国际上对我国实行封锁和国内僵化的外贸体制所形成的国际、国内环境使保税业务失去了其存在和发展的基础。

实行对外开放以后，外贸经营权逐步下放，"三来一补"和以进养出业务率先得到发展，保税业务迅速复苏。我国海关于1981年制定颁布了《中华人民共和国海关对保税货物和保税仓库监管暂行办法》，建立和完善了接近国际通行作业规范的保税制度。我国保税制度大致经历了以下几个阶段：

第一阶段，兴办保税仓库和保税工厂。1981年制定发布了《中华人民共和国海关对保税货物和保税仓库监管暂行办法》，1988年海关总署依据海关法有关规定，制定了《中华人民共和国海关对加工贸易保税工厂的管理办法》和《中华人民共和国海关对保税仓库及所存货物的管理办法》，完善了我国的保税制度。到1990年全国建有保税仓库1 200多家，保税工厂近400家。

第二阶段，建立保税区。1990年，中国决定开发和开放上海浦东新区，决定在上海外高桥设立第一个保税区。1992年始，国务院又相继批准了大连、天津港、广州、深圳的福田、沙头角和盐田，海口、张家港、福州、宁波、青岛、厦门象屿、汕头、珠海共计15个保税区。其经济功能为进出口加工、国际贸易、保税仓储和商品展示四大功能。

第三阶段，设立出口加工区。出口加工区是继保税区之后又一个国家级特殊对外开放区域。中国自2000年开始设立出口加工区，目前共设立国家级出口加工区57个。

第四阶段，设置保税物流园区、保税港区、保税物流中心。例如，苏州工业园综合保税区，上海外高桥保税区，青岛、宁波、大连、张家港、厦门象屿、深圳盐田港、天津保税区，上海洋山保税港区和天津东疆保税港区、大连大窑湾保税港区。保税港区的"区港联动"是保税区向自由贸易区转型的第一步，即保税区与临近的港区合作，在港区划出部分区域作保税区（不包含码头泊位），实行保税区政策。保税港区是"区港联动"的升级模式，国家将按照国际枢纽港、自由港及自由贸易区的运作模式和惯例给予优惠政策。

3. 保税制度的类型

(1) 保税仓储监管制度与保税加工监管制度

按保税的基本形式与目的，保税制度可以分为保税仓储监管制度与保税加工监管制度。保税仓储监管制度是以国际商品贸易服务为目的的保税制度。主要形式有：保税仓库、保税区、免税品商店等。保税加工监管制度是以加工制造服务为目的的保税制度。主要形式有：包括对来料加工、进料加工，对加工贸易保税工厂、保税集团进出口货物监管制度，加工贸易进口料件银行保证金台账制度、出口加工区保税货物监管制度等。

(2) 保税审批(备案)制度、保税通关制度与保税核销制度

按海关保税监管作业程序，保税制度可以分为保税审批(备案)制度、保税通关制度与保税核销制度。保税审批(备案)制度，包括保税仓库审批制度、保税工厂审批制度、保税集团审批制度、加工贸易合同备案制度(含加工贸易进口料件银行保证金台账制度)、区域保税备案制度等。保税通关制度，包括保税货物进口通关制度、保税货物出口通关制度、加工贸易深加工结转通关制度、保税仓库货物进出库通关制度、特殊监管区域保税货物进出区通关制度和进出境通关制度等。保税核销制度，包括保税仓库货物核销制度、加工贸易货物核销制度、区域保税货物核销制度等。

4. 保税制度的特点

(1) 批准保税。进境货物可否保税，要由海关依据国家的有关法律、法规和政策来决定。货物经海关批准才能保税进境，这是保税制度的一个十分明显的特点。海关应当严格按国家法律、法规、政策所规定的条件和程序进行审批(备案)。

(2) 纳税暂缓。一般进口货物和特定减免税货物都必须在进境地海关或主管地海关办妥纳税手续(包括办妥征税或减免税手续)后才能提取。保税货物在进境地海关凭有关单证册不办理纳税手续就可以提取。当保税货物最终不复运出境或改变保税货物特性时，需按货物实际进口申报情况办理相应纳税手续。如果保税货物转为一般贸易进口，"纳税暂缓"的特点更加明显。

(3) 监管延伸。保税货物的海关监管无论是时间，还是场所，都必须延伸。从时间上说，保税货物在进境地被提取，不是海关监管的结束，而是海关监管的开始，一直要监管到储存、加工、装配后复运出境办结海关核销手续或者办结正式进口海关手续为止。从地点上说，保税货物提离进境地口岸海关监管场所后，直至向海关办结出口或内销手续止，凡是该货物储存、加工、装配的地方，都是海关监管该保税货物的场所。

(4) 核销结关(案)。一般进出口货物是放行结关。保税货物进出口报关，海关也加盖"放行章"，也执行放行程序。但是，保税货物的这种放行，只是单票货物的形式结关，是整个监管过程的一个环节。保税货物只有核销后才能算结关。核销是保税货物监管最后一道程序。

5. 保税制度的实现形式

保税制度按方式和实行区域的不同，有保税仓库、保税工厂、保税区、保税集团、免税商店等不同形式。

(1) 保税仓库。经海关批准，在当地税务机关监管下外国货物可以暂免征进口税和国内税而寄放的专门的场所。一般设立在机场、港口、车站、码头和铁路沿线等交通运输便利的地方。保税仓库中贮存的货物有时间限制，我国规定货物储存期为一年。

(2) 保税工厂。保税工厂是经海关批准，在税务机关监管下，对外国货物进行加工、制造、分类及检修等保税业务活动场所。

(3) 保税区。保税区是一个国家或地区在其境内辟出一定的范围采取隔离措施，提供仓库或厂房等基本设施，或由外国企业入区投资设厂，免税生产出口产品的区域。其按照"国境之内、关境之外"的原则，通过前门开放、后门关住，减免关税的方式进行管理。进入

该区的货物可以自由储存，重新分级、加工、包装、制造，然后免税再出口，但如果运入所在国海关管理区域时，则必须缴纳关税。

(4) 保税集团。经海关批准由多数企业组成承接进口保税的料件进行多次保税加工生产的保税管理形式。即对经批准为加工出口产品而进口的物料，海关免征关税。保税集团的特点是海关对转厂加工、多层次深加工、多道生产工序的进口料件实行多次保税，从而有利于鼓励和促进深加工出口，扩大出口创汇，提高出口商品的档次，增加外汇收入。

(5) 免税商店。免税商店是指由国务院主管部门批准，经海关总署备案，在境内向有关符合海关免税验放规定的旅客提供免税物品的商店。

6. 我国实施现代保税制度的意义

(1) 简化货物通关手续，加快通关速度。由于保税区、保税仓库、保税工厂等多设置在港口、机场等水陆空交通十分便捷的边境地区，作为豁免关税区，它们在土地、税收和管理上实行特别的优惠政策，管理环节最大限度地简化。

(2) 增强产品在国际市场上的竞争能力。实施保税制度，最大限度地实施税收优惠政策，资金盈利率高，减少了流动资金的占用，减轻企业资金负担，加快资金周转。降低出口成本，对进口保税货物的收货人、储存人、加工人带来直接的经济效益；各种保税形式借助优越的地理环境，丰富迅捷的信息容量，成为市场之间最为简捷的联系渠道，可以增强在国际市场上的竞争能力。

(3) 吸引外资，促进对外经济技术合作的交流。实施保税制度，能够形成更加符合国际标准的投资环境，外商可以通过保税区顺利取得国内充足的生产资料，国内产品亦可借保税区之门更快地打入国际市场。

(4) 增加外汇收入。实施保税制度，设立保税区域，可以为国际贸易提供运输、仓储、展销、简单加工、维修服务等方便条件。同时，由于许可证、税收、现汇管理等方面的优惠政策，鼓励商品的进出口，所以会增加国家的外汇收入。

二、保税物流

1. 保税物流的概念

保税物流是指经营者经海关批准，将货物在税收保全(无税)的状态下，从供应地到需求地，实施的空间位移的过程。上述过程主要包括了缴纳关税的进口货物在口岸、特殊监管区域、保税监管场所、保税加工场所之间及国内的出口货物在未出口之前进入保税监管、场所的位移。从供应链内容上看，保税物流包括了所有的保税货物在保税加工、生产链条以外的所有的空间位移的过程。就是说保税货物除了在企业加工的环节以外的所有的货物的流动都可以称为保税物流。

2. 保税物流的特点

保税物流是物流分类中的一种，符合物流科学的普通规律，但同时具有不同于其他物流类别的典型特点：

(1) 系统边界交叉。保税物流货物在地理上是在一国的境内(领土)，从移动的范围来看应属于国内物流，但保税物流也具有明显的国际物流的特点。例如，保税区、保税物流中心及区港联动皆具有“境内关外”的性质，所以可以认为保税物流是国际物流与国内物流的接力区。

(2) 物流要素扩大化。物流的要素一般包括运输、仓储、信息服务、配送等，而保税物流除了具有这些基本物流要素之外，还包括海关监管、口岸、保税、报关、退税等关键要素，两者紧密结合构成完整的保税物流体系。

(3) 全过程管理。一般贸易货物的通关基本程序包括申报、查验、征税、放行，是“点式”的管理；而保税货物是从入境、储存或加工到复运出口的全过程，货物入关是起点，核销结案是终点，是全过程的管理。

(4) 效率瓶颈问题。在海关的监管下进行物流运作是保税物流不同于其他物流的本质所在。海关为了达到监管的效力，严格的流程、复杂的手续、较高的抽查率必不可少，但这与现代物流追求便捷、高效率、低成本的运作要求相悖的，物流效率与海关监管效力之间存在“二律背反”。在保税需求日益增长的情况下，海关的监管效率成为保税物流系统效率的瓶颈问题。

(5) 平台性。保税物流是加工贸易企业供应物流的末端和销售物流的发端，甚至包括生产物流。保税物流的运作效率直接关系到企业正常生产与供应链正常运作，构建通畅、高效率的保税物流系统是海关、政府、物流企业、口岸等高效协作的结果。完善的政策体系、一体化的综合物流服务平台必不可少，例如集成商品流、资金流、信息流的物流中心将成为保税物流的主要模式之一。

3. 我国保税物流的形式

当前我国的保税物流可以概括为“三个层次、多种模式”，第一层是区港联动下的保税物流园区，是区域级的战略性资源；第二层是公共型的保税物流中心(A 型、B 型)，分别满足专业国际物流公司和跨国企业的需要；第三个层次是传统的、经过优化的保税仓和出口监管仓，满足广大进出口企业的需要。

(1) 区港联动的保税物流园区

保税物流园区是指经国务院批准，在保税区规划面积或者毗邻保税区的特定港区内设立的、专门发展现代国际物流业的海关特殊监管区域。“区港联动”是指整合保税区的政策优势和港区的区位优势，在保税区和港区之间开辟直通道，将物流仓储的服务环节，移到口岸环节，拓展港区功能，实现口岸增值，推动转口贸易及物流业务发展。保税物流园区其实在于区港联动，是在保税区与港区之间划出专门的区域，并赋予特殊的功能政策，专门发展仓储和物流产业，达到吸引外资、推动区域经济发展、增强国际竞争力和扩大外贸出口的目的，它是目前我国法律框架下自由贸易区的初级形式。到 2010 年 12 月止，我国已批准设立 14 个保税港区：上海洋山保税港区；天津东疆保税港区；辽宁省大连大窑湾保税港区；海南省洋浦保税港区；宁波梅山保税港区；广西钦州保税港区；福建省厦门海沧保税港区；山东省青岛前湾保税港区；广东省深圳前海湾保税港区；广州南沙保税港区；重庆两路寸滩保税港区；张家港保税港区；烟台保税港区；福州保税港区。

(2) 保税物流中心

保税物流中心融合了保税仓库与出口监管仓库的功能，定位为“采购中心、配送中心、分销中心”。保税物流中心一般是由地方政府负责组织筹建和申报，由海关总署验收和批准设立的海关监管区域。保税物流中心分为两类：

保税物流中心A型，是由一家物流企业在一个保税场所内开展保税运输、仓储、转口、简单加工、配送、信息、检测维修和报关等业务，形成完整的供应链，为用户提供辐射国内外的多功能、一体化综合性服务保税场所。它主要适应一家跨国公司满足本集团所属企业的国际物流运作要求。

保税物流中心B型，是由多家保税物流企业在空间上集中布局的公共型场所，为物流集结区。它按照专业化、规模化的原则组织物流活动，将众多物流企业集中在一起，共享相关的基础设施和配套服务设施，发挥整体优势，实现物流运作的专业化、集约化和规范化。海关对B型保税物流中心按照出口加工区监管模式实施区域化和网络化的封闭管理。

(3) 保税仓和出口监管仓

保税仓库是经海关批准，在当地税务机关监管下外国货物可以暂免征进口税和国内税而寄放的专门的场所。一般设立在机场、港口、车站、码头和铁路沿线等交通运输便利的地方。保税仓库中储存的货物有时间限制，我国规定货物储存期为一年。

出口监管仓库是指经海关批准设立，对已办结海关出口手续的货物进行储存、保税物流配送、提供流通性增值服务的海关专用监管仓库。出口监管仓库分为出口配送型仓库和国内结转型仓库。出口配送型仓库是指存储以实际离境为目的的出口货物的仓库。国内结转型仓库是指存储用于国内结转的出口货物的仓库。

第四节　国际物流的发展

一、国际物流的发展历程

国际物流不同国家之间的物流，是随着国际贸易的发展而产生和发展的，是国际贸易的一个必然组成部分，各国之间的相互贸易最终必须通过国际物流来实现。从20世纪中期至今，国际物流的发展经历了三个阶段。

1. 第一阶段(20世纪50年代至80年代初)

“二战”后，各国之间的经济业务越来越频繁，尤其是20世纪70年代石油危机之后，各国间的贸易往来已经粗具规模。在这种新形势下，传统的单一货物运输方式——海洋运输就不能完全适应新时代的发展要求了，系统物流也就是在此刻步入国际贸易领域的。这一阶段物流设施和物流技术得到了极大的发展，建立了配送中心，广泛运用电子计算机进行管理，出现了立体无人仓库，一些国家建立了本国的物流标准化体系，等等。物流系统的改善促进了国际贸易的发展，物流活动已经超出了一国范围，但物流国际化的趋势还没有得到人们的重视。

2. 第二阶段(20世纪80年代初至90年代初)

20世纪80年代前、中期，国际物流领域的一大亮点是出现了“精益物流”(lean logistics)，物流的机械化、自动化、集约化水平不断提高。同时，伴随着新时代人们需求观念的不断变化，国际物流更着眼于解决“小批量、高频度、多品种”的货物运输，这就使现代物流不仅涵盖了大批量的货物、集装的杂货，而且也涵盖了多品种小批量的货物，可以说基本上包括了国际贸易中交易的所有对象，解决了现代物流中最关键的交通运输问题。20世纪80年代在国际物流领域的另一个重大突破是在该领域内出现了电子数据交换(EDI)系统。利用EDI各公司可以方便地进行彼此间的信息交换，从而使物流向低成本、高质量、大批量、精细化的方向发展，因而，从20世纪80年代开始国际物流已全面进入了物流信息化的时代。

3. 第三阶段(20世纪90年代初至今)

这一阶段国际物流的概念和重要性已为各国政府和外贸部门所普遍接受。贸易伙伴遍布全球，必然要求物流国际化，即物流设施国际化、物流技术国际化、物流服务国际化、货物运输国际化、包装国际化和流通加工国际化等。世界各国广泛开展国际物流方面的理论和实践方面的大胆探索。人们已经形成共识：只有广泛开展国际物流合作，才能促进世界经济繁荣，物流无国界，只有广泛开展国际物流合作，才能促进世界经济繁荣。

在这一阶段，网络技术、条形码技术以及卫星定位系统在物流领域得到了普遍应用，而且越来越受到人们的重视。这些高科技手段在国际物流中的应用，极大地提高了物流的信息化和物流服务水平。各大物流企业纷纷投巨资于物流信息系统的建设。可以说，21世纪将是国际物流信息化高度发展的时代。

二、国际物流的发展趋势

在经济全球化的推动下，资源配置已经从一个工厂、一个地区、一个国家发展到整个世界。国际分工以优化资源配置为动力，利用现代业务手段和信息技术、网络技术实现了国际物流的网络化、资源化和信息化，从而极大地降低了物流的成本、提高了物流的效率和效益。科学技术尤其是信息技术、通信技术的进步，跨国公司的迅猛发展所导致的本土化生产、全球采购及全球消费趋势的加强，使得当前国际物流的发展呈现出一系列新的发展趋势。

1. 国际物流系统集成化

国际物流的集成化减少流通环节，节省流通费用，达到科学的物流管理，提高流通的效益的目的。国际物流的这种集成化趋势是一个国家为了适应国际竞争正在形成的跨部门跨行业跨区域的社会系统，是一个国家如何走向现代化的标志，也是一个国家综合国力的具体体现。当前国际物流向集成化发展主要表现在两个方面，一方面是大力建设物流港区，另一方面是加快物流企业的整合和合作。

2. 国际物流管理网络化

信息化和标准化这两大关键技术对当前国际物流的整合和优化起到了革命性的影响。国际物流就是在信息系统和标准化的支撑下借助于仓储和运输等系统的参与，借助于各种物流设施的帮助，共同完成一个纵横交错、四通八达的物流网络。其国际物流覆盖面不断扩大，规模经济效益更加明显。

3. 国际物流标准统一化

国际物流的标准化指的是以国际物流为一个大系统，制定系统内部设施、机械装备、专用工具等各个分系统的技术标准；制定系统内分领域如包装、装卸、运输等方面的工作标准；以系统为出发点，研究各分系统与分领域中技术标准与工作标准的配合性，按配合性要求，统一整个国际物流系统的标准；研究国际物流系统与相关其他系统的配合性，进一步谋求国际物流大系统的标准统一。

4. 国际物流配送精细化

在市场需求瞬息万变和竞争环境日益激烈的情况下，要求物流在企业和整个系统必须具有更快的响应速度和协同配合的能力；更快的响应速度，要求物流企业必须及时了解客户的需求信息，全面跟踪和监控需求的过程，及时、准确、优质地将产品和服务递交到客户手中；协同配合的能力，要求物流企业必须与供应商和客户实现实时的沟通与协同，使供应商对自己的供应能力有预见性，能够提供更好的产品、价格和服务。为了适应各制造厂商的生产需求，以及多样、少量的生产方式，国际物流的高频度、小批量的配送也随之产生。物流产业已经成为发达国家服务业中的一个重要组成部分。

5. 国际物流园区便利化

为了适应国际贸易的急剧扩大，许多发达国家都致力于港口、机场、铁路、高速公路、立体仓库的建设，一些国际物流园区也因此应运而生。这些园区一般选择靠近大型港口和机场兴建，依托重要港口和机场，形成处理国际贸易的物流中心，并根据国际贸易的发展和要求，提供更多的物流服务。

6. 国际物流运输手段现代化

国际物流离不开运输和仓储，为了适应当今快节奏的特点，仓储运输都需要现代化，要求实现高度的机械化、自动化、标准化手段来提高物流的速度和效力。国际物流运输最主要的方式是海运，有一部分是空运，因此国际物流要求建立起海运、空运、陆运等立体化运输体系，来实现快速便捷的一条龙服务。

7. 重视绿色物流的发展

物流虽然促进了经济的发展，但是物流发展的同时也会给城市环境带来不利的影响，如运输工具的噪声、污染排放、对交通的阻塞等，以及生产、生活中废弃物的不当处理所造成的对环境的影响。因此，在国际物流过程中，将更加重视抑制物流对环境造成危害，实现对物流环境的净化，使物流资源得到最充分的利用。

本章小结

国际物流关注不同国家或地区之间的物品的流动。所谓国际物流是指物品的供给地和接收地分别位于不同国家或地区的实体流动过程。由此可见，国际物流是相对于国内物流而言的，是跨越国境的物流活动方式，是国内物流的延伸。

国际物流作为现代物流的一个分支，除了具有现代物流的一般特征外，还具有一些自身的特点：国际物流环境的环境复杂、系统范围广、国际物流系统的风险性大、要求物流信息系统的支持、国际物流的标准化要求较高等。国际物流系统是一个极其复杂的大系统，包括商品的运输、储存、包装、装卸与搬运、流通加工、检验、通关以及国际物流信息等子系统。

保税制度是一种国际通行的海关制度，是指经海关批准的境内企业所进口的货物，在海关监管下在境内指定的场所储存、加工、装配，并暂缓缴纳各种进口税费的一种海关监管业务制度。保税制度具有批准保税（或保税备案）、纳税暂缓、监管延伸、核销结案的特点。保税物流就是指经营者经海关批准，将货物在税收保全（无税）的状态下，从供应地到需求地，实施的空间位移的过程。保税物流具有系统边界交叉、物流要素系统化、全过程管理、效率瓶颈和平台性的特点。

国际物流发展迅速，呈现出的新趋势为：国际物流系统集成化、国际物流管理网络化、国际物流标准统一化、国际物流配送精细化、国际物流园区便利化、国际物流运输现代化和重视绿色物流的发展。

1. 什么是国际物流？国际物流具有哪些特点？
2. 国际物流是由哪些子系统构成的？各个子系统的功能是如何实现的？
3. 简述国际物流运作的模式。
4. 保税制度的类型有哪些？简述保税仓储监管制度和保税仓储加工制度？
5. 保税物流中心A型和保税物流中心B型有什么用的区别？
6. 分析国际物流的发展趋势。

参考文献

[1] 逯宇铎，苏振东，李秉强. 国际物流学[M]. 北京：北京大学出版社，2007.
[2] 邢颐. 国际物流实务[M]. 北京：中国轻工业出版社，2005.
[3] 吴文. 国际物流运输实务[M]. 上海：立信会计出版社，2006.
[4] 严秋菊. 中国特色的物流中心：保税物流中心评价研究[J]. 河南商业高等专科学校学报，2010(4).
[5] 刘建成. 浅析物流核心竞争力[J]. 财经界，2009(6)：38.
[6] 姚树琪. 国际物流概述[J]. 石家庄理工职业学院学术研究，2009(1)：17-19.
[7] 吴育华. 国际物流发展趋势研究[J]. 国际瞭望. 2007(11)：63-65.
[8] 刘应元. 面向现代国际贸易的国际物流运作标准与策略[J]. 国际经贸，2007(9)：43-45.
[9] 俞乐. 我国国际物流发展的核心竞争力浅谈[J]. 现代商业，2009(12)：26-28.
[10] 张国庆. 国际物流发展趋势分析[J]. 市场周刊，2008(7)：36-38.
[11] 段伟常. 保税物流的特点及发展策略[EB/OL]. 中国储运网，2008.
[12] 孙丽英. 中国保税制度的理论与实践[J]. 辽宁税务高等专科学校学报，2007(3)：38-40.
[13] 周江雄 庞燕. 国际货物运输与保险[M]. 国防科技大学出版社，2006.

第十六章 物流金融

引导案例

中国工商银行的“沃尔玛供应商融资解决方案”

沃尔玛是世界500强企业，每年在中国的采购额高达120亿美元，上游供货商有上万家，其中大多为中小企业。长期以来，这些中小供货企业由于无法提供有效抵押，加上内部财务管理不够规范等因素，很难从银行获得贷款，资金短缺成为长期困扰企业经营的难题。

工商银行深圳分行摆脱单纯依赖借款人自身信用的传统做法，依托小企业交易对手的信用，研发了沃尔玛供应商融资方案。依托交易对手——沃尔玛公司优异的信用，对相关物流与现金流实行封闭管理，为供应商提供采购、生产、销售全流程的融资支持。

沃尔玛供应商融资解决方案

针对沃尔玛公司与其供应商之间物流、信息流、资金流的运作特点，工商银行将沃尔玛公司认可的供应商纳入目标客户范围，重点审查客户供货历史、过往合同履行能力、信用记录等直接影响货款回笼的因素，无需客户提供抵押担保，即可为客户办理融资业务。

供应商在网上接到沃尔玛的订单后，向工商银行提出融资申请，用于组织生产和备货；获取融资并组织生产后，向沃尔玛供货，供应商将发票、送检入库单等提交工商银行，工商银行即可为其办理应收账款保理融资，归还订单融资；应收账款到期，沃尔玛按约定支付贷款资金到客户在工商银行开设的专项收款账户，工商银行收回保理融资，从而完成供应链融资的整套办理流程。

供应商可以直接在工商银行柜面申请办理，工商银行柜面业务人员直接在沃尔玛供应链系统上查询确认应收账款，并在授信额度内根据订单或发票予以融资，快捷方便。

创新亮点

① 风险管理模式创新。供应链融资突破了传统的评级授信、抵押担保等信贷准入条件的限制，主要依托交易对手——沃尔玛公司的信用，通过网络对供应链上的物流、信息流、资金流进行跟踪，建立还款专户，锁定还款资金，有效控制融资风险，实实在在地支持了一批经营良好、产品畅销的中小企业。

② 风险管理手段创新。依托强大结算平台，工商银行成功开发出现金流分析系统，详尽掌握沃尔玛与供应商之间的现金往来记录，并进一步与沃尔玛供应链系统对接，实时掌握供应商在沃尔玛的订单和应收账款情况，增加信息的透明度，降低了银行的风险，同时为简化操作流程提供了技术保障。

③ 业务流程创新。供应链金融单笔金额小、笔数多、频率快，按照银行现有的融资流程，根本无法满足企业对时效性的要求，同时贷款行也无力承担相关的人力成本。工商银

行创新性地提出柜台化办理的思路,企业可以直接到工行柜面办理供应链融资业务,实时获得融资,就如同办理结算业务一样,极大地提高了业务办理效率,满足企业时效性的要求。

④ 营销模式创新。凭借自己强大的结算优势,工商银行批量筛选出沃尔玛供应商名单及其收款情况,准确定位该项业务的目标客户。把传统单个客户营销模式转变为批量营销模式,组织沃尔玛供应商召开供应链融资方案推介会,一次推介会就有50个客户到场,有近一半的客户在一个月内申请开办供应链融资业务,成功率达45%。

2005年6月,工商银行推出了沃尔玛供应商保理业务试点。2006年7月,在保理业务运作成功基础上,进一步延伸服务链条,推出了供应链金融产品。自2005年6月至2006年6月,供应链金融创新短短一年时间,仅深圳市分行红围支行一家就为发放沃尔玛供应链融资300笔,金额8 000万元。在2006年12月举行的"中国中小企业融资论坛"上,工行以支持沃尔玛供货商为背景的"核心企业供应商融资解决方案"被评为"最佳中小企业融资方案"。

(资料来源:中国物流与采购网[EB/OL]. http://www.chinawuliu.com.cn/cflp/newss/content1/200906/774_29755.html)

第一节 物流金融概述

一、物流金融的起源与发展

物流金融的发展起源于物资融资业务。金融和物流的结合最早可以追溯到公元前2400年,当时的美索布达米亚地区就出现了谷物仓单。而英国最早出现的流通纸币就是可兑付的银矿仓单。

1. 发达国家物流金融的发展

国际上,最全面的物流金融规范体系在北美(美国和加拿大)及菲律宾等地。以美国为例,其物流金融的主要业务模式之一是面向农产品的仓单质押。仓单既可以作为向银行贷款的抵押,也可以在贸易中作为支付手段进行流通。美国的物流金融体系是以政府为基础的。早在1916年,美国就颁布了美国仓库存贮法案(US Warehousing Act of 1916),并以此建立起一整套有关仓单质押的系统规则。这一体系的诞生,不仅成为家庭式农场融资的主要手段之一,同时也提高了整个农业营销系统的效率,降低了运作成本。

一些现代物流企业,比如UPS(联合包裹服务公司)已经开始涉足金融服务领域,并获得了可观的成绩。UPS是世界上最大的快递和包裹运输公司,同时也是全球最大的商业便利供应商,提供数种后勤及服务。1907年成立,1999年11月开始公司在纽约证交所上市交易。UPS公司致力于成为整个供应链(从原材料和零部件直到最终消费的产成品中的货物流、信息流和资金流)最基本的协调者。1998年,UPS收购美国第一国际银行(First Internation),将其改造成UPS的一个金融部门(UPS Capital),开始提供物流金融服务。"未来的物流企业谁能掌握金融服务,谁就能成为最终的胜利者。"在UPS提供的所有服务中，金融服务已经成为其核心竞争力所在。

目前，金融服务已成为世界上最大的船运公司马士基和快递公司UPS第一位的利润来源。

2. 发展中国家的物流金融

相对于发达国家，发展中国家的物流金融业务开始得较晚，业务制度也不够完善。非洲贸易的自由化很早就吸引了众多外国企业作为审查公司进入当地。这些公司以银行、借款人和质押经理为主体，设立三方质押管理协议（CMA），审查公司往往作为仓储运营商兼任质押经理的职位。通过该协议，存货人，即借款人在银行方面获得一定信用而得到融资机会。此类仓单直接开具给提供资金的银行而非借款人，并且这种仓单不能流通转移。

在非洲各国中较为成功的例子是赞比亚的物流金融体系。赞比亚没有采用北美以政府为基础的体系模式，而是在自然资源协会（Natural Resource Institute）的帮助下，创立了与政府保持一定距离、不受政府监管的自营机构——赞比亚农业产品代理公司（the Zambian Agricultural Commodity Agency Ltd.）。该公司参照发达国家的体系担负物流金融系统的开发和管理，同时避免了政府的干预，从而更能适应非洲国家的政治经济环境。

3. 我国的物流金融发展

作为发展中国家之一，中国国内的物流金融服务是伴随着现代第三方物流企业而生的。如果说国外物流金融服务的推动者是金融机构，那么国内物流金融服务的推动者主要是第三方物流公司。

我国一些企业将这一理论成果应用于实践，开展了一系列物流金融业务，取得了一定的成果。2006年10月11日，中国建设银行与中国远洋物流有限公司正式签订国际贸易货押授信业务战略合作协议，双方将联手推动国际物流金融和商品融资业务的发展。建行将推出“现货仓”、“海陆仓”和“保税仓”等贸易融资产品，此举标志着建设银行将在贸易融资领域正式试水货押授信业务。

中国工商银行与中国外运集团在北京签署了《物流金融战略框架协议》，正式启动双方在物流金融领域的全面合作。根据协议，双方将在物流监管与商品融资、物流结算、物流保理、物流担保和客户信用风险管理方面共同研发新型产品，联结双方的服务平台，延伸客户服务范围，提供高效、低成本的增值服务。此外，双方还在框架协议下签订了《商品融资专项合作协议》，共同为客户提供原材料及产成品库存、在途货物的融资。

从1992年开始，诚通集团下属中国物资储运总公司就开始了对这项业务的尝试。1999年，中储正式开始仓单质押业务，通过几年实践，业务量逐年增加。到目前为止，中储具体的仓单质押业务模式主要有：现有存货质押贷款、异地仓库监管质押贷款、买方信贷等。目前中储与中信银行、广发银行、招商银行、光大银行、浦发银行、交通银行、华夏银行、工商银行、农业银行、建设银行、中国银行、深发展等数十家金融机构建立了合作关系，为近500家企业提供质押融资监管服务，质押融资规模累计达150亿元。抵押产品涉及黑色金属材料、有色金属材料、建材、食品、家电、汽车、纸张、煤炭、化工等诸多种类。

2005年，深圳发展银行先后与中国对外贸易运输（集团）总公司、中国远洋物流有限公司和中国物资储运总公司签署了总对总战略合作协议，建立了针对供应链物流控制而设计金融服务的稳固操作平台，将大型物流公司在货物运输、仓储、质物监管等方面专长与深发展的资金流封闭运作优势充分结合，为广大中小企业提供创新性的物流金融服务。

继深圳发展银行之后，目前国内各大银行已相继开展物流金融服务，如广东发展银行的“物流银行”，上海浦东发展银行的“企业供应链融资解决方案”，兴业银行的“金芝麻供应链金融服务”，华夏银行的“融资共赢链”，招商银行的“电子供应链金融”，民生银行的“特色贸易金融”，等等。

二、物流金融的概念与特点

物流金融从广义上讲就是面向物流业的运营过程，通过应用和开发各种金融产品，有效地组织和调剂物流领域中货币资金的运动。这些资金运动包括发生在物流过程中的各种存款、贷款、投资、信托、租赁、抵押、贴现、保险、有价证券发行与交易，以及金融机构所办理的各类涉及物流业的中间业务等。狭义的物流金融可以定义为：物流供应商在物流业务过程中向客户提供的结算和融资服务，这类服务往往需要银行的参与。

现代物流金融业务是通过银行、生产企业以及多家经销商的资金流、物流、信息流的互补，突破了传统的地域限制，使厂家、经销商、下游用户和银行之间的资金流、物流与信息流在封闭流程中运作。因此在运作过程中它具有如下特点：

(1) 标准化。这里的标准化不仅指所有物流产品的质量和包装标准都以国家标准和协议约定的标准由物流公司验收、看管，而且要求所有动产质押品都是按统一、规范的质押程序由第三方物流公司看管，避免动产质押情况下由银行派人看管和授信客户自行看管的不规范行为，确保质押的有效性。

(2) 信息化。所有质押品的监管都借助物流公司的物流信息管理统一进行，从总行到分行、支行的有关该业务管理人员，都可以随时通过物流公司的信息管理系统，检查质押品的品种、数量和价值，以便获得质押品的实时情况。

(3) 远程化。由于借助物流公司覆盖全国的服务网络，再加上银行自己系统内部的全国资金清算网络，使动产质押业务既可以在该行所设机构地区开展业务，也可以在全国各地开展异地业务，并能保证资金快捷汇划和物流及时运送。

(4) 广泛性。服务区域具有广泛性：既可以在银行所设机构地区，也可以超出该行所设机构、地区开展业务，只要是在银行自己的网络和物流公司服务的网络区域内，物流金融业务就可以开展。质押货物品种具有广泛性，因此可以上溯到物流公司能够看管的所有物流品种，包括各类工业品和生活品，产成品及原材料等。服务客户对象具有广泛性：无论何种企业，只要具有符合条件的动产质押产品，都可以开展该项业务。对于流动资金缺乏的厂商，物流金融业务可增加厂商的流动资金；对于不缺乏流动资金的厂商，物流金融业务也可增加其经销商的流动资金；亦可两者有机结合，促进企业销售，增加利润。

三、现代物流金融的三赢效应

现代物流金融业务是一个由银行、物流企业和企业三方参与的过程，是一个“三赢”的过程。这也是物流金融发展的最直接的动力。

1. 银行的利润增长点

对银行而言，可以扩大和稳固客户群，树立自己的竞争优势，开辟新的利润来源，也有利于吸收由此业务引发的派生存款。银行在质押贷款业务中，物流企业作为第三方可以提供库存商品充分的信息和可靠的物资监管，降低了信息不对称带来的风险，并且帮助质押贷款双方良好地解决了质物价值的评估、拍卖等难题，降低了质物评估过程产生的高昂的费用，使银行有可能对中小企业发放频数高、数额小的贷款。总之，金融物流服务可以帮助金融机构扩大贷款规模，降低信贷风险，甚至可以协助金融机构处置部分不良资产，这已经成为了银行新的利润增长点。

事实上，物流融资的巨大利润已经改变了美国银行业的格局。前些年，UPS公司通过收购美国第一国际银行并将其改造成UPS金融部门，以此为基础向客户提供金融服务。而在中国，各大外资银行也纷纷抢滩这一业务。2006年上半年，渣打集团企业银行的总收入(不包括韩国)增长21%至17亿美元。中国地区尤其显著，企业银行收入增长80%，其中，物流金融的贡献可谓不小。

2. 物流企业的增值服务

对物流业来说，给客户提供金融担保服务，逐渐成为一项物流增值服务的项目。其原理在于，对中小型企业来说，由于还没有与金融机构建立良好的关系，所以，银行记录中对于他们的信誉等级无法评估。但是，物流企业通过库存管理和配送管理，可以掌握库存的变动和充分的客户信息，在融资活动中占据特殊的地位，对库存物流的规格、质量、原价和净值、销售区域、承销商等情况都了解，由物流供应商作为担保方进行操作，进行保险单质押业务是可行的。

物流企业开展物流金融服务，不仅可以减少客户交易成本，对金融机构而言，则降低了信息不对称所产生的风险，成为客户与金融机构的"黏结剂"，而且成为物流企业的重要业务模式。在沿海经济发达地区的物流企业与各类机构已经广泛开展了这项业务。在国外市场，中小企业正是物流金融服务模式最大的受益者。物流企业为中小企业提供金融服务的优势，决定了其将是今后发展的一大趋势。

3. 企业的融资瓶颈问题可望解决

由于中小型企业存在着信用体系不健全的问题，所以融资渠道贫乏，生产运营的发展资金压力大。金融物流服务的推出，可以有效地缓解资金提供者与企业之间的信息不对称问题，中小企业的信用得到了加强，这就能支持中小型企业的融资活动。

另外，在中小企业的生产经营活动中，原材料采购和产成品销售普遍存在批量性和季节性的特征，这类物资的库存往往占用了大量宝贵的资金。物流金融业务允许这些中小企业利用原材料和在市场上经营的商品做质押进行贷款，解决了企业实现规模经营与扩大发展的融资问题，有效地盘活了沉淀的资金，提高了资金的流转效率、降低了结算风险，最终提高了经济运行的质量。同时，由于物流企业有效地融入了生产企业的原材料供应链和产成品的分销供应链中，为其提供了优质的第三方物流服务，金融机构对质押物的占有不仅没有影响借款人正常的产销活动，而且还使其能把有限的资金和精力投向产品的生产和销售上。

第二节　物流金融的基本业务模式

一、应收账款融资模式

应收账款融资是指企业以未到期的应收账款向金融机构办理融资的行为。

目前国际上最常用的应收账款融资模式主要有三种：

(1) 应收账款质押融资，即供货企业以应收账款债权作为质押品向融资机构融资，融资机构在向供货企业融通资金后，若购货方拒绝付款或无力付款，融资机构有权向供货企业要求偿还资金的模式。

(2) 应收账款让售融资，即供货企业将应收账款债权出卖给融资机构并通知买方直接付款给融资机构，由融资机构承担收款风险，对融资企业不具有追索权的模式。

(3) 应收账款证券化，指将企业能够产生可以预见的稳定现金流量的应收账款，转化为金融市场上可以出售和流通的证券的融资方式。

基于物流金融的应收账款融资模式，是指以中小企业对供应链上核心大企业的应收账款单据凭证作为质押担保物，向商业银行申请期限不超过应收账款账龄的短期贷款，由银行为处于供应链上游的中小企业提供融资的方式。在该融资模式下，债权企业(中小企业)、债务企业(核心大企业)和银行都要参与其中，且债务企业在整个运作中起着反担保的作用，一旦融资企业出现问题，债务企业也将承担弥补银行损失的责任。其具体操作流程如图 16.1 所示：

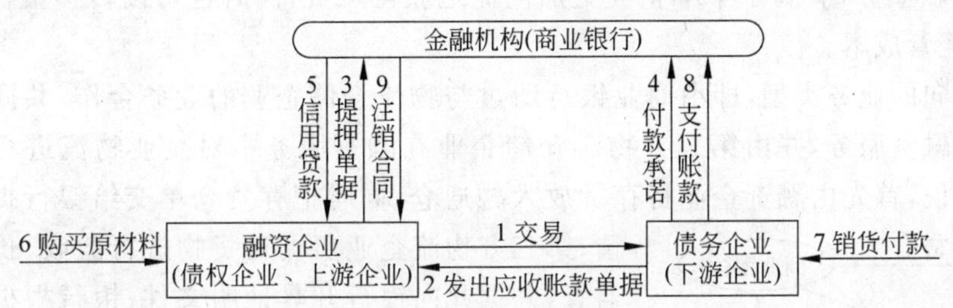

图 16.1　应收账款融资模式

一般来说，传统的银行信贷更关注融资企业的资产规模、全部资产负债情况和企业整体资信水平。而应收账款融资模式是以企业之间的贸易合同为基础，依据的是融资企业产品在市场上的被接受程度和产品盈利情况。此时银行更多关注的是下游企业的还款能力、交易风险以及整个供应链的运作状况，而并非只针对中小企业本身进行风险评估。在该模式中，作为债务企业的核心大企业，由于具有较好的资信实力，并且与银行之间存在长期稳定的信贷关系，因而在为中小企业融资的过程中起着反担保的作用，一旦中小企业无法偿还贷款，也要承担相应的偿还责任，从而降低了银行的贷款风险。同时，在这种约束机制的作用下，产业链上的中小企业为了树立良好的信用形象，维系与大企业之间长期的贸易合作关系，就会选择按期偿还银行贷款，避免了逃废银行贷款现象的发生。

基于物流金融的应收账款融资模式，帮助中小企业克服了其资产规模和盈利水平难以达到银行贷款标准、财务状况和资信水平达不到银行授信级别的弊端，利用核心大企业的资信实力帮助中小企业获得了银行融资，并在一定程度上降低了银行的贷款风险。

二、融通仓融资模式

融通仓这个名词最早是由朱道立和罗齐提出的，顾名思义，"融"即指金融，"通"指物资的流通，"仓"则是指物流的仓储。2004 年，朱道立、陈祥锋等在深入研究的基础上建立了融通仓服务的理论框架。所谓融通仓，就是指由第三方物流企业提供的一种物流和金融集成式的创新服务，其物流服务可以代理银行对企业的流动资产进行监管，而其金融服务又可为企业提供融资及其他配套金融服务。

融通仓的服务内容主要包括：物流、流通加工、融资、评估、监管、资产处理等。融通仓的目的是用资金流盘活物流，同时利用物流拉动资金流，从而帮助中小企业解决融资问题，弥补供应链运营中的资金缺口。

目前，基于融通仓的融资服务主要有两种类型：

一是垂直授信的业务类型，即由商业银行根据第三方物流仓储企业的规模和运营能力，将一定的授信额度授予第三方物流企业，再由其根据客户的需求和条件对企业提供信贷融资的服务模式。第三方物流企业向商业银行按企业信用担保管理的有关规定和要求提供信用担保，并直接利用这些信贷额度向相关企业提供灵活的信贷融资业务。在该模式下由物流企业直接负责融资企业贷款的运营和风险管理，这样既可以优化银行的信贷业务流程，减少原有信贷融资中一些烦琐的工作环节，便于金融机构、融通仓和企业更加灵活地开展质押贷款业务，有利于中小企业更加便捷地获得融资；同时也可以转移银行的信贷风险，降低其经营成本。

二是横向的业务类型，即由商业银行通过与物流仓储企业的业务合作，共同为中小企业提供存货融资服务，并由第三方物流仓储企业在融资服务中对企业物流进行监管的模式。具体来说，首先由融资企业将存货放入融通仓，同时把存货仓单交给银行提出贷款申请；第三方物流企业负责对货物进行验收、价值评估与监管，并据此向银行开具证明文件；银行根据贷款申请和价值评估资对企业提供贷款；银行在质押期间不定期对货物情况进行检查，物流企业负责向银行汇报货物情况；最后，待融资企业偿清银行贷款后，银行归还仓单给融资企业，融资企业凭仓单提货。两种模式的基本操作流程如图 16.2 所示。

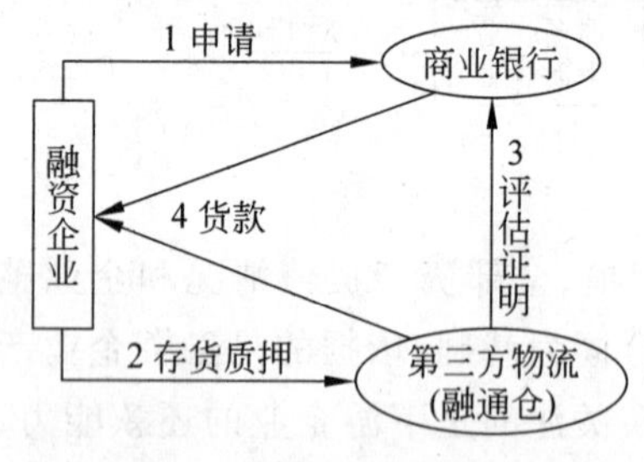

图 16.2 融通仓融资模式

融通仓模式以中小企业为主要服务对象，以流动商品仓储为基础，利用第三方物流企业作为联结中小企业与金融机构的综合性服务平台，开辟了中小企业融资的新渠道。借助融通仓的参与，针对中小企业的动产质押贷款业务的可操作性大大增强。融通仓借助其良好的仓储、配送和商贸条件，帮助企业以存放于融通仓的动产为质押获得贷款融资。此外，融通仓还帮助质押贷款主体双方更好地解决了质物价值评估、拍卖等难题。总之，通过融通仓服务，中小企业可以将以前银行不太愿意接受的动产转变为其愿意接受的动产质押品，从而构架起了银行与企业之间资金融通的新桥梁。

三、仓单质押融资模式

仓单融资又称为"仓单质押融资、仓储融资"，是指申请人将其拥有完全所有权的货物存放在商业银行指定的第三方物流公司（或仓储公司），并以仓储公司出具的仓单在银行进行质押，作为融资担保，银行依据质押仓单向申请人提供用于经营与仓单货物同类商品的专项贸易的短期融资业务。

贷款按照有无担保一般分为信用贷款和担保贷款，其中担保贷款又分为保证贷款、抵押贷款和质押贷款。一般来说，银行认可的抵押物主要是不动产，如房屋、厂房、机器设备等，质押物主要是银行存单、国债等有价证券。尽管生产企业或商业企业的存货也具有一定的价值，理论上也可以进行抵押，但是由于银行难以对存货进行有效的监管，同时缺乏对存货市场价值的评估，一般银行不愿意接受存货抵押借款的方式。这样，对于那些缺乏合适抵押品的企业，尽管其拥有大量的存货，却难以从银行获得贷款支持。大多数中小企业都存在这种尴尬的局面。

仓单融资适用于流通性较高的大宗货物，特别是具有一定国际市场规模的初级产品，如有色金属及原料、黑色金属及原料、煤炭、焦炭、橡胶、纸浆以及大豆、玉米等农产品。任何特制的商品、专业机械设备、纺织服装，家电等产品，一般难以取得银行仓单融资的机会。

1. 仓单融资的特点

(1) 仓单融资与特定的生产贸易活动相联系，是一种自偿性贷款。一般来说，贷款随货物的销售实现而收回，与具有固定期限的流动资金贷款、抵押贷款相比，周期短、安全性高、流动性强。

(2) 适用范围广。仓单融资不但适用于商品流通企业，而且适用于各种生产企业，能够有效地解决企业融资担保难的问题。当企业缺乏合适的固定资产作抵押，又难以找到合适的保证单位提供担保时，就可以利用自有存货的仓单作为质押申请贷款。

(3) 质押物受限制程度低。与固定资产抵押贷款不同，质押仓单项下货物受限制程度较低，货物允许周转，通常可以采取以银行存款置换仓单和以仓单置换仓单两种方式。质押物受限制程度低，对企业经营的影响也较小。

(4) 仓单融资业务要求银行有较高的风险监控能力和较高的操作技能。仓单融资中，抵押货物的管理和控制非常重要，由于银行一般不具有对实物商品的专业管理能力，就需要选择有实力、信誉高的专业仓储公司进行合作。同时，银行需要确认仓单是否是完全的货权凭证、银行在处理仓单时的合法地位、抵押物价值的评估等问题。

2. 操作流程

仓单质押贷款，是制造企业或流通企业把商品储存在仓储公司仓库中，仓储公司向银行开具仓单，银行根据仓单向申请人提供一定比例的贷款，仓储公司代为监管商品。开展仓单质押业务，既解决了借款人流动资金不足的困难，同时通过仓单质押可以降低银行发放贷款的风险，保证贷款安全，还能增加仓储公司的仓库服务功能，增加货源，提高仓储公司的经济效益。仓单融资模式的操作流程如图16.3所示。

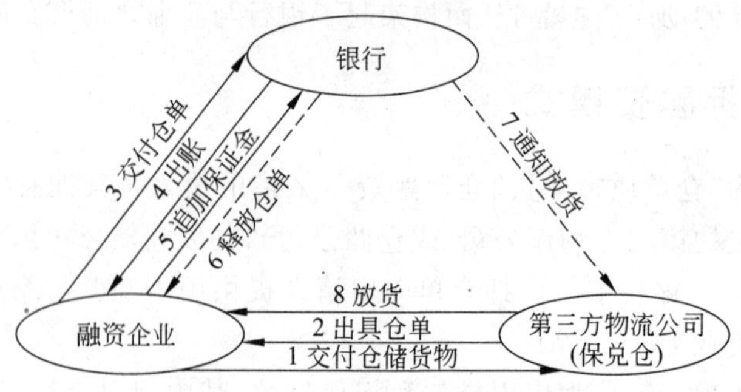

图16.3 仓单融资模式业务流程图

首先企业向银行提出贷款申请，按照银行要求把货物存放在银行指定的第三方物流公司；其次第三方物流公司向银行提交企业交存货物的仓单，进行质押，承诺将保证货物的完好，并严格按照银行的指令行事；再次银行向企业发放贷款。当企业实现货物的销售，融资企业追加保证金并汇入银行的企业账户；第三方物流公司根据银行的指令，向购买方移交货物，最后融资企业归还银行的贷款本息。

仓单质押贷款实质是存货抵押贷款，由于银行难以有效地监管抵押物，就需要借助第三方仓储公司形成的仓单，以及仓储公司提供的保管、监督、评估作用实现对企业的融资。在实践中，以仓单质押模式为基础，通过拓展仓储仓单的范围、强化仓储公司担保职能、以未来仓单作质押等，又可以形成异地仓库仓单质押贷款、统一授信担保贷款和保兑仓融资模式。

四、保兑仓融资模式

处于供应链下游的中小企业，有时也需要向上游核心大企业预付账款。对于短期资金流转困难的中小企业来说，则可以运用保兑仓业务来对其某笔专门的预付账款进行融资；从而获得银行短期的信贷支持。保兑仓业务是指在作为产业链核心企业的生产商承诺回购的前提下，由融资企业向银行申请以卖方在银行指定仓库的既定仓单为质押获得银行贷款额度，并以由银行控制其提货权为条件的融资服务。保兑仓业务除了需要处于供应链中上游的生产商、下游的经销商（融资企业）和银行的参与外，还需要物流企业（仓储监管方）的参与，其主要负责对质押品的评估和监管。

具体操作流程如图16.4所示：首先，由生产商、经销商、物流企业和银行四方签署“保兑仓”业务合作协议书，经销商根据与生产商签订的购销合同向银行缴纳一定比率的保证金，申请开立银行承兑汇票，专项用于向卖方货款的支付保证和到期支付；物流企业提供承兑担保，经销商以货物对物流企业进行反担保。物流企业根据掌控货物的销售情况和库存情况按比例决定承保金额，并收取监管费用；银行根据经销商存入的保证金签发等额的提货通知单，物流企业凭银行签发的提货通知单向经销商发货，经销商销货后向银行续存保证金，银行再签发提货通知单，生产商再凭银行签发的提货通知单向经销商发货，如此循环操作，直至保证金账户余额达到银行承兑汇票金额。票据到期，银行保证兑付的融资方式。

保兑仓业务实现了融资企业的杠杆采购和生产商的批量销售，中小企业通过保兑仓业务获得的是分批支付货款并分批提货的权利，其不必一次性支付全额货款，从而为供应链节点上的中小企业提供了融资便利，有效解决了其全额购货的融资困境，缓解了中小企业短期的资金压力。另外，从商业银行的角度，保兑仓模式以供应链上游核心大企业承诺回购为前提条件，由其为中小企业融资承担连带担保责任，并以银行指定仓库的既定仓单为质押，同时开出的银行承兑汇票由物流企业提供承兑担保，从而大大降低了银行对中小企业的信贷风险，同时也给银行带来了收益，实现了多赢的目的。

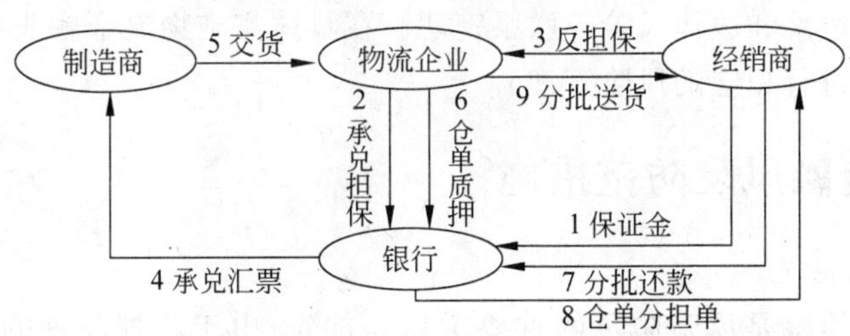

图 16.4　保兑仓模式业务流程图

第三节　物流金融风险及其防范

一、物流金融风险分析

发展金融物流业务虽然能给金融物流提供商、供应链节点企业和金融机构带来“共赢”的效果，但不可避免地要面对各种各样的风险。如何有效地分析和控制这些风险是物流金融能否成功的关键之一。金融物流中主要的风险可以归纳如下：

(1) 内部管理风险：这也是企业中普遍存在的风险之一。包括组织机构陈旧松散，管理体制和监督机制不健全，工作人员素质不高，管理层决策发生错误等。

(2) 运营风险：物流企业都会面临运营方面的风险。但从事金融业务的物流公司，由于要深入客户产销供应链中提供多元化的服务，相对地扩大了运营范围，也就增加了风险。从仓储、运输到与银企之间的往来及和客户供销商的接触，运营风险无处不在。中国的物流运输业还处在粗放型的发展阶段，因此运营风险不容忽视。

(3) 技术风险：金融物流提供商因缺乏足够的技术支持而引起的风险。比如价值评估系统不完善或评估技术不高，网络信息技术的落后造成信息不完整、业务不畅等。

(4) 市场风险：主要针对库存质物的保值能力。包括质物市场价格的波动，金融汇率造成的变现能力改变等。

(5) 安全风险：质物在库期间金融物流提供商必须对其发生的各种损失负责，因此仓库的安全，员工的诚信，以及提单的可信度都要加以考虑。还包括对质物保存的设施能否有效防止损坏、变质等问题。

(6) 环境风险：指政策制度和经济环境的改变。包括相关政策的适用性，新政策的出台，国内外经济的稳定性等。一般情况下，中国的政治和经济环境对物流金融造成的风险不大。但国际环境的变化，会通过贸易、汇率等方面产生作用。

(7) 法律风险：主要是合同的条款规定和对质物的所有权问题。一方面，业务涉及多方主体，质物的所有权在各主体间进行流动，很可能产生所有权纠纷。另一方面，中国的《担保法》和《合同法》中与物流金融相关的条款并不完善，又没有其他指导性文件可以依据，因此业务合同出现法律问题的几率也不低。

(8) 信用风险：包括货物的合法性，客户的诚信度等，同时信用风险还与上述财务风险、运营风险、安全风险和法律风险等联系密切。在具体实施物流金融业务时，应该结合上述的主要风险问题进行相应的风险管理。

二、物流金融风险防范措施

1. 质押物风险防范

管理质押货物风险是风险防范的首要工作。首先，由于质押品种的选取存在市场风险，因此所选质押物最好为价值确定且透明、市场需求量大、流动性好、变现性好、质量稳定、容易储藏保管的大众化物品。其次，可以通过控制贷款期限的长短和质押贷款比例、设立风险保证金等方法尽量避免货物的市场价值波动风险。当市场价格下跌到预警线时，通知融资企业增加质物和保证金。最后，第三方物流企业可以搜集市场信息，了解市场容量、价格变动趋势、产业产品的升级等情况，通过调查行业内人士、征求专家意见、利用统计资料、参考现价和销售价等方法来准确评估质押货物的价值。面对复杂多变的市场、价格波动，需针对不同抵押商品进行细化管理。质押物监管风险的大小主要取决于物流企业的管理水平及办理质物出入库时的风险控制手段。为控制该风险，银行应选择仓库管理水平和仓管信息水平较高、资产规模大、对质物具有完备的监管能力和一定偿付能力的大型专业物流企业合作，并制定完善的质物入库、发货的风险控制方案。作为银行和借款人都信任的第三方物流企业要指定专门负责物流金融业务的工作人员，制定规范的物流金融业务操作办法，严格按管理办法进行操作。

2. 融资企业信用风险防范

要评估合作企业的经营能力和信用状况，可以通过了解存货人的历史业务情况、信用情况，全面了解客户的资信信息。对于长期合作的客户来说，规避风险的重点在于对货物合法性(如是否为走私物品)的甄别，即融资企业是否具有相应的物权，可以要求融资企业提供与货物相关的单据(如购销合同、发票、运单等)，通过检查相关单据的真实性确认货物的合法性。

3. 商业银行风险防范

首先，商业银行应充分了解融资企业和市场情况，对企业和市场必须有充分的了解，对商品的市场价值、企业的运营状况作充分的了解和监控。其次，商业银行要建立完善可靠的数据信息处理系统，从物流企业获得数据后要展开深入分析，尽量满足信贷决策所需的各种要求，改善信贷审核的风险程度。再次，信用管理是现代金融企业的核心管理内容之一。信用作为买卖双方交易完成的根本保障，构成了契约关系的基础。在物流金融服务过程中，要通过对客户的资料收集制度、客户资信档案管理制度、客户资信调查管理制度、客户信用分级制度、合同与结算过程中的信用风险防范制度、信用额度稽核制度、财务管理制度等，对客户进行全方位的信用管理。最后，商业银行应尽快建立市场资金反馈系统。物流与金融要相互促进，发挥互动作用，要加强双方之间的信息沟通，根据物流的流程状况，确定物流配送各个环节的资金成本，并对物流技术和服务过程进行全面分析，对物流企业资金进行科学分类和管理。

第四节　物流金融发展趋势

物流金融正成为物流企业进行高端竞争的服务创新，并带动银行共同参与的新型金融业务。物流金融还包括银行参与物流业的运营过程，通过针对物流运作开发和应用各种金融产品，有效地组织和调剂物流领域中货币资金的运动。物流和金融的紧密融合能有力支持社会商品的流通，促使流通体制改革顺利进行。物流金融正成为国内银行一项重要的金融业务，并逐步显现其作用。

当前物流金融创新的发展趋势主要有以下两个方面：

一、从动产质押到物流银行

传统的物流金融主要通过动产质押、仓单质押和提单质押推动中小企业在流通领域的发展，但当企业发展到一定程度，动产质押模式运行到一个较高层次时，新的问题就出现了。其中之一便是传统的业务模式主要局限于银行机构所在地，对银行机构所在地之外的异地业务的监管出现了人力不足的问题，有效监管达不到要求，专业化监管程序不够。与此同时，一旦企业最终无法偿还贷款，银行将面临质押动产的变现问题。同时，现代物流强调最短配送时间、最高配送信息流动速度和最低配送成本，这客观上要求有一个能使所有供应、生产、销售、运输、库存等活动形成一个系统的业务功能，通过现代化的信息管理手段，对企业提供支持，从而使产品的供销环节最少，时间最短，费用最省。在这种背景下，物流银行业务应运而生。

物流银行运作模式本质上仍属于动产质押，它的意义首先在于融资担保模式的创新。传统仓单质押的前提是借款人提供的质押物已经存在，借款人把质押物提交给监管者，银行根据质押物的价值和其他相关因素向企业提供一定比例的资金支持，即先质押后融资。而在物流银行运作模式下，对于符合条件的企业，不但可以先质押后融资，也可以先融资后质押，即企业可先用从银行取得的借款购买产品，之后再进行质押，从而提高了企业的经营能力，使企业可以用较少的钱办更多的事。同时，物流银行对生产商物流金融服务的创新表现为银行可以对一个(或多个)品牌产品在全国范围内的经销商给予支持，改变了以往因单个经销商达不到银行授权条件，而无法获得银行支持的局面。经销商获得银行贷款后，周转速度加快，销售规模扩大，利润增加，从而间接扩大了生产商的销售规模。物流银行发展了一种订单融资模式，它基于贸易合同的物流金融业务模式，以企业已经签订的有效销售订单为依据，发放针对该订单业务的全封闭式贷款。

从这个意义上讲，物流银行的发展有效配置了社会资源，促使企业向规范化、大型化和专业化方向迈进。对银行而言，物流银行既可在银行机构所在地开展业务，也可在异地开展业务，这种功能突破了传统质押只能在银行所在地开展业务的局限，通过对全国范围内的经销商和生产商进行内部调剂，有利于控制信贷风险，而物流公司也可借此扩大业务范围和规模，形成一个银行、生产企业、经销商、物流监管企业四方共赢的局面。

二、从物流金融到供应链金融

供应链金融就是在供应链中找出一个大的核心企业，银行以核心企业为出发点，将核心企业和上下游企业联系在一起，提供能够灵活运用的金融产品和服务的一种融资模式。在供应链金融模式下，处在供应链上的企业一旦获得银行的支持，资金注入配套企业，就等于进入了供应链，就可以激活整个链条的运转，同时银行信用的支持还可为中小企业赢得更多商机。

以供应链金融作为支撑，就有机会实现供应链中生产企业零库存、供应商票据结算周期最短的目标。供应链金融这种模式除了对物流企业和中小企业有益之外，链条上的核心企业也可以获得业务和资金管理方面的帮助，从而提升供应链整体的质量和稳固程度，最后形成银行与供应链成员多方共赢的局面。对核心企业来说，可以借助银行为供应商提供增值服务，使资金流变得较有规律，减少支付压力，同时扩大自身的生产和销售，压缩自身融资规模，增加资金的管控效率。核心企业可以利用供应链融资从上下游企业获得更加优惠的价格、交付款方式、账期或者更大的销量，从而得到更多的金融资产，可以说，更大的金融利益将向核心企业集中。

从近几年物流金融业务创新的发展趋势来看，我国物流金融还处于初期发展阶段，主要从事单一货物质押，今后要朝着更深入的供应链物流金融服务方向发展，促使静态质押监管向动态质押监管发展，流通型客户向生产型客户发展，现货质押向买方信贷发展，单一环节向供应链全过程发展。

总之，随着现代金融制度及管理模式的创新，金融体制必将发生深刻的变革，而这种变革又将带来更加适合竞争与发展的新型金融管理模式。这种新型的金融体制和管理模式必将为物流业的发展创造更加良好的服务环境，提供更加新型的服务技术，开辟更加多样化的服务渠道，物流业选择资金的空间也将更加广阔。届时，物流业与金融的合作将更加便利与融洽，物流金融的发展将迎来新的机遇。

本章小结

物流金融从广义上讲就是面向物流业的运营过程，通过应用和开发各种金融产品，有效地组织和调剂物流领域中货币资金的运动。现代物流金融业务是通过银行、生产企业及多家经销商的资金流、物流、信息流的互补，突破传统的地域限制，使厂家、经销商、下游用户和银行之间的资金流、物流与信息流在封闭流程中运作，因此现代物流金融业务是一个银行、物流企业和企业三方参与的过程，是一个“三赢”的过程。

物流金融的基本业务模式包括三种，一是应收账款融资模式，即企业以未到期的应收账款向金融机构办理融资的行为；二是保兑仓，即产业链核心企业承诺回购的前提下，由融资企业向银行申请以卖方在银行指定仓库的既定仓单为质押获得银行贷款额度，并以由银行控制其提货权为条件的融资服务；三是融通仓，即由第三方物流企业提供的一种物流和金融集成式的创新服务。

物流金融业务中不可避免地要面对各种各样的风险，包括内部管理风险、运营风险、技术风险、市场风险、安全风险、环境风险、法律风险、信用风险等。如何有效地分析和控制这些风险是金融物流能否成功的关键之一，重点防范措施主要是包括质押物风险防范、融资企业信用风险防范以及商业银行风险防范等。

1. 什么是“物流金融”？
2. 如何理解现代物流金融的三赢效应？
3. 物流金融的基本业务模式有哪几种？它们分别有什么特点？
4. 金融物流中主要的风险有哪些？应如何防范？

参考文献

[1] 深圳发展银行——中欧国际工商学院“供应链金融”课题组．供应链金融：新经济下的新金融[M]．上海：上海远东出版社，2009.

[2] 陈祥锋，朱道立．现代物流金融服务创新——金融物流[J]．物流技术，2005(3)：4-15.

[3] 李毅学，汪寿阳，冯耕中，张媛媛．物流与供应链金融述评[M]．北京：科学出版社，2010

[4] 宋焱，李伟杰．物流金融：出现动因、发展模式与风险防[J]．南方金融，2009(12)：41-43.

[5] 刘桂英．物流金融发展趋势研究[J]．中国流通经济，2008(12)：24-26.